主　编　袁行霈　陈进玉

本卷主编

谢　佐

中國地域文化通覽

青海卷

中華書局

图书在版编目（CIP）数据

中国地域文化通览.青海卷/袁行霈,陈进玉主编;谢佐本卷主编.—北京:中华书局,2014.3
ISBN 978 - 7 - 101 - 09810 - 5

Ⅰ.中…　Ⅱ.①袁…②陈…③谢…　Ⅲ.文化史 - 青海
Ⅳ.K203

中国版本图书馆 CIP 数据核字（2013）第 257717 号

题　签　袁行霈
篆　刻　刘绍刚

书　　名　中国地域文化通览·青海卷
主　　编　袁行霈　陈进玉
本卷主编　谢　佐
责任编辑　柴剑虹　张云静
美术编辑　毛　淳　许丽娟
出版发行　中华书局
　　　　　（北京市丰台区太平桥西里38号　100073）
　　　　　http://www.zhbc.com.cn
　　　　　E-mail:zhbc@zhbc.com.cn
印　　刷　北京瑞古冠中印刷厂
版　　次　2014年3月北京第1版
　　　　　2014年3月北京第1次印刷
规　　格　开本/700×1000毫米　1/16
　　　　　印张29¾　插页10　字数440千字
国际书号　ISBN 978 - 7 - 101 - 09810 - 5
定　　价　136.00元

《中国地域文化通览》组委会、编委会

组织工作委员会

主　任： 陈进玉　袁行霈

副主任： 陈鹤良

委　员： （以姓氏笔画为序）

丁绍祥　于来山　王　君　王立安　王宪魁　王晓东

王祥喜　孔玉芳　石惁巍　布小林　卢美松　尼玛次仁

多　托　刘　智　阳盛海　杨继国　李　康　李少恒

李明远　李联军　李福春　肖志恒　吴　刚　邱江辉

何天谷　宋彦忱　沈祖炜　张　庆　张正锋　张作哈

张杰辉　张建民　张建华　张建国　张俊芳　张炳学

张晓宁　陈　桦　林　声　范晓军　周　義　郑继伟

屈冬玉　赵　雯　赵安东　胡安平　柳盛权　咸　辉

娄勤俭　贾帕尔·阿比布拉　　　顾　久　徐振宏

曹　萍　曹卫星　韩先聪　程　红　谢　茹　谢庆生

詹文宏　谭　力　滕卫平　魏新民

编撰工作委员会

主　　编： 袁行霈　陈进玉

执行副主编： 陈鹤良　陈祖武

副　主　编： （以姓氏笔画为序）

王　尧　王　蒙　方立天　白少帆　杨天石　陈高华

赵仁珪　程大利　程毅中　傅璇琮　樊锦诗　薛永年

《中国地域文化通览·青海卷》组委会、编委会

组织工作委员会

主　任：张建民

副主任：曹　萍　刘德然

委　员：吕　霞　谢　佐　吴新德　任　斌　刘洪杨

编撰工作委员会

主　编：谢　佐

副主编：吕　霞　崔永红

编　委：谢　佐　吕　霞　崔永红　马光星　任晓燕　罗　成　马达学

编撰办公室

主　任：邓福林

成　员：才让措　马桂花　辛秉文

昆仑山

三江源

青海湖

塔尔寺

瞿昙寺

马家窑文化 舞蹈纹彩陶盆
大通县上孙家寨遗址出土
现藏于国家博物馆

裸体人像彩陶壶 马厂类型
乐都县柳湾墓地出土
现藏于国家博物馆

鸟纹彩陶壶 宗日文化
同德县宗日墓地出土
现藏于青海省博物馆

七角星纹铜镜　齐家文化
贵南县尕马台墓地出土
现藏于青海省博物馆

鸠首牛犬铜杖首　卡约文化
湟源县大华中庄墓地出土
现藏于湟源县博物馆

汉代 "汉匈奴归义亲汉长"铜印
大通县上孙家寨汉墓出土 现藏于国家博物馆

汉代 虎符石匮 海晏县西海郡故城出土
现藏于海晏县博物馆

黄地簇四联珠对马锦 都兰热水古墓出土
现藏于青海省文物考古研究所

明代 金牌信符 现藏于贵德县博物馆

热贡唐卡《五部文殊》　青海省文化和新闻出版厅提供

清代　瞿昙寺壁画《涅槃》

丹麻土族花儿会上的唱家

热贡六月会

玉树赛马会

那达慕

藏族　回族　土族　蒙古族　撒拉族

各民族一览

总绪论

袁行霈

　　早在《尚书·禹贡》和《山海经》中已有关于中国地域的描述，包括九州的划分，各地的土地、山川、动物、植物、农产、矿产，还记载了一些神话，这两部书可以视为地域文化的发轫之作。此后出现了许多地理书籍，其中以东汉班固的《汉书·地理志》和北魏郦道元的《水经注》影响最为深远。前者记载了西汉的区划、户口、物产、风俗等，后者通过对《水经》的注解，记录了许多河流及沿岸的风物，保存了丰富的地理和人文信息。

　　本书对中国地域文化的研究，重视古代的传统，但就观念、方法、论述的范围、传世文献和考古资料的运用诸方面而言，都跟古代的舆地之学有很大区别。本书注重中国文化的空间分布和地域差异，将历时性的考察置于地域之中，而重点在于各地文化的特点和亮点，以及各地文化资源的开发利用。

　　近二十年来国内学术界出现了不少新的学术生长点和热点，地域研究便是其中之一。本书仅从"地域"这个特定的角度切入，至于中国文化的一般问题则不在本书探讨的范围之内。本书限于传统文化的范围，然而希望以古鉴今，面向未来，有助于当前和今后的文化建设。

第一节　多源同归与多元互补

中国文化的多个发源地　多源同归　以汉族为主体的各民族文化
多元互补

中国文化明显地呈现出地域的差异，这些差异乃是统一的中国内部的地域差异①，是中国文化多样性的表现。

中国文化具有多个发源地：

黄河流域。黄河发源于青海巴颜喀拉山脉西端卡日扎穷山的北麓，其干流流经四川、甘肃、宁夏、内蒙古、陕西、山西、河南、山东，全长 5464 公里，流域面积 75.24 万平方公里②。黄河有众多的支流，这些支流为中华民族的先民提供了优越的生存环境，特别重要的有渭河、汾河、伊洛河、湟水、无定河，在这些支流的两侧分布着数量众多的古文化遗址，例如黄河上游的马家窑文化，黄河中游的仰韶文化—中原龙山文化，黄河下游的大汶口—龙山文化，证明黄河是中国文化最重要的发祥地③。标志着中国文化肇始的夏代④，文化已相当发达的商代和周代，这三个王朝的疆域均位于黄河流域，可见黄河在中国文化史上的重要地位。

长江流域。长江发源于青海唐古拉山脉最高峰各拉丹东峰的西南麓，其干流流经四川、西藏、云南、重庆、湖北、湖南、江西、安徽、江苏、上海，全长 6397 余公里，流域面积达 180.85 万平方公里⑤。其间分布着许许多多古文化遗址。20 世纪以来新的考古资料证明，长江上游的三星堆文化，长江中游的屈家岭文化，长江下游的河姆渡文化和良渚文化，在陶器、青铜器、玉器的制作，以及城市的建筑等方面都已达到相当发达的程度⑥。老子、庄子、屈原的出现，以及近年来在湖北、湖南出土的大量秦汉简帛和其他文物，证明了当时的楚文化已达到可以与黄河流域的文化并驾齐驱的辉煌程度。毫无疑问，长江跟黄河一样，是中国文化的摇篮。

此外，辽河流域文化、珠江流域文化，都可以追溯到很早，而且特点鲜明，对中国文化的发展起了重要的作用，这两大流域也应视为中国文化的发祥地。

总之，黄河、长江是中国文化的主要发祥地，在历史长河中，又广泛地吸取了其他地区的文化因素，逐渐交融，深度汇合，就像"江汉朝宗于海"一样，随着中国大一统局面的建立、巩固和发展，发源于不同地区的文化先后汇为中国文化的大海，我们称之为多源同归⑦。

中国文化又是多元互补的文化，以汉族为主体，自周、秦到明、清，在各个历史阶段随着民族间的交往、融合，吸取了少数民族的文化因素，56个民族共同创造出中华民族灿烂辉煌的文化。中国的疆域是各族共同开拓的，少数民族对东北、北部、西北、西南边疆的开发做出了重要的贡献⑧。

汉族的先民主要生活在黄河中下游地区，一般说来仰韶文化和龙山文化是汉族先民的文化遗存。传说黄帝之后的尧禅让于舜，舜或出自东夷⑨；舜禅让于禹，禹或出自西羌⑩，这表明了上古时期民族融合的趋势。汉朝以后，"汉"遂成为民族的名称，汉族的文化也成为中华民族文化的主体。

汉族在发展过程中，吸取了各少数民族的文化成分以丰富自己。赵武灵王推行胡服骑射，唐代吸取今新疆一带少数民族的音乐歌舞，都是很好的例证。中国古代的政治家、作家、书法家、画家中，出身少数民族的可以举出不少。例如唐代的宰相长孙无忌其先出自鲜卑拓跋部，元代著名作家萨都剌是回回人，元代著名书法家康里巙巙是色目康里部人，清代的著名词人纳兰成德是满族人，他们为中国文化的发展做出了重要贡献。另一方面汉族又对各少数民族文化产生重大的影响，有的少数民族入主中原时托黄帝以明正朔，如鲜卑拓跋部建立北魏，自称是黄帝之子昌意之后⑪。北魏孝文帝推行的改革，促进了鲜卑人与汉人的融合⑫。一些曾经入主中原的少数民族，如蒙古人在很大的程度上自觉学习汉人的文化。元朝至元四年（1267）正月，世祖下令修建曲阜孔庙，五月又在上都（今属内蒙古自治区）新建孔子庙⑬。元朝开国功臣耶律楚材，为保存汉族典章制度与农耕文化做出卓越的贡献⑭。满人入主中原前，努尔哈赤、皇太极在政权建设、社会发展等方面就已注意吸收汉文化，学习儒家典籍[15]，入关以后对汉族文化的吸取就更多、更自觉了，《全唐诗》和《四库全书》的编纂就是最好的证明。

各民族的文化互补，是中华文化不断发展的重要动力，也是形成中华民族凝聚力的重要因素。例如，内蒙古等北方草原的游牧文化雄浑粗犷，与汉族的农耕文化可以互补[16]。新疆各族的文化，以及新疆在丝绸之路上对中外文化交流所起的作用十分重要。藏传佛教影响广泛，藏族文化丰富多彩，在中华民族文化中的地位值得充分重视。壮族在少数民族中人数最多，其文化品格和文化成就同样值得充分重视。

总之，各地的文化交融，以及汉族与少数民族的文化交融，使中国文化既具有多样性又具有统一性。多元互补，乃是中国文化的一大特点，也是中国文化进一步发展繁荣的坚实基础。

第二节　文化中心的形成与转移

地域文化发展的不平衡　中心形成与转移的若干条件：经济的水平　社会的安定　教育、藏书与科技　文化贤哲的引领作用

某一地区在某一时期内文化发展较快，甚至居于中心地位，对全国起着辐射作用。而在另一时期，则发展迟缓，其中心地位被其他地区所取代。地域文化发展的不平衡，文化中心的转移，是常见的现象。下面举例加以说明：

陕西西安及其附近本是周、秦、汉、唐的政治文化中心，这几个统一王朝的辉煌，在不胜枚举的文化遗址和出土文物中都得到证实，周原出土的青铜器，秦始皇陵的兵马俑，众多的汉家陵阙和唐代宫阙、墓葬遗址，都是中国的骄傲。包括正史在内的各种文献资料，如诗歌、文章、书法、绘画，也都向世人诉说着曾经有过的辉煌。司马迁、班固等则是这片土地哺育出的文化巨人。但到了元代以后，特别是明清以来，这里的文化已经难以延续昔日的光彩。

河南原是商代都城所在，殷墟出土的甲骨文，证明了那时文化的

兴盛。东周、东汉、曹魏、西晋等朝定都洛阳，河南成为全国文化的中心。到了唐代，河南则是文学家集中涌现的地方，唐代著名诗人几乎一半出自河南，杜甫、韩愈、岑参、元稹、李贺、李商隐等人，为唐诗的繁荣发展做出了重大贡献。北宋定都开封，更巩固了其文化中心的地位，张择端的《清明上河图》反映了汴梁的繁华。但在南宋以后，河南的文化中心地位显然转移了。

由上述陕西与河南的变化，可以看出政治中心与文化中心之间的关系。政治中心的迁移，特别是那些维持时间较长的政治中心的迁移，往往造成文化中心的迁移。

山东在先秦是中国文化的中心。曲阜是孔子的故乡，邹城是孟子的故乡，对中国文化影响至深至巨的儒家即植根于此。虽然经过秦始皇焚书坑儒，山东在两汉仍然是儒家思想文化的中心之一，伏生、郑玄这两位经学家都是山东人。但魏晋以后，山东的文化影响力逐渐衰落，儒学的中心也逐渐转移到别的地方。唐代高倡儒学复兴建立儒家道统的韩愈，北宋五位著名的理学家周敦颐、张载、邵雍、程颢、程颐，南宋将理学推向高峰的朱熹、心学家陆九渊，以及明代的心学家王阳明，均非出自山东。

北京一带在春秋战国时期是燕国都城所在，汉唐时称幽州，是边防重镇，与陕西、河南相比，文化显然落后。后来成为辽、金、元、明、清的首都，马可波罗记载元大都之繁华，令人赞叹。元杂剧前期便是以元大都为中心的，元杂剧的杰出代表关汉卿、王实甫，以及其他著名剧作家马致远、杨显之、纪君祥、秦简夫都是大都人。明清两代建都北京，美轮美奂的紫禁城、天坛、圆明园、颐和园，标志着中国古代建筑的辉煌成就。朝廷通过科举、授官等途径，一方面吸纳各地人才进京，另一方面又促使精英文化向全国各地辐射，北京毫无争议地成为全国文化的中心。

上海原是一个渔村，元代开始建城，到了近代才得到迅猛的发展，19世纪中叶已经成为国际和国内贸易的中心，随后又一跃而成为现代国际大都会。各种新兴的文化门类和文化产业日新月异地建立起来，并带动了全国文化的发展。

广东文化的发达程度原来远不及黄河与长江流域其他地方，但到了唐代，广州已成为一个大都会，到了近代，广东在思想文化方面呈现明显的优势，黄遵宪、康有为、梁启超、孙中山等人都出自广东。

文化中心形成和转移的原因十分复杂，需要从多方面探讨。

首先，是由经济发展的水平所决定的。

经济的发达虽然不一定直接带来文化的繁荣，但经济发达的地区文化水平往往比较高。最突出的例证便是江苏和浙江。这两个地区在南朝已经开发，宋代以后以太湖为中心的地区，乃至浙江东部的宁波、绍兴，成为重要的粮食产区。到明清两代，随着精耕细作的农业技术广泛应用，粮食产量大幅增加。在松江、太仓、嘉定、嘉兴等地，棉花耕种面积扩大，棉纺织业迅速发展；植桑养蚕缫丝成为新兴的副业，湖州成为丝织品最发达的地区[17]。农副业的发展带动了商业和市镇的繁荣，以及新兴市民的壮大。经济的发展与经济中新因素的成长，促成了江苏和浙江文化的繁荣，以及文化中新气象的出现。明代王阳明后学中的泰州学派开启了早期启蒙思想的潮流，明末以"公""正"为诉求的东林党具有代表江南地区士人和民众利益的倾向，其领袖顾宪成、高攀龙都是江苏无锡人。明中叶文人结社之风颇盛，如翟纯仁等人在苏州的拂水山房社，汪道昆、屠隆等人在杭州的西泠社，以及张溥在常熟、南京的复社，都在政治文化领域开启了新的风气，社会影响很大。至于文学方面，明清两代江苏和浙江文风之盛更是人所熟知的。著名的文人，明代有文徵明、徐渭、冯梦龙、施耐庵、吴承恩，清代有钱谦益、顾炎武、朱彝尊、沈德潜、郑燮、袁枚、龚自珍、李渔、洪昇等。江浙也是明清以来出状元最多的地方。

然而，文化的发展与经济的发展不一定同步，文化的发展除了受经济的制约外，还有其自身的规律。例如，在清代，晋商特别活跃，金融业发展迅猛。但是在这期间山西文化的发展却相对迟缓，如果与唐代的辉煌相比，已大为逊色。又如，北宋时期，关中的经济已经远不如唐代，但张载却在这里教授生徒，传播儒学，"为关中士人宗师"[18]，关中成为儒学的中心之一。

其次，与社会稳定的程度有很大关系。

东汉首都洛阳，经过一百六十多年的经营，是当时的文化中心。中平六年（189），东汉灵帝病死，并州牧董卓借机率军进入洛阳，废黜少帝刘辩，立九岁的陈留王刘协为帝，是为汉献帝。献帝初平元年（190），在东方诸侯的军事压力下，董卓迁天子于西都。迁都之时，图书文献遭到了极大破坏⑲，东汉王朝在首都积累的文化成果毁于一旦⑳。

南朝齐梁二代文学本来相当繁荣，分别以齐竟陵王萧子良、梁武帝萧衍和昭明太子萧统、梁简文帝萧纲为首的三个文学集团，对文化的发展起了很大的推动作用。齐永明年间周颙发现汉语有平上去入四种声调，"竟陵八友"中的沈约等人根据四声以及双声叠韵，研究诗句中声、韵、调的配合，创制了"永明体"，进而为近体诗的建立打下基础。成书于齐代末年的刘勰所著《文心雕龙》则是中国文学批评史上最系统的著作。由于萧衍、萧统、萧纲父子召聚文学之士，创作诗歌，研究学术，遂使建康成为文化中心。萧统所编《文选》影响尤为深远。可是经过侯景之乱，建康沦陷，士人凋零，江左承平五十年所带来的文化繁荣局面遂亦消失㉑。

与此类似的还有唐朝末年中原一带的战乱对文化的破坏。唐代的首都长安是当时最大的国际都会，居住着许多外国的留学生、商贾、艺术家。在宗教方面，除了道教和佛教，祆教、景教和摩尼教也都得以传播，长安显然是当时的文化中心。到了五代，长安的文化中心地位消失了，而四川因为相对安定，士人们相携入蜀，文化也随之发达起来，俨然成为一个新的文化中心。后蜀主孟昶时镌刻石经㉒，后蜀宰相毋昭裔在成都刻印《九经》《文选》《初学记》《白氏六帖》，对四川文化的发展影响很大㉓。尤其值得注意的是词的繁荣，后蜀赵崇祚所编《花间集》，选录 18 家"诗客曲子词"，凡 500 首，其中 14 位作者皆仕于蜀。《花间集》是最早的文人词总集，奠定了以后词体发展的基础㉔。

我们也要看到，社会变革期往往伴随着社会的不稳定，以及各种思想和主张的激荡，这反而会促进文化的发展，并形成若干文化的中心，如在春秋战国时期，鲁国是儒家的中心，楚国是道家的中心。这从另一个方面提醒我们文化发展的复杂性。

复次，文化中心的形成与教育水平、藏书状况、科技推动有很大关系。

书院较多的地区，私人讲学之风兴盛的地区，蒙学发达的地区，往往也成为文化中心，突出的例子是明代的江西、浙江。据统计，明代江西有书院 51 所，浙江有书院 36 所，这些地方也就成为文化中心[25]。

文化的发达离不开书籍，书籍印刷和图书收藏较多的地区，往往会形成文化中心。例如四川成都是雕版印刷最早流行的地区之一，唐代大中年间已有雕版书籍和书肆[26]。唐末成都印书铺有西川过家、龙池坊卞家等[27]。此后，一直到五代、宋代，成都都是印刷业的中心之一，这对成都文化的发展起了重要作用。又如浙江、福建也是印刷业的中心，到了五代、宋，达到繁盛的地步。这两个地区在宋代人才辈出，显然与此有关。明清两代私家藏书以江浙一带为最盛，诸如范钦天一阁、毛晋汲古阁、黄虞稷千顷堂、钱谦益绛云楼、徐乾学传是楼、朱彝尊曝书亭、瞿绍基铁琴铜剑楼、陆心源皕宋楼、丁丙八千卷楼都在江浙，这对明清时期江浙文化的发展无疑起了巨大作用。

科技带动地域文化发展的例子，可以举李冰父子在四川修建都江堰为例。这项工程创造性地运用了治水的技术，将蜀地造就为"天府之国"，文化也随之发达起来[28]。

最后，要提到文化贤哲或学术大师的引领作用。

山东曲阜一带，如果没有孔子就难以形成文化中心，这是显而易见的。北宋思想家邵雍之于洛中，也是一个显著的例子，《宋史·邵雍传》曰："人无贵贱少长，一接以诚，故贤者悦其德，不贤者服其化。一时洛中人才特盛，而忠厚之风闻天下。"[29] 南宋思想家朱熹长期在福建、江西讲学，"诸生之自远而至者，豆饭藜羹，率与之共"[30]。此外，宗教史上如慧能之于广东；思想史上如王阳明之于贵州，王艮之于泰州，都有重大的影响。文学史上也是如此，黄庭坚之于江西，杨慎之于云南，也都有重大影响。明代吴中出现了文徵明等一批兼通诗文、书画的著名文人，形成文化中心[31]。

第三节　地域文化的差异、交流与融合

南北之间的差异　东西之间的差异　沿海与内地之间的差异　文化交流融合的途径：移民、交通与商贸、科举与仕宦

《诗经》与《楚辞》代表了先秦北方与南方两种不同的文化风格，《诗经》质朴淳厚，《楚辞》浪漫热烈。关于先秦南北思想文化的差异，王国维的论述具有启发性："我国春秋以前，道德政治上之思想，可分之为二派：……前者大成于孔子、墨子，而后者大成于老子。故前者北方派，后者南方派也。"㉜关于南北朝文风的差异，《隋书·文学传序》已经给我们重要的提示："江左宫商发越，贵于清绮；河朔词义贞刚，重乎气质。"㉝这种差异在南朝民歌和北朝民歌之间表现得十分清楚。唐代禅宗有"北渐"、"南顿"二派。中唐时期第一批学习民间词的作家，他们的作品往往有一种南方的情调。晚唐五代，词的两个中心都在南方。宋代理学的四个主要学派：以周敦颐为首的濂学，以程颢、程颐为首的洛学，以张载为首的关学，以朱熹为首的闽学，都带有地域性。在元代盛行的戏曲，无论就音乐而论还是就文学风格而论，都显然存在着地域的差异。四折一楔子的杂剧是在北方兴起的一种文艺形式，杂剧创作与演出的中心在大都。稍晚，南方有一新的剧种兴盛起来，这就是南戏。它在两宋之际产生于浙江温州一带，先流传到杭州，并在这里发展为成熟的戏曲艺术，至元末大为兴盛。由宋元南戏发展出来的明代传奇，有所谓四大腔：海盐腔、余姚腔、弋阳腔、昆山腔，都是南方的唱腔。由苏州地区兴起的昆曲，在明末清初达到成熟阶段，成为全国最大的剧种。清中叶至鸦片战争前后，形成五大声腔，除原有的昆腔外，还有高腔（由弋阳腔演变而成，湘剧、川剧、赣剧、潮剧中都有此腔）、梆子腔（即秦腔，源于陕西和山西交界处，流行于北方各地）、弦索腔（源于河南、山东）、皮黄腔（西皮、二黄的合流，西皮是秦腔传入湖北后与当地民间曲调结合而成，二黄是由吹腔、高拨子在徽班中演变而成），这些声腔都具有明显的地方特色。乾隆年间四大徽班入京，与来自湖北的汉调艺人合作，同时吸收昆曲、秦腔的因素，又部分地吸取京白，遂孕育出风靡全

国的京剧㉞，这是地域文化交融的绝佳例证。

东北三省与关内相比，也有自己的特色：粗犷、雄健、富于开拓性。内蒙古的草原文化自然、粗犷，在狩猎、畜牧中形成的与马有关的种种文化很有特色。宁夏回族的宗教、建筑、瓷器等等，都具有独特的民族风情。

东西之间文化的差异首先表现为民族的差异，西部多有少数民族聚居，这些民族的文化各有自己的特色，为中华民族文化增添了亮丽的色彩。其质朴、自然的风格，其文化与大自然的融合，都令人向往。在歌曲和舞蹈方面，更是多姿多彩，显示出少数民族独特的天赋。一些大型的民族史诗，如藏族的《格萨尔王传》、蒙古族的《江格尔》、壮族的《布洛陀经诗》、柯尔克孜族的《玛纳斯》等；还有一些创世纪神话叙事诗，如彝族的《阿细的先基》、瑶族的《密洛陀》、侗族的《侗族祖先从哪里来》、苗族的《苗族史诗》、拉祜族的《牡帕密帕》、阿昌族的《遮帕麻与遮米麻》、哈尼族的《奥色密色》、佤族的《西冈里》等等㉟，都是非常珍贵的文化遗产。

沿海与内地的文化差异也值得注意。早在秦汉时期，齐地多方士，他们讲神仙方术、海外三山，徐福被秦始皇派遣，率领童男童女数千人出海求仙，是颇有象征性的事件。东南沿海与国外的交往较早，南朝、隋唐时期这一地区与印度洋的商旅往来已相当频繁。宋元时期，江苏、浙江、福建、广东都有对外口岸，经这一带出口的瓷器，远销南亚、西亚，直到东非。而明代以后成为中国重要粮食的玉米、马铃薯、番薯等美洲作物，以及在中国广泛种植的烟草，一般认为都是经由东南沿海传入的。明万历年间意大利的耶稣会传教士利玛窦首先到达澳门，再进入内地传教，同时带来西方的科学技术。近代以来，广州、上海、天津等对外口岸在中外文化交流中发挥了重要作用。和内地相比，沿海地区的文化更具开放性和创新性。

文化交流融合有几种途径。

首先是移民，特别是大规模的移民潮。西晋末年、唐末五代以及北宋末年，大批中原的汉族迁徙到江南，对江南经济、文化产生了巨大的作用，移民所带来的文化与当地原有的文化交流融合，使当地文化出现新的特色。闽西和广东梅州客家人聚族而居的土楼（围龙屋），成为当地文化的独特景观。河北、山东一带人民闯关东，推动了东北原住民文化的发展。清代初年"湖广填四川"，促进了西南文化的发展，巴渝会馆的发达，川剧的形成都与移民有关。广西的文化与来自外地的移民和文化名人如柳宗元有关。台湾的文化与闽、粤的移民有极其密切的关系，这表现在民间信仰、建筑风格、生活习惯等许多方面。明末清初是移民台湾的高潮。香港的文化与广东移民有密切的关系，考古发掘证明了香港、澳门与珠江下游地区古代居民之间的关系和交往㊱。

交通与商贸也是各地文化交流融合的重要渠道。汉代以后丝绸之路的开通，对于所经中国内地之间的文化往来，以及中国与中亚、南亚、西亚，乃至欧洲、北非的文化往来，所起的作用显而易见。仅就甘肃河西走廊而言，那是丝绸之路上十分繁忙的一段，在汉唐时的地位类似近代的珠江三角洲和长江三角洲。隋代开通了纵贯南北的大运河，对沟通南北经济、文化起到巨大的作用。唐朝的政治中心在长安，但其经济却在很大程度上依赖江南，运河就成为其经济命脉。沿着运河出现了诸如杭州、苏州、扬州等经济与文化的中心。至于长江航道在交通运输上的作用，及其在文化传播方面的作用更是明显。李白离开家乡四川，沿长江而下，在一生中几乎走遍大江上下，留下许多诗篇。长江沿岸的重庆、武汉、九江、南京、扬州之所以文化发达，得益于这条大江者实在不少。长江流域的洞庭湖与鄱阳湖，以及湖边的黄鹤楼、岳阳楼，还有长江支流赣江边上的滕王阁，成为凝聚着浓厚诗意的地方。明清时期，随着徽商、晋商、粤商、宁波帮等几个活跃的商帮的足迹，文化也得以交流、传播。

科举与仕宦是文化融合的另一条重要渠道。各地的举子进京赶考，考中的或留京任官，或外放任职，考不中的则返回家乡，大批的举子往来于京城和各地之间，成为传播文化的使者。清代钱塘人洪昇，在北京做了约二十年太学生，与京中名流王士禛、朱彝尊、赵执信等人互相唱和。康熙二十七年（1688），其《长生殿》在京城盛演，轰动一时。清代北京的宣南成为进京举子汇聚之地，举子的来来往往，形成文化凝聚与辐射的局面，造就了独特的宣南文化。官员的升迁和贬黜也是文化交流融合的渠道，最突出的例子便是韩愈和王阳明。韩愈贬官潮阳，给当时文化尚不发达的潮州带来了中原文化。王阳明贬官贵州龙场驿，创办龙冈书院，开创了贵州一代学风，他的"知行合一"学说便是在贵州提出来的。此外，李德裕、苏轼等人贬官海南，对当地的文化教育影响巨大。再如清代黑龙江、新疆有许多被流放的官员，其中不乏高级文化人士，他们对当地文化的发展起了重要作用。

第四节　研究地域文化的意义与本书的宗旨

保护地域文化的多样性　地域文化与区域经济　按行政区划分卷
文献考订与田野调查　与地方志的区别　学术性、现实性与可读性
的统一　本书的宗旨与体例

地域文化是按地域区分的中国文化的若干分支。研究地域文化，实际上就是研究文化的空间分布及其特征。研究中国文化如果忽视对其地域性的研究，就难以全面和深入。地域性是中国这个幅员辽阔的大国的特点，是中国文化丰富多彩的重要表现。热爱祖国不是空泛的，首先要热爱生于斯长于斯的家乡。如果对自己家乡的历史文化都不清楚，那么热爱祖国就会落空。有些地区的传统文化正在逐渐削弱甚至濒临消亡，亟待政府采取切实措施加以保护。在文化建设的过程中切忌抹杀地域的特点，避免千城一面、万村一形。如果不论走到哪里看到的是同一种建筑，听到的是同一种戏曲，品尝的是同一种口味，体验的是同一种民俗，既没有关西大汉的铜琶铁板，也没有江南水乡的晓风残月，我们的生活将多么单调，中国展现给世界的形象将多么苍白！在坚定维护国家政治上统一的同时，必须保护各地文化的多样性，保护地域文化的特点，尊重人民群众多种多样的文化需求。这可以视为中国文化发展的战略性举措。地域文化又是港、澳、台人民以及海外华侨、华人寻根的热点，弘扬传统的地域文化有助于祖国的和平统一。从全球的眼光看来，中国这样幅员广阔的大国，如果失去了文化多样性，必然会减弱中国对世界的吸引力。

我们提倡文化的大局观，要站在全国看各地。只有将各地文化放到全国之中，才能更清楚地认识各地文化的特点；只有清楚地看到各地文化的特点，才能更深刻地认识中国文化的面貌。在弘扬地域文化特点的同时，要促进地域之间的文化交流，以推动各地文化共同繁荣。各地文化是互相联系互相渗透的，是在互动中发展的。如果画一幅中国地域文化地图，其中每一板块的变化都会造成整幅地图的变化。没有孤立的安徽文化，没有孤立的河北文化，没有孤立的云南文化，也没有孤立的西藏文化。某一地域文化的发展，都要依靠其他地域，并牵动其他地域。政府在致力于地域经济均衡发展的同时，也要致力于地域文化的均衡发展。再放大一点，在经济全球化的趋势下，国内某一地域文化的发展，也会受到国际因素的影响，上海、天津、福建、广东等沿海地区文化的发展，足以证明这一点。

地域文化的发展对地域经济的依赖和促进是十分明显的，但文化与经济不是搭台与唱戏的关系，应当互相搭台，一起唱戏。发展文化不仅是发展经济的手段，其本身就是目的，因为人民群众的需求以及社会的进步，不仅表现为经济的发展，也表现为文化的繁荣。文化长期滞后于经济快速发展的现状必须改变。发展经济与推动文化，要双管齐下，相互促进。小康社会的指标不仅是经济的，也是文化的。保护地域文化不可追求形式，不可急功近利，要吸取精华剔除糟粕。那种不管好坏，盲目炒作地方名人（包括小说中的人物），简单地打文化牌以拉动经济的风气不可助长。

区域经济的发展已经引起各级领导和全社会的注意，地域文化的发展也应提到日程上来。各地还存在大量文化资源有待开发、研究、利用。《中国地域文化通览》的编撰，就是对我国文化资源的一次普查。我们考察的重点在于各地文化的历史进程、特点、亮点及其形成的原因，各地文化发展的有利条件和制约因素，并力图说明各地文化在整个中国文化发展中的地位、作用，其与邻近地区相互交流相互影响的关系，并着重描述那些对本地和整个中华民族的进步产生过重大影响的标志性成果，彰显那些对本地和中国文化的发展做出重大贡献的人物。我们希望本书能为各地文化建设确立更明确、更自觉的目标提供一点帮助。

关于地域文化，目前已有许多研究成果，但大多是将全国分为几个区域，以先秦的诸侯国名或古代的地名来命名，如河洛文化、燕赵文化、吴越文化、齐鲁文化、荆楚文化、关陇文化、岭南文化等等。也有从考古学的角度，将中国文化分为几个大文化区系的⑬。以上的研究都有学术的根据，也都取得了可观的成就，是我们重要的参考。

本书拟从另一个角度切入，即立足于当前的行政区划，每一个省、自治区、直辖市各立一卷，港、澳、台也各立一卷。本书可以说是中国分省的文化地图。按照行政区划来写《中国地域文化通览》，也是有学理根据的。中国从秦代开始实行郡县制，大致确立了此后两千多年行政建置的基本框架。这既有利于维护大一统的局面，也因为一个行政区划内部的交流比较频繁，从而强化了各行政区划的文化特点。按行政区划分卷，对各地更清楚地认识本地的文化更为方便。其实，今日的行政区划是历史沿革的结果，这种分卷的体例与上述体例可以相互补充，相得益彰。大体说来，所谓齐鲁文化就是山东文化，燕赵文化就是河北文化，三秦文化就是陕西文化，蜀文化就是四川文化，徽文化就是安徽文化，晋文化就是山西文化，吴文化就是江苏文化，越文化就是浙江文化，仍然是与行政区划吻合的，只不过用了一个古代的称呼而已。如果从考古学的角度，研究文化的起源，当然不必顾及目前的行政区划；然而要对包括全国各地的文化分别加以描述，并且从古代一直讲下来，则按照当前的行政区划更为便利。何况，内蒙古、新疆、西藏是中国领土不可分割的一部分，研究中国的地域文化必须包括在内，按照当前的行政区划就不会将这些地区忽略了。

按行政区划编纂当地的文献早已有之，这属于乡邦文献。有的文献所包括的区域比省还小，如汉晋时期的《陈留耆旧传》、《汝南先贤传》、《襄阳耆旧传》等，记录了一郡之内的耆旧先贤。唐人殷璠所编《丹阳集》只收丹阳人的作品，属于地域文学集的编纂。宋人董弅所编《严陵集》，是他任严州（今浙江建德、淳安一带）知州时所编与当地有关的文集。宋人孔延之所编《会稽掇英总集》也属于这一类。近人金毓黻所编《辽海丛书》，张寿镛所编《四明丛书》都是如此。

研究地域文化，必须重视文献资料，特别是乡邦文献，包括各地的方志、族谱、舆图等。文献的搜集、考订和分析，是必不可少的基础性工作。编撰地域文化通览的过程，也就是搜集和整理有关文献的过程。然而文化绝不仅仅体现在文献中，还体现在人们的日常生活中，那是活生生的、每日每时都显现着的。文化除了思想、学术、文学、艺术等内容之外，还包括风俗习惯、衣食住行的方式等等，这乃是社会的各个阶层，尤其是广大民众所创造的。研究地域文化不仅要重视宫廷文化、士大夫文化、精英文化，还要重视平民文化、民间文化、民俗文化。研究地域文化在重视文献的同时，必须注重实地考察，从日常生活中寻找资料。只有将文献资料和实地考察结合起来，并利用新的考古资料，才能见其全貌。

本书跟地方志不同，地方志虽有历史的回顾，但详今略古，偏重于现状的介绍，包括本地当前的自然环境、资源、物产、社会、政治、经济、文化等方面的情况和数据，是资料性的著述。《中国地域文化通览》则是专就传统文化进行论述，下限在 1911 年辛亥革命，个别卷延伸到 1919 年"五四运动"。地方志偏重于情况的介绍，注重资料性、实用性、检索性，《中国地域文化通览》则是研究性著作，强调在大量可信资料的基础上，纵横交错地展开论述，要体现历史观、文化观，总结文化发展的历史经验和规律，史论结合。

《中国地域文化通览》以学术性、现实性、可读性三者的统一为目标。

所谓学术性，简单地说就是符合学术规范，立足学术前沿，注重多学科的交叉融合。本书是一部学术著作，而不是通俗读物，更不是旅游手册。要以实事求是的态度，在认真钻研资料的基础上，力求对事实做出准确的描述、分析与概括。概括就体现为理论。

所谓现实性，就是立足现实，回顾历史，面向未来，希望能对本地文化的发展提供启发。立足现实，是从实际出发，关注当前经济社会文化的发展；回顾历史，是总结经验，以史为鉴；面向未来，是注意文化的发展方向，促进文化建设，促使中国文化以丰富多彩的姿态走向世界。地域文化是国情的重要部分，希望这套书能够成为中央和地方各级政府了解各地历史文化、风土人情的参考，成为因地制宜发展文化的参考。文化的主体是人，以人为本离不开对文化的深入理解。为政一方，既要了解当地的经济资源，也要了解当地的文化资源；既要了解现状，也要了解历史，这样才能最大限度地发挥地域的优势。

所谓可读性，就是要吸引广大读者，让一般读者看了长知识，专家学者看了有收获，行政领导看了受启发。在文字表达上，力求准确、鲜明、生动。

本书各卷都分为上下两编，上编对本地文化作纵向的考察，下编则对本地文化分门别类重点地作横向的论述，纵横结合，以期更深入细致地阐明各地文化的状况。各卷还有绪论，对本地文化从理论上加以探讨。本书随文附有大量插图，图文并茂，以增加直观的感受。

本书的编撰带有开拓性和探索性，我们自知远未达到成熟的地步，倘能对中国地域文化的研究，对中国文化的健康发展，起一点促进作用，参加编撰的大约 500 位学者将会深感欣慰。

> 2010 年 6 月 2 日初稿
> 2010 年 9 月 10 日第 7 次修改
> 2010 年 12 月 12 日第 11 次修改
> 2011 年 12 月 26 日第 12 次修改

【注释】

① 参见《世界地图集》中华人民共和国概况，中国地图出版社 2004 年版，第 228 页。

②《中国自然地理图集》，中国地图出版社 2010 年版，第 221 页。

③ 参见侯仁之主编《黄河文化》第一编第一章第四节，华艺出版社 1994 年版，第 29 页。袁行霈、严文明、张传玺、楼宇烈主编《中华文明史》第一卷第一章《中华文明的曙光》，北京大学出版社 2006 年版，第 67—73 页。

④ 20 世纪的考古发现，特别是二里头文化的发现，证实了夏朝的存在。参见袁行霈、严文明、张传玺、楼宇烈主编《中华文明史》第一卷第二章《中华文明的肇始》，北京大学出版社 2006 年版，第 95—127 页。

⑤《中国自然地理图集》，中国地图出版社 2010 年版，第 222 页。

⑥ 关于长江流域旧石器和新石器时期的遗址，考古学界有许多发掘报告和研究成果。季羡林主编《长江文化研究文库》中《长江文化议论集》收有陈连开、潘守永《长江流域是中华文明的重要发源地》一文，对此有简明的综合介绍，湖北教育出版社 2005 年版，第 21—41 页。另外，此文库中严文明《长江文明的曙光》，李天元、冯小波《长江古人类》，赵殿增、李明斌《长江上游的巴蜀文化》，张之恒《长江下游新石器时代文化》均有综合性的介绍，本文均有参考。关于这些文化的年代，考古界的说法不尽一致，大致距今都在三千年以上，早的可达五六千年以上或更早。

⑦ 苏秉琦有"多源一统"的说法，见其《关于重建中国史前史的思考》，《考古》1991 年第 12 期。此所谓"多源同归"的提出受其启发，又与之不尽相同，更强调各个源头的文化之间动态的交融、汇合。

⑧ 参见《中国大百科全书·民族》"中华民族"条，中国大百科全书出版社 1986 年版，第 573—574 页。

⑨ 《孟子·离娄下》："孟子曰：舜生于诸冯，迁于负夏，卒于鸣条，东夷之人也。"杨伯峻《孟子译注》，中华书局 1960 年版，第 184 页。

⑩ 汉陆贾《新语·术事第二》："大禹出于西羌。"中华书局《诸子集成》本，1954 年版，第 4 页。《史记·六国年表》："禹兴于西羌。"中华书局点校本，1962 年版，第 686 页。

⑪ 《魏书》卷一《帝纪第一·序纪》："昔黄帝有子二十五人，或内列诸华，或外分荒服。昌意少子，受封北土，国有大鲜卑山，因以为号。……黄帝以土德王，北俗谓土为托，谓后为跋，故以为氏。"中华书局点校本，1974 年版，第 1 页。

⑫ 参见田余庆《北魏孝文帝》，《中华文明之光》上，北京大学出版社 2004 年第 2 版，第 338—344 页。

⑬ 《元史》卷六《世祖本纪》：至元四年正月"癸卯，敕修曲阜宣圣庙"，"五月丁亥朔，日有食之，敕上都重建孔子庙"。中华书局点校本，1976 年版，第 113、114 页。

⑭ 见《元史》卷一百四十六《耶律楚材传》，中华书局点校本，1976 年版，第 3455—3464 页。

⑮ 参见史革新《略论清朝入关前对汉文化的吸收》，《炎黄文化研究》第 2 辑，大象出版社 2005 年版，第 158—169 页。

⑯ 参见苏秉琦《苏秉琦考古学论述选集》，文物出版社 1984 年版。

⑰ 参见袁行霈、严文明、张传玺、楼宇烈主编《中华文明史》第四卷，北京大学出版社 2006 年版，第 26—33 页。

⑱《宋史》卷四百二十七《张载传》，中华书局点校本，1977 年版，第 12724 页。

⑲《后汉书》卷七十二《董卓传》云：董卓"尽徒洛阳人数百万口于长安，步骑驱蹙，更相蹈藉，饥饿寇掠，积尸盈路。卓自屯留毕圭苑中，悉烧官庙、官府、居家，二百里内无复孑遗。又使吕布发诸帝陵及公卿已下冢墓，收其珍宝"。中华书局点校本，1965 年版，第 2327—2328 页。

⑳《后汉书》卷七十九上《儒林列传》云："初，光武迁还洛阳，其经牒秘书载之二千余两，自此以后，参倍于前。及董卓移都之际，吏民扰乱，自辟雍、东观、兰台、石室、宣明、鸿都诸藏典策文章，竞共剖散，其缣帛图书，大则连为帷盖，小乃制为滕囊。及王允所收而西者，裁七十余乘，道路艰远，复弃其半矣。后长安之乱，一时焚荡，莫不泯尽焉。"中华书局点校本，1965 年版，第 2548 页。

㉑ 关于侯景之乱，参见《梁书》卷五十六《侯景传》，中华书局点校本，1973 年版，第 841—861 页。

㉒ 宋范成大《石经始末记》引《石经考异序》云："按赵清献公《成都记》：伪蜀相毋昭裔捐俸金，取九经琢石于学宫……依太和旧本，令张德钊书。国朝皇祐中田元均补刻公羊高榖梁赤二传，然后十二经始全。至宣和间，席文献又刻孟轲书参焉。"见孔凡礼辑《范成大佚著辑存》，中华书局 1983 年版，第 159—160 页。

㉓ 参见张秀民著、韩琦增订《中国印刷史》上，浙江古籍出版社 2006 年版，第 32 页。

㉔ 参见袁行霈主编《中国文学史》第二卷，高等教育出版社 1999 年版，第 450 页。"诗客曲子词"之说见于欧阳炯《花间集叙》。又，《四部丛刊》影宋抄本《禅月集》昙域《后序》曰："众请昙域编集前后所制歌诗文赞，日有见问，不暇枝梧。遂寻检稿草及暗记忆者约一千首，乃雕刻成部，题号《禅月集》。"《四库全书总目提要》卷一百五十一《禅月集》曰："昙域《后序》作于王衍乾德五年，称'检寻稿草及暗记忆者约一千首，雕刻成部'。则自刻专集自是集始。"（中华书局影印本，1965 年，第 1304 页）亦可见蜀地文化的发展状况。

㉕ 参见曹松叶《宋元明清书院概况》（续），《国立中山大学语言历史学研究所周刊》第 10 集第 113 期，1930 年版，第 7 页。

㉖ 柳玭《柳氏家训序》："中和三年癸卯夏，銮舆在蜀之三年也。余为中书舍人，旬

休，阅书于重城之东南，其书多阴阳杂记、占梦、相宅、九宫、五纬之流，又有字书、小学，率雕板印纸，浸染不可尽晓。"见《旧五代史》卷四十三《唐书》十九《明宗纪》附《旧五代史考异》引，中华书局点校本，1976 年版，第 589 页。

㉗ 参见张秀民著、韩琦增订《中国印刷史》上，浙江古籍出版社 2006 年版，第 22 页。

㉘《史记》卷二十九《河渠书》曰："蜀守冰凿离碓，辟沫水之害，穿二江成都之中。……至于所过，往往引其水益用溉田畴之渠，以万亿计，然莫足数也。"中华书局点校本，1962 年版，第 1407 页。

㉙《宋史》卷四百二十七《邵雍传》，中华书局点校本，1977 年版，第 12727 页。

㉚《宋史》卷四百二十九《朱熹传》，中华书局点校本，1977 年版，第 12767 页。

㉛《明史》卷二百八十七《文徵明传》云："吴中自吴宽、王鏊以文章领袖馆阁，一时名士沈周、祝允明辈，与并驰骋，文风极盛。徵明及蔡羽、黄省曾、袁袠、皇甫冲兄弟稍后出。而徵明主风雅数十年，与之游者王宠、陆师道、陈道复、王穀祥、彭年、周天球、钱穀之属，亦皆以词翰名于世。"中华书局点校本，1974 年版，第 7363 页。

㉜《屈子文学之精神》，见《王国维遗书》第五册《静安文集续编》，商务印书馆，1940 年版，第 31—32 页。

㉝《隋书》卷七十六，中华书局点校本，1973 年版，第 1730 页。

㉞ 参见袁行霈主编《中国文学史》第四卷，高等教育出版社 1999 年版，第 342—343 页。

㉟ 参见《中国大百科全书·中国文学》，中国大百科全书出版社 1986 年版，第 697 页。

㊱ 香港特别行政区民政事务局与中国社会科学院考古研究所联合，在新界与大屿山岛之间的马湾岛东湾仔北，发现新石器时代中晚期至青铜时代早期的居址、墓葬和大批文物。被评为 1997 年全国十大考古新发现之一。见邹兴华、吴耀利、李浪林《香港马湾东湾仔北史前遗址发掘简报》，《考古》1997 年第 6 期。关于澳门的考古发现，参见邓聪、郑炜明《澳门黑沙》，香港中文大学出版社 1996 年版。

㊲ 苏秉琦把现今人口分布密集地区的考古学文化分为六大区系：以燕山南北长城地带为重心的北方，以山东为中心的东方，以关中（陕西）、晋南、豫西为中心的中原，以环太湖为中心的东南部，以环洞庭湖与四川盆地为中心的西南部，以鄱阳湖—珠江三角洲一线为中轴的南方。见《中国文明起源新探》，三联书店 1999 年版，第 35—36 页。

目 录

上 编

清代教育的发展　明清时期地方志书的编纂　明清时期祠庙的修建与
祀典的举行　宋、元、明、清各朝对宗教的优容　民间文艺与思想文
化遗产

下　编

第一章　山水农牧文化

第二章　多民族文化交融并存

岩画彩陶　河湟"花儿"　热贡艺术　《格萨尔》说唱　平弦越弦　贤
孝打搅儿　目连戏骆驼戏　酥油花　汉族民歌回族宴席曲藏族拉伊

图片目录

彩　页

插　图

绪 论

第一节 地理环境

地理环境概况 高寒缺氧的青海南部牧业区 地质复杂的聚宝盆——柴达木盆地 水草丰美的环青海湖地区 耕牧相间的东部农业区

青海省位于中国的西北腹地。东部和北部与甘肃省相接，西北部毗邻新疆维吾尔自治区，西南部与西藏自治区相连，东南部与四川省相邻。介于北纬 31°39′—39°19′，东经 89°35′—103°04′之间。全省东西长约 1200 公里，南北宽约 800 公里，面积 72.12 万平方公里，占全国总面积的 7.51%，仅次于新疆、西藏、内蒙古，居全国第四位。青海于 1929 年建省，因境内有中国最大的内陆咸水湖——青海湖而得名，简称"青"。青海境内多系高原山地，且地势高亢，四周群山环抱，盆地居中，河谷纵横。青海大部分地区空气含氧量少，只有内地的 50%—80%。气候寒冷干燥、多风少雨。全省人口分布不均，西宁市和东部农业区面积约占省的 3%，承载着全省约 70%的人口；而占全省面积约97%的牧区只居住着全省约 30%的人口。

青海省地处高寒和干旱与半干旱的环境中，植被稀疏，植株多低矮枯瘦，分布不均。全省绝大部分地区的年平均气温在 5℃以下，其中青南地区（南部的沙谷地带除外）和祁连山中、西段在 0℃以下。全省年降水量绝大部分地区在 500 毫米以下，柴达木盆地大部分低于 50 毫米。青海自然资源总量相对富集，人均资源潜在价值名列全国前茅，是一个资源大省。青海省水电资源丰富，主要分布在黄河、通天河、扎曲等河流。石油天然气资源主要集中在西北部的柴达木盆地。矿产保有储量的潜在经济价值高，在全国占前 10 位的矿种有 49 种，其中，居第一的有锂、锶、冶金用石英岩、芒硝、电石用灰岩、化肥用蛇纹岩、盐矿、钾盐、镁盐、石棉、玻璃用石英岩等 11 种。青海的耕地面积近 60 万公顷，占全省土地总面积的 0.81%；天然草场面积占全省土地面积的 53.51%。可利用草场面积达 5 亿亩，为我国四大牧区之一。

青海地处世界屋脊，青藏高原北部，青海南部高原区地势高耸，平均海拔在 4000 米以上，约占全省面积的一半。那里雪峰林立，冰川纵横，其中昆仑山、布尔汉布达山、可可西里山、唐古拉山、巴颜喀拉山和阿尼玛卿山，海拔 5500 米左右，山岭高度多在 6000—7000 米之间。那里又是我国很多河流的发源地。其中的长江源区、黄河源区、澜沧江源区水力资源丰富；长江正源沱沱河流域面积 1.76 万平方公里，其中冰川面积 381 平方公里，各拉丹冬雪山群中最长的冰川长达 12.8 公里。仅沱沱河就有一级支流 97 条之多，沱沱河流域内有湖泊 2165 个，湖水面积共 300 多平方公里。长江上游在青海南部玉树藏族自治州境内的长 828 公里河段因地势高峻，江流奔腾而下，因而得名"通天河"，藏语"治曲"，意为"牦牛河"，或云沱沱河与当曲会合处有青山形似巨牛而得名。通天河流域自古以来先民游牧生活，留下大量文化遗存。黄河发源于青海省玉树藏族自治州曲麻莱县东北部，巴颜喀拉山脉的卡日扎穷山岭北麓的约古宗列盆地西南隅，流经果洛藏族自治州境内的"玛涌塘"，因沼泽草甸区湖泊众多，如繁星落地，藏族因夏日的草甸区状如孔雀开屏的自然景观而称黄河为"玛曲"，意为孔雀河，汉语称那里的中部草甸区为"星宿海"。继星宿海，黄河流经果洛州境内的扎陵湖、鄂陵湖，扎陵湖水显白色而长，故得名，意为"灰色的长湖"，水域面积 526.1 平方公里，东西长约 37 公里，南北宽约 23 公里，环湖半岛多水鸟、鹿獐。鄂陵湖水显青色而长，故得名，意为"青蓝色的长湖"。黄河流经果洛州境内的玛卿雪山地区后接纳沼泽、山泉、冰川融化的河流而进一步壮大,"玛卿"或"玛沁"的藏语意思为"大黄河"。黄河源地区的黄河水不黄,清清黄河从河湟地区到河套、中原,乃至齐鲁大地而入海,是中华民族的母亲河,哺育了历代中华儿女。澜沧江作为著名的国际河流,东南亚第一巨川、亚洲第六大河,源于青海南部高原玉树扎多县境内,经西藏、云南出国境,国境以下称湄公河。长江、黄河、澜沧江自青海南部高原奔流而下,阅尽人间春色,润泽中华大地,演绎了难以计数的文化篇章①。

柴达木盆地面积25万平方公里,是我国海拔最高的内陆盆地,约占青海省海西蒙古族藏族自治州31万平方公里面积的83%。因盆地内矿产资源丰富,尤以盐湖中可供开采的大量钠盐、钾盐等化工原料为重,被誉为"祖国的聚宝盆"。现已探明的矿种有45种之多,其中石油、煤、铅锌储量大、品位高,且伴生有金、银、锡、锑、钼等金属。盆地坐落在赛什腾山、绿梁山、锡铁山、埃姆尼克山、牦牛山之间,呈现宽阔地段,这些地段又分别被称为大柴旦盆地、马海盆地、德令哈盆地、乌兰盆地、都兰盆地、泽令沟——野马滩盆地等。这些盆地中的盆地均属断陷地貌,以干旱剥蚀作用为主。依托盆地的塔塔棱河、大哈尔腾河、鱼卡河、香日德河、格尔木河、柴达木河、那陵格勒河、巴音河、白水河等都是内陆河,以冰雪融水补给为主,河流出山口处为绿洲灌溉的农业区,有的河流入注盆地湖泊。由于时代沧桑之变,柴达木盆地地质地貌复杂多变,至今留有远古时代遗留的"贝壳梁"、硅化木等,古生物化石俯首可拾。在柴达木广袤的戈壁滩上分布着大大小小的众多盐湖,如一里坪干盐湖、马海盐湖区、大浪滩盐湖区、依克柴达木盐湖、北霍布逊盐湖、达布逊盐湖、台吉乃尔盐湖区、尕斯库勒盐湖、别勒湖、希里沟盐湖、柯柯盐湖、茫崖盐湖、察尔汗盐湖区等等,这些盐湖中产天然硼砂、天然碱、钾盐等,卤水中含锂、硼、钾、镁等元素,其中的察尔汗盐湖内有珍珠盐、珊瑚盐、钟乳盐、水晶盐及玻璃盐等,是一方盐的世界。著名的"万丈盐桥"名闻遐迩。盐湖中的玉树琼花为天下奇观。另有茶卡盐湖位于柴达木东缘的乌兰县茶卡镇南,湖区长15.8公里,宽9.2公里,面积145.3平方公里,湖深0.25米,属卤水湖。湖内氯化钠储量约4.5亿吨,盐晶大,质纯味正,俗称"青盐"。茶卡盐池在历史上以"盐池"闻名，明清时期设盐局经营。由于"青盐"防腐性能强，为内地腌制泡菜的最佳选择，除了食用，还用于医疗。古羌人、吐谷浑人、吐蕃人，以及后来的蒙古族、藏族先民都在柴达木盆地留下过足迹，柴达木地区的古代岩画成为这一历史的见证。除了盐湖之外，盆地内的可鲁克湖、托素湖是两座半咸水湖，可鲁克湖面积58.6平方公里，平均水深4米；托素湖面积253平方公里，平均水深51.5米，两湖相距很近，巴音格勒河水先从可鲁克湖穿过，然后注入托素湖，二湖成为柴达木盆地的姊妹湖，湖内盛产鱼类，湖区栖息天鹅等鸟类。柴达木盆地的许多山崖峭壁上挺立着许多古柏树，内陆河畔有着胡杨林，诉说着柴达木盆地的历史沧桑[2]。

　　青海湖作为我国最大的内陆咸水湖，古称卑禾羌海、鲜水。两汉之际，王莽秉政，鉴于当时已有南海、北海、东海三郡，唯缺西海郡，为求"四海一统"，请准在青海湖畔设西海郡，下设五县，以示天下"四海归一"。王莽的观点反映了秦汉时期的祖国大一统理念。北魏始有青海之称，因青海湖宏观是湖，微观似海，古诗"青海长云暗雪山"中的"青海"当指青海湖。青海湖藏语称"措温布"，蒙古语称"库库诺尔"，语意皆通汉语"青海"。1929年青海建省，以"青海"命名省名，约定俗成沿用至今。青海湖坐落在大通山、日月山、青海南山之间，属地质构造断陷湖，东西长106公里，南北长63公里，面积4573平方公里，湖面海拔3196米，平均水深18.6米，最大水深29.7米，储水量854.5亿立方米。水源补给主要有布哈河、泉吉河、黑马河、沙柳河、哈尔盖河、娄拉沟河等。自古以来青海湖受周边干旱气候的影响，湖水补给源逐年减少，蒸发量大，虽然青海湖环湖周长有360公里之长，但湖体正在逐年退缩，湖面每年有降低之势，湖周形成子湖20多个，湖之东有沙岛，湖之北有鸟岛，数以10万计的候鸟在岛屿湖滨借湖中裸鲤（俗称"湟鱼"）繁衍生息。青海湖子湖以耳海、二郎剑海较大，耳海面积6.49平方公里，二郎剑面积0.87平方公里。青海湖西北部有天鹅湖（亦称泉湾），每年冬季有1000余只天鹅栖息。青海湖岸边有广阔的草场，水草丰美，自古以来为兵家必争之地。环青海湖天然牧场，曾有羌人、吐谷浑人、吐蕃人等古代民族游牧，近现代有藏族、蒙古族等民族的牧民驻牧，历代先民的游牧文明成为草原文化走廊的巨大财富③。

青海东部河湟谷地自古以来是历代先民们从事耕牧相间的地方，由于气候适宜，黄河、湟水、浩门河润泽两岸田亩，青海地区形成人口分布西疏东密的状况，70%以上人口分布在土地不到10%的东部农业区。早在五六千年前的史前时期先民们就开始在河湟流域从事原始农耕和畜牧业养殖活动，其后历代沿袭不绝。根据河湟谷地川水、浅山、垴山阶梯式地形特点，历代先民宜耕则耕，宜牧则牧，农业和畜牧业相得益彰，维持着一代又一代人的生计。自汉代以来河湟流域就是人口流动频繁的地区，二千多年"二牛抬杠"的耕作方式，"油坊水磨"的农作物加工方式以及食各种面食、糌粑，饮茯茶等生活习惯连绵不断，丝绸南路、茶马古道的兴起，与河湟流域的移民活动、文化交往的历史沿革密切相关。东部农业区位于青藏高原与黄土高原交接之地，北部祁连山脉自西向东连绵，祁连山脉北麓便是长达千余公里的河西走廊，古人通过河西走廊翻越祁连山脉的垭豁山口进入河湟流域和青海湖地区；南部拉脊山脉自西向东连绵，拉脊山脉南麓便是青海南部高原，古人翻越拉脊山垭豁山口与广阔的青南牧业区的牧民交往。因此，自古以来，青海东部农业区形成了农耕文化走廊和草原文化走廊交汇之地。

青海作为中华民族母亲河黄河、长江的发源地，雪山、冰川、湖泊一直涵养着江河源。广袤的草原，日渐荒漠化的戈壁滩，高山、峡谷、农田，构成了青海壮美的山川风貌，也成为别具特色的一方文化热土。

第二节　行政建置沿革概况

西汉至唐代的建置　宋元明清的建置　三个地方政权的建置　土官、土司制度

行政建置及其变迁是一个地区制度文化的重要内容。

青海历史悠久，迄今已知在三万年左右即有人类在这里生活。已发现的考古学文化和文献相印证，可知青铜器时代后期以来即中原夏商周时期，青海的世居民族是古羌人。春秋、战国时期羌人日渐强盛，但一

直未建立国家，古羌人内部实行部落制度，还谈不上行政建置。青海境内的羌人也未纳入相邻的秦国的管辖范围。换句话说，西汉武帝以前，青海一直是"塞外"之地，没有严格意义上的行政建置。

西汉初，北方匈奴一度势力强盛，青海境内的古羌人臣服于匈奴。西汉武帝元鼎五年（前 112），青海羌人与匈奴联合攻击汉边。次年，汉武帝派将军李息、郎中令徐自为率兵平羌。汉军打败羌人后，开始筑令居塞（今甘肃永登县境），设置护羌校尉，以"持节统领"羌人④，同时汉朝开始向青海东部迁移汉族农民。汉昭帝始元六年（前 81），汉设金城郡，管 6 县，郡治在今兰州西固，青海还不在其辖区内。宣帝神爵初（前 61），汉后将军赵充国平羌取得军事胜利后，朝廷设金城属国以安置降附羌人部落，同时将金城郡郡治由今兰州西固西移至今青海境内，辖区由 6 县扩大为 13 县，其中临羌（治今湟源县城关镇东，一说湟中县境）、破羌（治今乐都县境）、安夷（治今平安县平安镇）、允吾（治今青海民和回族土族自治县湟水南西沟乡古城村）4 县在今青海境内，河关县（治今积石山县大河家，一说治今贵德）所辖大部分地区（如今循化撒拉族自治县及民和县南部）也在今青海省境。青海东部从此开始正式纳入中原封建王朝的郡县体系之中。

汉平帝元始四年（4），权臣王莽以当时已有东海、南海、北海郡，唯独无西海郡，难以显示"四海一统"的盛世局面为由，请求设立西海

图绪-1 西海郡古城址

郡。得到允准后，遣官多带金币，使卑禾羌献鲜水海（青海湖）一带地方，设立了西海郡（治龙夷，今海晏县三角城）。设郡后 5 年，即王莽始建国元年（9），又在郡城中雕制安放了"西海郡虎符石匮"。该"石匮"石虎基座和石柜正面阴刻有"西海郡虎符石匮 / 始建国元年十月癸卯 / 工河南郭戎造"22 个篆字。"虎符石匮"属于一种象征神秘力量、象征权威的"符命"、"符信"，它的制作安放，意在公告天下：朝廷设西海郡是天子顺应天意的举措。西海郡下辖 5 县，县名失载，但县城遗址已于 20 世纪七八十年代在环青海湖地区陆续被发现⑤。

王莽末年，金城郡、西海郡均被羌人占领。东汉初，只恢复了金城郡，但原金城郡所辖 13 县缩减为 10 县，黄河以南 3 县（枹罕、白石、河关）改隶陇西郡。汉献帝建安十年（205）前，在金城郡西部析置西平郡（治西都县，今西宁市），领 4 县。这时青海东部分属金城、陇西、西平 3 个郡管辖，今西宁开始成为政治中心之一。

三国时，包括今青海在内的中国北部属曹魏统辖。曹魏基本上沿袭东汉之制。西晋时，青海东部分属金城、西平、晋兴 3 个郡管辖。晋兴郡治晋兴县（治所约在今民和县上川口镇），辖 10 县。金城郡郡治此时由今青海民和县东移至今甘肃榆中。

十六国时期，先后统治河湟地区的有前凉、前秦、后凉、南凉、西秦、北凉等小王国。东晋隆安元年（397），河西鲜卑首领秃发乌孤建立了南凉。南凉共历 3 主，存续 18 年。北魏统一北方后，于太武帝太延五年（439）置鄯善镇（治今西宁市），管辖青海东部地区。明帝孝昌二年（526），改鄯善镇为鄯州（初治西宁，不久移治乐都）。鄯州下辖西平、浇河、洮河 3 郡。

北周时，今青海东部地区分属鄯州、廓州（治今青海贵德）、河州（治今甘肃临夏）3 个州管辖。鄯州之下有乐都、湟河二郡，廓州之下有洮河、达化二郡，河州之下管到今青海民和一带的有枹罕郡下的龙支县。

东晋初至唐前期青海高原上兴起了一个游牧王国——吐谷浑，其辖区不断扩大，鼎盛时期占有东抵今四川北部和甘肃南部，西达今新疆南部，中含今青海省大部的广大地区，成为青海高原上号称强大的游牧王国。吐谷浑国共传 15 代 22 主，于唐高宗时被吐蕃攻灭，存国时间近

350 年。

隋文帝开皇三年（583），在今青海东部恢复鄯、廓、河 3 州。隋炀帝大业三年（607），改鄯州为西平郡，改廓州为浇河郡，改河州为枹罕郡。大业五年（609），隋炀帝率大军西巡，一度灭吐谷浑，在其故地设了 4 个郡，其中西海、河源二郡在青海境内。隋朝亡后，这两个郡废，辖区仍归吐谷浑。

唐朝沿袭隋初之制，在今青海东部沿设鄯州（治今乐都县碾伯镇）、廓州（治今化隆县群科镇）二州。玄宗天宝元年（742）至肃宗至德二年（757），鄯州改称西平郡，廓州改称宁塞郡。

隋末唐初，吐蕃王朝在今西藏崛起，后来向北扩张，先后吞灭了青海南部的一些羌人小邦国如党项、苏毗、多弥、白兰等，并于唐高宗龙朔三年（663），攻灭吐谷浑国，与唐朝以日月山为界直接相邻。唐蕃双方在临边地区大量驻兵，唐朝还在河湟地区大兴屯田。唐蕃双方时战时和，著名的唐蕃古道于此时形成。8 世纪中叶，唐朝发生"安史之乱"，吐蕃占领包括今青海在内的陇右以西广大地区，在占领区设立过鄯州节度使、青海节度使以及若干茹、东岱、军、城等军政建置。9 世纪末叶，吐蕃王朝瓦解，种族分散，不相统一。五代时期也是如此。

北宋前期，安多地区诸吐蕃部落联合起来，建立了地方政权，建都青唐（今西宁），史学界称之为青唐吐蕃政权，又因其以吐蕃王室后裔唃厮啰为"国主"，故又称唃厮啰政权。"唃厮啰"，藏语为"佛子"之意，先是对欺南陵温这个人的尊称，后用于称呼青唐吐蕃政权。唃厮啰政权兴盛时，河、湟、洮水流域及今青海祁连山以南、青海湖以西今果洛地区及其北部等均为其势力范围。唃厮啰政权之主向北宋称臣，协助北宋抗御西夏，同时保持相对的独立性。唃厮啰政权存在近百年，传 4 代 6 主。

唃厮啰政权即将瓦解时，宋朝派军进占河湟地区。哲宗元符二年（1099），宋朝改青唐为鄯州（治今西宁市），改邈川为湟州（治今民和县境）。1104 年收复宁塞城，恢复廓州之称，并改鄯州为西宁州（此为西宁地名之始）。宣和元年（1119），改湟州为乐州。北宋在今青海省地还置有震武军（在今门源县境）、积石军（在今贵德县境）等。

金朝推翻北宋后，于南宋绍兴元年（金天会九年，1131），攻占了青海东部诸州。5 年后，西夏出兵攻占了金的乐州、西宁州，谦词上表，请求金朝将河外诸州让给自己。金同意西夏的请求，将积石州、乐州、廓州割让给了西夏。西夏统治青海近百年。

公元 1127 年，蒙古国灭西夏。元世祖至元（1264—1294）初年（一说为 1253），设吐蕃等处宣慰使司都元帅府（治河州，今甘肃临夏市），隶于宣政院，辖今青海大部分地区（西宁州因划为章吉驸马封地，不属宣政院）、甘肃西南部及四川北部等地。元初沿置西宁州（治今西宁市），并将宋、夏时的乐州、廓州并入，隶于甘肃行省。在黄河南设贵德州（治今贵德河阴）、必里万户府（管辖今贵德以西海南、黄南等牧区）等，隶于吐蕃等处宣慰使司都元帅府。

明代废行省，实行布政司、按察司、都司三司之下的卫所制，甘肃省并入陕西布政司。洪武六年（1373），改元西宁州为西宁卫，隶于陕西行都指挥使司，卫下设中、左、右、前、后、中左 6 千户所，既管军事，又管民政。洪武八年（1375），改元贵德州为归德守御千户所（治今贵德县河阴镇），隶陕西都司。以上是正规卫所，驻扎有国家军队，长官由朝廷委派；另有一些卫所系羁縻卫所，由部落头人任卫所官员，卫所内没有国家驻军。如设于今青海西部的安定、阿端、曲先、罕东"塞外四卫"，设于青南地区必里卫、朵甘卫、毕力术江卫、陇卜卫等。

清初沿明制，但西宁厅的地位开始高于西宁卫。康熙年间设甘肃行省，青海东部属甘肃，西部为蒙古辖地。雍正元年（1723），发生蒙古亲王罗卜藏丹津事件，事件平定后，改西宁厅为西宁府（治西宁县，今西宁市），辖西宁县（由西宁卫改）、碾伯县（治今乐都县碾伯镇）和大通卫（治今门源回族自治县浩门镇，后移至今大通县城关镇）；设钦差办理青海蒙古番子事务大臣（通称青海办事大臣或西宁办事大臣），管理青海中、西、南部广大牧区蒙藏事务。青海办事大臣隶理藩院，是相当于省一级的特别行政区。在青海蒙古中设 29 个札萨克旗，在藏族中陆续推行千百户制度。乾隆年间，随着人口的增多，经济社会开发程度的拓展，先后增设巴燕戎格厅、循化厅、贵德厅，并改大通卫为县，至道光九年（1829），加上新设的丹噶尔厅，西宁府共辖 3 县 4 厅。

辛亥革命后，北洋政府废青海办事大臣，改设青海办事长官。民国二年（1913），裁西宁府，改设西宁道（仍隶属甘肃省），将清末 4 厅改为 4 县，共辖 7 县。民国四年（1915）设蒙番宣慰使、甘边宁海镇守使，由马麒一人兼任，所辖即后来青海省的范围。1926 年，冯玉祥任马麒为青海护军使。同年废道，西宁道改为甘肃省第四行政区。1929 年青海建省。1931 年，国民政府根据青海省政府和地方绅士的请求，通过"明令撤销青海土司"一案，决定土司属民由县、乡管理，延续了六七百年的土司制度至此被正式废除。青海建省后多次增设县、设治局等，行政区划屡有变动。至 1949 年 10 月，全省辖一市（西宁市）、一地（玉树行政督察区）、19 县（大通、湟中、互助、乐都、民和、循化、贵德、化隆、湟源、共和、门源、玉树、都兰、兴海、同仁、囊谦、称多、海晏、同德）；还有二设治局（祁连设治局、星川设治局）。

历史上建都青海的地方性政权不多，其中影响较大的有三个：南凉、吐谷浑和唃厮啰政权。

南凉王国是十六国时期河西鲜卑秃发部建立的地方政权，是西北"五凉"（前凉、后凉、南凉、北凉、西凉）政权之一。南凉重视学习儒学文化和汉族统治经验，其最高统治者为国王（有西平王、武威王、河西王、凉王之称），国王之下总揽政务的行政首长为录尚书事，其佐官有尚书左、右仆射和左、右丞，有祠部郎中等。除尚书省的官外，还有门下省中散骑常侍、散骑侍郎等官。列卿有国纪祭酒、太史令、大司农、卫尉、博士祭酒等。军事长官有骠骑大将军、车骑大将军、太尉。南凉兴盛时一度辖有凉州，州下先后共设有 13 个郡，约 50 个县。在今青海境所设郡有：西平郡、乐都郡、湟河郡、三河郡、晋兴郡、金城郡、浇河郡等。

吐谷浑是青海高原游牧王国，其第十三任国主拾寅在位时进入鼎盛时期，第十八任主夸吕在位时（535—596）筑伏俟城（鲜卑语，意为"王者之城"，址在青海湖西岸 15 公里，今称铁卜恰城）。吐谷浑在政权建设方面，努力吸收和仿效汉族朝廷的做法。其国初建时，最高首领称可汗（意为首领、官家），其下设将军、长史、司马等。后来出现王、公、仆射、尚书、郎中等官。到夸吕时，其官制基本定型，最高首领为可汗

（意为皇帝），可汗之妻称"可尊"（意为皇后）。可汗之下设丞相，为众官之首，总揽内外大权。宗室子弟大多封王，羌人部落大首领也有封王的。吐谷浑一般不设郡县，地方管理以地区和部落为单位，通过设"戌"进行军政合一的管辖。

唃厮啰是北宋时在青海东部等地区由吐蕃人为主体建立的多民族地方割据政权，辖区内无州、军等行政建置。唃厮啰政权的最高统治者汉文史籍称"国主"，吐蕃人称为"赞普"，国主之下设"论逋"（丞相），在国主左右协助处理军政大事。唃厮啰政权的基层组织是部落。赞普与各大部落首领的隶属关系通过祭天盟誓的形式来维持，吐蕃王朝时代"岁一小盟"，"三岁一大盟"⑥的传统得以沿用，同时采用拘押"质帐"的办法控制各个部落。在政治建设方面比吐蕃王朝有进步的是，分别设立了协助国主处理日常事务的"国相议事厅"和"国主亲属议事厅"，国主听取论相派和王室贵族派两方面的意见，在一定程度上收到了防止某一方面专权的效果，对减少决策失误有重要意义。

西北地区土官制度的产生可追溯到汉唐的羁縻政策。汉武帝时，汉军平定河湟羌人取得军事胜利后，虽设立了护羌校尉，但不便在尚处在氏族社会末期的羌人中委派郡守、县令之类的行政官员进行统治，便采取封羌人首领为王、侯、君等称号，让他们依旧俗管理居民的策略。这样，羌人聚居地便被纳入汉王朝的势力范围之内。汉宣帝时，开始在羌人聚居区委派汉官，不过，管理降顺羌人的主要是金城属国，属国内羌人保留原来的部落组织，按羌人的风俗习惯进行管理。唐代，青南、川北一带的党项羌内附，唐朝曾在河曲一带设了16个羁縻州，各羁縻州的刺史、都督等官职均由当地部落首领担任，可以世袭。汉唐中央政府对边远少数民族聚居区采取的较为灵活松散的统治体制成了后世土官、土司制度的滥觞。

青海土官制度创始于元代，明代得到普遍推行，清代演变为土司制度。元至元五年（1269），八思巴以国师、领总制院事的身份赐给今玉树地区藏传佛教高僧胆巴掌管当地政教事务的象牙图章和白檀木图章各一枚，授权他掌管称多地方佛事和民事，于是，尕藏寺第一任寺主胆巴成了玉树称多地区首任政教合一的大土官。类似的土官还有囊谦王、西纳家族首领——宗喀万户等。俗职土官有见载于嘉庆《循化志》的"前元撒喇尔世袭达鲁花赤"韩宝等。蒙元统治者本着僧俗并用、"军民通摄"的原则委任土官，推行政教合一的统治形式，符合青海地区当时的社会发展进程和实际，故收到了较好的效果。

明朝建立后，伴随着明军西进，朝廷对西北地区故元官吏、部落首领极力招抚，并沿袭元朝的做法，对率众前来归附者，均封授大小不等的官职。这些被授予世袭职位的官员明代史书中称为"土官"。明代青海土官的数量比元代大大增多，大致可分 4 种类型：一是在正规卫所任职的土官；二是在羁縻卫所任职的土官；三是被授予僧职，实行政教合一统治的土官；四是被授予卫所官或僧职虚衔，以管束本部落属民的土官。

1. 正规卫所土官。明代在今青海境内所设正规卫所只有西宁卫（卫城在今西宁市）和归德守御千户所（在今贵德，后改为河州卫所辖千户所）。青海东部在正规卫所任过职、代代承袭基本没有中断的著名土官有 10 余家，从明初到明末，共传 8 至 12 代不等。以第一代土官（各家土官之始祖）为准，受封卫指挥佥事的有陈子明、朵尔只失结（后代改姓祁）、李南哥，受封副千户加指挥佥事俸禄的有南木哥（后代改姓汪），受封副千户的还有祁贡哥星吉，受封世袭百户的有吉保、赵朵只木、贴木录（后代改姓甘）、韩宝，受封总旗的有沙密（后代改姓纳），受封小旗的有薛都尔（后代改姓冶）、失剌（后代改姓阿）、乩铁木（后代改姓朱）、朵力乩（后代改姓辛）、哈剌反（后代改姓剌）等。袭职土官在他的一生中，职位变化不止一次，其后裔的职位升降变化也较频繁，并非一成不变。

2. 羁縻卫所土官。河湟农业区以外的广大牧业区所设所、卫、都司大都具有羁縻性质。它们先后有：必里千户所（后升为必里卫）、朵甘卫（后升为朵甘都司）、安定卫、阿端卫、曲先卫、罕东卫、陇卜卫、毕力术江卫等。这些羁縻卫所与正规卫所最大的不同是朝廷不派流官，不派驻国家军队，在辖区内不实行内地通行的法律法规，而是仍由部落首领按旧习俗来管辖。朝廷授予的官职有都指挥同知、都指挥佥事、指挥使、指挥同知、指挥佥事、千户、百户、卫镇抚、所镇抚等，均由部落大小首领担任，由朝廷颁给敕书印记，准予世袭。有的大首领甚至沿袭元制获得"王"的称号。如元代宁王卜烟贴木儿曾获封安定王，统辖"塞外四卫"。

3. 政教合一土官。明代僧侣的最高职衔为"法王"（如大宝法王、大乘法王、大慈法王），其次为王（如阐化王、赞善王、护教王、辅教王、阐教王），再次为西天佛子、大国师、国师、禅师等。河湟地区僧侣受封王号者极少，但受封大国师及以下僧官者不计其数。明廷要求这些僧官遵守朝廷法度，安定地方，敦厚教化，率民为善。对所有僧官，朝廷均给予敕印，准许世袭。僧官则要按期朝贡，效忠朝廷。政教合一土官较著名者如瞿昙寺寺主、弘化寺寺主和隆务寺土官等。

4. 部落土官。明朝还根据河湟地区藏族各部落首领地位的高低，分别授予卫所系列的指挥、指挥同知、指挥佥事、千户、百户等职衔，或授予国师、禅师等僧官职衔，让他们代表明王朝管领属民。藏族部落中头人被授予指挥使的部落有申中族等，设国师的有隆卜族等，而西纳族既有国师、禅师等僧官名号，又有指挥、千户、百户等职衔。

到了清代，河湟农业区较有势力的十数家明代土官均先后受封为土司，于是土官制度转化为土司制度。与明代土官承袭时职位有升有降不同，清代始封土司的职衔一开始定成了什么，其后代辈承袭的也就是什么，一成不变。世袭卫指挥使的有二家（西祁土司、陈土司），世袭指挥同知职衔的有5家（东李、西李、东祁、阿、赵土司），世袭指挥佥事职衔的共7家（汪、纳、吉、冶、甘、朱、剌土司），世袭千户的二家（上韩、下韩），世袭百户的二家（辛、小李土司），终清一代，未发生过升降变化。清代实行的是绿营兵制，绿营兵的军官职衔与卫所没有关系，而土司的官衔则仍沿袭明代之旧，可见土司们的职衔都不是实际职务，而是虚衔。

明朝在牧业区所设土官随着明后期蒙古族的迁入全部废止。清初，牧区的藏族各部接受和硕特蒙古汗廷的统辖。雍正初年平定青海蒙古和硕亲王罗卜藏丹津事件后，清廷开始逐步在藏族部落中推行千百户制度，直接行使管辖权。各个时期所设千户、百户是根据所辖户数多寡定的，与原来的卫所毫无关系。在推行千百户制度的同时，清廷明令取缔明时及清初所授大国师、国师、禅师等名号，寺院的治民特权也被明令取消（但政教合一的形式并未彻底消失）。

青海地区明代土官、清代土司，都对朝廷十分效忠，史称其有"捍卫之劳，无悖叛之事"⑦，"绝不类蜀黔诸土司桀骜难驯也"⑧，其原因：一是土官、土司在当时行政、军事权力结构中一直处于辅佐汉族流官的位置上，即保持土汉参治、以汉官为主土官为辅的格局；二是土官、土司众多，而各自所管土民较少；更重要的是，此姓土民与彼姓土民之间、土民与汉回等族居民之间不是截然分开，而是混合居住，呈犬牙交错的状态。因此，土司（官）难以形成对抗朝廷的力量。在特定的历史条件下，土司制度对强化民族意识、聚合民族力量、维护多民族杂居地区的社会稳定有一定的积极作用，但随着时代的进步，土司制度日益不合时宜。清中期以后，青海农业区土司势力日益衰落，到民国二十年（1931）时，原来十多家土司只剩了8家。1930年，青海省政府报经国民政府批准，实行"改土归流"，宣布土司属民改由县、乡管理。从此，河湟地区延续了六七百年的土司制度被正式废除。但此时牧业区的千百户制度并未受到触动。直到1958年党和国家在牧业区实行民主改革，所有封建特权始被废除。

总之，青海东部河湟农业区西汉后期纳入中原封建王朝的郡县体系之中后，历代均在这一地区设置郡或州、厅、卫、府及县等行政建置，军政官员由朝廷派遣，有常驻军队镇守。青海东部河湟农业区执行与中原地区一样的法律法规，文化面貌与中原地区一致性较多。但河湟地区以外的广大牧区大多数朝代不在省府州县管理体制辖区范围，而属于地方政权（如吐谷浑、苏毗等）或封建朝廷羁縻性质管理体系管辖，实际权力掌握在大小部落首领手中（元、明、清称为土官或土司，或王、公、千百户），这里也没有政府军队驻守。青海单独建省已是民国十八年（1929）的事了。由于广大牧区与中原地区联系相对较少，受中原地区文化影响也较弱，故与河湟农业区相比，社会发育程度较低，文化面貌上与中原地区差异性较多。

青海东部河湟农业区被纳入中原封建王朝郡县制统治体系中之后，中央王朝便在这一区域建立起一整套军事制度，如派军官率常备军镇守，设障塞、亭燧、城堡等防御体系，筑烽火墩、建立声光和驿传报警制度等，这一切后来成为历史文化的重要构成部分。除个别历史时期外，东部农业区各朝各代实行全国通行的军事体制、兵役制度和边防制度，而东部农业区以外的广大牧区，由于部落制度长期延续，社会发育缓慢，其军事形态与东部农业区差别较大。青海广大牧业区的少数民族无论古羌人还是诸鲜卑部族、吐谷浑、藏族、蒙古族，其军事制度均比较简单，防御设施简陋或基本没有，大小部落首领同时就是大小军官，兵役方面仍实行传统的部落内部全民或全体成年男性皆兵制。

第三节 青海文化的发展历程

史前文明的曙光 农耕文化的西渐 唐蕃古道是一座文化金桥 藏传佛教诸派纷起与地域文化 移民实边中的"因俗以治" 游牧文明与农耕文明相得益彰

青海史前文化，先民们的生产生活状况和文化心理路径，主要通过发现地上和地下文物来了解研究。考古发掘证明，早在新时器时代先民们就在今青海境内从事着原始的农耕与狩猎活动，留下了大量文化遗存。1984 年，柴达木盆地小柴旦湖东南岸的湖滨阶地上出土了一批打制石器，这批石器具有旧石器时代晚期华北两大系统中周口店第一地点——峙峪系的特色，其年代距今大约 3 万年。证明柴达木盆地曾是青海先民生存过的地方。距今六七千年的贵南县拉乙亥遗址，出土了用于加工谷物的研磨器，表明当时至少采集农业已经出现。这里出土的骨器有加工精细的骨锥和骨针等。

新石器时代晚期马家窑文化的年代大约为距今 5800—4000 年。依地域的差异和时间早晚的不同，又分为石岭下、马家窑、半山、马厂 4 个类型。马家窑文化的先民以氏族为单位过着定居的生活，当时人们的经济生活以原始农耕为主。从出土的贮坑遗迹和石刀、石斧、骨铲等生产工具看[①]，当时的原始农耕经济所反映的发展水平已与农业起源的初始状态有很大距离，已进入原始农业的较进步阶段了。这时虽仍然难免保留"火燎杖种"的生荒耕作方式，但从已广泛使用翻土工具来看，这一时期已进入较进步的锄耕农业阶段，实行的是耕种若干年后才放弃的熟荒耕作制。马家窑文化以所制精美的彩陶著称于世。马家窑文化遗存中的彩陶器以数量众多（占全部陶器的 50%以上，在随葬品中可达 80%以上，这个比例在全国有彩陶的文化中是最高的）、纹饰繁富、构图美妙、风格独特，在我国新石器时代彩陶中占有重要地位。这些彩陶器形规整，彩绘图案经精心设计，讲求对称协调，反映出当时人们的审美能力已达到了很高的水平。

宗日文化®时期农业生产工具种类较多，有斧、刀、凿、锛、铲、锄、镰、耒等。宗日出土的反映劳动场面的双人抬物彩陶盆、柳湾出土的人头像彩陶壶、民和阳山出土的半山类型彩陶鼓等，都有极高的学术价值和艺术价值。马厂类型彩陶的腹部或底部常有彩绘符号，仅柳湾墓地出土的陶器中就发现有 139 种之多，常见的有"+"、"—"、"X"、"｜"、"0"、"≠"、"业"等。这些符号无疑具有记事的功能，其中一些符号不妨直称为我国最原始的文字。

齐家文化时石制生产工具的种类继承了前代，并且在用材上较多选择硬度较高的玉、石料，精琢细磨，造型更规整，刃部更锋利。齐家文化的制陶业比马家窑文化又有新的进步，陶器比较精致，质地细腻，部分器物的表面打磨得十分光滑，薄胎双大耳罐和折肩篮纹壶是最典型的器物。齐家文化时期的红铜和青铜器种类有刀、镜、指环、锥、泡等。出土铜器中最著名的发现是贵南县尕马台墓地 25 号墓出土的青铜镜。这面铜镜是用单范浇铸成的，它是我国已知最早的一面青铜质铜镜。它的发现在我国古代冶金史上具有划时代的意义。辛店文化时期多见用动物肩胛骨或下颏骨制的骨铲，这种骨铲刃部锋利，坚固耐用，装柄使用便是耜。辛店文化、卡约文化和诺木洪文化时期的农业生产工具除沿用前代的石、骨器外，多见青铜制成的刀、钺、镰等。卡约文化是青海境内分布面积最广、遗址数量最多的青铜时代文化。卡约文化时期较大规模的畜牧业经济的产生，是青海先民适应自然、征服自然能力提高的表现。青海广阔丰美的草场资源从此开始得到利用。湟源县大华中庄出土的青铜鸠首牛犬杖首、四面铜人饰、鸟形铜铃等造型逼真、工艺复杂。无论从制作工艺还是从造型艺术看，都是不可多得的珍品。

　　诺木洪文化塔里他里哈遗址发现骨耜60多件，都是用大型兽骨制成，在骨臼处凿有长方形或圆形的銎，可供安柄之用。有的骨耜在銎的一侧有凿孔，以便安插一个横向的短木棍。这个短木棍的功能，既可使柄不易脱落，又可供脚踩，以利入土[11]。这种骨耜与现代农民使用的铁锨已很相似，是一种劳动效能较高的农业生产工具。上述工具中斧、凿、锛、铲、锄、耒、耜等属于整地的工具，刀、镰等属于收割的工具，此外，还有加工粮食的器具，主要有杵、磨谷器等[12]。

　　史前时期的生产生活方式决定了人们的原始宗教意识，包括原始先民们的自然崇拜、图腾崇拜以及人祖崇拜等，青海乐都柳湾出土的现在柳湾遗址彩陶博物馆收藏了2万余件彩陶器上的纹饰以及百余种符号，反映了当时的原始文化状况。先后出土于大通上孙家寨和同德宗日遗址的舞蹈纹彩陶盆，展示了原始社会后期人们的文化娱乐活动的场景。

　　青海历史进入秦汉时期后，尤其汉代中原王朝一系列开疆拓土的军事行动，大量中原移民进入青海河湟流域，农耕文化开始西渐。

　　西汉武帝元鼎六年（前111），汉军打败扰边的羌人后，设护羌校尉，对甘青地区的羌人施行军政合一的管理。此后，朝廷实行移民实边的政策，大量内地汉族农民向青海东部宜农地区迁徙，包括牛耕铁犁在内的先进农业技术随之传到了这里。铁铧实物已在共和县曲沟乡曹多隆西汉末年古城和大通县上孙家寨东汉墓中发现[13]。牛耕铁犁技术的出现及推广，具有划时代的意义，它标志着原始农业的终结和传统农业的开始。从此青海农业经济进入一个新的历史发展时期。

　　青海出土的汉墓中发现有陶井、陶仓、陶犬、陶猪，陶灶上有鱼纹，当时人们从事农耕生产，希冀"年年有余"，以"鱼"谐音"余"。农耕生产技术中的"二牛抬杠"，粮食加工技术中的"油坊水磨"等，以及人们发明使用的木锁，在青海东部农业区曾经长期广泛使用，直至上世纪初才逐渐消失。民间手工艺人如"钉碗匠"、"轱辘锅"（修补铁锅者）也是如此。

　　隋唐时期，铁犁形制得到改进，河湟地区渠道建设有新发展，可灌溉面积有所增加，加之较先进的生产技术如中耕锄草、施肥、除虫灭蝗、粟麦麻菽轮作倒茬等普遍推行，使生产力水平有了新的提高。史称，天宝年间，唐都城长安以西"尽唐境万二千里，闾阎相望，桑麻翳野，天下称富庶者无如陇右"⑭。陇右道的治所在今青海省乐都，陇右地区包括了今天的青海河湟流域农业区。

隋唐之际中央王朝与吐谷浑、吐蕃先后通过会盟、联姻密切往来，光化公主和弘化公主远嫁吐谷浑王；文成公主和金城公主远嫁吐蕃赞普，这四位公主都曾先后到达今天的青海地区。统治阶级之间的这种联姻活动，促进了民间的文化交流和贸易活动。尤其唐蕃古道成为中原地区与青藏高原的一座金桥：使节往还、商贾活动、取经传法等成为当时的佳话。

隋唐之际大乘佛教传入青藏高原，经过吐蕃时期约 200 年的初传阶段，以王室设译场翻译佛经为标志，佛教在吐蕃得到较大发展，史称"前弘期"。这一时期的佛教传播由于涉足政界，吐蕃王朝时期的"佛苯之争"和"顿渐之争"，反映了吐蕃王朝上层对佛教文化的态度。最终佛教的初传活动随着吐蕃王朝的崩溃而失败。经过五代十国时期的酝酿，从西藏到青海河湟谷地传播佛教的"三贤哲"，与内地二位和尚共同为喇钦·贡巴饶赛授戒。喇钦·贡巴饶赛给后来西藏的卢梅等 10 人传法，成为佛教在藏族地区复兴时期"下路宏传"的鼻祖。"下路宏传"与"上路宏传"合流后，成为藏传佛教的"后弘期"。这一时期的佛教传播深入民间，渐次拥有广泛的信众。

宋元时期，佛教的传播逐渐吸收了青藏高原地域文化的内容，如同用汉语言文字翻译佛经的过程中在祖国内地逐渐形成天台宗、华严宗、禅宗、律宗等宗派那样，同在宋元时期藏族地区僧侣文人运用藏语言文字翻译佛经的过程中先后形成宁玛派、萨迦派、噶举派、噶当派、格鲁派等教派，在青藏高原传播过程中打上地域文化的印记而形成的这些佛教流派，就是我们今天所说的藏传佛教或藏语系佛教。藏传佛教在元代出现活佛转世制度和转世活佛系统，各教派自元代噶举派始，纷纷仿效，都出现活佛转世中寻访转世灵童的仪轨，各派都有转世活佛传承。活佛大多从幼年受到严格的佛法教育，加上元明清中央王朝对大的活佛系统中的活佛给予分封和赏赐，使他的地位得到提高，也使藏传佛教的社会影响得到扩大。藏传佛教界的经院学经制度，十明学说、寺院建筑艺术、雕塑艺术、法舞表演、唐卡绘制等，对青海地域文化产生了一定的影响。

青海东部河湟流域自古以来人口流动比较频繁，西汉时期的赵充国屯田，使中原农耕文化的西渐之势增大。乐都县出土的《三老赵掾之碑》，是东汉光和三年（180）为赵充国五世孙县三老赵宽所立。赵宽生前曾协助县衙解决民间纠纷，"听讼理怨，教诲后生"，"敷施教化，启迪来学"，受到地方官吏的赞许。这通碑文历叙赵氏谱系，羌汉关系，并为赵宽纪颂功德，是出土的汉碑中受到学界重视的碑文之一。汉代以后虽然各代都有移民活动，却以明代为甚，"明代在以兴办军屯为主的同时，还兴办过商屯、民屯、营田，明朝政府劝民垦殖，要求各级官员层层督责。明后期，政府更加重视开荒，使一部分屯田重新得到开垦，耕地总面积得到恢复性增长。在发展农业过程中，水利建设也不断得到发展，标志着水资源的利用程度在不断加深和扩大"[15]。"汉族军民的大规模移民屯田实边，使明代以来河湟地区传统以牧业为主的各少数民族在汉族先进农耕文化的影响下，向以农业为主业的经济类型开始转化。……区域经济类型的这种巨大变化也必然会影响到精神文化建设当中。具有显著特征的是：随着汉族移民脚步的加快，也同样加快了河湟文化艺术建设进一步纳入到儒、释、道合流为特征的中原文化圈的辐射范围中的历史进程。"[16]在这种时代背景下，历代封建王朝采取"因俗而治"的方略进行社会管理，除了在正规卫所内选用官吏方面实行"土流参设"制，即土司流官兼而并用之外，还有河湟农业区以外设羁縻卫所，封授士官，让士官依旧俗对部民进行管束，并按照规定向朝廷纳马，朝廷则赏给茶叶。尊崇藏传佛教上层，让他们化导信众，维护社会稳定。

由于青海自然地理环境所使然，牧业区牧民群体在长期的生产生活方式影响下，形成并发展的游牧文明，与农业区农民群体在长期的生产生活方式影响下，形成并发展的农耕文明，往往相互交织、相互影响、相得益彰而共同得到发展。包括宗教信仰、道德风范、农牧业生产生活的知识内容，以及音乐、舞蹈、民间谚语、故事等，都曾在农牧业区得到流传。20世纪80年代及以后，青海省刚察、天峻、都兰、格尔木、共和、玉树等县（市）境内陆续发现了十多处岩画，时代有魏晋南北朝的，也有隋唐及其以后的。岩画内容主要是牦牛、马、羊、狐狸等各类动物形象，也有少量畜牧、狩猎场面。应是古羌人、匈奴人、吐谷浑人、吐蕃人以及藏族、蒙古族先后创作的。

第四节　青海历史文化的特点

多民族文化交融与文化多样性　多宗教文化并存　各民族对多元一体格局国家的认同

青海历史的主要特点是：多民族聚居，文化多元，东西部农牧经济互依互补，历史上战争较为频繁，行政管理上长期实行农牧区分治制度等。自先秦西汉以来，青海这片土地上曾有众多民族生存繁衍，无论是已经消亡的古代民族还是现存的近现代民族，民族文化之间的交流一直绵延不绝。最初的戎羌古代民族由氏族到部落，再由部落联盟到建立邦国，经历了漫长的社会发展历程。羌人与邻近的氐人、戎人有长期和好相处的历史。西汉初年，生活在河西走廊一带的月氏人遭到匈奴攻击后，大部分西迁到伊犁河瀛域，称为大月氏。未西迁的一部分越过祁连山逃到今青海省北部，依附于当地的羌人，史称"小月氏"。小月氏与羌人和好相处，时间久了，互相间结为姻亲者较多，同时生活习俗互相影响，互相吸收，以致小月氏"被服饮食言语略与羌同"。汉武帝时，大量汉族人迁到河湟地区，同羌人杂居共处。在长期交往中，汉羌人民互相学习、互相影响，增进了了解，文化方面共性的东西越来越多。20世纪70年代青海境内发掘的西汉时期墓葬比较多，这些墓的葬式有火葬、二次扰乱葬等，这些被专家认定是羌人的传统。大通县上孙家寨乙区发掘的1号汉墓中，出土过一枚"汉匈奴归义亲汉长"铜印，另外在互助县、共和县也都发现过铜牌等匈奴人惯用的装饰品，说明其中有匈奴人的墓葬。墓中普遍出土五铢钱、铜镜、车马饰器、带钩、摇钱树等器物，都具有典型的中原地区的特点与传统，墓葬在营造形式上的差别也不大，这一切充分表明青海地区汉族与少数民族的关系日趋密切，汉族与月氏胡、匈奴、羌等少数民族的界限在墓葬中已不十分分明。这是两汉时期，青海各古代民族能和好相处、共同进步的历史见证。

东汉前期有个叫邓训的人，在他担任护羌校尉时，一改当时普遍流行的歧视"夷狄"的风气，对青海各民族一视同仁，在社会上引起巨大的震动。邓训广施恩信于羌胡，在羌胡中享有很高的威望，一时河湟地区边境安宁，百姓安居乐业。不久，邓训因病去世，羌人、月氏胡人每天前来悼念的达数千人，他们如丧考妣，痛不欲生。后来，河湟地区的羌、汉、胡人民家家立神龛纪念邓训，一旦生病，即向邓训的神位祈祷，竟相沿成俗。解放前西宁城中供奉的城隍据说就是这位赫赫有名的护羌校尉邓训，北山寺洞窟据说最早也是为供奉邓训而开凿的。历史上各民族友好相处时，伴随着社会生产力的提高，社会的安定，社会经济文化交流频繁，地域文化便得到较大发展。魏晋南北朝时期，游牧于漠北高原、阴山脚下的鲜卑民族诸部，陆续进入今天的河湟流域、青海湖环湖地区等，与这些地区的戎羌诸部联合，出现了诸如南凉、吐谷浑、乙弗勿敌等邦国，他们与羌人邦国白兰、党项、苏毗共处，这些邦国的属民们以发展畜牧业生产为主，兼及农业、手工业和相应的商贸活动，社会生产力的发展较前有了进步。到隋唐时期，民族间相互联合的范围更为广阔，尤其吐谷浑和吐蕃王朝两大地方政权经历的约550年间，青海境内的民族有戎人、羌人、鲜卑、匈奴、汉人、吐谷浑人、吐蕃人等。唐蕃联姻后，汉藏两族政治、经济、文化交流日益频繁，对两族历史文化的发展起了巨大促进作用。吐谷浑开辟丝绸之路青海道，促进了中西经济文化的交流。吐蕃王朝时期，统一度量衡，创制藏文，通过翻译，从周邻民族地区吸收文化成果，譬如藏医药学在青藏高原本土医药学的基础上吸纳古天竺医学、大食医学以及祖国内地医学的基础上形成高原医药学的典籍《四部医典》。在诊治疾病中提出食物疗法、行止疗法、药物疗法、器械疗法的"食、行、药、械"四法并举的治病原则，成为青藏历史文化的重要组成部分。

五代十国时期，青海出现各地方势力割据局面。直至北宋时期，青海河湟流域虽然有唃厮啰政权联合北宋抗击西夏，有过百余年相对安定的局面，但整个青海地区显得比较封闭，民族之间的文化交流也显得较前缓慢。社会经济文化发展迟滞。元明清大一统的社会局面，青海民族文化间的交流出现了新的生机：元代以来回族、撒拉族渐次成为青海的世居民族，蒙古族大量进入青海地区与藏族、土族、汉族之间的文化交流空前频繁，青海多民族文化交融与文化多样性的特点更加突现。

青海又是多种宗教文化并存的省份。从早期青藏高原本土产生的"仲、氏、苯"原始宗教，到河湟流域受北方萨满教的影响并有这一宗教的遗俗在民间长期流传；隋唐之际佛教传入、渐次形成藏传佛教，在藏族、蒙古族、土族和部分汉族中传播并产生文化影响；伊斯兰教自元代以来大规模在青海地区传播，青海回族、撒拉族受到伊斯兰文化的影响；青海的汉族群众有着多种宗教信仰，有信仰道教者，有信仰佛教者，1840年以来天主教、基督教传入青海，部分群众信仰这两种宗教，还有信仰民间宗教诸如关帝庙、土地庙、龙王庙、福神庙中的神祇者。纵观宗教文化在青海的流布，各世居民族在信仰上各得其所，宗教文化互相吸收，互相学习，基本上互相尊重彼此的宗教信仰习俗，人民群众总是用朴素的情感对待各自的信仰传承，通过宗教信仰中的神祇崇拜、典籍诵读，仪轨仪礼来实现精神追求。在青海的地域文化中，宗教文化在世居的各民族人民群众中占据了重要的位置。

各民族人民群众在长期的发展历程中，尽管生产生活方式有差异，民族文化的内容和表现方式各具特色，青海的世居民族，藏族有藏语言文字，蒙古族有蒙古语言文字，土族有土语，撒拉族有撒拉语，汉族和回族共同使用汉语言文字（回族宗教界人士部分使用阿拉伯经堂语言文字），但这并不妨碍各民族间的文化交流与经济往来，各民族人民群众对多元一体的国家认同则是一致的。这些民族文化共同作为中华民族文化的组成部分，共享文化成果。唯如此，中华民族在文化认同的基础上才有了强大的凝聚力：各民族文化如江河之入海，中华民族文化才得以有容乃大。

【注释】

① 参见青海省地方志编纂委员会：《青海省志·长江黄河澜沧江源志》，黄河水利出

版社 2000 年版。

②③ 参见严正德、王毅武主编：《青海百科大辞典》，中国财政经济出版社 1994 年版
"自然环境"相关词条。

④《后汉书》卷八七《西羌传》，中华书局 1962 年版第 2877 页。

⑤ 高东陆：《青海湖环湖文物调查》，载《青海考古学会会刊》1981 年第 3 期；《考古》
1985 年第 5 期。

⑥《新唐书》卷二一六《吐蕃传》，中华书局 1975 年版第 6073 页。

⑦《清史稿》卷五一七《土司传》，中华书局 1977 年版第 14303 页。

⑧ [清] 杨应琚修纂：（乾隆）《西宁府新志》卷二四第 15 页。

⑨ 青海省文物考古队：《青海民和阳洼坡遗址试掘简报》，《考古》1984 年第 1 期。

⑩ 宗日遗址位于今青海省同德县境内，因出土陶器等别具特色，考古工作者定名为
宗日文化。

⑪ 青海省文物管理委员会、中国科学院考古研究所青海队：《青海都兰县诺木洪塔里
他里哈遗址调查与试掘》，《考古学报》1963 年第 1 期。

⑫ 参见崔永红著：《青海经济史·古代卷》，青海人民出版社 1998 年版第 5—10 页。

⑬ 青海省文物考古研究所：《上孙家寨汉晋墓》，文物出版社 1993 年版第 155 页。

⑭《资治通鉴》卷二一六，中华书局 1956 年版第 6919 页。

⑮ 崔永红、张生寅著：《明代以来黄河上游地区生态环境与社会变迁史研究》，青海
人民出版社 2008 年版第 8 页。

⑯ 王志强、李朝、颜宗成著：《移民视野下的河湟戏曲文化》，作家出版社（北京）
2008 年版第 139 页。

上编

第一章

史前文明

　　黄河是中华文明起源的摇篮之一，青海地处黄河上游，在中国漫长的历史发展进程中，这里一直是各民族相互交流、传播的舞台与通道。考古发现表明，这里有着丰富的史前时期古文化遗存，这里曾有着距今三万年前青藏高原最早的原始人的踪迹。这里也有着新石器绚丽多姿的彩陶文化，造就过中国彩陶的艺术巅峰；有着十分发达的锄耕农业，孕育并产生了黄河上游的早期文明，将黄河的远古文明推向了引人注目的高度。这里的古羌人还经历了距今 4000 年前后气候变迁，环境的改变，虽然这里世代赖以生存的农业经济持续发展受到影响，同时青海地区早期文明因素赖以存在和进一步发展的基本条件受到影响，却造就了这里的古羌人适应自然、挑战自然，强悍的、开拓的精神风貌。在漫长的艰苦岁月里，他们寻找到了一种新的适宜本地区新环境的生存方式，即畜牧业生活方式，从而使这里的青铜文化逐渐发展，族群繁衍扩展。

第一节　青藏高原久远的人类踪迹

青海地区发现的旧石器时代遗存　小柴旦湖遗址——青海最早的人类遗址　拉乙亥遗址——青海最早的新石器时代遗存

石器时代是人类历史的开端，延续了二三百万年，经历了一个漫长的历史阶段。考古学将人们使用打制石器进行生产劳动的时代，称为旧石器时代。旧石器时代开始于距今300万年左右，结束于距今1万年左右。

在那遥远的洪荒时代，远古人类生活在河边、丛林和山洞中，山中的岩石、河里的卵石、周围的树木、猎获动物的骨骼等等都成为他们使用的工具。由于木制工具难以保存，骨制工具又不易确认，能够遗留至今的旧石器就成为了古老洪荒时代的"见证者"，成为了那段远古历史的"讲述人"，成为连接现代社会与久远时代的纽带。

青海地区先后发现了多处旧石器地点，发现地点大多位于青海西部柴达木盆地。目前经考古发掘的旧石器年代最早的距今约3万年，处于旧石器时代晚期。

1956年，中国科学院地质研究所在青藏高原进行普查时，在柴达木盆地南缘的格尔木河上游三叉口和长江源头沱沱河沿岸、霍霍西里（即可可西里）三处地点首次发现旧石器，共采集十余件打制石器[①]。1980年，青海省文物考古队在共和县曲沟地区的托勒台又采集到一批打制石器，研究者认定其为旧石器时代晚期的遗物。1982年，中国科学院盐湖研究所、中国科学院地质研究所、中国科学院地球化学研究所、中国科学院地球化学研究所和澳大利亚国立大学生物地理与地貌系组成的盐湖与可成沉积联合考察队，在小柴旦湖湖滨阶地上首次采集到一些人工石制品。

1983年和1984年，中国科学院盐湖研究所考察队和中国科学院古脊椎动物与古人类研究所的黄慰文先生分别又对小柴旦湖遗址进行了调查，根据石器的原生地层，运用地质、地貌学的原理进行分析后，确认了该遗址的时代距今30000年左右[②]。1998年，中国社会科学院考古研究所和青海省文物考古研究所联合组成考察组，再次对青海柴达木盆地小柴旦湖（又称小柴达木湖）遗址进行了科学考察与试掘。此次考察采集到更新世晚期人类活动遗留下来的遗物标本七百余件，丰富了青藏高原远古文化内涵，而且对地层有了进一步了解，取得了大量田野地质、地貌、环境、地层等方面的第一手材料，为深入考察研究早期人类对于这一地区的开发活动提供了资料③。

这些旧石器遗址中，小柴旦湖遗址中采集的旧石器是根据石器的原生地层，运用地质、地貌学的等原理分析后，确认其属于旧石器时代晚期。

小柴旦湖遗址，是青藏高原目前考古发现的时代最早的遗存，是青海地区旧石器时代重要遗址。它的发现证实了更新世晚期，人类就已经生活在青藏高原了。

在距今约3万年的年代，正值晚更新世冰期中的暖期，柴达木盆地气候湿润，湖泊水源充分，一支可能来自华北黄土高原的史前人群，进入青海北部柴达木盆地的小柴旦湖畔。古人类依山傍湖而居，以采集野生植物、猎取山上及草原动物、捕捞湖中鱼类为生。

柴达木盆地地处青藏高原东北部，"柴达木"为蒙古语，是平坦辽阔

图上 1-1 柴达木盆地小柴旦湖遗址

之地的意思。盆地内地势平坦辽阔，总面积达 25 万平方公里，是我国四大内陆盆地之一。盆地周围被著名的昆仑山、阿尔金山、祁连山环绕，海拔 4000 米以上的高峻山脉阻挡了海洋暖湿气流的侵入，使得当代柴达木盆地内气候极度干旱，成为我国典型的内陆盆地。

小柴达木湖，在行政区划上隶属青海省海西蒙古族藏族自治州大柴旦镇，在大柴旦镇东南约 40 公里，距格尔木市约 120 公里，东距省会西宁市约 700 公里。自古以来，这里是丝绸之路青海道的重要通道，目前也是青海通往新疆的必经之路。

在小柴旦湖遗址中先后采集的石制品，石器原料包括石英岩、花岗斑岩、硅质岩、燧石等几大类，其中以石英岩为主，它们均产自当地的湖滨砾石层。石器采用了砸击技术与锤击技术，细石器采用了压剥技术。小柴旦湖遗址中发现的细石器，是目前青藏高原最早的含有细石器文化因素的旧石器时代晚期文化，它与我国华北地区、西伯利亚以至北美的细石器文化属于同一技术传统。

小柴旦湖的石器是由刮削器、雕刻器、钻具和砍砸器组成的，刮削器是其中最多、最丰富的一类工具。据研究，这种以刮削器为主的石器组合，是华北两大旧石器文化系统中的"周口店第一地点（北京人遗址）——峙峪系"的特色。这个系统的古人类分布在蒙古高原、黄土高原及其相邻的东北、华北平原，代表的生活环境已由山—森林—草原向草原过渡，当时人类生活在一种适宜于成群的食草动物生活的"疏林草原"环境。经济类型也相应发生了改变，已由采集为主、打猎为辅转变为以打猎为主、采集为辅的经济形式④。

小柴达木湖发现的旧石器时代的人类文化遗物，还是当时生态环境的真实写照。反映了在小柴达木湖早期居民在这一带活动之时，柴达木盆地的景观气候温暖，降雨充沛，湖中补水量大于蒸发量，湖水淡化，水生动植物丰富，湖周围植被丰茂，动物种群增多。

历经 3 万年变迁后的小柴旦盆地，今日已成为典型的大陆性高原气候，多风少雨，低温干燥。这里植物稀疏，种类单调，干旱荒漠景观显著。小柴旦湖已为咸水湖，湖周围的野生动物只有兔、黄羊、田鼠、狐、狼、豹、熊等，缺少成群出没的食草类动物，这样的植物和动物资源，是无法为依靠打猎、采集为生的远古人类提供必需食物的，生态环境不适合人类生活居住，难以想象这里曾是古人类劳动生产生息之处。因此，小柴旦湖遗址旧石器遗存，不仅为我们研究这一地区人类的远古文化提供了重要资料，同时，也对探讨该地区生态环境的演化具有非常重要的意义。

在全新世早期阶段，中国西部地区，甘肃、青海西部等地气温较今日更寒冷，处于非常恶劣的气候环境之中，人类活动的空间范围因此受到极大的限制。

据研究，距今 8500 年—3000 年为中国大暖期的起迄时间，其中距今 7200 年—6000 年是大暖期中稳定的暖温阶段，各地气候均较温暖，季风降水几乎波及全国，植物生长空前繁茂。青海湖滨当时出现针叶阔叶混交林，从发现的紫果云杉残木可推知当时降水量达 600 毫米左右，温度高于现代 3℃ 左右；森林与森林草原带的界线与今相比要西移 3—5 个经度，至满洲里东北、布哈林旗、呼和浩特、贺兰山南、西宁一线；整个青藏高原地区是以高原草原和森林以及高原草原为主的植被面貌⑤。所以，距今 6700 年左右，一支主要以狩猎采集为生的原始人群活跃在了黄河上游的共和盆地，青海东部出现了以拉乙亥遗址为代表的细石器遗存。

拉乙亥遗址地处黄河上游共和盆地的中部，位于西宁市西南约 200 公里。黄河自西南向东北蜿蜒穿过盆地，有三条较大的河流（恰卜恰、沙沟河、茫拉河）在此流注黄河。遗址埋藏在茫拉河与沙沟河之间的黄河河谷阶地中，海拔高度 2580 米。

1980 年，青海省文物考古队对黄河上游的共和盆地开展文物调查，在贵南县拉乙亥乡发现了 6 处不同于新石器时代任何文化类型的遗存，立即引起了考古工作者的关注。之后，选择了其中的一处即拉乙亥遗址进行了发掘。

拉乙亥遗址的发掘，找到了一处居于黄河上游原始人的居址，在居址内的灰烬中或炉灶的灶坑内埋藏着 6700 年前的远古人群留下的活动踪迹。远古人保留至今的文化遗物，既有一些他们精心制作、长期使用的生产工具和生活用具，也有大量的石片、石屑、石锤和砥石等，说明在这处居址内曾制造过各种工具。

图上 1-2　拉乙亥遗址出土的石研磨器

文化遗物共出土了 1489 件，其中石制品有 1480 件，各类石片所占比例很大，共 1358 件。石料采自附近的砺石层中，以不同颜色的石英岩为主，其次是玛瑙、燧石和安山岩。石器类型单调，主要有砍砸器、刮削器、带槽斧形器、研磨器、磨石、染色板等。遗址中细石器的含量大，种类多，所用原料、器物形制和工艺技术较小柴达木湖遗址的细石器有许多相似之处，但工具种类、器形形态、加工技术，均比小柴旦湖遗址丰富且进步。

除石制品外，遗址中发现了已知目前青海地区年代最早的磨制精细的骨锥和骨针。骨针的器身细长，针端锐利，针眼的钻孔技术已相当成熟。磨制石珠和赭石又是这一地区年代最为久远的装饰品。

遗址内留下的各类被砸击或火烧的动物骨骸，再现了当时人们的食物链主要来源于狩猎，捕猎对象有环颈雉、鼠、兔、沙鼠、狐、羊和喜马拉雅旱獭等物种。

拉乙亥遗址，是青海省境内首次在地层中发现的全新世早期的文化遗址，其文化内涵在青海省是前所未知的。最初发掘者根据拉乙亥遗址中发现的石器全为打制，没有发现新石器时代的磨光石器和陶片、也没有发现灰坑、窖穴和房屋居住面等新石器时代遗址中常见到的遗迹，认定拉乙亥遗址属旧石器时代向新石器时代过渡阶段，即"中石器时代"[⑥]。随着世界各地石器时代遗址发掘的增多和考古研究的逐步深入，考古界对新石器时代的涵义和分期也相应地发生了变化；随着对前陶新石器文化发现以后，制陶业已不是新石器开始的标志，而只能作为新石器文化发展过程中的一个重要因素，生产性经济的产生是新石器时代与旧石器的根本区别。一些虽未出现陶器，但石器中却出现了砍伐器、石斧、磨盘、磨棒等农业工具和谷物加工工具的遗址的文化时代，被归属到新石器时代，而不归属"中石器时代"。新石器时代年代也提前到距今一万年以上。据此，也有学者认为原定为"中石器时代"的拉乙亥遗址，应属新石器时代早期前陶新石器时期的遗存⑦。

拉乙亥遗址拉开了青海地区新石器时代的序幕。同一时间在青海东部的邻省甘肃秦安大地湾遗址也活跃着一支老官台文化的人群，这是一支定居的以农业生产为主的人群。尽管甘青地区广大的环境不是很适合于农业发展，但是这里的河谷地带小环境阶地发育良好、气候湿润、植被丰富，所以人们能够与中原地区一样进入河谷定居下来经营农业。老官台文化内涵丰富、特征鲜明，既是我国率先使用彩陶的史前先民，又是西北地区最早产生农耕文化的先民。

拉乙亥遗址的文化现象，反映出了拉乙亥人可能是一支尚无长期定居地的以狩猎采集为主的人群，以制作与使用细石器为主要特征，有精致的细石器和骨锥、骨针、石珠等，已熟练地掌握了刮削、磨制、钻孔、装饰等工艺技术，说明这时的人类已有了创造性思维，产生了爱美习俗、审美意识及原始艺术。石器均打制，不见磨光石器和陶片，但其中出现的农业生产工具带槽斧形器和谷物加工工具研磨器，虽不能据此断定农业已产生，但足可表明采集经济的发达，原始农业已经萌芽。拉乙亥文化虽已跨入新石器时代，但文化水平明显滞后于今天的中原地区及甘肃东部地区。

拉乙亥遗址是青藏高原年代最早的新石器时代遗址，也是青海地区发现的唯一的新石器早期人类的遗存，这一现象或许是因在这一时期活跃在青海广大地区的采集狩猎民众因为其游动性而不会留下很多遗存，也有可能是目前的工作不到位尚未发现其他遗存。这个遗址的发现对于探讨我国西北地区石器时代文化的发展史具有重要的学术意义。

第二节　河湟谷地彩陶艺术奇葩

青海新石器晚期文化概述　马家窑文化的社会经济形态　马家窑文化的艺术成就　宗日文化的内涵

人类使用磨制石器的时代，考古学称为新石器时代。旧石器时代和新石器时代除了在使用生产工具方面的区别外，根本区别是人类经济生活的变革。旧石器时代是"攫取性经济"，依赖于大自然的恩赐，人们以采集和渔猎为生，只能利用天然产物作为食物，人类获取实物的主要途径是捕杀动物和采集植物果实；新石器时代则为"生产性经济"，产生了农牧业，人类能够通过自己的生产活动来"生产食物"。依靠自身的智慧和劳动，通过发展种植及养殖来满足人类生存的需要。新石器时代始于距今 11000 年、止于距今四五千年左右。

当历史的车轮驶入新石器时代晚期，大约距今 5900—5500 年左右时期，青海东部地区出现了最早的彩陶文化，即仰韶文化庙底沟类型。在距今约 5000 多年前后，最早兴起于甘肃省中部地区的马家窑文化由东向西发展，迅速占领了青海东部河湟地区，马家窑文化成为了青海地区的主流文化，出现在青海东部地区的历史舞台上。与此同时，在青海湖南侧的共和盆地黄河上游及支流处，另一支独具特色的地方文化——宗日文化，与马家窑文化并驾齐驱，共同创造了青海地区的新石器时代文化。马家窑文化与宗日文化均以丰富的彩陶为特征，其先民们生息繁衍在河湟谷地，约延续了 1500 年，造就了中国彩陶的艺术巅峰，也为黄河上游的早期文明的产生与发展做出了卓越的贡献。

新石器时代晚期，大约距今 6000 年前后，全新世的高温期气候，使黄河流域的气候环境发生了变化。由于在黄河流域这一时期普遍发现的是仰韶文化遗存，著名的物候学家竺可桢将这一时期定名为仰韶温暖期①。黄河中下游地区气候变暖、雨量增加，处在高温高湿的气候环境之中，气候环境使黄河沿岸河谷地带的景观生态发生了很大的变化。仰韶温暖期的到来，也使得地处黄河上游的甘青地区原来贫乏的景观生态大为改观。这些改变为旱作农业栽培技术的发展带来了生机，为源于黄河中下游仰韶文化的原始锄耕农业发展，创造了极为有利的条件和更加宽广的发展空间。考古发现也反映出，这一时期仰韶文化的遗址数量与规模都不断扩大，人口数量急剧增长，促使人们去拓展新家园，寻求更广的生存空间。于是，部分仰韶人纷纷西进，向西拓展到达了青海东部的黄河沿岸和湟水下游地区，青海民和及循化等地发现的仰韶文化庙底沟类型的遗存，即是仰韶文化分布的最西端。仰韶文化在这一地区的成功进驻，对青海东部文化的发展具有非常重要的意义。

在距今5000年前后，分布在甘肃中部地区的仰韶文化已发展到晚期阶段，形成了如秦安大地湾遗址这样的一些大型聚落。河谷地带遍布高密度的人群，人口压力迫使部分人群西移，寻找新的发展空间。西进的仰韶文化人群终于来到了甘肃西部及青海东北部，他们在湟水及支流等河流的阶地定居发展农业生产，创造出了以精美的彩陶为标志而著称于世的马家窑文化。经历了数百年的发展和继承，马家窑文化演变成为遍布甘肃中部、西部、青海东部、西北部的颇具地方特色的文化。由于马家窑文化的长期发展和繁荣，这一地区发展起了发达的原始锄耕农业文化，甘肃西部、青海东部变成了人类的又一个理想家园。可能是由于马家窑文化形成了大的势力集团，仰韶文化西进的步伐被迫中止。

仰韶文化的遗存在青海先后共发现11处，数量很少，呈点状分布。仰韶文化的遗存经发掘并已发表的地点只有民和县的阳洼坡和胡李家遗址，遗址中出土了大量的与庙底沟类型相似的陶器。它们与甘肃省临夏州的积石山、永靖县仅一河之隔，分别位于黄河的北岸与南岸，两地极易发生文化交流。

阳洼坡遗址只做了局部发掘，揭露面积800余平方米，清理完整的房址和残房基址五处，出土石、骨、陶质各种文物3000余件，包括典型的庙底沟类型的小口尖底瓶和曲腹彩陶盆等文化遗物[9]。

胡李家遗址发掘面积500平方米，所获遗存资料及信息量较阳洼坡遗址全面。发掘遗迹有灰坑、灶坑、房址、陶窑和墓葬等。出土遗物丰富，有石器、陶器、骨器及自然遗物等，初步鉴定的动物主要是饲养的羊、猪，还发现有马。猎获的野生动物多是鹿，有犬科动物和鸟类及啮齿类动物等。还采集到了炭化的小米粒。胡李家遗址的地层堆积及文化面貌都基本与阳洼坡遗址相同，从总体看其文化面貌代表了同一时期的文化内涵。经分析，胡李家遗址中普遍流行的器物，基本上都是庙底沟类型最具特征的陶器。由胡李家遗址的内涵，再次进一步实证了仰韶文化庙底沟时期向西发展已到了青海东部。胡李家遗址和阳洼坡遗址的文化遗存，大体代表了青海庙底沟时期文化。

胡李家遗存中的石器有涂红现象、陶器凿孔现象、兽头奠基现象、捏塑陶人头像等，反映了当时人们的原始宗教观念。出现了类似璧的饰物和美石制作的饰品，显示了青海地区玉石文化的早期特点或渊源。大量彩陶片的出土，为青海彩陶源流研究增添了新资料[10]。

因为这类遗址往往包含有马家窑文化石岭下类型和马家窑类型的一些文化因素，因此有人主张将这类古文化遗存称作"石岭下类型"（因首先发现于甘肃省武山县石岭下），并划归马家窑文化早期。

马家窑文化最早发现于甘肃省临洮县洮河西岸的马家窑村而得名。年代大约距今 5600 年—4000 年之间，马家窑文化的地理分布比较广泛，东至陕、甘交界的泾、渭水上游，西至青海境内的黄河河曲西北至宁夏回族自治区的清水河流域，南达四川北部岷江上游。马家窑文化源于仰韶文化，是仰韶文化晚期在甘青地区发展的一个地方变体，是一个地域特征明显、独立性很强的文化系统，是黄河上游新石器时代晚期分布最为广泛、彩色陶器最为发达的一种古代文化。

目前，普遍认为马家窑文化经历了马家窑、半山和马厂三个延续发展的文化类型，持

图上 1-3　彩陶壶　马家窑文化马家窑类型，现藏于青海省博物馆

续时间长达 1600 年。

　　马家窑文化的人们以原始农耕经济为主，制陶业非常发达，以精美的彩陶著称于世。马家窑文化的彩陶器以其数量众多、纹饰繁富、构图美妙、风格独特，在我国新石器时代彩陶中占有重要地位。这些彩陶器形规整，彩绘图案经精心设计，讲求对称协调，反映出当时人们的审美能力已达到了很高的水平。

　　马家窑文化内容相当丰富，农业、手工业等科技水平以及文化艺术成就都达到了相当高的水平，堪称黄河上游古代文化中的一颗明珠。马家窑文化在科学技术成就、商品生产与交易、文化艺术成就及原始宗教与礼仪等方面已蕴含了诸多的文明要素，河湟谷地已闪烁出了璀璨的文明火花。

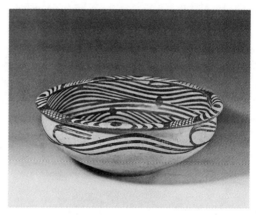

图上 1-4　彩陶盆　马家窑文化马家窑类型，现藏于青海省博物馆

　　马家窑文化早期的人们就已有了定居村落，过着定居的生活。住房形式多呈半穴居的屋架结构。这种竖穴之上构筑顶盖的房子形式可以说是土木结合的中国古典建筑的始祖。马家窑人有了先进的旱作农业，以粟类作物为主的农业是其经济生活的基础。在墓葬发现了不少与狩猎有关的石球、骨镞等狩猎工具，发现了狗、羊、猪等家畜，说明同时兼营狩猎与家畜饲养业。马家窑人定居的农业生产，为古代文明

图上 1-5　彩陶壶　马家窑文化马家窑类型，现藏于青海省博物馆

的发祥奠定了基础。定居的农业，使得人口获得较为明显的增长。青海境内的马家窑文化早晚类型遗存的分布数量由少到多，分布地域从东向西发展的情况，即是马家窑文化人口增长的反映。柳湾遗址庞大的氏族墓地的出现①，不仅反映出了柳湾遗址是一处中心聚落遗址，同时又表现出当时在这一地区已形成较大的地域群体。定居的农业，促使马家窑人农业生产水平迅速提高，粮食不仅自给，而且有了剩余。如柳湾墓地马厂类型墓中发现有不少粟类农作物遗迹，并且数量可观，粟往往装在最大的粗陶瓮中，有的墓中还放有两至四个陶瓮，用大量的粮食为逝者随葬是剩余产品出现的实证。

发达的农业，充足的剩余产品，必然促进手工业的发展。青海地区马家窑文化的手工业有纺织业和制陶业。从墓葬中随葬品种类分析，男耕女织的生产分工已基本形成，纺织业作为家庭的手工业，生产目的是自己享用。但是制陶业则不然，已走向了专业化。马家窑文化时期，手工业生产表现最为突出的是制陶业的发达，彩绘艺术的高超。陶器的发明，为人类社会生活带来了巨大的便利。陶器的烧制说明原始社会科学技术的发展，陶器的制造本身就是物理、化学和人的智慧的有机结合，尤其是彩陶的烧制，更需要一定的制陶技艺及专业的制陶人。马家窑的制陶工匠们已不满足简单的生活实用需要，而是将实用与美观结合在一起，形成了独特的艺术风格。绘画艺术、造型艺术在制陶匠师的作品里一一得到了反映。马家窑文化的彩陶，虽然历经5000多年的沧桑，今日出土依旧绚丽夺目，彩绘颜色的选择、配置就是一项了不起的成就。无可置疑，制陶已形成了一项专业技术，专业的手工业者已从农业中分化出来，才使制陶业的发展达到惊人的程度。如柳湾墓地马厂类型出土的陶器就有13227件，品种丰富多样。彩绘的单独图案即达505种之多，其数量之多、图案纹样之繁缛令人惊叹，是大规模的制陶业成熟和发展的标志，同时又反映出定居农业生活对制陶业发展的巨大推动作用。

手工业从农业中分离出来，便出现了以交换为目的的商品生产。从马家窑文化马厂类型发现的墓葬来看，随葬品悬殊较大，反映了贫富分化，也反映了当时商品生产发展。一般说随葬品应该是墓主人的生活用具、生产工具和自身的装饰品。但事实上马家窑文化墓葬中的随葬品已超出了这种葬俗，部分墓主人在随葬品上有意表现自身的富有与权贵，把生前非实际用品也随葬墓内，这些墓葬资料为我们研究商品问题提供了佐证。

马家窑文化时期的制陶手工业，不仅自身发展为独立的专业行业，至少到马厂类型时期已失去了自给自足的性质，成为社会的商品，这可从青海柳湾墓地马厂类型墓葬陶器中找到例证。在这批墓葬中，既有室内空无一物的穷人，也有随葬95件器物的富者，在这里贫寒的小墓与拥有大量彩陶的大墓已形成鲜明的对比。这种经济上的不平等也代表了人们的身份地位的不平等。此外，若将这批墓与其他墓地的随葬品相比较，如与甘肃兰州白道沟平、土谷台、永昌鸳鸯池马厂墓葬相比较，可看到柳湾墓地居民的平均富裕程度要高出其他聚落许多。就人口规模而言，柳湾的人口也远远多于普通聚落的人口。由此可见，马厂期的柳湾遗址是一处贵族相对集结的聚落，它与普通的聚落之间存在着明显的经济上的不平等。总之，柳湾马厂类型墓葬的随葬品，反映出了当时贫富的分化、不同阶层及私有观念的出现。柳湾彩陶器上的百余种符号，被认为是中华文字的前身，犹显珍贵。此外，在有的墓地中还同时发现有不同产地的陶器，如民和阳山墓地[12]，部分陶片经中子活化分析，微量成分含量与其他陶片有明显差异，表明原料产地不同，其花纹与外观形态更接近于甘肃洮河流域地巴坪墓地的遗物。陶器走向商品领域，面向社会，多数当是手工业者的近距离范围内自产自销，非制陶手工业者为了获得陶器，也把自己的部分产品变成商品来与之交换。但同时也存在远距离的交换，阳山墓地发现有不同产地的陶器，即是很好的证明。由此可见，马家窑文化制陶业对商品的产生和发展起到了积极的促进作用。

远距离的其他商品的交换，在马家窑文化时期确已出现，如在墓葬中出土的海贝与蚌壳，均产于沿海，只有靠交换而来。绿松石珠饰的原材料也非本地可获得，必须靠远距离的采集或辗转交换。马家窑文化时期原始的商品交易初步形成，是社会经济发展进步的象征。

马家窑文化的文化艺术成就，比较突出的表现在彩绘艺术、雕塑艺术、原始乐舞艺术、人体装饰艺术等方面。

马家窑文化彩陶彩绘艺术，来自于生活，并由写实走向抽象化、图案化。马家窑文化彩陶继承了仰韶文化庙底沟类型爽朗的风格，但表现更为精细，形成了绚丽而又典雅的艺术风格，比仰韶文化有了进一步的发展，艺术成就达到了彩陶艺术的巅峰，代表着中国彩陶艺术灿烂辉煌的成就。在约 1000 多年的发展过程中，史前先民在彩陶艺术领域尽情地展示着非凡的艺术天赋，在史前艺术史上写下了浓墨重彩的光辉篇章，从一个侧面显示了青海地区古代先民高超的艺术水平和非凡的聪明才智。马家窑类型彩陶打磨精细，彩绘以单一的黑彩为主，也偶见有黑彩中绘白彩。纹饰以圆点纹、平行条纹、方格纹、螺旋纹等等组成繁缛而富于变化的图案，绘制技巧极为精湛熟练，使用浓亮如漆的黑彩，柔和流畅的弧线；半山类型彩陶，风格独特、纹饰繁缛，黑红两彩兼用，红色线纹与黑色锯齿纹间隔并用，呈现出富丽鲜明的色调，造型饱满凝重，壶、瓮腹部近似球形，无论正视与俯视，都能看到完整的花纹；马厂类型彩陶早期保留着半山彩陶的装饰，花纹精致，色彩富丽，同时又有变化与创新，自成一体，图案结构简化，走向疏朗、简练的风格，用笔刚健洒脱。

马家窑文化彩陶的装饰图案，给人以强烈的艺术感染力。装饰纹饰均匀齐整，不仅注意了实用与美观结合，还考虑到了装饰与器形的统一。彩陶的装饰位置，一般都与器皿的使用条件相适应。根据器皿的不同部位，运用不同的装饰花纹。已能结合陶器不同的用途，不同的器形，做出多种不同的纹饰结构和安排，而对相同品种的陶器，也能变化出众多的纹样。在装饰的布局上已注意了从不同的视角，体现装饰的完整效果。彩陶上的图案，在当时已不是一种可有可无的虚饰，而是为了增强美观，并从各个角度顾及当时人们欣赏要求的一种装饰艺术。马家窑文化彩陶，不愧为黄河流域彩陶艺术的佼佼者。

雕塑艺术的出现是人类智慧发展提高的结果。柳湾墓地采集的裸体人像壶，是我国目前发现最早、最完整的人体全身塑像，也是一件绝妙的艺术品，还是研究中国人体雕塑初始阶段情况以及了解马厂时期人们的形象和风俗不可多得的资料。如一件陶壶，巧妙地利用壶体堆塑出一位孕妇的形象。颈上窄下宽，腹双耳，颈腹部捏塑了一具全身裸体人像。人像两侧饰两组圆圈纹，人像对称面饰一组蛙纹，是柳湾先民的蛙图腾崇拜印证。头面在壶颈部，小眼、高鼻、硕耳、巨口、披发；器腹部即为身躯部，乳房、脐部、四肢祖露，上肢作捧腹状，下肢直立，双足外撇，尤其突出的是有意识地表现出性器部分。就裸体人像的性别，有男性说、女性说、也有男女合体说。在柳湾马厂墓葬中还出土了两件人头像壶，这两件人面壶的面部均绘有竖向条纹或平行条纹，这种条纹可能是一种纹面的习俗，在柳湾半山类型墓中除发现彩绘人像外，还出有类似山猫式虎豹之类的兽皮花纹。宗日文化的夹砂彩陶器上亦有人面像。

在柳湾墓地出土有两件鹗面陶罐，在民和县出土了一件鸭形彩陶壶和一件狗形彩陶壶，形象生动，栩栩如生。是马家窑文化模拟动物形象的成功之作。

以上列举的马家窑文化有关人体及模拟动物的雕塑艺术品，反映出马家窑文化的雕塑艺术已达到了较高水平。

乐舞起源于人们的劳动生活实践中。原始的乐舞艺术在人们集体活动时表现得最为突出，并且往往与祭祀活动有关。

马家窑文化墓葬中发现的打击乐器陶鼓和舞蹈纹彩陶盆，为研究这一时期的乐舞艺术提供了非常重要的实物佐证。民和阳山墓地出土的3件彩陶鼓，是青海省目前发现的最早打击乐器。陶鼓亦称"土鼓"，即古文献记的"以瓦为匡"的鼓。3件陶鼓均出于这处墓地中规模较大、随葬品丰富的男性墓中，说明陶鼓在当时社会的重要性，非一般人所拥有。在中原山西襄汾陶寺龙山文化的墓葬中，也发现有陶鼓，报告中称为"土鼓"，这种土

图上1-6 彩陶鼓 马家窑文化，现藏于青海省文物考古研究所

鼓也出现在大型墓中，并与鼍鼓、石磬同出⑬。由此看来，持鼓人地位显贵，不仅在黄河上游，在黄河中游的文化中也如此。陶鼓可能是当时举行祭祀活动的重要乐器，它随葬在墓中，说明墓主生前有可能是一位掌管祭祀活动的巫师，同时也应是原始音乐的演奏者。

大通上孙家寨墓地出土的彩陶舞蹈盆，绘有一组群体舞蹈图，向人们展现了5000年前马家窑人的歌舞场面，原始社会生活的一幕。陶盆的内壁上绘有画面的主题，3组舞蹈纹花纹，5人一组，手拉手，面向一致，头侧各有一发辫摆向一致，且有尾饰。盆内3组并列的人形纹是舞蹈者的形象已是公认的看法。这幅群舞舞蹈图，是化装舞者，均戴尾饰。这组群舞图，有可能正是古文献《尚书·益稷》里记载的"击石拊石，百兽群舞"的象征场面。据近代民俗资料，部分民族至今仍有装扮成野兽跳舞，祭祖或祭山神类的祭祀舞蹈。在青海同仁县年都乎土族村庄发现了"於菟舞"⑭。"於菟"是对虎的别称，每年农历十一月二十日祭山祖时，在巫师的主持下，吹奏海螺，有7名男子舞蹈者光露上身，赤脚挽腿，面、胸、背、腿用锅底黑灰遍画虎头和虎豹斑纹。从上孙家寨舞蹈图是有组织而且是化了装的舞者分析，这组舞蹈不应是自由聚会娱乐性的舞蹈场面，而是有组织的规范的庆祝或祭祀活动。舞蹈纹饰，展现了舞乐相随的舞蹈艺术，翩翩的舞姿，真实地再现了远古先民原始生活、精神文化的一幕。古代乐舞是人们生活中的一项重要内容，它不仅反映了人们文化水平的提高，从舞者画面反映的树下河边翩翩起舞的场景分析，学界或认为是神农氏时代的产物⑮。无独有偶，1995年8月，青海海南州宗日遗址马家窑文化墓葬中也出土了一件舞蹈盆，纹饰亦为内彩手拉手人群，共两组：一组24人，另一组13人。

图上 1-7　舞蹈纹彩陶盆　宗日文化，现藏于青海省博物馆

今日我们能看到的远古

人体装饰艺术，主要是墓葬中死者随身佩戴的装饰品。从马家窑文化男女两性墓葬都随葬装饰品分析，马家窑人自身美化不仅局限于女性，男女均注重仪表装饰美。在民和阳洼坡遗址中发现有石环、陶环、石坠、骨笄和骨片等，石环、陶环数量多，制作都很精致，其中陶环一种就出土 3700 余件，磨制精细并经抛光。柳湾墓地半山墓葬中出土数量最多最常见的是装饰品。石珠和骨珠，还有穿蚌壳、海贝、石贝等，大致可分为头饰、颈饰和臂饰三种。墓中出有大量骨珠、石珠均穿系成串，说明马家窑时期的人们特别注重颈饰。

古代礼制的形成，一方面是传统的习惯，另一方面主要受原始宗教的影响很大，早期的礼制是建立在原始宗教之上的，原始宗教始终渗透在古代礼制中，礼制中有许多规矩都带有宗教色彩。葬俗是古代礼制的重要组成部分，葬俗产生的本身，就是适应灵魂不死的宗教观念，进行具体活动的表现。葬俗出现之后，在一个地区或一个部族内形成了约定俗成的内容和形式，它便跨入原始礼制的范畴。

从马家窑文化的考古资料来看，马家窑人已有了一套适应当时社会需要的原始礼制，主要表现在葬仪上，马家窑人已有了自己的氏族公共墓地，并且秩序化，墓葬排列成排成行。单葬与合葬墓的埋葬方式，仰身直肢、俯身屈肢、侧身屈肢、二次葬等人骨的葬式，死者的头向以及随葬品的配置等葬俗，均是当时葬仪礼制的反映。

关于马家窑人的祭祀礼仪很难知其详情，只能从考古资料中窥其点滴状况。马家窑文化的彩陶纹饰已引起众多研究者从多方面的探讨，学术界已普遍共识彩陶纹饰不是纯形式的装饰审美，而是具有氏族图腾的神圣含义。原始社会时期，陶器纹饰不仅是装饰艺术，而是氏族共同体物质文化上的一种表象，它在绝大多数场合下是作为图腾的标志存在的，其中所表现的动植物分别是氏族崇拜的图腾。由于不同崇拜的氏族相互融合，使彩陶上出现了不同动植物结合为一"变体"，如在马家窑文化中鸟纹和蛙纹较常见，有可能是以鸟和蛙为图腾的两个氏族部落的文化。一些在后世看来似乎只有"美观"、"装饰"而无具体含义和内容的抽象几何纹样，其实当时也有着非常重要的内容和含义，对原始人的感受远不只是均衡对称美，而是抽象形式中含有某种具体内容，感官感受中有复杂观念⑯。

在民和阳山墓地发现的 12 处圆形祭祀坑，据《民和阳山》报告研究⑰，这些祭祀圆坑是用于墓祭。阳山墓地的祭祀圆坑亦暗示了祖先崇拜祭祀礼仪至少在马家窑文化时期已经形成。

柳湾墓地采集的马厂类型裸体人像壶，远古的艺术家采用模拟类比的手法，把造型隆鼓的陶壶腹部比拟为孕妇的肚腹。是将储种与人类孕育相比拟，是马家窑人祈求农业丰产和人口增殖的一种巫术道具，即祝殖巫术所用的道具⑱。在新石器时代人们关心的许多问题中，与生活攸关的重大事件是农业的收成，为了丰产，人们要举行许多带有宗教色彩的祭礼仪式，其中最重要的莫过于祝殖巫术，这是当时社会常见的现象之一。

宗日文化是青海地区新发现的一种新石器时代文化，这一文化集中分布在青海湖南侧共和盆地的黄河及其支流沿岸。时代与东部的马家窑文化相始终，距今年代为 5600—4000 年间，延续了大约 1600 年，后被齐家文化所替代。

"宗日"藏语意为"人群聚集的地方"。"宗日遗址"位于青海省同德县巴沟乡班多村和卡力岗村间的黄河北岸，在 1982 与 1987 年先后两次的调查中，调查者根据在遗址中采集及试掘的典型的半山类型陶器，定性为半山类型遗存⑲。1994 年至 1996 年对遗址进行了三次考古发掘，随着发掘资料的增多，对这处遗址中文化遗存的文化性质也有了新的认识，通过对宗日墓地的葬俗、随葬陶器的类型与组合，尤其是对独特的夹砂彩陶等全面的综合分析后，发掘者提出应该以该遗址为典型命名一个新的考古学文化——宗日文化⑳。

宗日遗址墓葬以单人葬为主，多俯身直肢葬，且有一臂上举；二次扰乱葬盛行，并焚毁葬具甚至人骨；葬具石棺、木棺并用；墓地内有祭坑，墓上有石块标志和祭祀痕迹。随葬陶器以夹粗砂乳白色陶器为主，夹砂陶器饰以绳纹或彩绘，其彩绘颜色为单一的紫红彩，纹饰简略，以变形鸟纹和多连续折线纹最常见，另有折尖长三角纹、网格纹。此外，还有少量马家窑文化黑彩泥质橙红陶。

宗日墓地随葬陶器的陶质有夹砂陶和泥质陶两大类。泥质陶器，与过去发现的马家窑文化陶器没有区别；夹砂陶器面貌新颖，是一个完整的、具有自己特色、可以独立于泥质陶之外的器物群，即是宗日遗址新发现的特有的"宗日式陶器"，它与马家窑文化是两个不同文化传统的器物群体，有着各自的结构与演化轨迹。马家窑文化是甘青地区分布地域较广泛的文化，而"宗日式陶器"，是仅分布在黄河上游共和盆地，以独特的夹砂彩陶为代表的地方特色陶器。

图上 1-8　彩陶壶　宗日文化　现藏于青海省博物馆

特殊的"宗日式陶器"，以夹砂乳白色陶为主，只有极少泥质乳白色陶，陶器外表普遍装饰有绳纹及附加堆纹。夹砂彩陶器均使用了紫红色彩，彩绘颜色与马家窑文化的黑色彩绘截然不同，也与其复色彩绘中的红色有较大的区别；其次，宗日的陶器的彩绘纹样简略，图案主要是变形鸟纹和多道连续折线纹（俯视呈多角星），还有折尖长三角纹、竖线折尖纹、网格纹、条线纹等。器类形态较单一，有壶、罐、碗、杯等。

宗日遗址陶器可分为四期：第一期：第 1 段，陶器构成几乎全是马家窑类型的泥质彩陶。第 2 段，马家窑类型陶器与部分宗日式陶器共出。第二期：半山类型陶器与部分宗日式陶器共出。第三期：出土单一的宗日式陶器，已无马家窑文化陶器。第四期：齐家文化陶器。第一期的第 1 段，马家窑文化因素的马家窑类型是唯一的文化因素，从第一期的第 2 段到二期，代表马家窑文化因素的马家窑类型与半山类型的陶器在逐渐减少，直至第三期时消失。而代表新文化因素的宗日式陶器则逐渐增多，直至第三期呈现出单一的文化面貌。第四期发生了质变，原先的文化因素不再出现，成为了单一的齐家文化面貌。

从宗日人留下的物质遗存中，沿着各期陶器时间的发展脉络，可以勾画出宗日文化在相对封闭的共和盆地的产生与发展过程。在马家窑文化早期，有一群东部的马家窑人带着农业生产技术与手工业陶器制造技术，从兰州—洮河地区沿着黄河西进，远行跋涉迁徙到了共和盆地，并在此定居，留下了宗日遗址中最早的马家窑类型遗存。在共和盆地和贵德盆地的这片地区内，这群外来的定居农业人群很快就向周边的采集狩猎者展示了经济技术上的优势，因而吸引接纳了大量的土著采集狩猎民——宗日人，他们融入外来的经营农业定居的马家窑人中间，使这一地区人群构成发生了很大的变化。土著人逐步占据强势地位，使自己的葬俗成为主流，新创了自己的宗日式陶器；进入半山期，外来者的马家窑人的后裔与当地土著民宗日人的后裔彻底融合，以宗日遗存代表的这个人群的势力逐渐增强，势力顺黄河向东扩张，并影响周边地区。首先是它的崛起迫使东部马家窑人群沿黄河后转向北部发展。随着时间推移，宗日文化居民势力壮大，到第三期时已彻底把马家窑文化居民"逼"出了宗日文化的范围。从文物普查的调查资料看，马家窑文化的居民从宗日遗址的第二期末半山期被"逼走"以后，其后来的马厂期居民再未向西越过贵德县一带。马厂类型陶器没有进入共和盆地、黄河沿岸也很少见、而在湟水流域分布密集，受到了异军突起的由东而来的齐家文化的冲击，"宗日式陶器"逐渐衰亡，宗日文化居民人群族体或原地与新的文化相融合，或迁徙它处㉑。

宗日文化的这一发展过程与马家窑文化从仰韶文化中独立出来的过程极为相似。"在仰韶文化的西边，至今还没有找到相当于仰韶文化早期阶段的其他文化遗存，但这不等于说当时那里还没有人类。我想当时那里居民可能从事狩猎和采集，人数不多，他们的遗址不易发现。当仰韶文化的农业发展起来以后，自然会逐步扩展领域，寻找新的耕地。其中一些人沿渭河流域往西推进，第一期到达天水附近，第二期就到了兰州盆地。由于离开故居的时间不长基本上保持文化上的一致性。但一旦在当地住得久了，就会发生在北边发生的类似的过程。逐步同土著的狩猎采集者熟悉和接近起来。不论是仰韶人民吸取土著文化的因素，还是土著居民吸取仰韶文化的成就，都会形成为一种既像仰韶又不像仰韶的新的文化。所谓甘肃仰韶文化或马家窑文化应该就是这样一种文化。"[22]马家窑文化是仰韶文化边缘地区的一个特异变体，宗日文化又是马家窑文化边缘地区的变异产物。由于这两种文化同处于不同文化的边缘地区，同属两种文化相互影响的特异变体，因此，他们也有着十分相似的发展过程。

第三节　齐家文化先民——用铜、石开拓了文明的曙光

齐家文化概述　尕马台遗址　长宁遗址　喇家遗址　柳湾墓地

马家窑文化晚期发展至马厂类型时，已呈衰退之势。齐家文化开始勃然兴起，并最终取而代之，成为黄河上游地区新石器时代晚期至青铜时代早期的一支非常重要的文化。齐家文化分布广泛，横跨甘肃、宁夏、青海三省区，内涵丰富，尤其是大量青铜器的出现，预示将进入一个新的、更为灿烂的文明期。齐家文化人用铜、石开拓出文明的火花，展现了这一地区原始氏族公社解体和文明社会即将诞生的曙光。

齐家文化是因 1924 年首先发现在甘肃省广河县齐家坪而得名。齐家文化的分布范围比马家窑文化广泛，东起泾、渭河流域，西至河西走廊东部及青海湖畔，南抵白龙江流域，北达内蒙古西南部以及宁夏南部。青海境内的齐家文化遗址主要分布在东部农业区，在湟水上游、青海湖北岸的刚察沙柳河边，黄河河曲地带的同德、兴海等县均有零星分布。遗址大多位于海拔较低、气候较好、水源充足的宜农地带和半农半牧区，它的分布地域与今日青海农业区域基本吻合。根据碳 14 所测年代数据，时间距今约 4200 年—3800 年左右。

齐家文化居民继续保持了定居的生活方式，聚落遗址已遍及河谷阶地，有的甚至分布到了山坡顶部，向外拓展更广的生存空间，说明人口数量也已有了较大的增长。居址有半地穴、窑洞式及地面建筑等不同的形式，有单间和套间多种结构。尤为重要的是他们创新了在黄土地带的居址建筑技术，用一种石灰、沙子和料姜石粉末混合起来的材料制作墙体和地面，这种新型建筑材料的推广使用，使房址内部美观、平整、耐

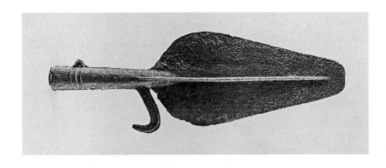

图上 1-9　齐家文化铜矛，现藏于青海省博物馆

用，而且具有良好的防潮特性，无疑改善了居住条件，提高了生活质量。

齐家文化继承了马家窑文化的原始旱作农业技术，农业的持续与稳定发展，满足了人口迅速发展的消费需要，同时也进一步促使部分人口从农业生产中解脱出来，去从事制陶及其他手工业的制作，也进一步促进了手工业技术的创新与飞跃。金属冶铜技术的发展，是齐家文化的一个重要特征。青海境内发现的齐家文化时期的红铜和青铜器种类有刀、镜、指环、锥、泡、矛等；不仅采用冷锻技术，而且还出现了单范及合范铸造技术。铜器中非常重要的发现是 1977 年在贵南县尕马台墓地中出土的七角形纹铜镜，系单范浇铸而成，是我国迄今已知最早的一面青铜质铜镜。1981 年在西宁沈那遗址中发现的兵器大铜矛，采用了合范铸造技术，表现出齐家文化时期青铜器铸造的最高水平，这些重要的发现在我国古代冶金史上具有划时代的意义，标志着生产力水平有了新的飞跃，宣告历史从此进入青铜器时代。

制陶业发展到齐家文化时期，虽然彩绘技艺衰退，彩陶远不及马家窑文化绚丽多姿，只有单调的色彩，简略的花纹，但其他制陶技术远比马家窑文化进步，如人们已掌握了氧化焰和还原焰的烧窑技术，陶器十分规范，打磨光滑，质地细腻。典型的器物如双大耳罐，陶胚多选用经淘洗的夹细沙或泥质的原料，经慢轮修整，质地细腻，胎壁很薄，其造型双耳宽且长，薄而均匀，轻巧结实，且具有较好的不透水性。齐家文化的陶器大都具有发达的颈部和显著的棱角，双大耳罐和折肩篮纹壶就是最典型的器物，一些制作难度大的新器形鬲、甑、斝、盉等也开始出现。

生产工具有石器、骨器、铜器。依旧以石器为主，石器多磨制。农业工具类型继承了马家窑文化时的石斧、锛、刀、凿、磨谷器等，有的工具的选材更为考究，采用硬度较高的玉、大理石料，精工细凿，造型规整，刃部锋利。打制石器亦占有一定的比例，有盘状器、镞、带缺的石刀、刮削器和细石器。典型的渔猎工具、网坠、骨镞、石球等，普遍在一些自然环境具备有渔猎经济的遗址中出现。骨质工具亦很发达，有骨锥、刀、铲、叉、镞、锄、凿、簪、针等多类器形，其中骨铲是一种重要的挖土工具，这种骨铲系用动物的肩胛和下颌骨制成，有的还带弯曲的柄，刃宽而锋利；切割工具骨梗刀是骨石组合的复合工具，先在兽骨上开挖凹槽，槽内镶嵌细石叶，再用树胶等天然粘合剂固定而成。这些不同的生产工具也反映出了齐家文化人的经济生产形式的多样化。

　　青海地区齐家文化的经济形态，由于受到各地多种生态环境的制约，表现出多种经济形态并存，没有统一的经济模式。青海东部西宁以东，民和、乐都等地是以农业为主体的经济形态，而在西宁以西及湟水上游及支流北川河河畔的长宁遗址，呈现的是以农业为主并兼营一定规模的畜牧狩猎业及少量渔猎业的混合型经济。青海湖沙柳河沿岸发现的齐家文化遗址中，又有大量的盘状器、网坠等渔猎工具和鱼骨、兽骨，表明当时的人们多用渔猎来替代农业经济。

　　齐家文化葬俗礼仪的一个重要特征是：普遍发现成年男女合葬墓和殉人墓，部分墓的人骨身首分离，尕马台墓地与乐都柳湾墓地均有此现象，随葬品多寡悬殊和由其表现出的贫富分化十分显著。在喇家及长宁遗址中还发现一种用灰坑埋人的情况，埋葬人数均一人，无一定葬式，有俯身葬、侧身葬，有的有头无身。灰坑均属祭祀坑，灰坑中的人骨是用于祭祀的"人牲"，这都是古代社会等级观念出现后的表现。

　　青海境内先后经正式发掘的齐家文化的重要遗址及墓地有乐都柳湾、大通上孙家寨、贵南尕马台、互助总寨、西宁沈那、大通陶家寨、同德宗日、民和喇家、西宁长宁等。发掘地点以墓地居多，居住遗址相对较少。近年新发掘的喇家遗址及长宁遗址，将多学科的研究结合在考古工作中，在有限的考古资料中获取了最大的信息量，研究成果提升了对齐家文化的新认识。齐家文化遗存中的一些重要发现，为研究黄河上游文明的进程提供了诸多极为重要的资料。

尕马台遗址位于海南藏族自治州贵南县拉乙亥乡昂索村之南 0.5 公里处，地处黄河南岸第二台地，北距黄河约 1 公里，高出黄河现水面约 60 米，南靠茫茫穆格滩草原。整个台地东西绵亘千里，自然条件优越，水利资源丰富。由于数千年来环境的变迁，远古人类的遗址被掩埋在厚约 1 米左右的黄沙下。遗址顶部经风吹雨冲，表土流失，暴露出了大量的陶片，遗址遭受了不同程度的自然破坏。

尕马台遗址是一处新石器时代居址，经分析出土遗物特征，其文化内涵应以马家窑类型晚期文化为主体，其内已含有半山类型的因素，此外，还包含有宗日文化元素。在尕马台新石器文化遗址之上还叠压有一处青铜早期文化齐家文化氏族墓地。

尕马台新石器时代遗址内，马家窑文化层堆积较厚，出土遗物丰富，并且发现有 1 处居住面，14 个烧灶面分布其间，另有 18 座与遗址同时期的瓮棺葬也散布在遗址之内，表明此遗址应属一处原始部落遗存的定居点。遗址位于黄河的二级台地上，背山面水，视野开阔，是理想的人类栖息地。台地地势平坦，土壤肥沃，具备了原始居民发展农业生产的有利条件；遗址南靠穆格滩草原，辽阔广大，沃草丰盛，既是当时原始居民从事畜牧的大牧场，也是狩猎的好地方；北临黄河，使渔猎经济得以存在。优势的地理环境为多种经济形态提供了有利的条件。

从出土的生产工具来看，尕马台遗址上原始先民的生产方式是多元化经济。遗址中出土的各种生产工具，按其用途可大体分为农业工具、狩猎工具和手工加工工具三大类。在生产力低下的原始社会，就每种工具而言，应该是一器具有多种用途。尕马台遗址的农业工具包括石斧、石锛、石刀等，是生产工具中数量最多的一类，表明农业经济是当时居民最主要的经济形式与生产活动。此外，在遗址中出土了大量兽骨，据原始记录记述，遗址内出土兽骨中羊骨最多，羊占有一定的比例，还发现有猪和狗。因此，不能排除本遗址有家庭饲养业的存在。生产工具中也有一定数量的狩猎工具，如石球、石镞、骨镞，还有渔猎工具。据对部分骨器的动物种类鉴定，制作骨锥的动物种属有羚羊及鹿类，先民们巧妙地利用羚羊和鹿类的掌蹠骨远端的天然形状，作为骨锥端部的装饰。或者特意选用鹿的掌骨的前面来制作骨针，既有实用功能，同时利用其表面的天然凹槽作为装饰。这表明了狩猎经济是当时一项重要的生产活动与经济形式，也是当时生活资料来源重要的补助手段。

尕马台齐家文化墓地，共发掘墓葬44座，开口于地表。墓葬排列不规整，但分布较均匀，一般相距3—5米左右，无相互打破或迭压关系，说明墓主埋葬时间相差不远，基本是同一时期的某一氏族的公共墓地。这处墓地文化特征、地域特点鲜明，突出反映在埋葬习俗中，如墓地的排列方式、死者的头向为男东女西。尤为突出的是葬式的独特性，氏族成员均俯身入葬，除个别"贵族者"及身份特殊者外，几乎大部分成员均要再行二次扰乱葬。其次，随葬品中随身佩带的装饰品十分丰富，生产工具不见农业工具，只有狩猎工具与细石器；生活用具简化，陶器数量少、器形小且种类单一。总体来看，尕马台墓地随葬品种类与数量均要少于其他墓地，随葬品的组合也明显不同于其他墓地。随葬品中装饰品普遍，其种类与装饰特点基本沿袭了宗日遗址的传统风格。惟有陶器基本被齐家文化所替代，与其他地点的齐家文化共性是十分明显的。尕马台墓地中唯一常用的普遍流行的生活用具是双大耳罐，无地方特点，是齐家文化的代表性陶器且具有鲜明的时代特征，造型风格与共和盆地宗日遗址的齐家文化墓葬、甘肃齐家坪墓葬等地的同类器完全类同。尕马台齐家文化墓地的文化特征，反映出这一氏族人群，思想意识、宗教观念仍维系着固有的传统，沿袭着本氏族的葬俗礼制，故反映为葬俗的特殊性；但随着环境的变迁、经济方式的约束，也同时接受了先进的技术与文化，所以，在生产消费方面及部分生活用品上表现出了很大的一致性。

墓葬与遗址的迭压关系，反映出在此区域齐家文化是马家窑文化的继承者。同时墓葬内涵反映了齐家文化较马家窑文化生产力水平有了飞跃的发展。农业与手工业已经分工，冶铜技术的推广有力地推动了生产力的发展，同时又加剧了社会分工的扩大，导致了贫富分化、氏族解体、阶级出现。尕马台齐家文化墓地，十分重要的发现是出土了"七角形纹"镜，这是迄今发现我国年代最早的饰有花纹的铜镜。这枚珍贵铜镜的使用者，在这批齐家文化墓葬中，随葬品颇丰富，而且地处墓地中心。可推知墓主人身份在这一氏族中具有显贵地位。

"七角形纹"铜镜，呈圆形。直径 8.9 厘米，厚 3 厘米，重 109 克，镜面平滑，背面有钮，饰有七角星图案。镜边缘钻两小孔，两孔之间有一道凹形细绳纹的痕迹，在清理时发现有木质镜柄，镜柄可通过镜缘的双孔用细绳捆绑固定使用。这一发现缩短了现代人与远古人的时空距离，它让人们直接观察到了这面年代久远的铜镜真实的使用方法。该镜经中国社科院考古研究所实验室用快中子放射分析法鉴定，应属迄今为止发现的我国年代最早的一面有纹饰的青铜镜。

长宁遗址是一处以齐家文化为主的大型聚落遗址，位于青海省东部，西宁市北川大通县长宁乡长宁村西南约 3 公里处。遗址坐落于湟水的主要支流北川河西岸二级阶地，东距北川河约 3 公里。遗址面积大约近 10 万平方米，海拔 2340 米。

长宁遗址揭露出房屋居址 15 座、灰坑和窖穴共计 150 个、墓葬 6 座。房址结构有半地穴、地面建筑两种形式。遗址中出现的地面建筑木骨泥墙的房址，在青海地区齐家文化中尚属首次发现，既丰富了这一地区齐家文化聚落房址建筑形式新的内容，也为了解该地区史前建筑技术的发展增添了新的实证资料。在居址内布局有大小不等、形状不一、功能不同的灰坑和窖穴，有的挖掘规整，壁面整齐，呈方形及圆形；也有的是利用自然冲积沟对生活垃圾进行处理的不规则灰坑。分布在遗址内的墓葬，均为竖穴土坑墓，其中有三座墓从葬式等观察属灰坑葬，即将葬物随意扔弃在灰坑内予以埋葬。

遗址内共出土各类文化遗物近 2000 余件。从质地上可以划分为陶器、石器、玉器、骨角器、青铜器 5 类，以生活用具、生产工具为大宗。通过对长宁遗址多学科的研究，获取了多元信息。从文化堆积中获取了数量颇丰的植物种籽，总计高达近 15 万粒，其中以各种谷物为主，计 10 万粒，约占出土植物总数的 70%，经鉴定谷物的种类有黍、粟、大麦。其他植物种籽的数量相对较少，有黍亚科、禾木科、蓼科、菊科。其中极为重要的发现是首次发现了目前我国最早的大麦遗存；其次，在西北地区首次发现大麻籽。

遗址内还出土了大量的动物骨骸，经动物考古学家鉴定，初步研究有：动物种类繁多共计 20 余种，有食肉类、食草类、杂食类、小型哺乳类、鸟类、淡水软体动物和鱼类等。其中主要的驯养动物为山羊和绵羊，次之为牛。犬的数量较多，也是肉食对象之一。狩猎物主要有马鹿、狍子和野猪。

上述多元信息，不仅丰富了齐家文化的内涵，也为认识与探讨这一地区齐家文化时期经济形态、生业模式、古生态环境等提供了科学依据。

从长宁遗址中采集到了丰富的农作物种籽，并出土了一定数量的农业生产工具，如带孔石刀、石研磨器、石杵等；动物种类遗存中并存有家养多类动物及数量可观的野生动物；以及渔业生产工具骨鱼钩、网坠的发现等等，展现出了居于北川河畔齐家人的经济形态，是一种多种经营混合型经济——以农业为主、兼营一定规模的畜牧和狩猎业、并存有少量的渔业。

植物遗存中黍 70096 粒、谷 28882 粒、大麦 31 粒，其中黍占谷物总数的 70 ％。黍与谷是我国最早驯化的农业作物[23]。但在北方地区以往的遗址中黍的发现远少于谷，而在长宁遗址恰恰相反，黍的数量要明显多于谷，由此不仅扩大了人们对种植黍的地域的认识，也使我们认识到齐家文化时期在该区域的种植农作物的自身特点，黍是当地的主要农作物，与青海黄河流域喇家遗址是以种植谷为主不同[24]。在谷物遗存中还发现了 31 粒大麦，虽然数量不多，却是一个极为重要的发现。小麦和大麦均为外来作物，原产西亚，在我国栽培较晚，小麦早期引种以西北地区为先，小麦最迟在距今 5000—4500 年已经传播到甘青地区。可以认为大麦这种耐寒作物，最迟在齐家文化时期已经传播至青海的湟水流域一带，并被齐家人所接受，他们在逐渐认识麦类作物的生长习性及掌握其种植技术后并予以推广种植，所以在齐家文化之后的卡约文化遗址中农业经济特点出现了转化，如青海互助丰台卡约文化遗址，即以种植大麦为主[25]，打破了传统的旱作农业特点。长宁遗址中炭化谷物数量之多、种类之多样，反映出农业生产在混合经济中应占主导地位。

喇家遗址隶属青海省民和回族土族自治县官亭镇喇家村，位于青海民和县南部的官亭盆地。官亭盆地是黄河上游谷地一个相对封闭的小盆地，面积约 60 平方公里，盆地内是海拔 1800 米左右的黄河冲积平原，黄河自西向东穿过盆地。官亭镇以南约 2 公里的黄河岸边是喇家村，喇家遗址即坐落于黄河北岸二级台地处。"喇家遗址"是一处面积约为 25 万平方米，以典型的齐家文化为主的大遗址。

喇家遗址的发掘工作，是中国社会科学院考古研究所甘青队与青海省文物考古研究所合作的"官亭盆地古遗址群考古研究"课题中的一项重要发掘。发掘面积近 3000 平方米。遗址中出土了丰富的陶器、石器、骨器和玉器，共计 1100 余件。发现了房址、壕沟、小型广场和奠基坑、杀祭坑及墓葬等重要遗迹，尤为重要的是发现并揭露出了多处史前灾难遗迹。

喇家遗址是黄河上游青海地区齐家文化时期一处十分重要的中心聚落遗址。遗存内涵丰富，以齐家文化为主，兼有马家窑类型、辛店文化等不同文化内涵。该遗址还是一处经过多学科考察研究并被认定的史前文化灾难遗址。它以罕见的史前灾难遗迹而闻名，十分难得地保留了史前地震和黄河大洪水以及山洪袭击的多重灾难遗迹，揭示出了距今 4000 多年前，先因地震、后由洪水，接踵而至的灾难把"喇家村落"彻底摧毁的灾变过程。喇家遗址揭示的史前灾变现象，也反映了历史上多变的自然环境对人类社会的强烈影响。遗址中有大型围壕、特殊的聚落形式和建筑形式，有广场和祭坛、祭祀性墓葬、奠基和杀祭现象，有若干被掩埋在房址里因灾难死亡的人类遗骸，大量因灾害而埋没下来的古代遗存，保留了史前人类生活的原始面貌，直观地反映出了先民的生活方式和生存状态，是一批十分难得的考古研究资料。

考古发现的灾难遗迹，以往最著名的是意大利古罗马时代的庞贝古城，公元 79 年因维苏威火山爆发而毁灭。喇家遗址是我国考古发现的并经科学印证的第一处史前灾难遗迹，比庞贝遗址早 4000 多年。

2000 年在喇家遗址的东北台地首次发现了 3 号和 4 号房址灾难现场，随后在 4 号房址东侧又发现了 7 号房址、10 房址，也再现出同样的场面。先后发掘的四座房址，门道朝北，东西排列。房址内有 23 具不同性别、不同年龄的遗骸，多数呈现着非正常死亡的姿势。四座房址的灾变现场，定格再现出了一幕瞬间发生的封闭了 4000 多年的人间悲剧，这处史前灾难现场摄人心魄。在 4 号房内聚有 14 人，男女老少，以小孩居多，呈现出了各种非正常死亡姿态，一位女性怀中紧紧搂着婴孩，现场真实生动地再现灾难瞬间人们的情态，颇具震撼力。3 号房址室内也有一位成年女性紧贴在房壁，双膝卧跪，怀中紧紧抱着一个幼儿，朝天仰面，似在向上天乞告求生。7 号、10 房内呈现的灾难场景，可明显看到房内主人均在外逃，但均未逃过此劫，最终被突然倒塌的窑洞砸死在居室中，死者的形体均呈现出只有被重物所砸才可形成的身姿。

　　研究人员历经三年的寻找，利用环境考古学并将考古学、地学、动物学和植物学的研究结合到一起，最终破解了这场千古灾难之谜。距今 4000 年前，气候由温湿转向干凉时，黄河上游进入了洪水频发期。黄河的主要支流湟水在黄河洪水发生时，也发生了水灾。经环境考古学与考古学研究人员共同对遗址中遗迹的分析，在地层堆积中发

图上 1-10　喇家遗址 4 号房址　齐家文化

图上 1-11　喇家遗址 3 号房址　齐家文化

图上 1-12　喇家遗址 10 号房址　齐家文化

现了黄河大洪水的遗迹及沉积物，还发现有强烈的山洪带来的沉积物。

经对官亭盆地进行环境考古调查，还找到了官亭盆地的地震遗迹，这些遗迹为研究地震提供了帮助。官亭盆地地震遗迹主要表现为古砂土液化。在盆地内发现了上百处古砂土液化遗迹，有砂脉、砂坑、沙床、喷沙和局部地面塌陷等。在喇家遗址中也找到了多处地震遗迹，包括地裂缝、沙管和折皱起伏等现象。

种种证据表明：那场地震发生的年代至少距今已有3700年。根据地层关系，洪水堆积年代晚于地震发生年代。在遗址分布区，砂土液化造成的喷砂与文化层处于同一层位，均被洪水堆积物覆盖。洪水形成的黏土层覆盖了地震形成的喷砂层，根据砂脉形成的机理，洪水发生的时间与地震发生的时间相隔很近，几乎是同时发生。地震对喇家遗址进行了最初的破坏，紧随其后的洪水对遗址进行了最后的摧毁，洪水渗入倒塌的房址，浸没了死于地震的遗骸，喇家遗址现在所呈现的现象，是地震与洪水共同作用的结果。根据地震遗迹的规模及这处古聚落遭破坏的程度，推断地震震级在7级以上，烈度为9度㉘。

自这次灾害后，官亭盆地进入了一个洪水频发期，二级阶地已经不适宜人类居住，人类活动中心不得不向更高一级阶地转移，其生活方式由此发生改变。

喇家遗址揭示的史前灾变现象，可能印证了远古时期的洪水传说，也反映了历史上多变的自然环境对人类社会的强烈影响。这是我国第一个经过科学论证的灾难遗迹，具有独特的科研价值，是不可多得的文物考古资源，是中国文化遗产的重要组成部分。

喇家遗址已揭露的局部聚落，表现出了极有规律的分布格局，通过对已发掘的20余座房址进行分析研究，发现了结构较完整的窑洞式建筑房址，确认了在此遗址中存在着窑洞式建筑。在遗址下喇家的东北台地有5座东西向排列，坐南朝北的房址；东南台地4座南北向排列，坐东朝西的房址，这两排房址均背对中心位置，依自然地形利用黄土断崖开凿窑洞，具有独特的聚落形态特征，还表现出了一种有规律的分布格局。

15号房址，目前是齐家文化中保存最好的房屋。保存的墙壁高达2.5米，顶部微呈拱形，门道及门前场地保存完整，门前场地与室内地面处于同一平面，房子底部铺抹白灰面，四周墙壁由底至顶高 1 米处也抹有白灰面，平整美观。房内的坍塌物是黄土，证实窑洞顶是黄土层。室内地面有一条地裂缝，是远古地震的遗迹。这座房址较好的保存情况，很直观地反映出窑洞式建筑结构的特点。"喇家遗址"窑洞式建筑及聚落形态的确认，为探讨史前聚落形态的多样化提供了范例和新资料。

在遗址东南台地，揭露出面积约 30 多平方米小广场。以这个广场为中心，可以看出遗址原貌，东北台地的遗址和东南台地是同一整体。广场周围已揭露出的两排房址的布局，显示出该区域的聚落形式：是环绕广场为中心、依自然地形、利用黄土断崖修建窑洞式建筑的居住格局。

广场的硬土地面系人工踩踏而成，遭到了地震的破坏，地面起伏断裂。在广场上下及周围还包括了许多其他重要遗迹。广场下有早期的壕沟及墓葬，表明广场是在壕沟废弃填平后建成，显示出喇家遗址聚落形态早晚不同时间的变化过程。广场上有与广场同时代的地面建筑，地面建筑中的"干栏式"建筑具有祭祀的性质，还有土台祭坛、祭祀墓葬、杀祭坑、埋葬坑等。杀祭坑口小底大呈袋状，人骨俯身弃置于坑内，坑口及底部都见到若干大的砾石。在硬土面中的埋葬坑，出有较多遗物，包括完整的陶器、玉石器、骨器和卜骨等。这个广场并不是整个遗址的中心，它只是遗址中东部台地部分小区域的中心。以上种种遗迹表明，

图上 1-13　喇家遗址广场地震后形成的断裂面　齐家文化

广场是当时人们重要的祭祀仪式活动场所。

在小广场的北面，发现有人工堆筑的土台祭坛及特殊墓葬。土台因地制宜利用了较凸起的黄土高地，再经人工堆筑而成，高出广场地面 2 米左右。呈缓坡状覆斗形，顶部长宽 5—6 米见方，缓坡 5—10 度。土台有多处祭祀遗痕，在缓坡处有多个灰坑，坑内有的堆有灰烬；有的堆有石块，或在土台的局部有火烤形成的红烧土硬面。土台上的多层硬面，表明了土台经反复加工修补、垫高扩大及频繁使用，反映出了土台不是一处普通土台。分析推测，这处土台位于小广场上，可能是一个与小广场用途相配合的祭祀性质的祭坛，这是齐家文化的又一个新发现。

在祭坛的顶部葬有一座特殊的规格较高的墓葬（墓 17），墓中分层随葬了 15 件玉器。墓葬形制呈"回"字形双重开口。上部开口近方形，在方形开口的填土中摆放了 6 件玉器，有三璜合璧、锛、玉料、璧芯、小璧芯、三角形玉片各 1 件；下部开口呈长方形竖穴土坑，置木棺，安葬有一具成年男性。竖穴土坑的填土中，也放置有玉器 2 件，为三璜合璧及璧芯各 1 件；在墓主人头顶堆置有玉璧 2 件、管 2 件、环 1 件、纺轮 1 件，足部置玉凿。棺外的左侧还葬有 1 块猪下颌骨，再无其他生活用具。该墓形制特殊，随葬大量玉器，显示规格较高，墓主应该是氏族或部落中具有特殊身份的人物，有可能是巫师之类的神职人员。

在土台东侧距墓 17 约 10 余米处，发现了 10 余座墓葬，有明显的早晚关系，而且儿童小坑墓与成人墓混在一起，还伴有用途不明的小坑，没有明显的分布规律及方向性，多数墓的方向基本朝向墓 17。这批墓不是氏族墓地，而应该是具有祭祀性质的埋葬行为。

喇家遗址，因突发的事件造就了特殊的自然环境，封存保留了其他考古遗址难以保存的史前人类生活的遗存和灾难的场景。如在生活遗存中保留了世界最古老的面条，引起了世人的惊叹。一只盛着面条的泥质红陶碗，因地震被扣放在小广场东南角的 20 号房址内，封存了数千年后，2002 年青海省文物考古研究所一位普通的考古工作者在掀开这只红陶碗的瞬间，以考古人敏锐的眼力及理念判断这是一大重要发现，第一时间抓拍下了碗内的面条，留下了一张珍贵的照片，使人们今天依旧能有幸目睹到世界上年代最久远的面条，也使世人惊叹 4000 年前的面条居然与现在的拉面形态是如此的相似。面条直径约0.3厘米，粗细均匀，颜色微黄。被封存的面条脱离了特殊的自然环境后，立即被风化，但面条样品被及时采集和保存，送交到中国科学院自然科学研究所检验研究。

图上 1-14 喇家遗址出土面条 齐家文化

专家利用植硅体这门新的生物化石学科，对这一4000年前的面条的粮食成分和制作过程展开了研究。首先利用自然科学的手段对我国西北地区大量的现代农作物和野生的植物的果实进行了植硅体和淀粉形态分析，通过掌握了大麦、青稞、小麦、高粱、燕麦、谷子、黍子、狗尾草等80多种植物果实中植硅体和淀粉形态特点，并进一步对古代面条样品进行分析。发现在古代面条样品中，保存有大量的谷子和黍子的典型壳体植硅体颗粒和淀粉颗粒。壳体植硅体的含量之高达到每克样品中含有近10万粒以上。在显微镜下面条淀粉的光学性质显示，大量的淀粉颗粒还没有完全糊化。研究结果表明，这是一碗用谷子和黍子混合做成的还没有完全煮熟的面条。在这碗面条样品中，还分析出少量的油脂，类似藜科植物的植硅体以及少量动物的骨头碎片，又进一步表明这还是一碗加有藜科植物调料的肉汤拉面。

中国有关面条最早的文献记载可以追溯到东汉时期。国外流传着另外的故事，认为面条最早是在中东地区发明的，后来通过阿拉伯人传播到意大利，意大利人进一步把面条食品传播到欧洲以及全世界，认为这个时间发生在中世纪期间，比马可波罗从中国回到欧洲的时间早。喇家遗址面条的发现，以实证说明人类使用粮食加工面条的工艺，至少已有4000年的历史。同时也说明当时的齐家文化人，已经有了较完善的工艺对这些农作物的果实进行脱粒、粉碎达到足以可以制成面条的面粉，利用面粉制成均匀、细长的面条。这些证据对于研究青铜时代早期的农业考古和古代食品文化研究无疑有着重要的意义。

黄河上游地区是中华文明的重要源头之一，齐家文化时期处于此区域迈向文明的重要阶段。喇家遗址的发掘与研究，不仅拓展了对齐家文化的新认识，提升了对齐家文化的重要地位及发展水平的认识，还为探索黄河上游地区文明起源和早期发展，提供了新资料，对于中国文明的起源研究有着极其重要的参考价值。

柳湾是个村名，隶属青海乐都县高庙镇。据当地的老农说，是因很早以前在村庄的前后及河湾，种植了许多柳树而得名。现在的柳湾村柳树已寥寥无几，被农田、塑料大棚所替代。它依山傍水，南临湟水，北依祁连山脉，依旧风景秀丽。长期的河流冲蚀，在这里形成了状似臂弯的地貌。台地良田纵横、杨柳广植，柳湾就静卧在这阡陌纵横的臂弯中。

1974年春，柳湾村村民在村后北台地扩大良田，在修建梯田平整土地的过程中，无意中挖到了沉睡在这里近5000年的史前墓葬，一件件精美彩陶及其他文物被挖了出来。不久，由中国社科院考古研究所甘青队与青海省文化局文物处组成发掘队对柳湾墓地进行了发掘，开始了青海省考古历史上首次大规模的考古发掘工作。

柳湾墓地是一处大型氏族社会公共墓地，涵盖有马家窑文化半山与马厂类型、齐家文化和辛店文化。墓地中齐家文化墓葬的发掘数量居青海境内之首，共发掘366座[②]。

该墓地齐家文化墓葬以长方形竖穴土坑墓为主，还有带墓道的凸字形墓，首次发现了结构清晰的木构葬具，葬具普遍采用了独木舟式的木棺。埋葬形式有单人葬和合葬墓。墓葬中的随葬品表明柳湾墓地有其独特的特点：既含有齐家文化的基本因素，又有马厂类型的特点，突出表现是彩陶数量多，十分明显地反映出齐家文化与马家窑文化马厂类型的继承关系。另外，随葬的生产工具，多数用大理石或软玉制成，是柳湾齐家文化的又一特点，也是农业生产水平及制石水平较马厂类型进步的又一标志。

墓葬的葬俗，反映出了氏族成员间的贫富分化、地位不平等及奴役关系，具体表现在墓主人的葬式及随葬品的数量差异上。合葬墓普遍出现了成年男女合葬墓，男性仰身直肢置于独木棺内；女性侧身屈肢，面向男性，葬于棺外，处于从属地位，十分鲜明地表现出了男女身份的不平等。男女均为一次葬，除特殊原因夫妻两人不可能同时死亡，女性应是为男性殉葬的。

此外，在单人葬的人群中，埋葬葬式是以仰身直肢为主，但也出现了一种特殊的断肢葬，两手斜放在腰部作捆绑状，下肢骨被砍断后倒置于两股骨间，这些人的身份显然是俘虏或奴仆。还有一部分人骨架不全，或身首分离，或有头无身、或四肢残缺。这些墓有的葬具及随葬品俱全，有的一无所有，他们也许是部落之间战争的受害者。

第四节　青铜器时代的古羌文明

青海青铜器文化概述　卡约文化　辛店文化　诺木洪文化

青海地区的青铜器文化，除早期齐家文化外，还包括分布地域最广泛的土著文化卡约文化，居住在甘青地区的辛店文化和占据柴达木盆地的诺木洪文化。

青海东部地区，继齐家文化之后，出现了卡约文化。卡约文化的早中期阶段，主要分布在甘肃中部的洮河、黄河沿岸，由齐家文化分化发展而来的辛店文化，从洮河、大夏河流域向西发展也进入了青海东部的民和地区，晚些时候更向西分布到大通一带。在卡约文化晚期，辛店文化与卡约文化在湟水流域共存发展，相互影响，共同因素合为一体，产生了"唐汪式陶器"。在湟水和大通河流域，卡约文化的向西发展，对青海西部诺木洪文化产生了深刻的影响，并对新疆东部的青铜文化也产生了影响[28]。在青海西部地区，晚于齐家文化的某段时间，从新疆东部向东发展的某支青铜文化进入柴达木盆地，形成诺木洪文化以土坯居址为代表的较早期遗存，并在盆地内形成一定的分布规模。晚些时候接受了卡约文化遗存的影响。其后逐渐进入文明时代，成为一种定居的，掌握修建复杂的木构房屋技术，会使用木轮车的土著文化。由此可见，青海地区青铜时代在齐家文化之后，多种文化同时发展，这种文化的多元分化发展，是青海地区出现的一种新的、有代表性的发展模式。

中国西部的大部分地区，在距今 4000 年前后出现过一次明显的寒冷期气候过程，也被称为新冰期气候。新冰期阶段，青海地区的气候和环境条件发生了很大的变化。青海东部地区，湖泊水位大幅度下降，干燥度增加，引起新沙丘发育，植被景观在贵南盆地变为荒漠草原；青海湖盆地，禾本科和蒿属仍占主要成分，基本保持湿润草原环境。据有关研究者推断，距今 4000 年前后的这次寒冷期作用期间，年平均温度比现今低约 1—3℃，持续时间约为 200 年左右[29]。这是一次十分剧烈的气候变化。若与前一阶段的气候高温期相比，年平均气温下降幅度约为 3—4℃，年降水量也有较明显的减少。水、热条件是气候构成的两大要素，也是对农业生产具有决定影响的因素。新冰期气候使得齐家文化的农业生产遭到严重的破坏，此后，这一地区开始了一个漫长的畜牧经济发展时期，人口大幅度下降，人们的生存状况恶化，文化发展出现停滞和倒退[30]。在历经了数百年的艰难发展后，远古先民逐渐适应了寒冷期改变后的新的生存环境，为适应新的自然环境而转型的畜牧业经济也得到了一定的发展。

卡约文化，1923—1924 年由安特生在湟中县的卡约村和下西河发现。卡约文化与青海地区齐家文化关系密切，应是齐家文化的延续和发展。已调查的遗存 1766 处，全部位于青海境内，主要分布于黄河上游及其支流湟水流域。东至甘青交界地带，西抵柴达木盆地东缘，北到祁连山南，南至果洛藏族自治州境内的黄河沿岸和玉树藏族自治州境内的通天河地区。卡约文化是青铜器时代青海境内主要的土著文化遗存，分布面积最广、遗址数量最多。据已有的碳 14 测定数据，其绝对年代约距今 3600—2600 年左右。在不同的地区，其延续时间的长短不平衡，有的地方可延续到汉代末年。

卡约文化时期的聚落遗址虽然分布地域广，数量多，但规模较小。卡约文化的人群保持着这种小规模群居的习惯，是由卡约时期的经济类型决定的。卡约文化所处的年代正值气候变化的寒冷期，气候环境的变化导致卡约文化经济类型逐渐出现转型，由以农业为主的产业模式向畜牧业发展，并且出现以逐水草游牧为生的纯牧业形态。由于卡约人的生存空间的拓展，使得自然条件复杂多样化。环境对人类活动的影响作用在这里表现得最为直接和显而易见。河湟谷地海拔高度相对偏低的地点，如民和、乐都等地，农业较发达；湟水上游、北川河流域农牧业并举，或兼有农、牧和渔猎的复合经济；寒山区、草原地带则以畜牧业为主，青海湖沿岸渔猎经济占有较大的比重。总之，从卡约文化时期的墓葬中大量出土羊、牛、马等兽骨以及彩陶中多见羊纹图案等迹象，反映出卡约文化时期的畜牧业生产比前代有了很大的发展。环境气候的变迁诚然是促使人们调整产业模式，去适应自然的重要原因，但更是卡约先民适应自然、征服自然能力提高的表现。也正是由于卡约文化时期较大规模的畜牧业经济的产生，青海广阔丰美的草场资源从此开始得到了利用。

卡约文化的铜器制造业代表着当时手工业的最高成就，卡约墓中多青铜器，习见小刀、镰、戈、矛、钺、镞、铃、圆泡、联珠状臂饰、镜等，均为工具、武器和服饰用物，不见容器，更无铁器。湟源县大华中庄出土的青铜鸠首牛犬杖首、四面铜人饰、鸟形铜铃等，造型逼真、工艺复杂。鸠首牛犬杖首是在鸠头状杖銎之上，一端塑铸一条昂首张口翘尾的猛犬，另一端塑铸一头耸肩奋力的母牛，犬牛相向而立，作欲斗状。母牛腹下又有一正在吮乳的牛犊却神态安然。此件构思巧妙，造型生动，可能用多范合铸而成。从制作工艺及造型艺术看，都是不可多得的珍品，反映出卡约文化时期的冶铸技术已达到较高的水平。

卡约文化的制陶业不甚发达，陶器均手制，陶质疏松粗糙，通常都羼入砂子，几乎没有细泥红陶。陶器的器表虽经打磨，但制作不精，只有彩色陶器经过反复打磨，相对显得比较光亮一些。早期彩陶极少见，时代

图上 1-15　彩陶罐　卡约文化，现藏于青海省博物馆

愈晚彩陶愈多。开始时，是在红陶上施黑彩或深红彩，图案是类似齐家彩陶的三角纹和锯齿纹、网格纹。复线双线、三线或四线构图是卡约文化彩陶构图的显著特征之一。卡约文化晚期流行一种颇具特色的勾连涡旋纹，是当时彩陶的主体纹饰，即"唐汪式陶器"。不同区域彩陶的数量及特征不一致，位于湟水流域的卡约文化彩陶以几何纹为主，只有少量的动物纹饰；在黄河沿岸的卡约文化彩陶中除有少量的几何纹样（三角连续纹、波折纹、弦纹等）外，还有数量较多的鹿纹、大角羊纹等动物纹饰；而在日月山以西的广大地域，彩陶几乎绝迹，只有个别遗址中偶见彩陶。

卡约文化的葬俗，常见的墓形有竖穴土坑和横穴洞室两种。而在循化县苏志发现的两个坟丘墓，则不多见[31]。木棺或有或无。葬式有仰身直肢、乱迁葬、二次扰乱葬、俯身葬和火葬数种。二次扰乱葬是卡约文化中最为常见、奇特的葬式。是将已经埋葬过的尸骨，再次挖开进行扰乱，就地或异地重新埋葬，包括迁出葬和迁入葬两种。此外，尤为引人注目的还有人殉、人祭、牲殉、牲祭等葬俗现象。殉人现象在湟中县潘家梁墓地表现得尤为突出。

在卡约文化不同的分布区，其文化内涵亦有所区别，卡约文化显然可分为不同的区域类型。黄河沿岸的卡约文化，以循化阿哈特拉山和苏志村的遗存为代表。这个类型，彩陶较多，炊器多用一种堆纹口沿的绳纹罐。埋葬只见竖穴土坑，都用木棺，并多火葬，有的甚至将墓圹的壁、底都烧红。墓向都为南北向。湟水流域的卡约文化，可以大通上孙家寨的遗存为代表；湟中县卡约村和下西河的遗存，也属于这一类型。这个类型，彩陶较

图上 1-16　彩陶罐　卡约文化，现藏于青海省博物馆

少，几乎不见动物纹。炊器多用绳纹或划纹的双耳罐。埋葬多横穴墓，往往无棺，墓向基本为东西向。各类的文化，由于不同的自然条件和经济形态，会造成不同的经济文化类型，而不同的历史传统又会使类似的经济文化类型形成不同的文化系统。青海地区黄河与湟水流域卡约文化特征的个性的形成，与河湟谷地的经济文化类型有别是有直接关联的。

在卡约文化的分布区域内，已发掘的重要遗址有循化县阿哈特拉山、苏志、湟中县卡约及下西河、潘家梁、化隆县上半主洼、下半主洼、贵德山坪台、湟源县大华中庄、莫不拉、大通县上孙家寨、互助县丰台等遗址。其中部分发掘资料尚未发表，已发表的重要遗址有互助县丰台遗址，遗址中的植物浮选结果，使人们对居于青海东部卡约人的经济形态及生产水平有了全新的认识。

丰台遗址位于青海省东部互助县的丰台村，在县城西北约 3 公里处。遗址坐落在湟水支流沙塘川河谷的西坡上，海拔高度约为 2500 米，是一处卡约文化的居住址，面积达数万平方米。从堆积中出土了丰富的文化遗物，包括陶片、石器、骨器、动物骨骼等。根据对出土遗物的分析，该遗址堆积属于比较单纯的卡约文化遗存，碳十四测定的绝对年代在距今 3200—2800 年之间。

丰台遗址出土的炭化植物遗存异常丰富，尤其是谷物。以大麦为主，还浮选出了一定数量的小麦和粟，但所占比重较小。小麦和谷在历史传统上或在品质上优于大麦，在出土炭化植物群体中所占的比重竟然很低，丰台遗址的卡约人为何一改传统去青睐于大麦的种植？应该是与本地区的气候环境有关。受当地气候环境的制约，当时的农业生产特点大概是以种植耐寒作物大麦为主，偶尔也种植春小麦和谷等温带作物，说明卡约先民在长期的实践中对各种农作物的生长习性有了很高的认识程度，能够十分正确地选择适宜的农作物品种进行经营。这一结果还说明，在青海东部地区青铜时代的文化转变过程中，发生在经济形态领域上的不单纯是农业与畜牧这种生产方式上的重大改变，还有农业自身的生产结构调整，造成这一变化的原因是一个十分复杂的问题，可能包含的因素有环境的制约、文化的倾向、外来的影响等[32]。

潘家梁墓地位于青海省湟中县李家山乡下西河村东南约 300 米，南距卡约村 1.5 公里。墓地恰好坐落在云谷川的山梁上，此地北高南低、东西稍呈缓坡状，原属潘姓所有，故称潘家梁㉝。

1923 年瑞典学者安特生曾经在这条川里的卡约村、下西河发掘数座古代墓葬。由于当时出土的陶器都是素面，从而将其归入寺洼文化范畴。新中国建立后，青海省文物管理委员会和中国科学院考古研究所，先后做了一些考古调查工作，于 1955 年将其划出，并以卡约村命名为卡约文化。1981 年 5 月为了解卡约村遗址保护情况，又在云谷川进行了考古调查，发现潘家梁这处墓地。于 1981—1982 年进行发掘，两年间共发掘墓葬 249 座，出土遗物 6958 件。

潘家梁墓地年代为距今 2740±105 年（测定材料为人骨），相对年代为西周左右。墓地规模较大，除个别的墓葬外，无论是墓形、葬式、墓葬方向以及随葬器物基本上是相同的，应是一个有着共同信仰及生活习俗的氏族公共墓地。墓葬形制常见的是竖穴土坑偏洞，长方形竖穴土坑墓较少，只有 1 座墓使用了葬具，而且葬具简陋，仅有边框，盖、底皆无。有单人葬、多人葬（以夫妻二人合葬较多）、母子合葬（儿童采取子随母葬，不另行埋）等。出于某种宗教原因，二次扰乱葬盛行。

在该墓地埋葬习俗中，存有人祭、牲祭、人殉、牲殉等多种丧葬礼仪。约 10% 的墓有人殉。人殉中的殉葬者都是与墓主人首次安葬时埋在同一墓内，他们都被捆缚或跪或爬伏在土坑西南或西北角处，有的在坑角略向外挖一小龛，位置一般与偏洞洞室顶部高度相近。在二次扰乱时不打扰他们，骨架保存一般较好。殉葬人多随葬有一段牛的腿骨（下肢）和一件无耳小陶罐，这可能象征他们既从事家务，也要去放牧。当时的社会主要是停留在家内奴隶阶段，还没有大规模地使用奴隶。牲殉是这批墓葬普遍习俗，牲殉的动物有狗、牛、羊。狗采取以狗爪为象征，布于墓室周围，似象征守卫居室和畜群，整架狗极少。羊、牛则以肢体代替整体，未见躯干骨，其位置不定。女性墓一般殉牛，男性墓一般殉羊或狗。人祭有两种形式：一种是用于祭公共墓地，这种祭祀形式是在墓地中另行挖掘形制不定的浅坑，坑内有的放置一个四耳大陶罐，然后将被用作祭祀的人捆缚以跪卧的姿势放置在陶罐上。有的没有陶罐，只有乱骨一堆（可能是杀殉并进行肢解）。此类属公共祭祀是初次埋葬，还是二次扰乱时举行的则不清楚。第二种是用于祭某一个体，这种祭祀形式是将用作祭祀的人，以仰身直肢或俯身直肢姿势，埋于墓主人同一墓中的土坑（墓道）口内下约30—40厘米处，尸体一般完整，而墓主人则是经过二次扰乱。由此推测，这种人祭形式是在二次扰乱时或二次扰乱葬之后举行的。

墓地中的随葬器物及牲祭方面还存在男女有别现象：男性多随有铜斧、铜钺、石斧、石镞、骨镞、铜镞、细石器及铜刀等生产工具，女性多随有纺织轮、锥、针；陶器方面女性往往用腹耳罐代替长颈双耳罐，男性墓中则不见有腹耳罐。这表明男女分工已经形成。男性主要在外从事畜牧、狩猎和农业生产等，女子则从事家务劳动。但在拥有量上男女则无大差别，有的女性墓甚至超出男性墓。从而反映出男女在分工上有所不同，但社会地位上仍然处于平等地位。

辛店文化是甘青地区青铜时期的重要文化，1924年4月，瑞典考古学家安特生首次发现于甘肃省临洮县辛甸村。出土地本名为辛甸，但因翻译有误，正式出版物的中文译为辛店，之后再未更正。辛店文化是受齐家文化较大影响而形成的地方色彩相当浓厚的文化遗存。辛店文化与卡约文化大体是同时代东西并存、互有交叉的青铜器时代文化，两者关系较为密切。

自1924年安特生首先在洮河流域发现辛店文化遗存以来，在甘肃中部的黄河沿岸、青海东部的湟水流域又先后找到了这种文化的大量遗址。目前所知，辛店文化分布范围东到渭河上游地区的甘谷、庄浪一线，北抵兰州附近的永登、榆中一带，西达青海东北部的大通、互助等地，南到甘肃洮河中游地区康乐等地。青海境内其分布范围较卡约文化要窄，仅局限于西宁、同仁、循化以东，集中分布在乐都、民和两县。

辛店文化在各时期各地区的不同遗存，基本可以概括为三个类型，即山家头、姬家川、张家咀类型。经历了夏代晚期、商代、西周这样一个历史时期。这三个不同类型的遗存，不仅表现了不同地域的不同特点，更主要的是反映了辛店文化不同发展阶段的不同文化特征。

辛店文化时期人们的经济生活以畜牧业为主，兼营农业。生产工具除石制的斧、铲、锛、杵、磨谷器等外，多见用动物肩胛骨等制的骨铲。手工业有制陶、纺织、冶铜业等。

辛店文化的陶器质地粗糙松散，火候较低，打磨不精。但彩陶比较发达，彩陶的数量较多，绘彩与陶胎结合不紧密，易脱落。在陶坯上普遍先施一层白色陶衣再进行彩绘是辛店文化彩色陶器显著的特点之一。纹饰别具一格，笔触粗犷，以双钩纹、S纹、太阳纹、三角纹为主，还有一定数量的动物——羊纹、鹿纹、犬纹和蛙纹等，充满着浓郁的畜牧生活气息。

辛店文化的葬俗，形制以长方形竖穴土坑墓为主，还有长方形竖穴偏洞墓和近似椭圆形或三角形的不规则形墓。葬式有仰身直肢葬、屈肢葬、侧身直肢葬、俯身葬、二次葬等。随葬品以陶器为主，还有铜器、装饰品等。

辛店文化在青海地区已发掘的地点有大通县上孙家寨、乐都县柳湾、民和县山家头、核桃庄等。

山家头墓地㉜，位于青海省民和县核桃庄村东的山家头台地上，北为拉开沟小旱地墓地，南为药水沟拱北台遗址。1980年，对该墓地进行了发掘，共清理墓葬33座。墓葬的形制均为竖穴土坑墓。葬式以仰身直肢为主，少见俯身直肢、侧身直肢葬及二次葬。除两座墓葬外，其余均有随葬品。随葬品主要为陶器，陶器多夹砂褐陶，圆腹，圆底，通体饰绳纹。随葬陶器的数量不等，少者1件，多者5件，另有少量骨器、石器和铜器。骨器有锥、针、管、笄；装饰品有石质的串珠，铜器仅铜带钩1件。

出土的陶器内涵既有齐家文化的因素，又有较浓厚的辛店文化姬家川类型的成分。由于其内涵特殊，故将其归属于辛店文化范畴之内，称"山家头类型"。陶器的特点反映出山家头类型早于姬家川类型，晚于齐家文化。山家头墓地的重要性，是填补了甘青地区考古学文化之中的一个缺环，为进一步研究这一地区辛店文化的类型关系提供了一批重要的材料。

核桃庄墓地㉝位于青海省民和回族土族自治县核桃庄乡政府所在地，在县城西南7.5公里处、湟水支流米拉沟河东岸，该墓地即位于核桃庄村东的小旱地台地之上。核桃庄墓地是辛店文化中目前发掘规模最大的一处墓地。发掘工作从 1978 年开始到 1980 年结束，共清理墓葬 367 座，出土陶器 500 余件，铜、石、骨质生产工具、生活用具及装饰品 2690 余件。墓葬结构大多是竖穴土坑墓，部分有头龛；少数为偏洞墓。以单人葬为主，常见的葬式为二次扰乱葬，约 1/3 的墓葬有木棺，时代越晚使用葬具者愈多。随葬品随意性较大，陶器比较普遍，但随葬的数量较少，一至三件不等，最多者也只有瓮、罐、盆三件陶器。小件的铜、石装饰品也多有发现。除陶器种类数量各墓无大差别外，装饰品和工具也通常是随身携带之物，女性和儿童装饰品佩饰相对较多，埋葬习俗没有表现出有明显的贫富之别。生产生活用具类的随葬有着男女性别之分，在一定程度上反映出当时男女生产分工的状况。骨管多装有骨针，为缝纫工具，只出于女性墓中；颜料石为彩陶绘制原料，也全出于女性和未成年者墓中，证明陶器的绘制技艺及衣服的缝纫属女性专长。骨镞全出于男性墓中，表明狩猎经济则由男性去承担。在葬俗上所表现出的另一现象是葬具及装饰品在本墓地晚期的墓中略有增多。

　　古人类学专家对墓地的人骨进行过全面分析研究，推断埋藏在此墓地人群的族属是羌人。居于青海东部的核桃庄墓地这支羌人的埋葬习俗，基本代表并反映出了青海东部地区同时期辛店文化羌人部落的葬俗特点。从随葬品的数量、质量与种类来看，均不及同地区马家窑文化富有，更无厚葬可言，除了几件必备的生活用具——制作粗糙的陶器和一些简单的工具外，就只有随身佩戴的装饰品，明显表现出这一时期羌人生活水准的低下。同一墓地愈到晚期墓主人葬具和佩饰愈有增多，这应是随着时间的推移，人们的生产力水平有所提高，相应生活水平得到改观后在葬俗上的表现。

　　诺木洪文化是柴达木盆地的西羌人创造的文化。1959 年对青海省都兰县诺木洪塔里他里哈遗址作了发掘①。这一文化的分布范围主要是在青海湖西侧的柴达木盆地东北部地区。调查登记的遗址有 40 处，集中分布在盆地的东南部。目前经过发掘的仅塔里他里哈一处遗址。经碳 14 测定，其年代为距今 2900 年左右，正当西周时期，下限可能延至汉代以后。

　　遗址内发现的遗迹现象主要有土坯围墙、房子、土坯坑、圈栏、瓮棺葬等。土坯围墙的结构一般为两部分组成，形状有长方形和椭圆形两类，有的围墙内还发现门道、居住面、柱洞，墙体残高可达 2.5 米左右，显然这些围墙主要应为居址建筑。另与这些土坯围墙相关的建筑遗迹还有一些圆筒形土坯建筑和土坯坑，它们多位于围墙所环绕的中央空地上。遗址的文化层堆积厚达八九米，反映了当时人们是过着相当巩固的、长期的定居生活。居住的房屋形式有方形和圆形两种，都采用木结构建筑。四边墙基一般用土坯平铺砌成，表面抹一层泥。墙上有许多柱洞，房内一般残存木柱多根。有用原木作柱的，也有的被劈、削呈椭圆形、方形，或略呈长方形，在木柱上常发现穿有圆形、方形、长方形的孔和其他榫卯结构的建筑遗存。室内一般有圆形灶坑。居住面用黄土、细沙、白灰混合制成，或用土坯铺砌。从房的层位、内部结构、大量木构件的制作方法和使用功能等方面分析，这些房子时代偏晚，估计应为该遗址最晚期的遗存。诺木洪文化中常见的土坯制作技术，在甘青地区青铜时代诸文化中成为一种独有的因素，因此，这种文化在来源方面与其他文化应当有所不同。

诺木洪文化的经济形态，是以畜牧业和农业为主同时兼营狩猎的复合形经济。麦类是农业经济的主要作物，农业生产工具，有翻土用的骨耜，收割用的石刀等。骨耜是比较常用的一种农业生产工具，均用大型兽类的肩胛骨制成，在骨臼处凿长方形或圆形的銎，可见骨耜是可按木柄使用的复合工具，应用于挖土或松土。遗址的北部发现有饲养牲畜的大型圈栏建筑，由木立柱、横栏木组成篱笆形墙，圈栏内地面上有大量的羊粪，其中还夹杂有牛粪、骆驼粪等，因此其用途应是畜养家畜的场所。在圈栏入口处发现两件残木制车毂。毂的外形，中间呈圆形外鼓，复原后可以安装十六根辐条，毂上有一个穿轴的圆孔毂。从轴的大小和辐条的粗细数量估计，车轮不是很大。既有残车毂，就有车辆。木车可能是用马或牛来拉驶的。

诺木洪文化的手工业极为发达，有冶铜业，石器、骨（角）器和陶器制作业，毛纺织业，编织业和皮革制品业等多种行业。发现的铜器有斧、刀、镞、钺形器等。其中铜钺最具有地方特色，整个器物的平面略呈马蹄形，钺身上部有排列整齐的五个圆形小孔，每一个孔下有一脊隆起，孔的上部有一长条形銎，銎的表面有方格纹，顶部有一个钮形物。遗址中发现了炼铜用具的残片和铜渣，不仅说明这些铜器属当地铸造，非外地输入，也为中国冶金史的研究提供了实证资料。石器器形有石斧、锛、锤、凿、刀、杵、研磨器、球、纺轮和磨刀石等，其中部分石斧、石锛系打制。石质有黑曜石、页岩、花岗岩等多种，多数应采自遗址周围的戈壁滩。骨器有凿、匕、刀、镞、锥、针、纺轮和磨光用器等，原料主要为牛、马等动物的肩胛骨、肢骨。

生活用具以陶器为主，多为碎片，制作粗糙，陶质有夹砂灰陶和红陶两种。多数陶器表面磨光，外表和口缘内部加一层灰黑色或红色陶衣，夹砂陶的器壁较厚，普遍附器耳。一般为素面，装饰纹有压印纹、篮纹、堆纹、锥刺纹、小圆圈纹、弦纹等。另有少量彩陶片，饰黑彩或红褐彩，有的施彩较浓，使表面堆起一层厚彩，纹饰有直线曲折纹、纵横直线组成的几何形纹等，主要为各种条带纹的组合。陶器中有一件牦牛陶塑制品，雕塑得惟妙惟肖；再结合使用牦牛毛编织毛织品，说明畜牧经济在这一地区得到了充分的发展，不仅驯养有山羊、绵羊，还驯养了体格高大的藏牦牛。这种早期畜牧经济所取得的成果，使人类得以在这种高寒地区的恶劣环境条件中长期生存和发展下去。

毛织品的种类有毛布、毛带、毛线和毛绳等。毛布的编织以绵羊毛为主要原料，有的还经过染色，颜色以黄、褐两色为主，少数为灰黑色、红色或蓝色。毛布的织法，一般多使用紧密的单线，少用粗松单线，单线一般为二百三十根左右，也有数十根的；毛带也用绵羊毛织成，个别的其间夹有少量的牦牛毛，颜色有黄、褐两色，有多种编织法；毛线和毛绳等是用绵羊毛和牦牛毛两种混制。牛毛绳，在现今青海牧区内还普遍使用。当时毛线多用羊毛，应与饲养的家畜以羊为主有关。还发现了部分革履。

总体上看，诺木洪文化从早到晚经历了1000多年的发展，自身变化较大。在早期阶段，或仍处于新石器时代晚期。在晚期偏早阶段，出现了铜器、土坯建筑等新因素，成为典型的青铜器文化。在晚期偏晚阶段，则出现了结构完善的房址建筑和木轮车等新的文明因素。

青海地区的青铜器时代历经了齐家文化、卡约文化、辛店文化和诺木洪文化，其年代上限距今 4000 年左右，下限到达汉代，个别地区延续至汉以后。

纵观黄河上游青海地区考古发现的不同时代人类的活动与其文化的发展，我们看到了早在旧石器晚期，距今近三万年前，人类已踏足青海西部的可可西里与柴达木盆地。当历史发展至 6700 多年时，活动在黄河上游共和盆地的拉乙亥人，拉开了新石器时代早期的序幕。仰韶文化晚期庙底沟类型时期，仰韶人疆域的最西端已抵达青海东部民和及循化等地。他们在青海东部的成功进驻，创造了以发达的锄耕农业及精美的彩色陶器著称于世的马家窑文化。经过了数百年的继承与发展，马家窑文化演变成了遍布甘肃中部、西部及青海东部、西北部的颇具地方特色的文化类型。继马家窑文化之后，齐家文化欣欣向荣。如按照正常的历史进程向前发展，这里也会出现类似于黄河中、下游地区的部落联盟或早期的城市经济。但在距今 4000 年前后的齐家文化中晚期开始，由于新冰期气候的到来，出现了变幅较大的寒冷期，青海广大地区的气候环境逐步恶化。故自 4000 年后，出现了甘青地区骤然由发达的锄耕农业转型为以畜牧经济为主导的经济转型。此后有卡约文化、辛店文化。青铜时代晚期，辛店文化向西发展，在北川河流域与卡约文化相碰和，产生出"唐汪式"陶器；卡约文化向西扩展，对诺木洪文化产生了一定的影响，并进入到新疆东部的哈密盆地。

上述青铜文化发展的多种迹象表明，青海地区由于气候环境巨变而导致经济转型后，物质文化的生产活动受到了严重的破坏，人们的观念形态的改变也形成文化的倒退，早期文明因素的发展停滞。黄河上游青海地区，虽然已具有发达的新石器晚期的马家窑文化和发达的青铜时代早期的齐家文化，但在中华文明形成的重要阶段，当黄河中下游地区出现了统一的强盛的城邦国家——夏、商王朝时期，青海地区的青铜时代仍处于文化落后、经济不发达的境地。

从青海地区早期文明产生、发展，走向衰落的发展进程中，我们又看到了自然环境状况对于人类生活所产生的巨大影响，人与自然的相互依存关系之密切，警示提高人们爱护环境、保护环境的意识，对今天及未来的社会发展是何等之重要。

【注释】

① 邱中郎：《青藏高原旧石器的发现》，《古脊椎动物学报》，1958 年第 2—3 期。

②④ 黄慰文、陈克选、袁宝印：《青海小柴达木湖的旧石器》，《中国—澳大利亚第四纪学术讨论会论文集》，168—175 页，科学出版社，1987 年。

③ 刘景芝、王国道：《青海柴达木盆地小柴达木湖旧石器时代遗址考察报告》，《新世纪的中国考古学——王仲殊先生八十华诞纪念论文集》，科学出版社 2005 年版第 34—56 页。

⑤ 施雅风等：《中国全新世大暖期气候与环境的基本特征》，海洋出版社 1992 年版第 197—205 页。

⑥ 盖培等：《黄河上游拉乙亥中石器时代遗址发掘报告》，《人类学学报》，第 2 卷（1983）第 1 期。

⑦ 张之恒：《中国新石器时代考古》，南京大学出版社 2004 年版第 6 页。

⑧ 竺可桢：《中国近五千年来气候变迁的初步研究》，《考古学报》，1972 年第 1 期。

⑨ 青海省文物考古队：《青海民和阳洼坡遗址试掘简报》，《考古》，1984 年第 1 期。

⑩ 中国社会科学院考古研究所甘青工作队，青海省文物考古研究所：《青海民和县胡李家遗址的发掘》，《考古》，2001 年第 1 期。

⑪ 青海省文物管理处等：《青海柳湾》（上），文物出版社 1984 年版第 252 页。

⑫ 青海省文物考古研究所：《民和阳山》，文物出版社 1990 年版 177—180 页。

⑬ 中国社会科学院考古研究所山西工作队等：《1970 年—1980 年山西襄汾陶寺墓地发掘简报》，《考古》，1983 年第 1 期。

⑭ 《青海一土族山村发现"於菟"舞》，《光明日报》1989 年 12 月 2 日第 2 版。

⑮ 李泽厚：《美的历程》，广西师范大学出版社 2000 年版第 16 页。

⑯ 李泽厚：《美的历程》，广西师范大学出版社 2000 年版第 22 页。

⑰ 青海省文物考古研究所：《民和阳山》，文物出版社 1990 年版第 144—145 页。

⑱ 张广立等：《黄河中上游地区出土的史前人形彩绘与陶塑初释》，《考古与文物》，1983 年第 3 期。

⑲ 高东陆：《同德县巴沟乡兔儿滩马家窑文化半山类型遗址发现记》，《青海考古学会会刊》第 7 期，1985 年。

⑳ 青海文物管理处、海南州民族博物馆：《青海同德县宗日文化遗址发掘简报》，《考

古》，1998 年 5 期。

㉑ 陈洪海：《宗日遗存研究》，北京大学博士研究生学位论文，2002 年 35—43 页。

㉒ 严文明：《马家窑文化》，《史前考古论集》科学出版社 1998 年版第 172—179 页。

㉓㉔ 赵志军：《探索中国北方旱作农业起源的新线索》，《中国文物报》2004 年 11 月 12 日。

㉕㉜ 中国社会科学院考古研究所、青海文物考古研究所：《青海互助丰台卡约文化遗址浮选结果分析报告》，《考古与文物》2004 年第 2 期。

㉖ 杨晓燕：《基于不同空间尺度的环境考古研究》，北京大学博士研究生学位论文，2003 年 45—51 页。

㉗ 青海省文物管理处等：《青海柳湾》（上），文物出版社 1984 年版第 170 页。

㉘ 水涛：《新疆青铜时代诸文化的比较研究——附论早期中西文化交流的历史进程》，《国学研究》创刊号，北京大学出版社 1993 年版第 467 页。

㉙ 任震球、李致森：《行星运动对中国五千年来气候变迁的影响》，《全国气候变化学术讨论会文集》，科学出版社 1981 年版第 107—116 页。

㉚ 水涛：《甘青地区青铜时代的文化和经济形态转变与环境变化的关系》，《中国西北地区青铜时代考古论集》，科学出版社 2001 年版第 148—153 页。

㉛ 许新国、格桑本：《卡约文化阿哈特拉类型初探》，《青海考古学会会刊》第 3 期。

㉝ 青海省文物考古研究所：《青海湟中下西河潘家梁卡约文化墓地》，《考古学集刊》，第 28 页，科学出版社 1994 年。

㉞ 苏生秀、陈洪海：《青海民和核桃庄山家头墓地清理简报》，《文物》，1992 年 11 期。

㉟ 青海省文物考古研究所、青海省文物管理处、西北大学文博学院：《民和核桃庄》，科学出版社 2004 年版第 10—31 页。

㊱ 青海省文物管理委员会、中国科学院考古研究所青海队：《青海都兰县诺木洪塔里他里哈遗址调查与试掘》，《考古学报》，1963 年第 1 期。

第二章

先秦汉唐时期的羌文化

　　古羌人是我国历史非常悠久的古老民族之一。大量考古学文化遗存与文献记载相印证，无可辩驳地证明古羌人是甘青地区的土著先民。青海境内青铜器时代的卡约文化、辛店文化、诺木洪文化以及甘肃境内发现的寺洼文化等都是世代生活在这里的古羌人创造的文化。上述卡约文化等考古学文化的上限绝对年代大约为距今 3600 多年，而距今 4000 余年的齐家文化、距今四五千年的宗日文化，跟羌文化有着非常密切的渊源关系，学术界将其称为"先羌文化"大致不误。《后汉书·西羌传》对青海早期羌人作了较系统的追述和记载，青海是古羌人及其先民世居之地。古羌人与祖国内地往来频繁，对华夏族的形成做过贡献，羌文化应是与华夏文化同样古老的文化。古羌人以经营畜牧业为主，兼营农业。卡约文化后期尤以从事高寒地区游牧业见长，为培育适应高寒地理环境的牛羊等牲畜作出了贡献。战国时期，青海境内的古羌人兴盛起来，人口增速加快。西汉以后，青海羌人与汉、月支、匈奴等族人杂居共处。从东汉中后期开始，西北地区多次爆发羌人大起义。由于战争的损耗加上多次迁徙，经魏晋南北朝，到隋、唐时期，羌人数量大幅度减少，到唐后期吐蕃占领甘青地区后，羌人逐渐趋于消亡，大部分融入吐蕃，成为现今藏族的先民。战国秦汉时期，古羌人社会形态处在氏族社会末期军事民主制阶段，其家庭为父系氏族社会一夫一妻制家庭，部落内部实行兵民合一制。羌人善于在山区作战，耐寒苦，其俗崇尚战死沙场，以病死为耻辱。其习惯法是"杀人偿死，无它禁令"。古羌人喜欢舞蹈，乐器有埙、羌笛等。汉以后，随着大量汉族人的迁入，汉、羌文化发生日益强烈的交流融汇。羌人文化曾是青海古代文化的主流、主体，虽然后来渐渐退居次要地位，但它对青海后世文化仍有重大而深远的影响。古羌人曾有过多次大规模迁徙，其迁徙的过程，同时是向四面八方传播羌文化的过程，也是羌人向中国古、近代其他民族如汉、藏、羌、彝等输送新鲜血液、使之更加发展壮大的过程。

第一节　战国秦汉时期古羌人的兴盛及其分布

古羌人的渊源　西王母的历史影子　无弋爱剑与河湟羌人的兴盛
秦汉时期青海古羌人的分布

　　古羌人是长期生活在我国西北地区、历史非常悠久的古老民族。学者普遍认为，"羌"应是他称，不是自称。据专家考证，甲骨文中的"羌"字有地名、人名、部族或方国名、奴隶的称呼等用法。从已有甲骨文记载看，作为部族的羌一直是商朝西部一个较有势力的古代少数民族，与氐关系密切，臣属于商。《诗经》中的《商颂》说，商王武丁之时曾讨伐诸羌，"昔有成汤，自彼氐羌，莫敢不来享，莫敢不来王，曰商是常"。虽然那时青海已是羌人聚居区，但因路途遥远，与商朝打交道少，故商代甲骨文及先秦文献中所记的羌人主要指的是今陕西和河南地区的羌人。到了周代，羌人与朝廷的联系比较多了。相传周人祖先后稷乃羌女姜嫄所生。周武王伐商纣王时，所率"庸、蜀、羌、髳、微、卢、彭、濮"八大部族中的羌，是"西土之人"，可能包括今甘青地区的羌人。先秦典籍中关于古羌人的记载只有只言片语，司马迁写的《史记》没有对羌人作全面的记载。南朝宋范晔的《后汉书》始有《西羌传》，且篇幅厚重，对古羌人的记述较为系统详尽，成了后人研究古羌人最重要的文献。
　　《西羌传》开篇第一句话就说到羌人的来源："西羌之本，出自三苗，姜姓之别也。其国近南岳。及舜流四凶，徙之三危，河关之西南羌地是也。滨于赐支，至乎河首，绵地千里。"①范晔认为，古羌人原本是生活在南岳衡山（今湖南省境内）一带的三苗人，舜作王时将他们流放到"三危"，即汉代河关县（治今甘肃积石山县大河家）西南的羌人聚居地，才形成了古羌人。"西羌之本，出自三苗"的说法或许有一定的史实依据，不可轻易否定。但我们认为，舜、三苗都是传说中的人，只有神话的价值而无历史的证明。近百年来的考古发掘却使我们更有理由相信古羌人是甘青地区的远古土著先民。

范晔生活的年代，由于没有近代考古学知识的支撑，对史前历史的了解很大程度上只能依靠传说。传说一般有史实根据，可是，传说毕竟只是史实的影子，而不是信史。20世纪，青海境内发现了大量考古学文化遗存，我们现在借助考古材料，对史前史的了解要比范晔生活的年代透彻得多。青海境内青铜器时代的卡约文化、辛店文化、诺木洪文化以及甘肃境内发现的寺洼文化等都是世代生活在这里的古羌人创造的文化，这一点在学术界已是共识。理由之一是这些考古学文化的分布区域恰与文献所载"羌中"的地域相吻合，即在河西走廊之南，洮、岷二州之西；理由之二是这些考古学文化时代相去不远，随葬品组合、葬式、陶器种类及其纹饰共性较多；理由之三是寺洼文化等的火葬习俗与历史文献记载吻合。羌人创造的卡约文化等考古学文化上限之绝对年代大约为距今3600多年，而距今4000余年的齐家文化、四五千年的宗日文化跟羌文化也有着非常密切的渊源关系，学术界常将其称为"先羌文化"大致不误。

大量考古学文化结合文献记载，无可辩驳地证明古羌人是甘青地区的土著先民，考古界这方面的研究成果已很多，其源流变迁序列已很清楚。我们认为，并不是南岳一带的"三苗"迁来之后才有了古羌人，而是在此之前古羌人已经生存在甘青地区，他们是有几千年历史的土著先民。"三苗"人即便真的曾来到羌人聚居区，也只能融入土著羌人中，充其量是古羌人的"流"，绝不是古羌人的"源"。

古羌人文化渊源很深，延续的时间也很长，历经中原商周、秦汉、魏晋南北朝、隋唐等历史时期，到唐后期吐蕃占领甘青地区后，才逐渐融入其他民族而趋于消亡。

西王母是与青海古羌人关系极为密切的神仙人物。中国古籍中有的地方将西王母记作山名、穴名，有的地方记作方位名（地名、国名），有的地方记成人，有的地方记成神。我们认为西王母有三类身份，或曰三副面孔：一是历史上确实存在过的人，二是历史题材小说中的人物形象，三是神话传说中的神仙[2]。

司马迁在《史记》卷四三《赵世家》中记载，赵国始封于造父。造父因善于养马而取得周穆王的宠信，他将日行千里的八骏马献给穆王。于是缪（穆）王"使造父御，西巡狩，见西王母，乐之忘归。而徐偃王反，缪王日驰千里马，攻徐偃王，大破之"。相同的记载又见于《史记》卷五《秦本纪》中。晋代在河南汲县战国魏襄王墓中发现的《竹书纪年》成书年代比《史记》更早。该书记载，周"穆王十七年（约前930年），西征昆仑丘，见西王母。其年来见，宾于昭宫"[3]。就是说周穆王去西方巡游时见到西王母，同年，西王母还到周的都城回访过，在昭宫受到穆王的接见。

《史记》、《竹书纪年》的信史地位是举世公认的，二书均载有此事，不应该视为空穴来风。从西王母石室的确认（详见下文）可知，穆王西巡见西王母的地点在环青海湖地区。这一地区是商周时代卡约文化和西周时代诺木洪文化的交叉分布区域，这里居住的若干个部落结为联盟，联盟首领自称为王或被尊为王也是可能的。从今陕西长安一带到青海湖地区不过千余公里，以当时的交通能力和水平，巡游到达青海湖地区也并非办不到的事。所以周穆王西巡到青海湖地区见部落首领应是可信的历史。

过去一般认定西王母是西部某少数民族部落的女首领、女王，或曰女巫，也有学者持有异议，认为西王母的"母"原是部落之名，又可写作幕、膜、貘、姆。因这个部落由东部迁至西方，故又称西母、西膜等[4]。藏族先民最早分为四大姓，另一种说法有六姓，即塞、穆、董、东、查、祝。至今青海境内有不少姓穆的藏族，或许藏族的穆姓与西母（膜、幕）有关。

周穆王见到的西王母，应是环青海湖地区的羌人（膜种羌？）部落首领。马家窑文化晚期马厂类型时，父系制度已经基本确立；齐家文化时，社会的基本经济单位已普遍是父系家族或家庭了。卡约文化时期，殉人现象更为突出，墓主多为男性。再从文献记载看，战国时期，河湟羌人著名首领叫无弋爰剑，是男性。他死后，他的后代"世世为豪"。总之，西王母作为西部母（或膜）邦国的王（首领），应以男性为多，当然不排除有女性担任者。西王母不应特指一个人，而应是代代相传的一个群体的称号，老王（首领）去世了，继立的新王（首领）又可称为西王母。作为人的西王母生活的时代大致是在公元前 11 世纪至公元前 5 世纪之间。

作为西部母（或膜）邦国首领的西王母的活动空间前文已指明在青海湖环湖地区，周围辐射半径约一二百公里。为什么能这样明确地限定呢？就是因为西部母（幕、膜）部落曾活动过的遗迹——西王母石室的具体位置已被确指。《汉书》卷二八《地理志》金城郡临羌县条记载："临羌西北至塞外，有西王母石室、仙海、盐池，北则湟水所出。"这里的仙海指青海湖，盐池指今茶卡盐湖。西王母石室应在这两湖附近。另据《晋书·张轨传附骏》载，永和元年（345），酒泉太守马岌上言，周穆王见西王母乐而忘归的山就是酒泉南山，有石室玉堂，焕若神宫，宜立西王母祠。前凉之主张骏及子重华派人在西王母石室前修了西王母祠（《十六国春秋》作西王母寺）。此后大约过了半个多世纪，即公元416 年，北凉主沮渠蒙逊又亲自拜谒了西王母寺。并命随行的中书侍郎张穆写了一首赋，刻于寺前。前凉主所修、北凉主祭祀过的西王母寺（祠）的遗迹已于 1995 年被天峻县地方志办公室和青海省考古研究所的专家学者发现并确认。该寺的确切位置在今 315 国道 338 公里处，地属天峻县关角乡，在关角垭豁以南的关角日吉沟脑。寺址东西约七八十米，南北约五六十米，发现带有"长乐未央"、"常乐万亿"铭文的瓦当。寺址对面 70 米处有一天然石洞，原名二郎洞（又名甘居洞），石洞呈不规则椭圆形，面积有一百多平方米。这个石洞应是西母（膜）邦国曾使用过的"宫殿"无疑⑤。它与内蒙古鄂伦春旗的鲜卑石室——嘎仙洞可以相提并论。青海湖环湖地区周围辐射半径约一二百公里之内这样的石洞不止一处，湟源县宗家沟内多处大小不等的石洞也应具有与关角日吉沟脑的二郎洞相同的功能。湟源县大华镇出土过卡约文化时期青铜鸠首牛犬杖首，这是权力的象征物。表明这里居住过地位很高的首脑人物。鉴于此，将宗家沟内的多处石室也称为西王母石室，认为是西王母的"别宫"亦未尝不可。

　　记载西王母的早期史料还有一部重要的书即《山海经》，这是一部古地理著作，主要内容为民间传说中的地理知识，包括山川、道里、民族、物产、药物、祭祀、巫医等，保存了不少远古神话传说。它对古代历史地理、文化、交通、民俗和神话的研究均有重要参考价值。《山海经》中有关西王母"豹尾虎齿而善啸，蓬发戴胜""人面虎身，有文有尾"的描述。我们不妨把这些形象的描述看作当时民俗现象的记录，即笼罩着神的光环的傩文化现象的记录。塔尔寺每年举行的"跳欠"活动，戴骷髅形、牛首、马头面具。跳欠的目的在于驱逐魔鬼，祓除不祥。商周时期，居住在环青海湖地区的少数民族部落，大概每年要举行重大典礼活动，届时要跳驱邪禳灾的舞蹈，舞者蓬头乱发，脸上涂妆成老虎的形状，口角边挂着虎牙，身上也画成虎纹，腿部画上豹纹，臀部绑附豹

图上 2-1　西王母石室遗址

尾，然后手舞足蹈，大声吹口哨。可能后来这种场面被收集民俗的文人记入了《山海经》。羌人以虎为图腾有崇拜老虎的习俗。战国初无弋爰剑逃亡时，曾受到虎的庇护。所以举行法事或跳舞时表演者装扮成虎的形状。"善啸"的特点可能与游牧民喜欢打口哨有关。青海省黄南藏族自治州同仁县年都乎村土族人民跳祭祀舞蹈——"於菟"舞（关于"於菟"舞的详情参见本书下编第五章第一节）。拿《山海经》中对西王母傩文化的描述与舞者的扮相相对照，除了后者没有佩戴虎牙，没有附豹尾以外，其余何其相似！有专家考证"於菟"一词至今仍保留在陕甘青等地，同仁年都乎村的虎图腾驱傩仪式是"遗存的古羌残迹"[⑥]。我们认为这个推断可能更接近历史事实。那么，"於菟"舞不啻是《山海经》所记西王母形象略有变异的再现。

《穆天子传》系战国时文人以五六百年前周穆王西巡的历史事实为素材加工创作的文学作品，其中基本事实与《竹书纪年》、《史记》相符，但增加了许多臆想的细节描写。《四库全书》将它归入子部小说家类。我们对《穆天子传》的内容既不能一概排斥，认为它尽是胡编乱造的东西；也不能一概相信，把它全部当作信史看待，可以半信半疑。

西王母由历史人物演变为神仙，与道教的日益兴盛有很大关系。西汉时期淮南王刘安及其门客所撰《淮南子》中有"羿请不死之药于西王母"的话。汉代有人托名班固所写的《汉武故事》和《汉武帝内传》中描写汉武帝好仙道，祭祀名山大川以求仙，于是有容貌绝世的妇人西王母飘然而至，授给汉武帝3000年才结一次果实的蟠桃以及宣传道教的《五真图》、《灵光经》等等，从此，西王母由西海羌人首领变成了美丽温柔、到处宣传道教的女性神仙。随着《西游记》、《封神演义》的广泛流传，蟠桃盛会以及王母娘娘的各种故事便家喻户晓、妇孺皆知了。西王母由人变成神后，其秉性、能力、性别、容貌、活动的时空范围等等均发生了质的变化，成为与作为人的西王母分属根本不同的两个范畴的形象。作为神的西王母流传越来越广，而作为人的西王母则越来越不为人所知。

无弋爰剑是正史中有明确记载的河湟羌人大首领。其实他原本是戎人，有过不平凡的传奇经历。当我国进入群雄并立的战国初期，秦国的君王是秦厉共公（前476—前443年在位），这时，"不知何戎之别"的无弋爰剑被秦国虏为奴，后逃出，被秦军追进一山洞中，又遭火烧，自以为没命时，突然有如虎之云气，将他罩住，秦军以为他已死于洞中，撤走后，他却无恙出洞，被羌人传为"神"人。此后，无弋爰剑遇到一位受劓刑而流浪羌女，二人结为夫妻，一同逃到羌人聚居的河湟地区。无弋爰剑见多识广，把他在秦国学到的先进农牧业生产技术教给河湟羌人，使这里羌人的经济得到较快发展。此后，无弋爰剑的威信日益提高，周边部落来投奔依附的越来越多。于是，无弋爰剑被河湟羌人推为首领，并且他的后代"世世为豪"。也就是说，河湟羌人部落首领的产生从此不再通行选举制，而是从无弋爰剑开始变为子孙世代传位的世袭制了。

又过了近百年，到无弋爰剑的曾孙"忍"当部落首领时，中原地区进入战国中期，各诸侯国都积极扩张势力，力图争当霸主。秦献公于公元前384年当上了秦国君主，他一心想恢复秦穆公时的霸业，于是派出军队向西征伐，兵临渭河源头地区，消灭了生活在那一地区的狄戎和獂戎部落。秦国西伐的消息传到河湟地区，引起羌人的极度惊慌，生怕秦军打到河湟地区，自己被消灭。当时羌人部落众多，但都是各自为政，很难采取统一行动对付秦国。于是不少部落因"畏秦之威"，离开河湟地区，扶老携幼迁往他处。首领"忍"和他的弟弟"舞"决定继续留在河湟地区。由于一时迁出的人口较多，田地牧场大量过剩，河湟羌人急需增殖人口。于是，忍及舞鼓励部民生育，并带头多娶妻妇，多生子女。忍生了9个儿子，后来繁衍发展成了9个部落；舞生17子，后来繁衍发展成了17个部落。秦献公的军队后来并没有打过来，但由于警备意识、自强意识的增强，利用较为安定的外部环境，河湟羌人人口逐渐有了恢复性增长，经济也有了较快发展，"羌之兴盛，从此起矣"⑦。青海羌人虚惊一场后反而迎来了兴盛时期。秦孝公时，河湟羌人首领"研"（忍的儿子）随秦太子驷朝觐了周显王，研是驷所率领的92个少数民族部落首领之一。秦始皇统一全国后，秦军没有对河湟地区的羌人采取军事行动，羌人也不具备跨过秦长城袭扰秦边的力量，双方一直保持着和好共处的关系。这对羌人的进一步发展是有利的。

历史上古羌人分布的区域很广，其中心在"河关之西南析支河"地区，即今青海省地区。秦汉时青海地区被称为"羌中"，张骞出使西域东返时，"欲从羌中归"，就是打算取道青海境内而不是甘肃河西走廊返回长安。那时古羌人活动区域除今青海省外，向东奄及今甘肃省中东部的广大地区，向南在今四川西北、西藏东北也有分布，向西伸入今新疆南部，向北延至甘肃河西走廊。据史书记载，两汉时期仅爰剑的子孙分支就发展到"百五十种"，另外还有其他羌人部族。青海羌人有89种，较著名的有研、先零、烧当、罕、开、黄羝、封养、牢姐、当煎、当阗、卑湳、勒姐（拉脊）、钟羌等20余种。由于两汉以来对羌人实行多次迁徙，羌人的分布范围更加扩大，到东汉安、顺二帝时（107—144），史书中出现了"西羌"和"东羌"的叫法。"东羌"指居住在三辅（今陕西渭水流域一带）、汉阳（今甘肃天水一带）、安定（治今甘肃镇原一带）、北地（治今宁夏吴忠西南）、上郡（今无定河流域及内蒙古鄂托克旗一带）、西河（治今山西离石一带）等郡的羌人；"西羌"是指留居在陇西（治今甘肃临洮一带）、汉阳（治今甘肃武山一带）、金城（今兰州以西青海河湟地区）等郡以及金城塞外广大牧业区的羌人。这种区分，只是大致的区分，其实东羌大多源于西羌，东、西羌有时处在动态之中。以下是河湟羌人主要部落的分布及迁徙变动情况的扼要介绍。

研种羌，系羌人首领研所率领的部落。研为无弋爰剑的五世孙、忍的九子之一，为人十分雄健，所以羌人以他的名字为种号，即作为部落名称。秦献公时（前384—前362），有一些部落向外地迁徙，研的部落随父辈居牧于湟水流域。秦孝公时（前361—前338）研种羌雄强，威服羌戎，研曾随太子驷朝觐周显王（前368—前321）。后研种羌衍生出烧当等羌种，其名遂湮。

先零羌，是两汉时最强大的部落联盟，汉初原居牧于湟水下游地区至庄浪河流域等地，汉武帝元鼎五年（前112），与封养、牢姐等种羌解仇结盟，并与匈奴合兵，攻扰汉边。被汉军击败后，退到自然条件较差的西海（今青海湖）、盐池（今茶卡盐池）一带。先零羌不忘故土，后请求到湟水以北没有农田的地方放牧，未得到汉朝同意。元康三年（前63），先零羌与诸羌联兵进攻汉金城郡，被汉兵重创，其余部一支退居青海湖西南，另一支南渡湟水退居大、小榆谷（约今海南州黄河以南部分地区）及河曲等地，并利用优越的自然条件又迅速得到发展。东汉建武十一年（35），先零羌与汉军战于临洮等地，兵败后其降众被迁徙到天水、陇西、扶风三郡。中平元年（184），北地先零羌与诸羌发动起义，经10余年战争，先零羌势力渐衰，后散居内郡，有的融入汉族等其他民族中。

封养羌，西汉初居湟水上游，居牧于先零与牢姐二羌之间。牢姐羌，汉初居陇西郡西境至湟水下游以南。元鼎五年（前112），封养、牢姐羌与先零羌解仇结盟，起兵反汉，次年被汉将李息等击败，之后依附其他羌种。

罕开羌是罕和开两个部落的联盟体。开种又分大开和小开。罕开羌的分布较广，西汉宣帝时（前73—前49）驻牧于湟水流域，与先零羌错居，另有部分驻牧于青海湖北岸，部分驻牧于枹罕（今甘肃临夏）西北。大、小开居"河西之河南"（今青海贵德、尖扎、贵南一带）。神爵元年（前61），西汉政府出兵镇压先零诸羌时，酒泉太守辛武贤提议出奇兵合击罕开羌于鲜水（今青海湖）之上，而后将军赵充国则力主打击先零羌、安抚罕开的战略，释放了作人质的罕开羌小首领雕库。从而使罕开羌解除了同先零羌的盟约，罕开竟不烦兵而下，从而孤立了先零羌，汉军很快取得了平羌的胜利。罕开羌首领靡忘等降汉后，分别被封为王、君侯等爵。

烧当是无弋爰剑第十三代孙，由于他为人精明骁勇，其子孙即以烧当作为部落名称。从烧当传至玄孙滇良，正值西汉末年，这支羌人世居大允谷（今共和县境）中。东汉初，滇良父子趁汉朝击败先零并迁其降众于内郡之机，掩击先零、卑湳等羌，掠其财畜，夺居土地肥美的大小榆谷，至光武帝末年时势力强盛，常称雄诸羌，发展成为继先零羌之后最为强大的部落集团。

钟羌，东汉时居牧于大、小榆谷以南今甘肃省南部地区，北与烧当羌居地为邻。先零羌、烧当羌被汉军击败后，羌民除一部分被强行迁至内郡外，许多逃往塞外，有的依附发羌，有的则依附钟羌，使钟羌的力量得以壮大。东汉末年，钟羌成为继先零、烧当之后羌人中最强大的部落，胜兵10余万，成为联合其他羌人部落反抗东汉政府的主要力量之一，后兵败散居内郡。

卑湳羌，西汉末为较强大的羌人部落，居牧于大允谷（约今共和盆地）、大榆谷附近地区。时因先零、卑湳羌富强，曾数次侵犯世居河北大允谷的烧当羌。东汉光武帝时（25—57），汉击败先零羌，迁其降众于内郡，烧当羌趁机进入大榆谷，掩击先零、卑湳羌，掠其财富。卑湳羌被迫离开家园，向湟水流域迁徙。建初元年（76），汉安夷县吏掠夺卑湳羌妇为妻，该吏被羌妇之夫杀死，安夷县县长宗延领兵追击羌夫出塞。卑湳羌种合兵杀死宗延，并与勒姐、吾良二种羌结盟反汉。金城太守调本郡兵并联合陇西郡兵迎击卑湳羌，双方战于罗谷，卑湳羌败，部众散亡。

婼羌，大致分布在今青海海西蒙古族藏族自治州茫崖行政区之尕斯盆地一带，为西域三十六国之一。婼羌国有450户，以游牧为业，境内山间出铁，能自造兵器。汉武帝开通西域后，婼羌王降附汉朝，汉封其为"去胡来王"。汉宣帝时，去胡来王唐兜率部至玉门关，请求内迁，遭到拒绝后奔降匈奴，其国遂亡，部众融于匈奴族中。

烧何羌，原居牧于河西张掖郡南山，与卢水胡为邻。东汉初遭卢水胡攻击，烧何羌女首领比铜钳率部众南徙，投靠汉临羌县县长。临羌县长以羌民偶有犯法者为借口，将比铜钳关押起来，诛杀其部落民六七百人，激起羌人愤怒，官府被迫释放比铜钳，才未酿成大变。章和元年（87），烧何羌与烧当羌结盟，起兵反汉，战事延绵10余年。兵败后，烧何羌人被强制迁徙到安定郡（今甘肃镇原一带）。

勒姐羌，因居勒姐溪（约今青海平安县沙沟）而得名。东汉中后期，多次与其他羌种联合反汉，兵败后，部众散亡。

卑禾羌，西汉后期驻牧于环青海湖地区，青海湖因此又称"卑禾羌海"。卑禾羌首领曾献地给朝廷，在环青海湖地区设立西海郡。

关于羌人的人口数，史书只有零星记载。汉宣帝神爵元年（前61），汉后将军赵充国平羌时曾向朝廷奏报："羌本可五万人军"[⑧]。由"军"折算大小男妇人口，如果按1：3.5计，则这时河湟羌人约有18万人。另外，东汉顺帝时（126—144），古羌人的人口数史书有大致记载："自爰剑后，子孙支分，凡百五十种。其九种在赐支河首以西，及在蜀汉徼北，前史不载口数。唯参狼在武都，胜兵数千人。其五十二种衰少，不能自立，分散为附落，或绝灭无后，或引而远去。其八十九种，唯钟最强，胜兵十余万。其余大者万余人，小者数千人，更相抄盗，盛衰无常，无虑顺帝时胜兵合可二十万人。"⑨据此，钟羌有胜兵十余万，其他诸部"胜兵合可二十万人"，总计羌人"胜兵"30万余，按上述比例估算，当时古羌人总人口当不少于105万人，估计青海省境内羌人约有35万余人⑩。

第二节　两汉至唐代青海古羌人的活动概况

西汉时期青海羌人的主要活动　东汉后期羌人的反抗斗争　魏晋南北朝时期的青海羌人　隋唐时期的羌人及其余绪

西汉初年，北方游牧民族匈奴势力强大，河湟羌人臣属于匈奴。汉武帝元鼎六年（前111），河湟羌人与匈奴联合攻击汉边，被汉朝所派军队打败，开始接受汉护羌校尉的管理。神爵元年（前61），羌人再次反汉，被汉宣帝所派后将军赵充国平定，大量羌人降汉，青海东部成为金城郡所辖区域，河湟羌人成为汉朝廷的属民。从西汉朝廷始设护羌校尉起，内地汉族农民陆续向河湟地区迁徙，与此同时，也有不少月支人、匈奴人等迁至此地，青海羌人与汉、月支、匈奴等族人杂居共处，以经营畜牧业为主，兼营农业。从史书记载看，羌人与其他各族人民和好相处的时段很长，是各民族之间关系的主流。汉宣帝元康三年（前63），先零羌与诸羌盟誓，打算进攻汉边，结果，千余羌人被汉光禄大夫义渠安国诱杀，于是河湟羌人联合起来进攻汉朝边郡。神爵元年（前61），被赵充国降服。当时汉族军队在湟水流域开展屯田，将牛耕铁犁等技术传到河湟地区。此后半个世纪，经济有了发展，人口也有了大的增长。汉朝派来的军政官员比较清廉，河湟地区的古羌人服从汉朝统治，与其他民族关系处得较为融洽。

到西汉末年，情况发生了变化。汉平帝元始四年（4），权臣安汉公王莽派中郎将平宪等人，带着大量钱币、金银财宝、绫罗绸缎等，来到青海湖地区，威胁利诱当地羌人献地。卑禾羌首领良愿等人慑于西汉武力又贪图财币，便同意献出鲜水海（今青海湖）、允谷（今共和县境）、盐池（今茶卡盐池）等地，自率部落民 12000 人迁居于自然条件很差的苦寒之地，作为汉朝藩蔽。这年冬，西海郡设立。王莽居摄元年（6），众羌人怨恨王莽夺取其地，便在庞恬、傅幡等人的率领下，起而攻打西海郡。西海郡太守程永弃城逃走，后被王莽处死。于是，卑禾羌人重返家园。次年，王莽遣护羌校尉窦况率兵击破羌人，恢复了西海郡。王莽末年，新室政权摇摇欲坠，无力经营远在西陲的西海郡，卑禾羌等趁机再次占据环青海湖地区，西海郡遂废。

东汉初年，光武帝刘秀派兵经过多次征战，恢复了金城郡、护羌校尉，重建起封建统治秩序。东汉前期，政治相对清明，对羌人的处置较为妥当，西北地区社会相对稳定。但从东汉中后期开始，政治日趋腐朽黑暗。特别是安帝（107—125 年在位）以后，宦官、外戚轮番专权，朝政败坏，民不聊生。全国各地农民起义此起彼伏，西北地区多次爆发羌人大起义。羌人起义的原因除了与全国有共性的阶级矛盾尖锐之外，还有其特殊性，即夹杂着民族矛盾。西汉以来，每当朝廷打败羌人后，为了削弱羌人的力量，分而治之，常常将羌人强制迁徙安置到内地。被迁羌人生活很痛苦，原来的部落组织被打破，生活习惯、社会习俗得不到尊重，还常受到内地汉族豪强地主、贪官污吏的欺压和剥削，因而不得不反抗。《后汉书》卷八七《西羌传》说，降羌与汉人杂处，"习俗既异，言语不通。数为小吏黠人所见侵夺，穷恚无聊，故致反叛"。降羌"或倥偬于豪右之手，或屈折于奴仆之勤"，"皆为吏人豪右所徭役，积以愁怨"，"愤怒而思祸"[①]。汉朝廷对羌人残酷的阶级压迫、沉重的经济剥削，以及民族歧视等因素不断激起羌人的猛烈反抗。但是，羌汉民族关系并非一直处于对立、冲突、战争状态，矛盾有缓和的时候，冲突有淡化的时候，战争有停止和间歇的时候。事实上，从长时段看，各民族间和平共处的时期比互相打仗的时期更为长久得多。

东汉时羌人发动的起义发生在今青海、甘肃、宁夏、陕西、四川等省区的广大区域，前后绵延百余年，参与人数多，牵涉地域广，社会影响大，羌、汉人民深受战争苦难，东汉王朝也因此而受到极大消耗，从而加速了它的灭亡。

汉章帝建初元年（76），安夷县有个县吏抢掠卑湳羌一妇人为妻，引起羌人群起反汉。金城太守便调集郡兵并联合陇西郡（治今甘肃临洮南）兵进剿卑湳羌。第二年，爆发了以烧当羌为主，联合烧何、封养、当煎、当阗、卑湳等羌及湟中月氏胡、属国卢水胡参加的反汉起义，金城、陇西、汉阳（治今甘肃甘谷东南）等郡多次被攻袭。元和三年（86）后，东汉更换8名护羌校尉（张纡、邓训、聂尚、贯友、史充、吴祉、周鲔、侯霸），经过五六次战役，合计出兵10余万人（次），到永元十四年（102），才将羌众镇压下去。8名护羌校尉中邓训是东汉时良将循吏，羌胡有病，他派医送药进行诊治，所以深得羌胡敬重。邓训病逝后，每日前来祭奠的汉、羌、胡官民有数千人。河湟百姓立祠纪念他，每遇疾病即祷告求福，相沿成俗，邓训竟成为后来西宁城隍庙中的"神"。从邓训受到羌胡人民敬重的例子可以看出，羌人反汉主要是清廉的官员少，而张纡那样的贪官多，是贪官逼民造反。

汉安帝永初元年（107）夏，东汉朝廷征发金城等郡羌人数千骑远戍西域，羌人惧怕此去之后不能回还家园，于是行至酒泉，大部相率逃散。朝廷发兵围堵，有的还毁坏羌人的居室住地，于是大批羌民惊逃塞外。这一事件成了羌人大规模起义的导火索。不久，先零羌别种滇零部与钟羌等种起义，切断陇右通道。第二年，滇零自称"天子"于北地（今宁夏吴忠），进一步联合武都、参狼、上郡、西河诸羌，势力更盛，东入三辅，南攻汉中。永初四年、五年，金城郡和陇西郡的治所先后均迁到襄武（今甘肃陇西东南）。河湟等地百姓被驱赶内迁，官府强行刈割庄稼，拆毁房屋，加上连年旱蝗饥荒，百姓沿途大量死亡，于是汉族农民也纷纷参加到羌人起义者行列。至元五年（118），长达12年之久的羌人大起义才被镇压下去。

汉顺帝永和四年（139），东汉派马贤为弘农太守，来机为并州刺史，刘秉为凉州刺史，此三人"天性虐刻"，对羌人进行残暴的奴役和掠夺，终于再次激起羌人的大规模起义。6年后，基本上被平息下去。在这次战争中，东汉又耗费军资80余亿，朝廷统治力量再次受到沉重打击。

汉桓帝延熹二年（159），烧当、烧何、当煎、勒姐等八种羌掀起第四次大起义。护羌校尉段颎率兵迎击。延熹四年（161）冬，朝廷改派中郎将皇甫规前往平羌。皇甫规弹劾凉州刺史郭闳等贪赃枉法、欺压百姓的罪恶，使这些贪官或被免职或被斩首，羌人闻知后拍手称快，先后有20余万口投降。但不久皇甫规受到诬陷被调回。建宁二年（169），羌人起义被镇压下去。但同时，东汉王朝也元气大伤，衰落之势更剧。

汉灵帝中平元年（184）春，中原各地爆发了轰轰烈烈的黄巾起义。同年冬，湟中义从胡、凉州义从羌和北地先零羌，联合枹罕、河关的羌汉等族人民一道起而响应黄巾起义。他们共立义从胡人北宫伯玉、李文侯为将军，杀护羌校尉泠徵，揭开了第五次羌人大起义的序幕。北宫伯玉等又诱劫金城人边章、韩遂，使其主持军政，共同斩杀金城太守陈懿，然后乘势东进三辅。后来义军各首领间争权夺利，互相杀害，起义军部众分离，实力由盛转衰。汉献帝初平三年（192），起于河湟地区的第五次羌人起义归于失败。建安十九年（214），河西陇右一带纳入了曹操的势力范围。

魏晋南北朝时期，入居内地的羌人与汉族杂居，经营农业，以后逐渐融合于汉族。留居今青海等地的羌人仍沿袭前代，与汉、氐、羯、鲜卑、屠各、卢水胡等诸多民族杂居共处，多民族文化得到交融发展。西晋末，鲜卑人大规模迁入河陇地区后，渐渐成为主导这一地区的势力，羌人在数量上渐不占优势，逐渐失去了秦汉前后独尊的地位，有的成为鲜卑人所建地方性政权的属民。

河西陇右羌人聚居地区纳入曹操的势力范围后，局势并不平静，这一地区的地方豪强势力拥兵自重，动辄起兵反抗曹魏的统治。

曹魏黄初元年（220），西平豪强麴演联合酒泉黄华、张掖张进等起兵拒魏，金城太守苏则率兵讨伐。苏则先出兵武威，很快平定了当地胡人的叛乱，随后迅速进兵张掖。这时麴演率兵三千赶到河西，谎称支援苏则，实际是想与张进夹击苏则。苏则将计就计，诱斩麴演，然后攻破张掖，诛杀了张进。黄华见形势不妙，只好投降。由于战乱频仍，羌汉百姓流离失所，地方经济萧条。苏则积极招徕汉羌流民，发展生产，金城郡人口有所增加。次年，西平麴光再次举兵反魏，杀死西平太守严苞。凉州刺史张既传檄诸羌，重赏捉拿麴光，不久，麴光被部下斩首来献，诸羌胡安堵如故。魏太和元年（227），西平麴英又一次举兵反魏，杀临羌县令、西都县长，魏遣将军郝昭、鹿盘率兵讨伐，取得胜利，西平郡形势这才趋于安定。

但是，曹魏与蜀汉之间对羌人羌地的争夺之战此后才刚刚开始。

魏太和四年（230，蜀建兴八年），蜀将魏延（领凉州刺史）率军进入羌中（今甘肃甘南藏族自治州和青海黄南藏族自治州地区），与魏将费瑶、郭淮等大战，蜀军取得胜利。魏景初二年（238），烧当羌王芒中、注诣等起兵反魏，魏凉州刺史、护羌校尉徐邈派兵攻讨，斩注诣首级。魏正始元年（240），蜀将姜维领兵出陇西（治今甘肃临洮），魏雍州刺史郭淮率兵追击至疆中，姜维退兵，魏军遂讨击迷当等羌，稳定了局势。此后姜维多次出兵，想引诱凉州、雍州境内的羌胡作为助力，夺取凉州，但受朝中权臣的牵制，所出兵力很少，与魏军交战，多处于劣势。

魏正始八年（247），陇西、南安、金城、西平诸郡羌人饿何、烧戈、伐同、蛾遮塞等部联合起来举兵反魏，围攻城邑，同时派人南下招引蜀兵。凉州卢水胡首领治无戴也举兵响应。魏将夏侯霸与郭淮先合兵击退姜维所率蜀军于为翅（约在今甘肃甘南州一带），然后乘胜进讨羌人，斩饿何、烧戈，羌人降服者万余落。正始九年（248），蛾遮塞等屯驻在河关（今甘肃积石山县大河家）、白土故城（在今民和县官亭鲍家城），依据黄河天险以拒魏军。郭淮在黄河上游虚张声势，暗中派人从下游渡黄河，出其不意攻破白土城，羌人大败。治无戴围攻凉州（今武威），但其家属留在故西海郡治龙夷城（今海晏县三角城）。郭淮率军直趋西海，正好治无戴从凉州折回，双方大战于龙夷城北，治无戴败。适逢蜀将姜维率军西进，沿途接应战败逃散的羌人和胡人。治无戴等遂率部降蜀，后被安置于蜀中。

蜀延熙十七年（254），姜维再次出兵陇西，大败魏军，攻下河关、狄道、临洮三县，并将三县汉、羌百姓迁到蜀国境内。此后，蜀汉内部矛盾加深，无力出兵陇右，曹魏在今甘青羌人聚居区的统治则日渐巩固，魏蜀争夺羌人羌地之战终于告一段落。

西晋代魏后，朝廷与鲜卑、羌等民族的关系有时比较紧张。晋武帝咸宁五年（279），晋凉州刺史杨欣不能善待羌胡，被鲜卑秃发氏首领树机能联合羌胡等部落攻杀，凉州失陷，晋朝与河西的联系中断。晋武帝任命资历很浅的马隆出任讨虏护军、武威太守，将率兵西进、收复凉州的任务交给了他。马隆亲自选募3500名精兵，带足三年的资费，毅然西征。马隆依八阵图作偏箱车，在作战中发挥了很大威力。有时在狭隘道口用磁石垒墙，敌兵披铁甲，行走不便，以为马隆有神法。晋军在马隆指挥下转战千里，很快打败了树机能。到达武威后，招降了许多羌人部落，在羌人的支持下，终于平定了凉州。

晋太康元年（280）七月，今青海境内黄河以南羌人部落首领轲成泥率众攻西平、浩门，杀督将以下300余人。晋武帝任命马隆担任平虏护军、西平太守，增拨了一些军队，加上原招募来的精兵，统归马隆指挥，前去镇守西平。当时南羌成奚部时常扰掠附近城池，马隆率兵进讨，成奚羌据险拒守。马隆见强攻不行，便令军士带上农具，做出要屯田的样子。羌人以为晋军并无讨伐之意，时间一长，防备逐渐松懈。马隆乘其不备，进兵猛攻，羌人败降。马隆镇守西平十余年，羌人和胡人不敢进犯，边地社会安定，地方经济有了恢复和发展。

西晋亡后，北方进入十六国时期。这一时期，先后对青海羌人实行统治的地方政权有前凉、后凉、西秦、南凉、吐谷浑等。前凉是十六国中唯一由汉族人建立的地方政权，其建立者是西晋护羌校尉、凉州刺史张轨，都城在姑臧（今甘肃武威市）。前凉统治时间较长，其间政治比较清明，羌汉关系比较融洽。前凉亡后，甘青地区出现了两个地方性割据政权。一个叫西秦，一个叫后凉。西秦由鲜卑乞伏部大首领乞伏国仁建于385年，都城先在金城，后迁至枹罕。后凉由氐人吕光建于389年，都姑臧。这两个割据政权为了扩大各自的势力范围，在羌人地区展开了激烈的争夺。在西秦的招抚下，公元389年，黄河以南地区的羌人7000多人在首领独如的率领下前来投顺。此后，羌人首领彭念奚、莫者阿胡等也相继率部归顺了西秦。公元391年，羌酋彭念奚率兵占领了属于后凉的白土城（在今青海民和县官厅北），第二年，后凉王吕光派出两路大军进行反击，但均吃了败仗。吕光大怒，亲率大军再度来攻。在后凉强大兵力的攻击下，彭念奚兵败，率部逃到了甘松（今四川松潘县北）。公元411年至418年，西秦与枹罕周边的羌人多次发生战事，互有胜负。

公元397年，河西鲜卑秃发部首领秃发乌孤建立了南凉政权，先后在乐都、西平、姑臧建都。河湟羌人在梁饥率领下，曾围攻西平郡城，秃发乌孤派兵击败梁饥，将河湟地区羌人收归治下。秃发傉檀在位时，曾多次将河湟地区的羌人迁到河西走廊，也曾征服环青海湖地区的鲜卑、羌人等。

吐谷浑原是辽东鲜卑慕容部首领慕容涉归的庶长子，西晋永嘉末年（313年左右）率部辗转西迁至今甘青交界的大夏河流域一带。约公元329年，吐谷浑之孙子叶延正式建立了以鲜卑贵族为核心，联合羌人豪酋共同执政的地方政权——吐谷浑王国。吐谷浑政权存在了350多年，辖区内的羌人经过与鲜卑人长期的共同生活，逐步融合为新的民族共同体——吐谷浑。公元663年，吐谷浑被吐蕃攻灭，吐谷浑统治下的许多羌人受吐蕃的统治，后逐渐融入吐蕃中。

十六国时期，两汉时内迁的羌人之一部——南安（今甘肃陇西县）姚氏羌人在长安建立了后秦政权。

经过六七百年的民族迁徙和融合，青海境内民族的构成、各民族人口的多寡、势力的盛衰均发生了很大变化。

隋唐时期，青海河湟地区羌人数量相对于两汉时期已大幅度减少，独立部落更少。但青藏高原上比较偏远的草原牧区羌人部落还比较多，苏毗、白兰、党项、羊同等是其中比较强大、著名者。

苏毗，史书上又称之为东女国，主要活动在今青海玉树和西藏那曲河东部地区，与周边其他羌人部落来往密切，强大兴盛时期曾经统一过藏北地区。苏毗羌善于经商，后亡于吐蕃。

白兰羌活动于黄河源头至柴达木南部地区，吐谷浑兴盛后，成了吐谷浑的属国。吐谷浑每当受到来自中原等强大势力的进攻时，就退守高寒缺氧的白兰，进攻者往往以气候不适应、过于险远而作罢。唐代前期，白兰被吐蕃攻灭。

党项羌主要活动在今青海东南、甘肃南部、四川西部地区，部落众多，大的万余人，小的数千人，互不统属。党项羌的著名姓氏（部落）有细封氏、费听氏、往利氏、颇超氏、野辞氏、房当氏、米禽氏、拓跋氏等。吐谷浑强盛时，党项羌臣属于吐谷浑。唐初，在吐蕃咄咄逼人的攻势下，许多党项部落相继归顺了唐朝。唐朝设了很多羁縻州、羁縻府安置党项羌人。到唐玄宗天宝年间（742—755），唐在党项羌居牧区所设的羁縻州府多达104个。吐蕃兴起后，继兼并苏毗、白兰等羌之后，将党项羌列为吞并目标。党项羌一部分内迁，一部分成为吐蕃的属民。内迁的这部分党项羌被唐朝安置在今陕甘宁交界地区，其中拓跋部后来逐渐强盛起来，兼并了其他羌人部落，至宋代时，建立了西夏国（定都兴庆府，在今宁夏银川）。后来，党项羌民逐步融入汉族和其他民族之中。留居青、川、甘交界地区的党项羌人接受吐蕃的统治，后更名为弭药，逐渐融入吐蕃中。

总之，隋、唐时期活跃在青藏高原的羌人，一部分迁入汉族聚居区，未迁徙的基本上都被吐蕃征服吞并，成为吐蕃王国的臣民。吐蕃在占领区强制推行民族同化政策，大量羌人逐步融入吐蕃，成为现今藏族的先民之一。居住在岷江上游的羌人部落，大部分逐渐融入汉族和藏族，一部分发展成现今的羌族。

第三节 古羌人文化及其历史贡献

古羌人的社会文化及其变迁 古羌人的大迁徙 古羌人的伟大历史贡献

据史书记载，战国秦汉时期古羌人的社会组织是大、中、小不同层次的部落，史书中称为"氏族"、"种"、"落"。一般而言，部落处在不断地变化之中，其首领由贵族世袭。小部落成员血缘关系相对更为密切。《后汉书·西羌传》说："其俗氏族无定，或以父名母姓为种号。"较大的部落是种姓部落（所谓"氏族"），为一部落种姓部落的命名常依据较为勇武强悍之"父名母姓"。如爰剑的五世孙研"至为豪健"，河湟羌人便以研为种号。研的十三世孙烧当又十分强悍，他所统辖的部落集团便以烧当为名。从战国时期的无弋爰剑开始，羌人实行种姓家支制度。爰剑子孙的家支渐渐形成较大的种姓。每个种姓可能是一个部落，也可能是一群部落。所属部众有相对的稳定性，但也不是固定不变的。每个大的种姓部落一般有一名大豪，其下还有若干中豪、小豪。赵充国平羌时曾亮出的赏格是：如果降汉，大豪赏钱 40 万，中豪 15 万，下豪 2 万，大男 3000，女子及老小 1000。可见古羌人部落集团内部结构及身份等级有多个层次。随着种姓家支制度的发展，两汉时，羌人中出现了父子联名制。如烧当之玄孙叫滇良，滇良的两个儿子分别叫滇吾、滇岸，滇吾的三个儿子分别叫东吾、迷吾、号吾，东吾之子叫东号等等。种姓部落间不立君臣，"无相长一"，即没有统一的政权形式，互不统属。遇有重大事情（比如遇到共同的强敌）需要多个种姓部落联合行动时，他们便临时"解仇结盟"，即通过举行会盟仪式，共同推举领袖，商讨统一行动规则，对天发誓，结成临时的联盟。一旦重大事情结束，各种姓部落重新互为仇敌，各自儆备。羌人的临时结盟虽然有共同的政治军事目的和共同的利益，但由于缺乏稳定的经济基础，也缺乏长期联合的政治要求，所以联盟常常是短暂的、松弛的、不牢固的。平时各部落间经常互相争夺土地、人口，"更相抄暴，以力为雄"，谁武力强悍谁就可以拉出一拨人，另立部落，自己当酋豪，弱者则被强者吞并，这就是所谓"强则分种为酋豪，弱则为人附落"。可见羌人社会是物竞天择、强者生存的社会。其社会形态应该说处在氏族社会末期军事民主制阶段，即建立国家的前夜。由于羌人没有统一的政权组织，虽然人数众多，部落林立，但犹如一盘散沙，整体力量较差，故先秦、西汉时臣服于匈奴，西晋末吐谷浑迁来后，又附属于吐谷浑。

战国秦汉时古羌人家庭为父系氏族社会一夫一妻制家庭，其习俗是家族内部禁止通婚，"十二世后，相与婚姻"。不过，家族内部保留了收继婚的形式，即"父没则妻后母，兄亡则纳釐（寡）嫂"，父亲死了儿子可以娶后母为妻，兄长死了弟弟可以娶寡嫂为妻。这种收继婚制对于人口的繁衍、种落的壮大是很有必要的，正是由于这个因素，羌人社会才保有"国无鳏寡，种类繁炽"的局面。

古羌人部落内部实行兵民合一制，青壮年男性平时耕牧，遇有战事全部都是战士。到东汉时，已有步兵、骑兵的区分。史书记载某种羌有"胜兵"多少，即有青壮年男性多少。羌人善于在山区和丘陵地区作战，不善于在平地作战。打仗时，冲杀、突击很勇敢很果断，所以很有战斗力，但缺乏耐心，"不能持久"。信仰、道德方面，羌人"以战死为吉利，病终为不祥",都崇尚战死在沙场,以病死为耻辱。每当生病时,不知用药医治,而是拿刀自刺。父母死,不哭泣,而是骑马歌号。习惯法是"杀人偿死,无它禁令"。羌人"性坚刚勇猛","堪耐寒苦,同之禽兽。虽妇人产子,亦不避风雪。性坚刚勇猛,得西方金行之气焉"⑫。

古羌人喜欢舞蹈,有在劳动之余集体载歌载舞的传统,这从羌人先民文化——马家窑文化、宗日文化均出土过著名的多人联手舞蹈图案的彩陶盆可知。多人舞蹈,必有音乐伴奏。羌人的乐器有埙、羌笛、琵琶等。埙是用陶土烧制的一种吹奏乐器,也有用石、骨、象牙制成的。大小如鹅蛋,六孔,顶端为吹口。羌笛历史悠久,《北史·党项传》记载,党项羌喜音乐,乐器有"琵琶、横吹,击缶为节"⑬。所谓"横吹"即羌人的代表性乐器,一种适于马上吹奏的短笛(今羌、藏地区常见的却是直吹的一种)。有双管五孔的,也有单管5—6孔的,质料有竹、骨、铜的等。唐人王之涣的《凉州词》有"羌笛何须怨杨柳,春风不度玉门关"的著名诗句,王昌龄的《从军行》诗中也有"更吹羌笛关山月,无那金闺万里愁"的句子,可见人们对羌笛印象之深。青海民间有用鹰骨制作羌笛的传统,这种骨笛很有地方特色。

西羌文化同任何一种文化一样,是不断发展变化着的。引起变化的原因,除自身不断走向文明进步外,还与受到其他民族文化的影响有密切关系。西汉初,生活在河西走廊一带的月氏人遭到匈奴攻击后,大部分西迁到伊犁河流域,称为大月氏。未西迁的一部分越过祁连山逃到今青海省北部,依附于当地的羌人,史称"小月氏"。小月氏与羌人和好相处,时间久了,互相间结为姻亲者较多,同时生活习俗互相影响,互相

图上 2-2　鹰骨羌笛

吸收，以致小月氏"被服饮食言语略与羌同"^⑭，后融入羌人中。

融入羌人中的还有匈奴人等。匈奴人曾长期生活在河西走廊，与古羌人仅一山之隔，因地域毗邻，互相交往较多，关系密切。20世纪70年代青海境内发掘的两汉时期的墓葬较多，其中一部分葬式有火葬、二次扰乱葬等，这些被专家认定是羌人的传统。大通县上孙家寨乙区发掘的1号汉墓中，出土过一枚"汉匈奴归义亲汉长"铜印，考古学专家认定此墓为匈奴墓。匈奴墓在青海境内发现，是其与羌人关系密切明证。"汉匈奴归义亲汉长"铜印是东汉中央政府赐给匈奴族首领的官印，其中"归义"是汉政府给予其统辖的周边民族首领的一种封号。该印通高2.9厘米，边宽2.3厘米，驼纽高2.1厘米，厚0.8厘米。作为印纽的骆驼屈肢跪卧，昂首向前^⑮。另外在互助县、共和县也都发现过铜牌等匈奴人惯用的装饰品，说明其中也有匈奴人的墓葬。汉代匈奴的主体并没有到达青海，但甘肃张掖一带的匈奴别部"卢水胡"汉时已越过祁连山而和青海东部湟中一带的月氏胡、羌人杂处。"汉匈奴归义亲汉长"铜印所称的匈奴可能即指卢水胡而言。

汉武帝设护羌校尉后，大量汉族人开始陆续迁入河湟地区，同羌人杂居共处。汉宣帝时，汉朝军队在后将军赵充国主持下在湟水流域开展屯田，同时将青海东部纳入中原封建王朝郡县制管辖体系。此后，牛耕铁犁、用石转磨加工粮食等先进技术陆续传入青海东部地区，同时，汉族人也将内地的商品、实际生活习惯和价值观带进了这里。随着汉族的大量迁入，内地的封建制度、儒家文化开始传入青海东部，汉、羌文化发生日益强烈的交流融汇。包括生产、饮食、服饰、居处等在内的羌人的物质文化，交往礼仪、丧葬、节庆、婚育、禁忌、信仰等在内的羌人的社会文化都与汉、月氏、匈奴等其他民族互相影响，互相吸纳，都在发生变化。两汉时期的墓葬中，墓主无论是羌人还是匈奴人，墓葬的营造形式、随葬品种类和样式都带有浓厚的汉族传统与风格，如墓中普遍出土五铢钱、铜镜、车马饰器、带钩、摇钱树等器物，这些是典型的中原地区的作风与传统，这说明汉族与部分羌人、月氏胡、匈奴人的界限在墓葬习俗方面已日趋接近。也就是说他们的文化交流和融合在不断发展。这一切充分表明青海地区汉族与少数民族的关系日趋密切。交往密切、文化认同，是两汉时期青海各古代民族能和好相处、共同进步的内在原因。1942 年在乐都县高庙镇白崖子村出土的"三老赵掾之碑"，记述了赵充国平羌及创办屯田的历史功绩，及其子孙赵宽等继承祖志，离开原籍上邽（今甘肃天水）到破羌县（今青海乐都）定居开发青海、保卫疆土的事迹。赵宽曾担任县"三老"之职，"听讼理怨，教诲后生"，"敷施教化，启迪来学"，为汉文化的推广普及做出了突出贡献，他兢兢业业，政绩卓著，受到各族民众好评。"三老赵掾之碑"为东汉碑刻中的佳品，共刻有汉隶 694 字，字体工整遒劲，不仅在书法界有很高的评价，碑文也为历史研究增添了重要史料[18]。

勿须讳言的是，在汉羌文化交流融合过程中，随着时间的推移，强弱之势在逐渐发生变化。西汉时期，羌文化仍居于主流地位，但随着郡县制在羌地的建

图上 2-3　东汉"三老赵掾碑"

立和巩固，汉族移民的增多，汉文化很快显示出比较强盛的势头，约到东汉时，作为古代少数民族文化的西羌文化不断由原先的强势向弱势转化。魏晋以后，西羌势力更加衰落。此时，随着鲜卑人的大量迁入，原先居于主流地位的汉羌人文化又一度让位于鲜卑文化。

据《后汉书》卷八七《西羌传》记载，秦献公时代（前 384 年—前 362 年在位），河湟羌人曾有一次较为集中的迁徙活动："至爰剑曾孙忍

时，秦献公初立，欲复穆公之迹，兵临渭首，灭狄獂戎。忍季父卬畏秦之威，将其种人附落而南，出赐支河曲西数千里，与众羌绝远，不复交通。"⑰忍的叔父卬受秦国的侵逼率领部落迁出河湟地区，向南行来到"赐支河曲西数千里"的地方，即黄河河曲西南今青海西南部和西藏东北部一带，他们在这里居住下来，逐渐发展成为"发羌"和"唐旄羌"，后来逐渐融入到了藏族先民之中，他们与其他羌种交往很少。除忍的叔父卬外，向南、向东南"任随所之"远途迁徙的还有好多羌人部落，他们有的向南迁到今天的白龙江流域，后来发展成了"武都羌"；有的南迁到今天的涪江、岷江流域，后来发展成了"广汉羌"；有的南迁到今天四川省的雅砻江流域，后来发展成了"越嶲羌"；还有的西迁到今新疆南部，后来发展成"婼羌"等等。至今居于岷江上游的现代羌族，也是当时或在此前后从西北向东南迁徙，曾与戈基人大战的那支古羌人的后裔。当然，当代羌族并非古羌人的直接传承者，二者之间曾经经历了十分复杂的融合与演变过程。

其实，羌人及其先民的迁徙活动，在史书记载的战国时期之前就早已经开始了。有学者作了专门研究，认为："事实上，黄河上游地区的人群向藏彝走廊的迁徙远非始于秦献公时代，而是早在新石器时代就已普遍和大规模地开始，且极为活跃"，"现今分布于藏彝走廊中的藏缅语民族有藏、羌、彝、白、纳西、傈僳、普米、独龙、怒、阿昌、景颇、拉祜、哈尼、基诺、门巴、珞巴等16个民族，他们是藏彝走廊中主要的世居民族。……藏彝走廊新石器文化乃直接渊源于甘青地区，是甘青地区新石器文化向南发展形成的一个系统。这些由黄河上游南迁的人群不仅是藏彝走廊新石器文明的主要开拓者和创造者，也是藏缅语族最早的祖先人群"⑱。这一观点得到了考古资料的支持。

古羌人在其先民阶段即已开始了持续时间很长的迁徙行动，见于文献记载的迁徙只是这种行动的继续和扩大。如春秋战国之前的西周初期，羌人继帮助周武王推翻商朝之后，还曾在周公旦的率领下参加东征，平定了东部叛乱，稳定了政局。之后，周朝为了加强对全国各地的统治，分封了许多功臣和贵族到各地做诸侯。齐、申、吕、许等即是姜姓羌人受封建立的诸侯国。曾先后为周文王、周武王当过军师的羌人杰出人物——姜尚（子牙）即是齐国的开国君王。齐、申、吕、许这几个诸侯国的贵族是继炎、黄部落之后较早进入中原的羌人，他们在东部定居下来，渐渐改变原有的民族习俗，逐步融入到了当地民族之中，以华夏族自居。

据《后汉书》卷八七《西羌传》等史书记载，两汉时期，羌人又有6次较大规模的迁徙活动，都是从汉西北塞外徙至塞内郡县居住，多数迁徙是统治者对降羌的强迫行为，少部分属于羌人自动、自愿的迁徙。

汉景帝时（前156—公元前141），研种羌首领留何要求率种人为汉陇西郡（治今甘肃临洮南）守边，于是，朝廷将留何等从今青海境内迁徙并分散安置到陇西郡所辖狄道（今甘肃临洮）、安故（约今甘肃临洮西南）、临洮（今甘肃岷县）、氐道（今甘肃礼县西北）、羌道（约今甘肃舟曲北）诸县居住。这是羌人主动要求内迁得到朝廷允许的一例，迁徙的具体人数不详。

汉宣帝神爵二年（前60）秋，赵充国平羌取得胜利，羌人大首领若零、离留、弟泽等率煎巩、黄羝等种羌民4000余人降汉。汉朝设置金城属国对降顺的羌人进行安置。另据《汉书》卷六九《赵充国传》记载，赵充国平羌的两年内，先后投降朝廷的羌人达三万一千余人，他们中的大部分原来居住在汉朝边塞之外，降顺后一部分被迁徙安置在金城郡辖区之内，个别的成为接受朝廷统治的编户齐民。

王莽末年（20—23），全国陷于战乱，塞外羌人大量自行迁入塞内居住，《后汉书·马援传》说，当时"金城属县多为虏有"。这些内徙羌人（"虏"）听从割据陇西的地方势力隗嚣的管辖，与东汉军抗衡。据《后汉书》记载，东汉建武九年（33），隗嚣死，司徒掾班彪向朝廷上言说："今凉州部皆有降羌，羌胡被发左衽，而与汉人杂处，习俗既异，言语不通。数为小吏黠人所见侵夺，穷恚无聊，故致反叛。"[19]他建议朝廷恢复护羌校尉。由班彪之言可知，当时羌人自发内徙到汉郡县区居住的地域范围比赵充国安羌时又有了较大的扩展。

建武十一年（35）夏，先零种羌攻扰临洮，陇西太守马援率军将他们打败，先后归降的羌人约8000人，马援请准朝廷后，将他们强行迁徙并分散安置到天水（治今甘肃通渭西北）、陇西、扶风（治今陕西兴平东南）三郡。

永平元年（58），烧当羌在大首领滇吾率领下起兵反汉，汉朝廷派中郎将窦固、捕虏将军马武等反击，双方大战于西邯（在今青海化隆县），羌人败，首领"滇吾远引去，余悉散降"，朝廷将降羌7000口强行迁徙安置到三辅地区。当时的"三辅"指京兆尹、左冯翊、右扶风，治所在今西安市一带，辖境相当于今陕西中部地区。

和帝永元十三年（101），烧当羌大首领迷唐遂率领部众攻击扰略汉朝边塞，被汉护羌校尉周鲔、金城太守侯霸所率之军击败，"迷唐羌众折伤，种人瓦解，降者六千余口"，被分别迁徙安置到汉阳（治所在今甘肃甘谷东南）、安定、陇西三郡。从此烧当羌日趋衰弱，部民不满千人，只好远迁到黄河源头以南，依附发羌居牧。

上述6次迁徙并不是两汉时期羌人向汉族聚居区迁徙的全部，只是其中有代表性的几个片断。羌人零星地、小规模地由塞外迁徙到内地的情况时有发生，难以一一详述。另外，东汉护羌校尉段颎在镇压羌人过程中，先后俘虏羌人数万人，迫降万余落，这些羌人中的一部分也可能被强迫迁到内地，有的成为富人的奴婢。东汉中后期有了东羌、西羌的区分，东羌分布的范围向内地又延伸了许多。

唐代，吐蕃王朝兴起并强大以后，生活在今青甘川交界一带的党项羌的一部分被迫向内地迁，被唐朝安置在今陕甘宁交界一带。到了宋代，这些党项人势力强大，建立了西夏国。西夏亡后，党项羌后裔大多融入汉族。

世界上大多数民族都有迁徙的经历，但像羌人这样有长达数千年的迁徙历史的民族仍不多见。古羌人迁徙的过程，同时是向四面八方传播羌文化的过程，也是羌人向中国古近代其他民族输送新鲜血液、使之更加发展壮大的过程。迁徙融合的结果是，古羌人成为了中国众多民族共同的祖先。

古羌人对中国历史的伟大历史贡献主要体现在以下几方面。

一是对华夏民族的形成作出了重大贡献。羌人的历史非常悠久、非常古老，炎黄文化的序幕由古羌人拉开。《国语·晋语四》载："昔少典娶于有蟜氏，生黄帝、炎帝。黄帝以姬水成，炎帝以姜水成；成而异德，故黄帝为姬，炎帝为姜。"作为姓氏的"姜"与作为族名的"羌"原本是一个字，目前学术界较一致的看法是，"姜"是羌人中最早转向农业的一个支系。传说中的炎帝姓姜，等于是说，炎帝是羌人，是羌人中姜姓支系的祖先。后来炎帝的姜姓部落与黄帝的姬姓部落不断东移，在日益密切的交往中结成联盟，逐渐构成华夏族的主体，成了后来汉族的核心。中国汉族至今自称是"炎黄子孙"，华夏族是由炎帝部落与黄帝部落融合形成的，说明古羌人对中华民族早期形态的形成有重大贡献。

二是向众多现存民族输送过新鲜血液，对它们的形成、发展和兴旺作出过重要贡献。从新石器时代晚期以来古羌人及其先民因各种原因多次迁徙。迁入东部的，最终融入汉族；迁入南部的，成为西南地区彝、白、纳西、傈僳、普米、独龙、羌、怒、阿昌、景颇、拉祜、哈尼、基诺、门巴、珞巴等少数民族的先民或先民之一；迁至西南部的，成为藏族的先民之一。可见羌人与国内现存很多民族都有着十分密切的关系，这些民族的血管里都流淌着古羌人的血统，这些民族的形成、发展、兴旺都有古羌人的一份功劳。古羌人对多元一体中华民族所作的贡献是无私的、伟大的。

三是对西部的开发有筚路蓝缕之功。古羌人及其先民是青海最早从事生产经济的居民，史前时期的原始农业、原始饲养业、原始手工业和最早的商业等都是古羌人先民开创的。勤劳、勇敢、智慧的古羌人及其先民世世代代在艰苦的条件下，为开发经营自己的家园付出了不容抹煞的努力，也取得了无愧于历史的辉煌成就。马家窑文化的精美彩陶至今博得世人的惊奇和赞叹，齐家文化先民冶制的铜镜是迄今已知我国最早的青铜镜。中华民族灿烂文明的历史画卷中有古羌人及其先民的亮丽一笔。

四是开创了以逐水草野外放牧为特征的原始畜牧业。青海原始畜牧业的前一阶段是在适宜农耕之地进行的以家畜饲养为主的畜牧业，它严重地依附于原始农业；后一阶段是在不宜农耕的高寒草原地区进行以野外放牧为主的游牧业，它已从原始农业中分离出来，成为了独立的生产部门。后一阶段约开始于卡约文化时期。卡约文化时，墓葬中用羊、牛、马等家畜随葬的现象非常普遍，这时的彩陶纹饰中也常见羊的图案，这些迹象说明，卡约文化时畜牧业经济的比重与此前诸文化相比有大幅度上升。畜牧业专家认为，青海的藏系绵羊是由青藏高原上的古羱羊（又称盘羊，俗称大头弯羊）驯化而来的，后者的野生原种至今还可在唐古拉山区见到。家畜牦牛的野生原种——野牦牛迄今成群结队地生存在牧区草原上，后者比家畜牦牛体格更大更壮，性更凶猛，家畜牦牛就是由它驯化而来的。青海古羌人及其先民对羊和牛的驯化作出了伟大的贡献。

青海有丰富的天然牧草资源，卡约文化的创造者——古羌人开始开发利用青海得天独厚的草场资源，逐步使以逐水草野外放牧为特征的畜牧业从原始农业中分离出来，成为独立的生产部门，这一创举有利于区域资源比较优势的发挥，也有利于大大拓展史前时期青海先民的生存空间。诺木洪文化塔里他里哈遗址发现了较大的牲畜圈栏，这时古羌人所蓄养的牲畜种类除羊、牛、马外，又增加了骆驼，畜牧业的分布范围拓展到柴达木盆地，畜牧业生产水平有了新的提高。

【注释】

① 《后汉书》卷 87《西羌传》，中华书局 1962 年版第 2869 页。

② 参见崔永红：《西王母的三面孔》，载《青海社会科学》2010 年第 6 期。

③ 方诗铭、王修龄：《古本竹书纪年辑证》，上海古籍出版社 1981 年版第 47 页。

④ 何光岳：《西王母的来源与迁徙》，载《青海社会科学》1990 年 6 期；芈一之：《从文物考古和古代神话谈江河源文化与中原文化的关系》，载《江河源文化研究》（内刊）1992 年 2 期。

⑤ 卢耀光：《天峻二郎洞古遗址调查考略》，载《青海文物》（内刊）总第 10 期（1996）。

⑥ 赵宗福：《论"於菟"在中国月亮神话中的演化——兼论"於菟"源于昆仑神话》载《江河源文化研究》1995 年 1 期。

⑦ 《后汉书》卷 87《西羌传》，中华书局 1962 年版第 2876 页。

⑧ 《汉书》卷 69《赵充国传》，中华书局 1962 年版第 2991 页。

⑨《后汉书》卷 87《西羌传》，中华书局 1962 年版第 2898 页。

⑩ 参见翟松天主编：《中国人口·青海分册》，中国财政经济出版社 1989 年版第 49 页。

⑪《后汉书》卷 87《西羌传》，中华书局 1962 年版第 2878、2899、2886 页。

⑫《后汉书》卷 87《西羌传》，中华书局 1962 年版第 2869 页。

⑬《北史》卷 96《党项传》，中华书局 1974 年版第 3193 页。

⑭《后汉书》卷 87《西羌传》，中华书局 1962 年版第 2899 页。

⑮ 赵生琛、谢端琚、赵信：《青海古代文化》，青海人民出版社 1986 年版第 100 页。

⑯ 青海省图书馆编：《三老赵掾之碑》，青海人民出版社 2011 年版。

⑰《后汉书》卷 87《西羌传》，中华书局 1962 年版第 2875—2876 页。

⑱ 石硕：《从新石器时代文化看黄河上游地区人群向藏彝走廊的迁徙》，《西南民族大学学报》（人文社科版）2008 年 10 期，总第 206 期。

⑲《后汉书》卷 87《西羌传》，中华书局 1962 年版第 2878 页。

第三章

魏晋南北朝时期的南凉文化

南凉王国是十六国时期河西鲜卑秃发部建立的地方政权，是当时名噪西北的"五凉"政权之一。公元 3 世纪中叶，秃发鲜卑从漠南阴山一带迁至今甘肃河西地区，与汉、羌、匈奴等民族杂居共处，演化成为左右河西地区政局的政治势力，到公元 4 世纪后期势力渐盛。东晋隆安元年（397），其首领秃发乌孤建立政权，史称南凉。秃发乌孤故后，弟秃发利鹿孤继位，迁都西平（今西宁），后自称"河西王"。利鹿孤病故后，弟秃发傉檀继位，改称"凉王"，重又迁都乐都，并大修乐都城（址在今乐都县碾伯镇西大小古城）。后一度以姑臧（今甘肃省武威市）为都。南凉走向兴盛的主要原因一是秃发部有较强的凝聚力，拥有较强大的武装，具备一定的政治、经济实力；二是善于联合汉族豪杰儒士和其他民族的人才，强化统治力量，扩大统治基础；三是重视学习儒学文化和汉族统治经验。秃发氏贵族首领都具有很高的汉文化修养。南凉曾建立儒学，恢复中衰 200 多年的公学，也为文教振兴作出过贡献。当时河西五凉地区佛教兴盛，今西宁市北禅寺即可能始凿于南凉时期。南凉盛时，可称道之处不少；可是，它很快由盛趋衰，终至人亡政息。首要的原因是国主秃发傉檀进据姑臧后被胜利冲昏了头脑，变得刚愎自用；其次是南凉频繁地掠徙民户，引起各族群众的强烈反感和怨怒；三是推行兵农分离政策。纵观南凉盛衰史，后世自可从中找到不少应当记取的经验教训。

第一节　秃发鲜卑的崛起与南凉王国的兴盛

秃发部西迁及河西鲜卑的形成与壮大　南凉政权的建立与初步发展
南凉王国的兴盛

南凉建国的时期是我国历史上大分裂、民族大迁徙的十六国时期，即公元 4 世纪初至 5 世纪 30 年代。南凉王国鼎盛时期，辖地东起今甘肃景泰、兰州西郊一线，西至青海湖滨，西北至河西大黄山麓，南达黄河南岸今青海同仁、贵德一带，北接腾格里沙漠，地跨祁连山南北，势控河湟之要冲，是当时河西地区最富实力的王国。南凉王国是鲜卑人的一支——河西鲜卑秃发部建立的地方政权，开国之主叫秃发乌孤，秃发是部落名，也是姓。

鲜卑是东胡族的一支，因曾居住在大鲜卑山附近而得名。大鲜卑山在今内蒙古自治区东北部大兴安岭北段，以阿里河（今内蒙古呼伦贝尔盟鄂伦春自治旗所在地）西北 10 公里的嘎仙洞（即拓跋鲜卑旧墟石室）为中心。秦汉时，鲜卑人在这一带过着游牧生活。东汉桓帝时（147—167），鲜卑首领檀石槐将各部统一起来，并占领了匈奴故地，一度十分强盛。檀石槐死后，鲜卑联合体瓦解。

据《魏书》记载，建立了北魏的鲜卑拓跋部历史的序幕是从拓跋毛开始的。拓跋毛的 13 代孙诘汾率部南迁，来到当年匈奴冒顿单于发迹的阴山（今内蒙古中部阴山山脉）一带。诘汾长子叫匹孤，是建立南凉的秃发乌孤的八世祖。公元 3 世纪上半叶，中国开始出现民族大迁徙浪潮。匹孤于此时离开拓跋部首领——他的幼弟拓跋力微，率部从阴山西迁，辗转来到今甘肃河西走廊北部草原一带游牧。这一支系后来势力壮大，形成"河西鲜卑"，建立了南凉国，修史的人将其写成"秃发"部，为的是与建立了北魏的拓跋部相区别。至于史书中所记秃发匹孤妻胡掖氏分娩时，来不及起床坐褥，将儿子寿阗生在被中，鲜卑语称被子为"秃发"，于是从寿阗开始该部落就叫秃发，此说不足凭信。总之，鲜卑拓跋部与秃发部有同源关系是没有疑问的。

秃发乌孤五世祖树机能担任首领时，能集众数万，鲜卑部民常出没雍州、凉州。当时正是曹魏末年，树机能上表朝廷，表示愿臣属于曹魏，得到允准。于是数万鲜卑人陆续迁至河西、陇右地区，后来这支鲜卑的活动范围东至"麦田"（今甘肃靖远北部），东北到今甘肃平凉西北的牵屯山一带，南到"浇河"（今青海东部贵德）地区，西达青海湖环湖地区，北接甘肃武威以北的腾格里沙漠，史书称之为河西鲜卑。河西鲜卑还包括乙弗、契翰等部，树机能为首领的秃发部是其中最主要、最强大的一部。河西鲜卑与当地汉、羌、匈奴等民族杂居共处，逐渐演化成为左右河西地区政局的政治势力。

西晋初，朝廷承袭汉魏旧制，设"护羌校尉"一官，对居住在河西地区的羌人、胡人（鲜卑、匈奴、月支等）进行管理和领护。由于地方官的贪残和欺压，鲜卑各部生活痛苦不堪，秃发部大首领树机能不得已率部反晋。树机能为人"壮果多谋略"[①]，他发动的反晋之战爆发初期，具有农民反压迫的性质。但发展到后来，渐渐地演变成了地方豪强攻城略地、割据一方、对抗朝廷的战事，民族战争的色彩也较浓厚。晋咸宁五年（279）初，树机能率部攻占了凉州州府所在地姑臧（今甘肃武威）以及州属主要城镇，阻断了晋与河西的交通。晋武帝任命马隆为"讨虏护军"兼武威太守，率军征讨河西鲜卑。马隆十分善战，鲜卑兵节节败退。年底，秃发树机能兵败身亡。树机能领导的反晋斗争虽然失败了，但它对改善河陇地区各民族人民的境遇有一定积极作用。

树机能死后，秃发部降晋，其势力一落千丈。此后，马隆出任西平太守十余年，威信震于陇右，各少数民族和好相处。这期间朝廷曾下令解放奴婢，使他们的身份恢复为一般百姓，河陇地区各民族人民尤其最下层群体的生存状况有所改善。原居河西、陇右的鲜卑各部，跟随秃发树机能反晋失败后，分处于河西各地，短时期内，互相间来往有所减少，但鲜卑人与汉、羌等族的交往则趋于频繁，这对各民族互相沟通、学习，多民族文化交融发展是有利的。

公元 3 世纪末 4 世纪初，西晋相继发生"八王之乱"、"永嘉之乱"，北方长期陷于动乱之中，中原地区各族人民争相逃荒，又互相杀掠，流民死亡者十之六七。因西晋灭亡，洛阳失守，中州之人被迫到处避难，来河西者络绎不绝。他们之所以投奔河西，是因为当时张轨在河西建立的前凉政权政治比较清明，张轨西晋时曾任护羌校尉、凉州刺史，前凉时期，百姓安居乐业，地方较为安定。

秃发乌孤的祖父秃发推斤（一作椎斤）在位时，河西鲜卑拥护前凉的统治，双方关系较为融洽。东晋哀帝兴宁三年（365），推斤死，子思复鞬继任首领，他便是秃发乌孤的父亲。秃发思复鞬为人宽厚仁爱，他在位时，秃发部势力日渐恢复，河西鲜卑各部大都前来归附，表示愿听驱使。河西鲜卑较有势力的支系位于今青海省境的有：乙弗部（活动在青海湖周边地区）、契翰部（居牧在青海湖西）、折掘部（活动在湟水与大通河交汇地区）等。秃发部在鲜卑诸部中居于主导地位，具有相当的号召力。

东晋太元元年（376），河西前凉政权被前秦攻灭。淝水之战中前秦遭遇兵败，张轨后裔张大豫图谋重建前凉，得到秃发思复鞬的大力支持。东晋太元十一年（386），前秦旧将氐人吕光领率征讨西域获胜的军队入据姑臧，自称凉州刺史、护羌校尉，欲称雄河西。秃发思复鞬认为，应当乘吕光立足未稳，立即集兵将其逐出凉州，以实现助张氏重建前凉的目的。于是，他派长子秃发奚于若率鲜卑兵配合张大豫攻打凉州，但奚于不幸兵败身死。这年十二月，吕光自称凉州牧、酒泉公，建元"太安"，正式建立了政权。因该政权在张氏前凉之后，故史称"后凉"。思复鞬痛失长子，不久身亡。

秃发思复鞬死后，子秃发乌孤接统部众。秃发乌孤为人心志高远，见事深邃，有勇有谋。他继任首领后，审时度势，陆续采取了一些新举措。秃发乌孤见天下纷乱，时局动荡，谁有武力谁就可以割据称雄，他很不甘心听命于后凉吕光，有攻取凉州之念，于是征求部下意见，有个叫纷陁的将领说：主公必欲得凉州，首先必须务农讲武。我鲜卑人世代以游牧为生，迁至河西百余年来，虽偶有学习晋人务农技术，以农为生者，但总体而言，仍是以畜牧为生者居多。河陇地区农田肥沃，灌溉便利，汉、羌之人长期务农，储蓄颇丰。欲举大事，必要广募兵马；而兵马之兴，必以粮草为先。除务农讲武之外，还应礼贤下士，广纳各方俊杰人才，为我所用。在民事管理方面，应刑轻政清，使民乐从。做到这几点，凉州之主便非主公莫属了。乌孤听后，觉得十分在理，于是在广武（今甘肃永登）一带"务农桑，修邻好"②，养兵务农，发展经济，结好邻邦，不事争战，修明政治。十来年后，境内部民家富民乐，人丁兴旺，秃发部出现势力日益强盛的景象。

东晋太元十五年（390），河西鲜卑将势力扩展至湟水下游，次年，秃发乌孤令部民筑廉川堡（约在今甘肃永登县连城，一说在青海民和县城北史纳古城），并以此为据点，相继征服了一度叛离的乙弗、折掘等鲜卑旧部，逐渐形成与当时割据河西的后凉王国分庭抗礼的局面。

秃发部渐趋强盛的消息传到后凉主吕光耳中。吕光于晋太元十八年（394）派人往见秃发乌孤，送来任命乌孤为"假节、冠军大将军、河西鲜卑大都统、广武县侯"的公文。乌孤留住使者，召集诸将商议接受好还是不接受好。多数人认为不接受为好，有个谋士叫石真若留的说：自主公继任大首领以来，我部确实出现了蒸蒸日上的好气象，士马众多，民情归顺，但是目前我们仍根本未固，还有不少部落并未归顺。而吕光地广兵众，我部与吕光相比，实力尚小，远不是吕光的对手。如果惹恼了吕光，他发兵来讨，我们难操必胜之券。不如暂且屈受吕光的封授，使他不防，彼骄我奋，我赢得继续壮大自己实力的时间，"以待其衅"③，大事可成。秃发乌孤认为这是韬光养晦之计，甚合其意。于是派人修书给吕光表示谢意，接受了吕光给予的封号。次年，吕光又遣使拜他为"广武郡公"④。

东晋太元二十一年（396），吕光即"天王"位，称国号为大凉。派使者来廉川，持有封秃发乌孤为"征南大将军、益州牧、左贤王"的册书，还送来王侯举行庆典仪式所用的鼓、号、羽扇等物。乌孤这时已颇有些实力了，对吕光送来的这些物件已不稀罕，他对吕光使臣说道：吕光十多年前凭借征伐西域之威，拿下了凉州，但他不能以德政怀柔远民，给各族百姓带来安定和富足。他的几个儿子、侄儿，个个贪淫无耻，三个外甥也是肆意暴虐之徒，弄得河西郡县不宁，百姓无以聊生。我怎么可以违天下之心，受不义之爵？再说，称帝当王，哪有一成不变的？无道则灭，有德则昌。回去告诉你家天王，我要顺应天人之望，成就帝王之事。不愿意再奉吕氏为主了⑤。于是留下鼓吹羽仪，将封册仍交原使带回。

乌孤这番话中对吕光的评价是真实贴切的。吕光无道，他的子侄辈均无良才，外甥石聪也是谗佞之辈。后凉统治者的这些弱点，促使乌孤下决心摆脱后凉的控制，并想取而代之。

东晋隆安元年（397）正月，秃发乌孤在廉川堡自称大都督、大将军、大单于、西平王。并大赦境内，立年号曰"太初"。从此，河西鲜卑秃发部正式建国。因其国在前凉、后凉之南，所以史称"南凉"。

在秃发乌孤建立南凉政权的同一年，祁连山北后凉的西边相继出现建都张掖的北凉（匈奴的支系卢水胡沮渠氏所建）和建都敦煌的西凉（汉族李氏所建），后凉的政局愈加不稳，这对南凉壮大势力是有利的。

秃发乌孤称王前夕，吕光遣其长子吕纂攻拔了乞伏鲜卑所建西秦国的金城郡（治今兰州市西固）。乌孤称王后，乘后凉在金城立足未稳，迅速出兵，一举攻夺了金城。吕光遣将军窦苟回击南凉，双方大战于街亭（约今甘肃天祝县境），南凉获胜，乌孤控制了金城、广武地区。

这年（397）八月，后凉内部又发生了郭麐、杨轨叛乱的事件，为南凉扩张势力再度提供了机会。乌孤及时遣弟秃发傉檀进兵姑臧西苑，支持杨轨等攻打凉州。次年，郭麐、杨轨失败，傉檀平安回兵。当时湟水流域羌人首领梁饥，为人勇猛善战，率部征讨弱小，势力日强。杨轨失败后本打算投奔秃发乌孤，但半路上遭梁饥袭击，遂转逃青海湖地区，袭乙弗鲜卑之地而暂据。梁饥又率重兵围攻西平（今西宁），西平豪强田玄明执后凉太守郭倖自立，向秃发乌孤求援。乌孤意识到梁饥若得西平，保山据河，再要制服就困难了。于是同意了左司马赵振的建议：应立即出兵攻占西平，然后进一步在青海东部地区扫除后凉势力，将后凉岭南五郡之地据为己有。所谓岭南五郡，是指洪池岭（在今甘肃武威南）以南的广武、湟河（郡府在今青海化隆）、浇河（郡府在今青海贵德河阴）、乐都（郡府在今青海乐都碾伯）、西平五郡，即今庄浪河流域、大通河中下游、湟水中下游及邻近的黄河两岸地区。当时，秃发乌孤亲率步骑 2 万溯湟水而上，与西平城内田玄明里应外合，击败梁饥，取得西平。此战中，乌孤俘斩数万，声威大振。后凉乐都、湟河、浇河三郡太守均以郡来降，杨轨也率众数千户来归。于是，"岭南羌胡数万落皆附于乌孤"⑥。

占据岭南五郡之地后，乌孤改称"武威王"，表达出欲进据武威郡取后凉而代之之志。次年，即南凉太初三年（东晋隆安三年，399）正月，南凉迁都乐都（今青海乐都县碾伯镇）。秃发乌孤封王弟原骠骑将军秃发利鹿孤为骠骑大将军、西平公，率部镇守安夷（今平安县）；原车骑将军秃发傉檀为车骑大将军、广武公，率部镇守西平。叔父素渥镇湟河，若留镇浇河。乌孤专力经营河湟地区，作为立国之本。

在极力开疆拓土的同时，乌孤广泛招揽各方人才，以加强自己的统治力量。由于秃发乌孤率先举起反抗后凉的旗帜，所以他在河西地区有了较强的号召力。当时很多不满吕氏暴政的河西士人，都纷纷投向南凉。乌孤充分利用了这一条件，立国之后，就广开门路，量才录用各族豪门及俊杰之士，使南凉政权逐渐巩固起来。乌孤模仿汉制，内设台省，外置郡县，组成了以秃发氏为核心，以河西士人为骨干的南凉统治集团。他在安排自己的兄弟、叔伯领军镇守军政要地的同时，把一些知名人物安排到适当位置，不论其出身汉、鲜卑、羌、氐、月氏胡、匈奴、田胡、屠各、丁零、卢水胡等何种民族。正如《晋书》所载："金石生、时连珍，四夷之豪隽；阴训、郭倖，西州之德望；杨统、杨贞、卫殷、麴丞明、郭黄、郭奋、史暠、鹿嵩，文武之秀杰；梁昶、韩匹、张昶、郭韶，中州之才令；金树、薛［苏］翘、赵振、王忠、赵晁、苏霸，秦雍之世门。皆内居显位，外宰郡县。官方授才，咸得其所"⑦。这些记载虽难免溢美，但确能反映乌孤收罗延揽人才的一般情况。河西地区经两汉至魏晋，逐渐形成一批名门大姓，从前凉时起，河西大姓已成为左右时局的强大力量，河西政局常常随着这股力量的向背而发生变化。乌孤看到了这一点，并注意利用了这支力量，使南凉政权在错综复杂的矛盾斗争中占据了主动，在河西混战初期处于优势地位，南凉国势得到了初步发展。

这年（399）六月，秃发乌孤置凉州，以弟秃发利鹿孤任凉州牧，移镇西平。正当南凉国势迅速发展之际，乌孤因一次酒后坠马，摔伤了肋骨，起初以为并无大碍，对左右笑说："险些让吕光父子大喜。"但终因伤重不治而死。临终托付其弟秃发利鹿孤继位。

秃发利鹿孤继位后，所做的第一件事就是迁都西平，发生在当年八月。第二年（400）正月，利鹿孤改元"建和"，下令国内二千石以上官员德行清高有政绩者晋侯爵，并延请耆老，听取他们对政治的意见。当时，后凉日渐衰败，吕光于399年年底死后，诸子争权，互相杀戮，长子吕纂夺位自立，即天王位后，为了树威，发兵进攻南凉，被秃发傉檀击败。在此之前，利鹿孤即遣金树、苏翅二将率骑五千进屯昌松（今甘肃古浪）以观变，后凉对南凉的威胁基本解除。此时西秦被后秦打败，一度亡国，王室投靠南凉。而这时的北凉已成为一支取代后凉地位的势力，沮渠蒙逊杀段业自立时，北凉已由过去南凉的盟友变成劲敌。由张掖沿南北峡谷南侵，西平首当其冲。所以利鹿孤决定迁都西平，是有他的长远考虑的。

南凉建和二年（401），秃发利鹿孤自称"河西王"。一日，对群臣说：孤本无经世济国之才，辱在王位已有三年，虽夙夜谨勤，但刑政仍有不尽人意之处，国土尚无拓增，人才也有滞压现象。请众卿打消顾虑和忌讳，极言得失，我将择善而从之。西曹从事（祠部郎中）史嵩进言道："臣闻古代为王者，凡举兵打仗，以保全军队为上，而以攻破敌国为次；动则救人于水火，并不一味征战。今陛下命将出征，无往不捷。然而不以宁安百姓为先，唯以迁徙民户为务。百姓久居一地，已然习惯，不愿迁徙他处，所以离叛者众多。这就是斩将拔城而地不加广的原因。另外，如今选拔人才，首先看重弓马，文章学艺成了无用之物，这不是招引远人使国家长治久安的好办法。孔子说：'不学礼，无以立。'臣建议建立学校。选德高望重的饱学儒士教授子弟，以改良社会风气。"[⑧]利鹿孤听了连连称善。随后，以地方大儒田玄冲、赵诞为博士祭酒（负责教学的官名），开办儒学，招收贵族和官僚子弟入学读书。

自西晋末年以来，中原多次遭遇战乱，而河西地区一度相对安定，中州之人避难河西的很多，其中不乏很有名气的大儒，前凉张氏礼而用之，子孙相承，所以"凉州号为多士"，即知识分子比较密集，文化斐然，人才济济，使传统儒学文化在河西得以保存和发展。到十六国后期，河西地区战事渐多，文化学术的发展自然受到很大影响。像南凉这样在战争间隙还留心发展教育，建立儒学，恢复中衰200多年的公学，是十分难能可贵的。除兴办教育外，利鹿孤还听从史暠的意见，力图改变过去那种只知攻城掠户，不知抚绥百姓的做法，大力吸收汉族文化，改变政权形象，使南凉不仅兵强国富，还有惠民的仁政，以吸引广大群众的支持。

秃发利鹿孤处事比较谨慎稳妥，能广泛听取臣下意见，决策上没有出现大的失误。尤其难能可贵的是能听进去批评性意见，主动延耆老，访政治，曾对群臣说："吾无经济之才，忝承业统，……二三君子其极言无讳，吾将览焉。"⑨虚心征求臣下对国家行政的意见和看法，采纳合理成分，对改良政治或多或少起了积极作用。他在位时期，将其兄秃发乌孤开创的王业继续推向前进，当时南凉王朝的国力在河西诸小国中是最强的。这就为南凉走向鼎盛，为下一任国王称霸河西打下了较坚实的基础。至于对外政策，利鹿孤将攻取整个河西作为奋斗目标。对势力强大但远在关中的后秦，表面臣属，暗中借助其力攻灭后凉。对后凉、北凉的政策基本上是联合北凉、对付后凉，但也视具体情况灵活运用。

南凉建和三年（晋元兴元年，402）三月，利鹿孤病故，弟秃发傉檀继位，改称"凉王"，改年号为"弘昌"，重又迁都乐都，并大修乐都城（址在今乐都县碾伯镇西大小古城）。乐都城宏伟广大，外城中还有内城。

秃发傉檀继位后，采取远交后秦（羌人姚氏所建，都长安）、近攻后凉的策略，使南凉国势得到快速发展。

这年（402）年底，秃发傉檀被后秦主姚兴拜为车骑将军、广武公，比北凉、西凉主的"侯"爵高一个等级，说明当时南凉主的地位较高。南凉弘昌二年（东晋元兴二年，403）后秦灭了后凉。次年二月，秃发傉檀畏惧后秦，为了表面博得后秦的好感，暗中图取姑臧，便取消年号，废罢尚书、丞、郎这一级的官职，派参军关尚赴长安向后秦主姚兴致以问候之礼，向后秦称臣，并上表要求领护凉州，但没有得到允准。秃发傉檀并不灰心，继续为增强自身实力而努力。

东晋义熙二年（406），傉檀派人向姚兴献马3000匹，羊3万只，以表示对后秦的忠心，并邀功请赏。姚兴认为傉檀两年前要求领护凉州，没有获准，但并未介意，如今又有贡马献羊的举动，这是对自己忠诚的表现，一时高兴，即封秃发傉檀为都督河右诸军事、车骑大将军、凉州刺史，令其率兵镇守姑臧。同时下令召原凉州刺史王尚回长安。傉檀立即催逼王尚离开姑臧，自己率军火速赴任。姚兴听到部下的反对声后，有点后悔，想收回成命，但为时已晚。就这样，秃发傉檀名正言顺地带兵入镇姑臧，兵不血刃取得河西五郡（武威、番禾、西郡、昌松、武兴5郡，约当今甘肃省武威、永昌、山丹、民勤、古浪等地）之地。这年十一月，秃发傉檀迁都姑臧。此后，农战并修，文武兼设，南凉国势达到鼎盛时期。随着国势的兴盛，秃发傉檀脱离后秦，复称"凉王"如故。

第二节　南凉由盛转衰及其原因

秃发傉檀穷兵黩武　　内外交困撤离姑臧　　西征获胜却亡于强邻

秃发傉檀入据姑臧后，急于统一河西。近在肘腋的北凉（此时后凉已亡）成了他巩固岭北五郡的最大障碍，傉檀视之为眼中钉、肉中刺，必欲尽快除去。于是，傉檀对凉州的原西秦文武官员作了妥善安置，并与远在北凉之西的西凉结为盟友，便集中精力对付北凉。要想尽快消灭北凉，必须有充足的兵员。傉檀为增加新占领区的劳动力，获取就近攻打北凉的兵员，于公元407年借视察浇河郡之名，将西平、湟河等郡的羌人3万余户强制迁徙到河西走廊，安置到番禾、武威、武兴、昌松等郡。这年九月，傉檀率兵5万，向北凉发起进攻。双方战于均石（约在今甘肃山丹县西），结果南凉大败，丢了西郡（治今甘肃山丹县东南）之地。

这次败仗对南凉打击很大。这年（407）十一月，秃发傉檀因为拒绝了大夏国主赫连勃勃的求婚，导致双方兵戎相见。赫连勃勃是匈奴铁弗部人，他的父亲叫刘卫辰。北魏主拓跋珪曾将刘卫辰宗族亲信5000余人诛杀并投入黄河，匈奴铁弗部与鲜卑拓跋部结下了世仇。秃发部与拓跋部同出一源，拓跋氏的敌人也就是秃发氏的敌人。再则，赫连勃勃天性残虐，连危难之际收留他并将爱女下嫁给自己的岳丈都要杀戮，傉檀怎能与这种禽兽不如之人结秦晋之好呢？所以，他没有见赫连勃勃的求婚来使，只让属下将不接受求婚的意见转告大夏使者，打发他回去。赫连勃勃没有料到南凉竟敢拒绝他的求婚，见求婚使臣无功而返，使他感到受了奇耻大辱，不禁勃然大怒，立即率骑 2 万西行，对南凉大加挞伐。

南凉与大夏的军队先战于枝阳（今甘肃永登县东南），南凉败，赫连勃勃杀伤南凉军民万余人，掠百姓 2.7 万余口及牲畜数十万头而还。秃发傉檀吃了败仗之后并不甘心，还想夺回被掠人畜。但他没有听取部下伏兵截击勃勃的良策，却采取了尾随追击大夏军的战法，结果在阳武（在今甘肃靖远县境）遭勃勃反击，南凉兵被追杀 80 余里，再次损兵折将，死伤数以万计。赫连勃勃十分得意，命兵士将南凉将士的尸体堆积起来，"以为景观，号髑髅台"⑩。

南凉接连遭到军事上的失利，秃发傉檀十分恐慌，他担心北凉沮渠氏和后秦姚氏乘机来攻，于是下令将姑臧城周 300 里以内的百姓统统迁到城中。傉檀的本意是想保护百姓，因为姑臧城坚固难攻，入城后人口不易被掠走。但事与愿违，徙民行动在执行过程中伤害了一些人，引起怨怒，国中惊慌情绪蔓延。当时南凉国内民族众多，政治势力复杂，秃发氏入主姑臧为时不久，还没有取得各族民众的信任和拥护，终于引发了内部的变乱。

南凉辅国司马边宪、军咨祭酒梁哀均是姑臧旧人，他二人以秃发傉檀主政后自己没有得到重用而心怀不满。认为目前秃发氏的统治出现了危机，正是刺杀傉檀夺其权力的天赐良机。于是频繁密谋，准备发动叛乱。正在此时，姑臧城中发生了屠各族人成七儿发动的民变。边、梁等异常高兴，想利用此契机扩大事态，乘机兴兵作乱。不料机密泄露，傉檀事先得知消息，将其镇压于将发未发之时。

南凉继阳武之败后，紧接着遭遇了"边梁之乱"，虽然对后者发现早，处理及时，没有造成太大的内伤，但毕竟政局动荡、内外交困的不良影响已经产生。从此以后，南凉国势开始由鼎盛转向衰败。

晋义熙四年（408），后秦主姚兴见南凉初据姑臧，政局不稳，便产生乘机讨伐傉檀，收回姑臧的想法。他先派尚书郎韦宗前往南凉观察虚实。韦宗回来报告，秃发傉檀权略过人，河西又有山河之固，南凉近期不可图。姚兴不听，执意要讨伐南凉，遂派他的儿子姚弼率精锐出兵河西。但为了麻痹秃发傉檀，姚兴派人给傉檀送来书信，说姚弼西来只是为了截击赫连勃勃。傉檀信以为真，直到后秦军接连攻下南凉所辖漠口、昌松（在今甘肃古浪县境）等地后，方才明白上了当，那封信原来是烟幕弹。傉檀立即调兵遣将，全力对付后秦军。傉檀派兵夜袭姑臧城外姚弼营，随后将姚弼困在西苑。姚兴派大将姚显率兵来救，方才与傉檀约和，使后秦兵全身而退。从此以后，傉檀不再畏惧后秦，又恢复了凉王的称号，置百官，改元"嘉平"。

秃发傉檀在河西称王建号，公然脱离后秦，不仅引起后秦的不满，而且也引起了邻近的小政权如北凉沮渠氏、西凉李氏、西秦乞伏氏的嫉妒，无形中成了众矢之的。加之河西民情尚未完全顺附，傉檀的日子并不好过。但傉檀不自量力，不断主动发动战争。

南凉嘉平三年（晋义熙六年，410），秃发傉檀决定亲率 5 万轻骑讨伐沮渠蒙逊。其太史令景保劝阻说："据臣夜观天象，……不利出征。这几年天文错乱，风雾不时，唯有修德责躬可以宁吉。"傉檀说："沮渠蒙逊往年无状，擅自入我辖区，掠我边疆，残我禾稼。我蓄力待时，将报东门之耻。今大军已集，卿等却劝我息兵，难道想动摇军心吗？"景保说："陛下不嫌臣无能，让臣主察天象，若不将所见报告，即是臣的失职。天文显然，动必无利。"傉檀说，我以轻骑 5 万讨敌，蒙逊若以骑兵拒我，则寡不敌众；若步骑俱来，则行动快慢不一；他救右我击其左，他赴前我攻其后，始终不与他混战厮杀，卿有什么害怕的！景保说："天文不虚，必将有变。"傉檀发怒，下令将景保锁在车中，随军出征，并说："有功当杀汝以殉，无功封汝百户侯。"[11]随后南凉与北凉大战于穷泉（约今甘肃永昌县西），结果南凉大败，傉檀只身逃回。景保被俘后又被放回，傉檀见后致歉道："卿，孤之蓍龟也，而不能从之，孤之深罪。"[12]随即兑现战前诺言，封景保为安亭侯。

南凉兵败后，姑臧城内汉、羌、鲜卑、匈奴、屠各等族百姓万余户人投降北凉。河西的折掘部、麦田部、车盖部等鲜卑部落也都降附于蒙逊。傉檀见百姓离心，十分恐惧，便派出人质向沮渠蒙逊求和。沮渠蒙逊掠徙姑臧及邻近民户 8000 余户西还。

穷泉兵败和姑臧媾和再次使南凉受到很大损失，从此，南凉对外威风扫地，内部的不稳定因素也不断增长。镇守石驴山（约在今青海门源县境）的南凉右卫将军折掘奇镇竟公然背叛南凉即是一例。傉檀担心沮渠蒙逊旦夕来攻姑臧，同时害怕折掘奇镇攻取河湟地区，他将落得无家可归的境地。权衡利弊，傉檀不得不于这年（410）冬放弃姑臧，将国都迁回到了乐都。秃发傉檀刚离开姑臧城，城内就发生了兵变。次年正月，北凉沮渠蒙逊轻而易举攻占了姑臧，从此，南凉失去祁连山以北五郡之地。屈指算来，南凉对这一地带的占领还不足五年。

从姑臧城南退回到乐都之后，秃发傉檀仍不采纳对外结好周邻、对内休养生息以图复兴的建议，而是继续频频进攻北凉，企图侥幸获胜，收复河西失地，结果招致北凉连年南下，多次围攻乐都，傉檀不得不一次次交出自己的儿子或兄弟作为人质，换取北凉的撤兵。

在国势日弱、国土日削、部众分崩离析的情况下，南凉又连年遭遇饥荒。南凉嘉平七年（晋义熙十年，414），为了解决国内饥馑，傉檀打算西掠环青海湖地区的乙弗勿敌国。生活在这一地区的鲜卑乙弗勿敌国、契翰部等，南与吐谷浑为邻，北与北凉地接壤，东与南凉相连，素来臣属于南凉。乙弗等部不识五谷，他们的饮食习惯与其他鲜卑部不同，除了以牛羊肉、奶酪为主外，还以常年捕食青海湖的鳇鱼作为重要补充，另外，喜食"苏子"。据史书记载，苏子形状有点像枸杞，有红、黑等色，大概就是现在讲的"三刺"果。环湖地区气候湿润，水草丰美，又有鱼和三刺果，他们衣食丰足，近年来，人口有所增长，势力渐强。乙弗、契翰部首领见南凉近年来衰落不振，南有西秦侵逼，北受北凉欺侮，内部又不断发生大臣叛离之事，于是也轻视秃发傉檀，对傉檀派来收税的官员颇不恭敬。这一年，竟公然叛南凉而自立。傉檀知道后十分震怒。他对群臣说："乞伏、沮渠二贼南北逼孤，孤屡反击，无奈天不助孤，隐忍一时，也无不可。小小乙弗、契翰竟然也小觑于我。当前，国内饥馑，今岁又无庄稼可收，孤想乘机西伐，掠取环湖牛、羊以解一时灾荒，众卿以为如何？"

邯川护军孟恺劝谏道："启禀陛下，臣以为万万不可西伐。我国连年遭遇饥荒，南有炽磐蠢蠢欲动，北有蒙逊虎视眈眈，国内局势不稳，百姓惊恐不安。唯按兵不动，方无大患。陛下如远征，即使获胜，亦得不偿失。不如与炽磐结盟言和，向他籴买粮食，度我难关。对所辖百姓和归附于我的各大小部落，以好言抚慰，以广我军资。总之，当前只宜蓄民力，练士卒，待时而动。《易》经上说：'其亡其亡，系于苞桑。'请陛下三思。"⑬

傉檀听了，不以为然地说："孤决意略地远征，卿不必劝阻，不必动摇军心。"转而对太子虎台说："因战事不断，百姓无暇耕种已有多年，国势衰落，内外俱窘。这次西征势在必行，否则无法拯难救弊。孤走之后，汝要加意提防。蒙逊撤兵不久，不可能仓促间再来。孤早晚担心的，主要是乞伏炽磐。然而炽磐兵少将寡，不难对付。孤不过一月就能取胜回来。汝谨守乐都，无使失坠。"⑭交待好后，傉檀亲率 7000 骑西行，不到一月，成功夺获乙弗部牲畜 40 万头（只）。但牲畜还未来得及赶回，其国都已被强邻西秦攻破。

傉檀走后，西秦国主"河南王"乞伏炽磐立即亲率步骑 2 万，乘南凉兵力空虚，袭击乐都。当时乐都城中，有南凉军主帅太子秃发虎台率部凭城拒守。本来乐都城十分坚固，北凉沮渠蒙逊率大军曾围攻四次，均无功而返。可这次不同于以往：一是秃发傉檀将精锐骑兵带去西征，城内兵力较空；二是太子虎台轻敌猜忌，进一步分散了兵力，使守城力量更加薄弱。西秦军则士气高涨，志在必得。西秦军兵临城下时，南凉抚军从事中郎尉肃向太子建议，请太子调集国人（指鲜卑人）坚守内城，他率晋人（指汉族及汉化的其他各族）在外城拒战。虎台却说："小贼蕞尔，旦夕当走，卿何虑之过也。"虎台不仅轻敌，不把骁勇善战的乞伏炽磐放在眼里，更要命的是疑心很重。他疑心汉族人有贰心，于是，下令把有勇有谋有威望的汉族壮士软禁到内城，不准他们参战御敌。就连邯川护军孟恺这样很有实战经验的将才也被软禁起来。孟恺哭着大喊道："殿下不能这样呀！炽磐不道，乘虚攻我，人神共愤。如今国家危如累卵，凯等进欲报恩，退顾妻子，在这危急关头，人人愿效死力保家卫国，哪有什么贰心呀！殿下为什么要这样猜忌臣等呢？"虎台说道："我怎么不知君的为人，君乃忠贞之士，我有什么信不过的。我是怕其余的人万一有什么意外，是让君对他们加以安抚而已呀。"⑮孟恺连连摇头，泣不成声。西秦军围攻一旬，将城攻破。南凉军死伤惨重，秃发虎台被俘，南凉文武官员及各族百姓万余户被炽磐迁到枹罕（西秦国都，今甘肃临夏）。

六月，南凉首都乐都城被西秦攻破的消息传到秃发傉檀耳中，他召集众臣说：“今乐都已被炽磐攻陷，男夫尽杀，妇女赏军，我等想回家也无家可回了。卿等如能与孤一起借乙弗之资，攻取契翰，还有望赎回妻室子女，否则，归降炽磐就只有当奴仆了。难道卿等甘心自己的妻室在他人怀抱？”部众面面相觑，有的默不作声。傉檀还指望率部西进，但部众很快逃亡殆尽，傉檀只好投降西秦，随西秦军到了枹罕。至此，南凉灭亡。

七月，乞伏炽磐拜秃发傉檀为骠骑大将军，赐封左南公。次年（415）冬，傉檀被炽磐毒死，享年51岁，死后谥号景王。

第三节　南凉文化及其对后世的启示

立国的成功经验　由盛趋衰的教训　南凉文化及宗室余绪　南凉盛衰对后世的启示

南凉从公元397年立国到414年亡国，先后历秃发乌孤、秃发利鹿孤、秃发傉檀三主，存续18年。南凉王国虽然存在时间不长，但对青海历史产生了重大而深远的影响。由于南凉在湟水流域建国，使得这一地区一度成为河陇地区最繁荣的地方⑯，表明南凉对河湟地区的经济开发、文化发展起了重要促进作用。秃发鲜卑之所以能建立南凉王国并一步步走向兴盛，其主要原因有以下几点：

一是秃发部有较强的凝聚力，具备一定的政治、经济实力，拥有较强大的武装。秃发部迁至河西约一个半世纪间，努力发展生产，积蓄财富，壮大武力，不断得到发展，势力日强，乘天下纷乱，地方豪强纷图割据之机，攻城夺地，建立了地方政权，说明这支鲜卑人生存能力强，适应能力强，与其他政治势力竞争的能量也是相当强的。

二是建立政权后建立了较好的决策机制。秃发乌孤作为开国之主，建立政权后，即组建起一个政治智囊机构，每逢军政大事，都要召集他们商议，对正反两方面的意见经过比较后，择善而从，最后作出正确决策。由于失误少，国势逐渐强盛起来，一举拿下西宁等岭南五郡之地，使南凉国声威大震。第二任国主秃发利鹿孤在位时，继承了其兄在军国大事的决策上注重听取属下意见、从善如流的作风，主动动员属下"极言得失"，批评朝政，及时放弃称帝的念头，从而在顺利时期保持了清醒头脑。利鹿孤还力图改变南凉国过去那种只知攻城掠户，不知抚绥百姓的做法，改善刑政，使南凉不仅兵强国富，还初步树立起惠民仁政的形象，以获取各族群众的支持。第三任国主秃发傉檀继位初期，也比较谦虚谨慎，尤其在后秦皇帝姚兴面前谦恭有加，终于达到了巧取祁连山以北武威等五郡之地的目的，使南凉国势迅速进入鼎盛时期。

三是善于联合汉族豪杰儒士和其他民族的人才，强化统治力量，扩大统治基础。秃发乌孤迁都乐都后，广收各方人才，史称"西州之德望"、"文武之秀杰"、"中州之才令"、"秦雍之世门"、"四夷之豪隽"都被量才重用，使各得其所，因而国势大振，岭南羌胡数万落皆来归附。秃发利鹿孤在位时，进一步笼络大姓及酋豪，南凉国势得到进一步发展。秃发傉檀取得姑臧后，虚心向后凉高官宗敞请教"怀远安迩之略"，宗敞以"抚之以威信，农战并修，文教兼设"作答，并向他推荐了一批汉族豪俊之士，文士如"武威之宿望"段懿、孟祎，"秦陇之冠冕"辛晁、彭敏，"中州之令族"裴敏、马辅等；"武同飞羽"的武将如张穆、边宪、文齐、杨班等，傉檀均予以重用。南凉行政中枢的官员中，汉族人才约能占到70%，地方官中，汉族也能占到一半以上。

四是重视学习儒学文化和汉族统治经验。河西鲜卑所建南凉，无论在政治、经济方面，还是在社会制度方面均不可避免地继承了河西汉族的传统，在文化习俗方面也深受汉族的影响。南凉政权是从氏族吕氏所建后凉政权中分化出来的，一度臣属于后秦，因此，后凉以及前秦、后秦等政权的政治制度也必然对它产生直接的影响。当然，秃发部内部统治机构及官吏设置有一个逐渐汉化、不断完善的过程。如树机能时仍沿鲜卑旧俗，称首领为"大人"（或译作"部帅"等），至秃发乌孤时始有"将"、"帅"、"司马"、"长史"、"内史"之类官名。乌孤正式建立政权后，自称"大都督、大将军、大单于、西平王"，其中"大单于"原是匈奴最高首领的称号，说明政权初建时官制中还残留着北方少数民族政权的遗痕。到南凉后期，其政治制度已与中原王朝趋于一致了。正是由于秃发部能较快地摆脱原部落制度、原鲜卑旧俗的羁绊，学习吸收儒学文化，系统模仿汉族政权的组织形式和统治经验，而且大量吸收汉族文武才俊之士参与决策，才使南凉政权在汉族聚居地区出现并一度发展到较高水平。

可是，南凉王国很快由盛趋衰，终至亡国，其原因和值得记取的教训又是什么呢？

首先是秃发傉檀的刚愎自用、穷兵黩武。秃发傉檀堪称南凉的杰出人物，也是南凉三王中在位时间最长的国王。唐朝人房玄龄等所撰《晋书》说他"少机警，有才略"，深得其父思复鞬生前的宠爱和看重，两位兄长在位时，傉檀得到了锻炼，增长了才干。特别是秃发利鹿孤即位后，"垂拱而已，军国大事悉以委之"[17]。在南凉建国过程中傉檀立有卓著功勋，其二位兄长不传位于子，专欲传他，寄厚望于他。《晋书》说到秃发傉檀的功绩时，称他"摧吕氏算无遗策，取姑臧兵不血刃，武略雄图，比踪前烈"，同时又批评他"穷兵黩武，丧国颓声"[18]。确实，南凉因秃发傉檀而迅速走向鼎盛，也因他而急剧衰落以致亡国。进据姑臧后，秃发傉檀被胜利冲昏了头脑，开始刚愎自用，觉得自己了不起，不再重视听取谋士的意见，重大决策基本不征求属下的意见或听不进属下正确的建议、劝谏，而是一个人说了算。本来南凉轻松拿下岭北五郡，已引起北凉的忌妒，傉檀本应设法对外结好周邻，对内抚绥百姓，等新占之地巩固以后再徐图拓展，他却错误判断形势，贸然频频发动对北凉的战争，结果连打败仗，国土大片丧失，不得不退守乐都。几年后，加上太子虎台的无能，连乐都也没有守住，终至人亡政息。胡三省对秃发傉檀有这样一段评论，较为中肯："秃发兄弟皆推傉檀之明略，余究观傉檀始末，未敢许也。……傉檀盖以才辩为诸兄所重，而智略不能济，此其所以亡国也。"[19]

其次是南凉频繁地掠徙民户，前后近10次，总数达五六万户。百姓安土重迁，强掠民户不仅造成生产难以为继，更重要的是引起各族群众的强烈反感和怨怒，渐渐地，国内百姓对南凉统治者失去信心，与之离心离德。

三是与南凉统治者推行兵农分离政策，存有民族猜疑心理也有关系。晋人（汉族）专事生产"以供军国之用"，国人（鲜卑人）专事征战"以诛未宾"，这是南凉奉行多年的基本国策之一。这一政策虽未能得到严格贯彻，但民族间的猜忌和防范意识确实是存在的，这在傉檀太子秃发虎台身上体现得最为典型。虎台在其父西掠牲畜期间奉命守乐都城，在兵临城下、自身兵力单弱、危在旦夕的情况下，竟将有勇有谋的汉族将士软禁起来，不准其参战御敌，最终造成城破国亡的后果。这表明以秃发氏军事贵族为首的统治阶级和广大的晋人及被役属的其他部落的被统治阶级之间的阶级矛盾及民族矛盾仍比较尖锐㉑。

四是经济崩溃。由于连年战争，难以顾及发展生产，且战争中败多胜少，有损无补，使南凉经济到了难以为继的地步。"连年不收，上下饥弊"㉑的困境是导致南凉亡国的直接原因。

十六国时期，中原连年纷扰，但包括青海东部在内间的河西地区却相对安定，尤其是前凉时期。正如《晋书》卷八六《张轨传》所载当时民谣："秦川中，血没腕，唯有凉州倚柱观。"当时知识界也认为："天下方乱，避难之国，惟凉土耳。"㉒由于远离中原，战事相对较少，来这里避难的知识分子较多，河西五凉地区一度呈现出学者荟萃、文教振兴、学术昌明的盛景。南凉统治时期，也为此作出了贡献。秃发乌孤立国后，及时指定专人记录南凉的历史。他以汉族知识分子（"中州之才令"之一）参军郭韶为"国纪祭酒，使撰录时事"。今已佚散的古籍《托（拓）跋凉录》10卷可能出自郭韶之手。秃发利鹿孤在位时，听从部下建议，"建学校，开庠序，选耆德硕儒以训胄子"㉓，推动了文教的发展，受到史家的充分肯定。

秃发氏贵族首领都具有很高的汉文化修养，对儒家经典十分熟悉，言论谈吐惯常引经据典。后秦尚书郎韦宗奉姚兴之命在姑臧与傉檀晤谈后，十分感叹地说："命世大才、经纬名教者，不必华宗夏士；拨烦理乱，澄气济世者，亦未必《八索》《九丘》。"意思是秃发傉檀作为少数民族，其汉文化水平之高令他吃惊。他称秃发傉檀"神机秀发，信一代之伟人，由余、日䃅岂足为多也！"㉔对他给予极高的评价。秃发傉檀之子秃发明德归 13 岁时，应父命作《高昌殿赋》，"援笔即成，影不移漏。傉檀览而异之，拟之于曹子建云"㉕。

东晋十六国至南北朝是佛教在中国广泛传播时期，河西五凉地区佛教尤为兴盛。北凉人阚骃《十三州志》记载，"西平亭北有土楼神祠"，据此，西宁市北禅寺可能始凿于南凉时期。《十六国春秋》卷九一《昙霍传》记载，有个叫昙霍的僧人，不知何方人士，十分神异，傉檀在位时从河南地方（西秦国）来到南凉国中。别人送他衣服，他拿去投入河中，转身离开，过几日干干净净的衣服又会回到原主手中。他行走如风云，预测人死生贵贱无毫厘差错。有如此神异奇才的昙霍曾对傉檀说：大王"如能安坐无为，则天下可定，社稷能昌；如其穷兵好杀，祸将及己。"㉖可是傉檀不能从，以致败亡云云。这段故事的结论是说傉檀好战，因而招来国灭人亡之祸。《高僧传》卷一一也有与此雷同的记载。此外还记载昙霍曾劝秃发傉檀改信佛教，傉檀回答说，秃发鲜卑先世以来，恭事天地名山大川，今一旦改信佛教，恐违先人之旨。公若能七日不食，颜色如常，便证明佛道神明，仆当奉命改信佛教。昙霍做到后，秃发傉檀十分惊奇，对昙霍更加敬仰，同时改信了佛教。鲜卑人原来信仰萨满教，

图上 3-1　西宁北禅寺

而东晋十六国时期改信佛教者日益增多。秃发傉檀改信佛教的原因不大可能为了一次打赌，但南凉国官民上下信仰佛教风气日益浓厚是可信的。南凉王皈依佛门，对佛教在河湟地区的盛行无疑有重要影响。河西地区佛教的兴盛，推动了文化的发展，包括建筑、绘画、雕塑在内的佛教艺术达到较高水平。

现存南凉的遗迹，一是西市宁城西区的覆斗形大土墩——虎台。据地方志记载，此台与秃发傉檀的长子同名，又名将台，它可能是南凉举行演武阅兵、点将誓师等活动的地方（一说是汉代建成的祭祀台）。2006年，西宁市在这里建成遗址公园，在大土墩前立起南凉三王石像，供人们游览凭吊。二是西宁市城东区圆山儿秃发利鹿孤之墓——康王墓。另外，秃发傉檀曾"大城乐都"，南凉乐都城有内、外二城，但古城痕迹今天已基本上见不到了。据青海省文物部门考察认定，其址当在今乐都县碾伯镇西5华里的"大古城村"和"小古城村"处。1985年本章作者实地考察时，这里全是耕地，但村民耆老仍能指出"北门十字"、"南门台"、"北门壕子"、"营门"等的大致方位，加之村子以大、小"古城"名之，这里曾是南凉国都毫无疑问。2011年再次走访耆老得知，南凉古城西、北、东三面的护城壕沟仍然存在，城的具体位置可以确定。

图上 3-2　虎台南凉三王石刻像

图上 3-3　圆山儿康王墓

　　南凉亡国后，原南凉秃发氏宗室成员一部分进入西秦，一部分投奔河西的北凉。傉檀及太子虎台死后，又有一部分贵族和部民投归了北凉沮渠蒙逊。后来西秦被大夏赫连定攻灭，北凉的统治也岌岌可危。秃发傉檀第六子秃发破羌于公元 431 年由北凉投奔北魏，被魏太武帝拓跋焘赐姓"源"（后又赐名源贺）。太武帝曾说："卿与朕源同，因事分姓，今可为源氏"[20]。后来源贺随太武帝出兵河西，曾出面招慰姑臧城四周旧部，为灭掉北凉立了大功，升征西将军，进号"西平公"。北凉亡后，河西的秃发氏大都投奔北魏。北魏封秃发傉檀子秃发保周为张掖王，封秃发利鹿孤孙秃发副周为永平公，秃发乌孤孙秃发承钵为昌松公等。

　　源贺在北魏屡立战功，后升至殿中尚书，因拥戴文成帝拓跋睿即位，晋爵"西平王"。源贺总结毕生作战经验，撰成军事著作《十二阵图》。源贺子孙在北魏朝中身居显官要职，有很高的军政地位，其后裔名列正史传记者二十余人，到唐代源氏仍是朝廷显族。宋以后，源氏的一支迁居南方，今广东省鹤山市龙口镇霄乡村有源姓数千人，他们长期以来奉南凉秃发氏为远祖，在村内宗祠中供奉着"西平王"牌位及源贺的塑像等。2006 年 4 月，他们曾派代表来到西宁，参加了虎台遗址公园开园庆典，进行寻根祭祖活动。

纵观南凉盛衰的历史，后世之人应当记取的经验教训至少有以下几点：

一是当权戒专断。当权者任何时候都不能刚愎自用，尤其是顺利时不能狂妄骄傲，要尽可能建立并维持好的决策机制；

二是处事慎用兵。千万不能穷兵黩武，不可轻易把战争强加给人，那样只能搬起石头砸自己的脚；

三是为政恤民力。要有爱百姓之心，懂得得民心者得天下，失民心者失天下的道理，任何时候都不能无视老百姓的利益，做伤害百姓的事。

南凉的历史文化给后人以诸多启示，青海文人多所感慨，已故文人李景白先生曾赋诗悼念南凉三雄："金山立马气飞扬，大展经纶据一方；勋业未就身先死，长教人忆海东王。"

【注释】

①②《晋书》卷 126《秃发乌孤载记》，中华书局 1974 年版第 3141 页。

③④《晋书》卷 126《秃发乌孤载记》，中华书局 1974 年版第 3142 页。

⑤ 据《晋书》卷 126《秃发乌孤载记》译写。

⑥《晋书》卷 126《秃发乌孤载记》，中华书局 1974 年版第 3142 页。

⑦《晋书》卷 126《秃发乌孤载记》，中华书局 1974 年版第 3143 页。

⑧ 据《晋书》卷 126《秃发利鹿孤载记》译写。

⑨《晋书》卷 126《秃发利鹿孤载记》，中华书局 1974 年版第 3145—3146 页。

⑩《资治通鉴》卷 114，中华书局 1956 年版第 3603 页。

⑪⑫《晋书》卷 126《秃发傉檀载记》，中华书局 1974 年版第 3153 页。

⑬⑭⑮ 据《晋书》卷 126《秃发傉檀载记》译写。

⑯ 参见周伟洲：《南凉与西秦》，陕西人民出版社 1987 年版第 110 页。

⑰《晋书》卷 126《秃发傉檀载记》，中华书局 1974 年版第 3148 页。

⑱《晋书》卷 126《秃发傉檀载记》，中华书局 1974 年版第 3181 页。

⑲《资治通鉴》卷 112，中华书局 1956 年版第 3526 页。

⑳ 参见周伟洲：《南凉与西秦》，陕西人民出版社 1987 年版第 69—70 页。

㉑《晋书》卷 126《秃发傉檀载记》，中华书局 1974 年版第 3155 页。

㉒ [清] 汤球辑：《十六国春秋辑补》卷 67《前凉》，上海商务印书馆 1958 年重印本第 482 页。

㉓《晋书》卷 126《秃发利鹿孤载记》，中华书局 1974 年版第 3146 页。

㉔《晋书》卷 126《秃发傉檀载记》，中华书局 1974 年版第 3151 页。

㉕ [清] 汤球辑：《十六国春秋辑补》卷 90《南凉》，上海商务印书馆 1958 年重印本第 625 页。

㉖ [清] 汤球辑：《十六国春秋辑补》卷 91《昙霍》，上海商务印书馆 1958 年重印本第 632 页。

㉗《魏书》卷 41《源贺传》，中华书局 1974 年版第 919 页。

第四章

吐谷浑、吐蕃的历史文化

　　吐谷（读峪）浑原为人名，是居于辽东鲜卑慕容部首领涉归的庶出长子，有部众1700户。涉归死后，其嫡子慕容廆继位，统慕容部。西晋永嘉末年（4世纪初），吐谷浑与慕容廆因马相斗发生争执，吐谷浑愤然率部西迁，经阴山到甘肃南部和青海东南部地区，其孙叶延建立"吐谷浑"王国。吐谷浑王国存续长达350年之久。吐谷浑进入西北后，融合羌、氐等部族，使吐谷浑政权逐渐得以巩固和壮大；吐谷浑积极吸收先进汉文化，主动改善与南北朝的关系，仿效内地汉族政治制度，设立官职；在经济上加速与中原和周边地区的贸易往来，进一步促进了国内经济的发展；吐谷浑所处的地理位置，正当中西陆路交通要道，在南北朝对峙，北丝绸道时为所阻的形势下，吐谷浑开拓的丝绸之路青海道，发挥了巨大的作用。吐谷浑与东魏、隋唐王朝及吐蕃、突厥、党项等民族不断联姻，推进了西北各民族血缘的交融。及至唐代龙朔三年（663），吐蕃收服吐谷浑。亡国后的吐谷浑人，一部分融入吐蕃及汉人之中。其余则在历史的发展进程中融入了蒙古、藏、回等民族成分，散居于青海东部及甘肃天祝等地，以"土人"身份出现，即今日的中国土族，一直活跃在中华民族的历史舞台上。吐蕃在青海的历史贡献很大，唐蕃古道的开通，促进了青海各民族的经济发展和文化交流；唐蕃之间的联姻与会盟，对各民族和睦相处，共同开发祖国西部产生了积极影响。在长期的历史发展中，吐谷浑和吐蕃两大民族共同为创建西部文明作出了重要贡献。

第一节　吐谷浑王国概况

吐谷浑国的诞生及其国势发展大势　吐谷浑与内地诸王朝的关系
吐谷浑王国兴盛及衰亡的主要原因　吐谷浑诸名王（叶延、阿豺、
慕利延、夸吕、诺曷钵）

　　吐谷浑是东晋初至唐前期活动在青海高原上的游牧王国。"吐谷浑"原为人名，是辽东鲜卑慕容部首领慕容涉归的庶长子，由于部落壮大与草原狭小的矛盾，与弟慕容廆发生争执，约于公元283—289年间负气率部西迁，取道阴山，途中滞留20多年，于西晋永嘉末年（313年左右）西渡洮河，留居到今甘青交界地区大夏河流域一带。约公元329年，吐谷浑之孙叶延正式建立了以鲜卑贵族为核心，联合羌人豪酋共同执政的地方政权，并用祖父的名字作为国号。从此，人们用"吐谷浑"来称呼这一支慕容鲜卑和他们在西北建立的草原王国。

　　吐谷浑国诞生后，随着时代的推移，从总体上讲，其国势一代比一代有所发展。第八代主树洛干在位时（405—417），其统治地盘向西拓展至莫贺川（今青海贵南县穆格滩），曾攻占南凉的浇河郡（治所在今贵德县城）。第九任主阿豺（一作阿柴）在位时（417—424），"兼并氐、羌，地方数千里，号为强国"[①]。吐谷浑王国第十二任主拾寅在位时（452—481），其都城西迁至"吐谷浑城"（在今都兰县香日德）。拾寅"居止出入窃拟王者"，即私下模仿中原君王的派头。到第十四任国主伏连筹在位时（490—529），吐谷浑经济发展，国势日隆，疆域大增，进入鼎盛时期。其标志一是势力伸入今新疆东南部，二是北魏镇压国内反抗势力时，常求援于吐谷浑，且北魏西部边境向内收缩，有一部分郡县被吐谷浑占有，如设在今青海东部的鄯州之西境一度由日月山收缩到乐都大峡。伏连筹"内修职贡，外并戎狄，塞表之中，号为强富"[②]，被北魏

封为西海郡开国公、吐谷浑王。吐谷浑第十八任主夸吕在位时（535—591），开始自称"可汗"（君王），筑伏俟城（鲜卑语，意为"王者之城"，址在青海湖西岸7.5公里，今称铁卜恰古城），青海湖滨成为其第二大统治中心。吐谷浑国盛时的疆域，东边到了今甘肃的迭部县（叠川）和四川的松潘（龙涸），西南与今新疆的和田（于阗）相邻，南面边界延伸到了阿尼玛卿山、昆仑山，北边到了祁连山，西北边与新疆的哈密（高昌）相接，拥有着东西4000里、南北2000里的辽阔疆域。在当时的塞外各国中，吐谷浑王国以强大和富裕出名。

吐谷浑王国作为一个活跃在青海高原上、存国时间长达三个多世纪的游牧王国，历经晋、南北朝、隋、唐等朝代，其与上述诸中原王朝发生过密切、复杂的关系。吐谷浑与内地诸王朝的关系，总体以和谐友好的政治交往、经济交流、文化沟通为主，有时由于矛盾激化，也发生过战争。

公元452年拾寅继位后，一改吐谷浑逐水草而居、不建城郭的旧俗，在新国都伏罗川（今青海都兰县）大兴土木，营建城邑，且自恃险远，对北魏"颇不恭命"。激起了北魏统治者的恼恨，加上吐谷浑国因贸易兴盛、畜牧业发达，富有金银财宝和牛羊马驼，也使北魏统治者产生了觊觎之心，于是多次出兵攻打吐谷浑，图谋掳掠财物。北魏和平元年（拾寅九年，460），北魏派两路大军进攻吐谷浑，掠夺了20多万头只牲畜。10年后，北魏再次出兵攻击吐谷浑，双方大战于曼头山（今兴海县河卡乡幸福村），拾寅险些被擒。曼头山之战后，拾寅改变了对北魏的态度，频繁向北魏派遣使者，称臣纳贡，双方的关系重归于好，交往日渐密切，民间的贸易往来频繁。这种和平共处的关系一直保持到了北魏灭亡，时间长达60余年。

据不完全统计，吐谷浑先后向北魏遣使达61次，向南朝刘宋遣使20次[③]。南朝南齐、梁朝时，吐谷浑与它们的来往仍很密切，史书称："其使或岁再三至，或再岁一至。"[④]吐谷浑遣使朝贡时常贡献青海高原的土特产，包括会舞蹈的马匹，还有从西域得来的奇宝珍玩等，南朝、北朝则向吐谷浑回赐内地特产、手工业制品等。

吐谷浑同时向南朝、北朝遣使贡献，与北魏、南朝均建立起和好交往的政治关系，给自己营造了一个相对和平的外部环境。较好的外部环境极大地促进了吐谷浑政治、经济和文化的发展。

夸吕（535—591 年在位）继位后，开始自称"可汗"，对外实行了"远交近攻"的策略。他不仅频频遣使向远离吐谷浑国境的东魏和北齐进贡，而且积极与东魏王室建立通婚关系。如公元 545 年，夸吕将从妹嫁与东魏孝静帝充容华嫔，在他的请求下，东魏以宗室女广乐公主远嫁夸吕。与此同时，对近邻西魏、北周，夸吕则多次派兵侵扰其边境，主要是抢夺农产品，有时也遣使朝贡，与之巧妙周旋。

隋朝时，南北归于统一，中央王朝势力强盛，吐谷浑与隋互有战和。开皇十六年（596），隋文帝以宗室女光化公主嫁与吐谷浑主世伏（夸吕子）。次年，世伏死，其弟伏允继任可汗。伏允上表请求依照吐谷浑兄死可以妻嫂的风俗，继尚光化公主，得到隋文帝的允准。此后，吐谷浑朝贡岁至，与隋保持着更为和好的关系。

隋炀帝继位后，吐谷浑与隋的关系发生了逆转。大业四年（608），隋炀帝派大军与铁勒部东西夹击吐谷浑，攻拔吐谷浑曼头、赤水等城，俘斩数千人。次年，隋炀帝率大军西征。当时吐谷浑主伏允率众保据覆袁川（今青海门源县西北永安河谷一带）。隋炀帝设置了绵延 900 余里的包围圈，双方经过激战，吐谷浑大败，伏允让容貌与自己相似的属下冒充可汗，用金蝉脱壳之计逃脱，客居在党项部落中。隋军乘胜攻入吐谷浑都城伏俟城，吐谷浑亡国，隋在其东西 4000 里、南北 2000 里的故地设立了西海、河源、鄯善、且末四郡。大业末年，伏允乘隋朝衰亡之机，率众返回故地，重建了吐谷浑王国。但由于元气大伤，其鼎盛状况一去不再复返。

唐武德二年（619），高祖李渊派使臣约请吐谷浑与唐东西夹击占据武威自称"河西大凉王"的李轨，并许以事成之后放回隋时留质长安的慕容顺（伏允之子）。伏允及时出兵配合唐军平定了李轨，唐朝也兑现诺言，将慕容顺送回吐谷浑。此后，唐、浑建立起以和好为主的关系。

唐太宗继位后，吐谷浑主伏允年老昏庸，行事乖张，他一方面不断派使者入唐，维护已建立的通贡和互市关系；另一方面又屡屡出兵，频繁扰掠唐西部边境，阻梗西域通道。唐太宗对伏允采取以安抚为主的策略。伏允为其次子尊王请婚，得到允准，但唐朝通知尊王前往长安迎娶时，尊王又害怕被拘押，称疾不肯入朝。于是唐太宗下诏取消婚约。唐贞观八年（634）十一月，吐谷浑又寇掠凉州（今甘肃武威），并拘执唐行人鸿胪丞（官名，掌传旨、册封等事）赵德楷等人，唐太宗派人交涉10次无效。唐朝决定派李靖为行军大总管，率五路大军征讨吐谷浑。贞观九年（635），唐、浑之间发生大战，吐谷浑伏允可汗败死，其长子慕容顺向唐军投降。唐太宗封慕容顺为西平郡王，号"趉胡吕乌干豆可汗"（意为吐谷浑英明的君主）。慕容顺继位不久为臣下所杀，其子诺曷钵继立。贞观十年（636），诺曷钵请准唐太宗，在吐谷浑国颁行唐历，奉唐朝年号，并遣子弟入侍长安。唐太宗封诺曷钵为河源郡王，号"乌地也拔勒豆可汗"（意为智慧富贵的君主）。吐谷浑王国从此成为了大唐王朝的属国，同时成为唐防御吐蕃的一道屏障。这年年底，诺曷钵入长安觐见，并向唐朝请婚。唐太宗答应以宗室女弘化公主往嫁。诺曷钵年年向唐王朝遣使进贡，双方来往十分密切。贞观十四年（640），诺曷钵与弘化公主隆重完婚，唐、浑关系更加亲密友好。

但是，好景不长，当时吐谷浑王国的国势日趋衰落，而正在青藏高原兴起的吐蕃，国势日趋强盛，吐谷浑内部亲蕃势力日益壮大。唐高宗龙朔三年（663），吐蕃出兵攻灭吐谷浑国，结束了吐谷浑国在青海高原存续3个多世纪的历史。兵败后，诺曷钵带着弘化公主和亲信几千帐逃到凉州，依附于唐朝。为了安抚失国的诺曷钵，唐朝对其随行的部众多次作了迁徙安置，于乾封元年（666）册封他为"青海国王"。此后，诺曷钵的后裔世代袭封这一称号，仍统领其部落，直到公元798年慕容复之后才断封。

吐谷浑国共传15代22位君主。吐谷浑国亡后，其属民一部分迁入内地，后散居于今甘肃河西、宁夏、内蒙古、陕西、山西、河北北部及新疆东部等地，而留居在今青海的吐谷浑各部则接受吐蕃统治，成为其小邦国之一。吐蕃治下的"吐谷浑"邦国在青海又存在了一二百年。到宋代以后，内地吐谷浑的活动才基本上不见于史籍，而留居于青海、甘肃的吐谷浑人，有的融入今天的藏族，有的则与今天青海的土族可能有着密切的历史渊源关系（另一种观点认为土族族源与吐谷浑无关）。

总之，从西晋末到唐前期，300多年间，吐谷浑人通过朝觐通问、贡献方物、贸易互市，甚至以兵戎相见等多种方式，与中原诸王朝、中原以汉族为主的各民族人民进行了密切的政治经济交往与文化交流，发展了互通有无、互利互惠的关系，增进了相互间的了解，丰富了多民族统一国家的文化内涵。

从东北迁到西北的慕容鲜卑吐谷浑部，之所以能建立起一个国家，并一步步走向强盛，至少以下5个方面的因素值得注意。

一是吐谷浑建国的时代正是十六国时期，这时的大背景是北方大乱，少数民族纷纷凭借武力图谋建立割据小王国，这种分裂、纷乱、小王国众多的大环境，为吐谷浑国的诞生提供了条件。

二是吐谷浑人与羌人上层结为盟友，联合建立政权，使统治基础更为牢固。吐谷浑建国的地方原是羌人之地，羌人曾创造过灿烂的古代文化，但直到两汉时期仍没有建立起统一的政权。经过汉魏时期羌汉之间广泛深入的交流，农业区的羌人大部分融入汉族，但牧业区仍是羌人部落集中的地方。从辽东迁来的吐谷浑鲜卑人初到羌人聚居区时，曾与羌人发生冲突。吐谷浑的儿子吐延被羌酋姜聪刺死，就是这种冲突的表现。但羌人分为众多的部落，各部落自有酋豪，平时各行其是，互相争战，以力为雄。羌人的这种松散性特点有利于鲜卑人寻找到同盟者，并逐步将同盟阵线扩大，直到将羌人"征服"。吐延临终时告诫族人"速保白兰"，可知居牧在黄河源奄及柴达木盆地南部一带的白兰羌是较早与慕容鲜卑建立友好关系的种落。白兰羌数百年来一直是吐谷浑的可靠盟友，也是吐谷浑的可靠后方、"避难所"。吐谷浑在长期的发展壮大过程中，融合了羌、氐、匈奴、汉、其他鲜卑部等多个民族成分。吐谷浑与各民族主要是与羌人建立起牢不可破的联盟，是其在羌地站住脚跟并得以发展的根本。

三是重视发展经济，不断增强实力。

四是努力吸收汉文化，学习汉族治国经验，加强政权建设。

五是法律建设对巩固政权也发挥了一定作用。后面三点下文将要详述。

然而吐谷浑王国地处西北边鄙，比较闭塞，加之自然条件严酷，经济发展不稳定，社会发育程度较低，社会形态的发展与进步相对缓慢，这些都是吐谷浑国进一步强盛的制约因素。自从一度亡于隋朝以后，吐谷浑国势衰微，再也没有恢复到鼎盛时期的状态。唐贞观年间又遭唐军重创，元气再次大伤。成为唐的附庸后，吐谷浑对唐朝越来越有了依赖性，独立自强的意识和能力都日渐衰退。而吐蕃在西藏高原崛起后，向外扩张的势头十分强劲，对吐谷浑形成极大的威胁。以前，吐谷浑每当遇到危急时，都可退保白兰，可是自从青南地区的苏毗、多弥、白兰等诸羌小国被吐蕃占领后，吐谷浑便丧失了能帮助它"死灰复燃"的"避难所"。吐蕃还竭力在吐谷浑统治集团内部培植亲蕃势力，吐蕃攻击吐谷浑之所以一举奏效，正是在很大程度上借重了吐谷浑内部的亲蕃势力。唐蕃两个强国相争，吐谷浑作为夹在中间的弱国很难自存。

　　叶延是建立吐谷浑王国的名王。吐谷浑72岁时去世，长子吐延继承汗位，叶延是吐延之子。吐延率领吐谷浑人纵横于今甘南、川西北及青海南部地区，占据了广大地域。吐谷浑虽是部落联盟为基础的社会，但部落内部的组织比羌人严密，吐谷浑上层的组织指挥能力自然也高于群羌，武器装备也优于羌人。这种文化和物质上的优势地位，成为鲜卑吐谷浑部能在羌人的地盘上创业立国的重要基础。

　　吐延东征西讨，所控制的疆域不断扩大。在进入今青海的西南地区后，又到达白兰。白兰因原居民为白兰羌而得名，其范围大致包括了今青海果洛藏族自治州迤西，奄及柴达木盆地西南部布尔汗布达山、昆仑山南北麓的广大地区。吐延发现白兰既险又远，可进可守，可作为本部族的后方依托地。这就为吐谷浑国的创立和巩固提供了重要的环境保障。

　　吐延始终注视着中原大地，想有朝一日干出一番大事业来。吐延的外貌及其性格都十分像项羽，他待人刻暴不仁，对被他征服的各处羌人也是心狠手辣，羌人对他既怕又恨。羌人社会虽是一盘散沙，但羌人是一个不畏强暴的民族，不乏英雄豪杰。羌人对吐延的不满与日俱增，对他的仇恨也越来越大。东晋成帝咸和四年（吐延十三年，公元329），昂城（今四川阿坝）羌族大首领姜聪，乘与吐延议事之机，一剑刺中吐延胸膛。吐延自知难以活命，他不叫人拔出剑，急忙叫来长子叶延到身边，又双手紧握着大将军纥拔泥的手说："竖子刺吾，吾之过也，上负先公，下愧士女。所以控制诸羌者，以吾故也。吾死之后，善相叶延，速保白兰。"⑤说完后自己抽剑死去。

叶延登上汗位时年仅 10 岁。叶延与纥拔泥等大臣相商，援引他的先祖涉归威名显赫，曾被晋朝封为"昌黎公"之故事。他依据《周礼》"公孙之子得以王父字为氏"的礼制，决定以吐谷浑为国号和族名。对此群臣都表示拥护。从此，吐谷浑作为一个国家政权正式建立，史书上相应地用"吐谷浑"来称呼这一支慕容鲜卑和他们在西北建立的草原王国。吐谷浑实行了兼容并包，联羌共治的民族政策。主要表现在：

其一，重用羌人，加强政治基础。吐谷浑王廷中有一大批羌人担任要职，连吐谷浑王庭中的亲兵卫队也多由羌人担任。其二，以通婚加强政治联盟。吐谷浑人与羌族通婚比较普遍，尤其在贵族上层更是如此。其三，招纳流亡，加强社会基础。吐谷浑进入西北之时，正值西晋"八王之乱"，后"五胡十六国"混战之时，西北地区的汉、羌、氐、胡、杂夷饱受战乱之苦，流离失所，无以为生。吐谷浑便大量招纳和安置秦、陇流散之民，还努力搞好与周边地方政权的关系。叶延为王之后，不计杀父之仇，行联羌共治之策，安抚众羌，使其各部自安，有些羌人首领还进入了吐谷浑王庭任职。这样一来，羌人的反抗便逐渐平息，并愿遵吐谷浑法令和调遣，联羌共治的举措为草创的吐谷浑国奠定了一个相对安定的社会基础，对社会的稳定，民族之间的和睦相处，产生了积极作用。叶延在位 23 年，正是风华正茂之年，不幸英年早逝。

阿豺（一作阿柴）是吐谷浑王国第九任国王，是很有才华、很有影响力的吐谷浑一代名王。阿豺可汗以智慧著称，虽然他曾在军事上颇有建树，但他之所以有名并不仅因为他的文韬武略，更是因为他对远隔千里之遥的中原王朝的追随和临终时对子孙的一番教诲。

晋安帝十三年（417），阿豺继承了吐谷浑国的汗位。他在与强邻西秦周旋的同时，密切关注着南方东晋王朝的情况，很想与东晋建立联系，以抗衡西秦。宋武帝永初元年（阿豺四年，420），东晋大将刘裕废东晋恭帝，自立为宋武帝，声名显赫。消息传来，阿豺联络南朝宋刘的想法更加迫切。一日，他与群臣登上了洮河上游的西㳠山，远眺嘉陵江上游的白龙江。问群僚："此水东去，更有何名？由何郡国入何水也？"

长史曾和答道："此水经仇池（地在今甘肃南部），过晋寿，出宕渠（今川西北），便叫垫江。至巴郡汇入长江，再到广陵入大海。"阿豺听后十分感慨地说："水尚知有归，吾虽塞表小国，而独无所归乎！"⑥

宋少帝景平元年（阿豺七年，423），吐谷浑国主动派遣使团，携带着言辞谦恭的表文和大批土产，辗转千里，来到建康（南京），向南朝宋少帝刘义符表达了吐谷浑对"天朝"的敬意和阿豺愿为臣子的心愿。宋少帝热情地接待了吐谷浑使团，认为阿豺"介在遐表，慕义可嘉"，遂封阿豺为督塞表诸军事、安西将军、沙州刺史、浇河公。此后，吐谷浑与南朝贡使往来不绝，经济文化交流频繁。到宋元嘉二年（426），刘宋朝廷派出以董湛为首的使团到吐谷浑宣诏授职。但这时阿豺已去世近两年了。阿豺虽然没有在活着时亲受南朝刘宋政权的封赐，但他完成了与南朝的战略联盟。其政治意义重大，影响深远。

阿豺将儒家"仁恕"之道融入治国之术，团结上下，奋发图强，在短短的8年内，就把一个被西秦多次打败，地盘所剩无几的国家，治理得恢复了元气，成为邻邦一致公认的"强国"。阿豺后期，国之疆土南达金沙江以东，大小金川一带，向西已推至柴达木盆地；向西北已毗邻河西走廊和西域。这个地盘即为日后吐谷浑国鼎盛时疆域的基本框架。随着疆域的不断扩张，上述地区的贸易文化交流也日益增进。

阿豺当政的最后一年，也就是公元426年，他一病不起。他在病中召集他的二十多名儿子和侄子到病榻之前，语重心长地对他们说：先公车骑大将军，以国事为重，临终之前，他没有将王位传给亲生儿子，却传给了我。如今，我敢忘了先君以国事为重的大志，把王位传给我的儿子纬代吗？以我看在你们之中，唯有我弟慕璝很有才略，能担当国之大事。我死后，你们就忠心拥戴慕璝为王吧。

在阿豺家族中，还有一位十分杰出的人，这就是慕璝的亲兄弟慕利延。此人雄强有势，作战勇敢，但才大气傲，不善团结他人。阿豺对他不放心。他命令自己的20个儿子各拿出一支箭，从中抽出一支交给慕利延，让慕利延折断它。慕利延轻轻一掰，箭折断了，被扔到了地上。阿豺又叫人把剩下的19支箭捆成一束，让慕利延折，慕利延虽雄武有力，费了很大的劲也无法折断。此时，阿豺指着完好无损的箭捆，语重心长地告诫大家："单者易折，众则难摧，戮力一心，然后社稷可固。"⑦说完这些话后，溘然而逝。这就是中国历史上有名的阿豺折箭遗训的故事。

后来慕璝不负阿豺期望，在治国强国方面取得了巨大成就。慕璝八年（431），夏国国王赫连定攻灭西秦，并挟 10 万之众，欲西向灭北凉，不想"螳螂捕蝉，黄雀在后"，被慕璝在今甘肃临夏东北黄河岸上设伏，乘其半渡发动突然袭击，生擒夏王，献俘北魏。此役使吐谷浑国名声大震，国势转强。

北魏太延二年（436），慕璝去世，王位由他的弟弟慕利延继承。北魏太武帝拓跋焘派遣使节到吐谷浑国给慕璝加谥号为"惠王"，对慕利延也给予了镇西大将军、仪同三司、西平王的爵位。慕利延三年，南朝刘宋的使团也到了吐谷浑国，赐封慕利延为"都督西秦·河·沙三州诸军事、镇西大将军、西秦·河二州刺史、陇西王"。后又晋封慕利延为河南王。

此时的北魏已战胜了北方的强大部落政权柔然，不久又攻灭了割据辽东、辽西的北燕，北方已被北魏统一。这一形势使慕利延寝食难安，北凉被消灭为时不远，北凉之后，北魏下一个目标自然是吐谷浑了。如何应对严峻的局面，成了慕利延的头等大事。他加强了与北凉的关系，谋图形成新的联盟，以增强抵抗北魏的力量。

慕利延在位第四年（439），北魏荡平了北凉。为了避其兵锋，慕利延便率领王室成员和亲族部队，向西撤退，直奔柴达木盆地今都兰县一带。不久，北魏使节宣达了太武帝拓跋焘的诏书，说吐谷浑慕璝有灭夏擒定献俘之功，这次进兵西部只为扫除北凉，望吐谷浑不要惊扰，应像往日一样忠顺国事效忠皇帝。慕利延听了诏书，才算安下心来。

慕利延在位第九年，吐谷浑国发生了内讧。当时的吐谷浑王室中生出派系，阿豺的大儿子纬代，二儿子叱力延等人，本来都有继父为王的资格，可是父亲却把王位传给了同母异父兄弟慕璝，他们的心中多有不平。其后纬代、叱力延都成为统兵大将，各有自己的部众，在王廷中仍有很大的影响力。慕利延不去主动团结这兄弟几人，而是渐生猜忌之心。这几人感到威胁日渐逼近，便密谋率部投降北魏。结果事情败露，慕利延立即杀了纬代。其弟叱力延等八人逃脱，跑到北魏的京城，向拓跋焘历数慕利延的种种不是。要求北魏出兵伐罪。拓跋焘封叱力延为"归义王"，命晋王伏罗率高平（今宁夏固原）、凉州（今甘肃武威）诸军攻打吐谷浑。北魏军队突然进入吐谷浑国境，慕利延惊慌失措，只好又率部逃奔大后方白兰地。

这一战使吐谷浑失去了枹罕及周边的大片土地和百姓，吐谷浑大伤元气。在北魏几路大军征讨吐谷浑时，慕利延西逃途中率军出其不意攻占了今新疆南部的于阗国。于阗国是一个文明古老的王国，与西域诸国及印度有着密切的贸易和文化往来。于阗还是丝绸之乡，适宜桑树的生长，是西部丝绸之国。

在高凉王拓跋那远征白兰前，慕利延已带领军队向于阗开进，沿途得到了苏毗人的大力相助。吐谷浑人的商人、军探为前哨和向导，部队顺利越过了阿尔金山。慕利延的军队都是骑兵，不几日就到达了于阗城下。于阗城被攻破。慕利延占据了于阗广大的地域。慕利延为便统治，扶持了于阗一位新王，而叫自己的亲族率兵镇守。慕利延还趁热打铁，率军西向攻入罽宾，即今克什米尔，打通了进入印度的通道。

于阗幅员广大，占据了于阗差不多就占有了南疆。慕利延远征于阗取得全胜，对开辟丝绸之路青海道很有意义。慕利延开疆拓土到南疆，为中华版图的最终形成，做出了贡献。

公元 446 年，慕利延又率部回到故地。他对北魏的强大有了新的认识，他怕北魏再次兴兵攻伐，便向南朝派出使团，并献上了一份厚礼，其中有从西征中获得的金玉珍宝乌丸帽、女国金酒器、胡王金钏等物。在给南朝刘义隆皇帝的表文中说到，臣屡遭"北虏"侵伐，无法自保，请皇上准臣下率部入龙涸、越巂暂避其锋。刘义隆答应了慕利延的请求，准许不敌"北虏"时可入南朝边地越巂等处避难，也回赐牵车等物。其后，北魏与吐谷浑的关系趋于和好，慕利延也没有去南方避难。吐谷浑得以休养生息，与中西亚远至欧洲的贸易得到了长足的发展，丝绸之路青海道上的商贸活动和文化交流日渐繁荣起来。

吐谷浑王国第十八世王夸吕可汗是吐谷浑历史上罕见的长寿老人，史书上说他"在位百年"，这当然是夸张之辞，夸吕可汗的实际执政时间是 56 年。夸吕虽执政时间长，但他是吐谷浑国势由盛转衰的君王。夸吕即位后自称"可汗"，他所称可汗与以前不同，有皇帝的含义，称其妃为"可敦"，即皇后。他在位前期奋发有为，结好南、北政权。曾与东魏结盟联姻，对抗强大的西魏，还从南朝引进佛像经籍，翻译传布国外。这位生活奢靡、喜爱汉族诗词的可汗，对外实施的基本国策是"远交近攻"，他一方面频频地向远离吐谷浑国境的东魏和北齐遣使进贡，另一方面又多次派兵侵扰近邻西魏、北周边境。西魏大统六年（540），夸吕遣使假道蠕蠕（柔然），向东魏致敬。此后频繁派使臣结好东魏。5 年后，即 545 年，又请求以其堂妹充东魏后宫，孝静帝欣然收纳，封为容华嫔。东魏遣员外散骑常侍傅灵櫼回访吐谷浑国。随后，夸吕又向东魏请婚，东魏以济南王的孙女为广乐公主，嫁夸吕为妻。此后，吐谷浑对东魏朝贡不绝，双方往来密切。

夸吕在位时，吐谷浑王国的统治中心东移至青海湖滨。吐谷浑王城叫伏俟城，位于今海南藏族自治州共和县石乃亥乡以北、菜济（切吉）河南，东距青海湖约 7.5 公里的地方，又称铁卜恰古城。古城周围是一片地域开阔、水草丰美的大草原。当地人称"切吉加夸日"，藏语"夸日"为城，称汉人为"加"，意思就是切吉地方的汉人城。其实它就是公元 6—7 世纪赫赫有名的吐谷浑王城。当时吐谷浑强盛，往往扰掠与本国接壤的西魏边地。西魏大统初，遣使至吐谷浑国，喻以逆顺之理，于是夸吕两次遣使贡献能舞马及羊、牛等。但与此同时又寇抄不已，缘边多被其害。西魏多次发兵讨伐吐谷浑。西魏废帝二年（553），西魏派兵至姑臧（今甘肃武威），夸吕震惧，使贡方物。这一年，夸吕又通使于北齐，进行贡使贸易。西魏凉州刺史史宁探查到吐谷浑的使团即将返回，必途经河西走廊，便发兵在凉州西叫赤泉的地方等候，等到后发起突然袭击，"获其仆射乞伏触状、将军翟潘密，商胡二百四十人，驼骡六百头，杂彩丝绢以万计"[⑧]。吐谷浑商队遭受重大损失。西魏恭帝三年（556），史宁又与突厥木杆可汗联兵袭击夸吕，分别攻破吐谷浑贺真城（约在伏俟城南 30 里处，又名石头城）和树敦城（今共和县曲沟乡菊花古城），掳去夸吕妻子和子女，缴获大量珍宝及杂畜。吐谷浑遭受更为重大的损失。西魏撤兵不久，北周建立。夸吕又多次派兵侵扰北周的边郡，遭到反击，兵败后又与北周和好。双方战和多次发生。

隋开皇初，夸吕派人侵扰弘州，隋文帝遣上柱国元谐率步骑数万反击。吐谷浑发动举国兵力，史称"自曼头至树敦，甲骑不绝"。吐谷浑国虽出动的人多，但仍吃了败仗。夸吕大惧，率亲兵远遁，其名王 13 人率部落降隋。隋文帝以吐谷浑高宁王移兹衰素得众心，拜为大将军，并封河南王，以统降众。

夸吕在位期间，多次因个人喜怒废杀太子。后来太子可博汗也因为害怕被废杀，打算绑架父亲举国降隋。不过，隋文帝不赞成这种以子劫父的忤逆之举。可博汗的计划没能实行，后来太子谋泄，被夸吕诛杀。夸吕又改立少子嵬王诃为太子。开皇六年（594），嵬王诃复惧父诛，谋归国，请求隋派兵迎接，又被隋文帝婉拒。

公元 591 年，夸吕去世，子世伏继立为吐谷浑第十九任国王。他一改夸吕与隋朝作对的政策，到长安纳贡称臣，还打算把公主献给隋文帝。隋文帝没有答应，反以宗室女光化公主妻世伏。可惜世伏在第二年吐谷浑的内乱中被杀。世伏的弟弟伏允被拥立为第二十任国王，按旧俗继纳了嫂子光化公主。

伏允可汗不明智地多次与唐朝对抗，终于给自己招来了杀身之祸。吐谷浑从夸吕后期开始，放弃了与中原王朝和好的方针，将攻掠作为敛财致富的一项重要手段。伏允年高昏庸，大权落在天柱王等主战派手中。天柱王等错误地估计形势，以为唐朝可欺，便北连突厥、东结党项，攻掠唐边不已，终于为吐谷浑招来了灭顶之灾。

唐贞观九年（634），李世民决定进军吐谷浑。遂任命李靖为西海道行军大总管，节制兵部尚书侯君集、刑部尚书李道宗、凉州都督李大亮、岷州都督李道彦、利州刺史高甑生，分别为积石道、鄯善道、且末道、赤水道、盐泽道行军总管。联合突厥、契苾、党项众部，总兵力约 18 万人，兵分五路大举讨伐吐谷浑。唐军很快攻占了伏俟城。吐谷浑人溃不成军，伏允只带不足百人的随从一路西逃，跑到了新疆南部的且末一带，其长子慕容顺在伏俟城内向唐军投降。唐军千里追击伏允可汗，伏允可汗众叛亲离，走投无路，在突伦碛（在今新疆且末与和田之间的大沙漠）自杀身亡，吐谷浑再度亡国。

为了以德怀远，635 年，唐太宗下令让吐谷浑复国，并扶持伏允之子慕容顺继任可汗。慕容顺是吐谷浑第二十一任国王。但这位国王在位只有 10 天，就被部下所杀。其原因一是慕容顺长期生活在中原，生活习俗，处事方式早已汉族化了，因此不被吐谷浑王廷中掌握实权的王公重臣们所接受；二是他在吐谷浑王族中根基不深，没有形成自己的政治军事集团。

吐谷浑国又生动乱，李世民立即命兵部尚书侯君集率兵进驻吐谷浑，进行善后安抚，立慕容顺的儿子诺曷钵为河源郡王，封其为"乌地也拔勒豆可汗"，统领吐谷浑各部。

诺曷钵是吐谷浑最后一任国王。诺曷钵性格温良，待人谦恭。他从其父祖辈的悲痛遭遇中，悟出了一个道理，那就是只有紧紧依靠强大的唐王朝，他的王国才能平安兴旺，他的政治对手们才不敢轻举妄动。于是他主动地发展与唐王朝的关系。在唐朝的大力支持下，吐谷浑国内的形势稳定了下来。

诺曷钵登位不久，便于唐贞观十年（636）上表唐太宗，要求颁行唐历书，奉行唐朝的年号，并遣子弟入侍。这些含有政治意义的举措，说明吐谷浑愿意归附于唐朝。李世民很欣慰，即行颁发诏令道："……燕王诺曷钵，弱不好弄，幼称通理，才篡旧业，即逢内难。故遣旌节，远申安抚，遂能率其种类，同竭款诚，尽落倾巢，趋谒使者，屈膝顿颡，尊奉朝化，请颁正朔，愿入提封，丹诚内发，深可嘉尚，宜隆宠章，懋兹赏典。可封河源郡王，食邑四千户，仍受乌地也拔勒豆可汗，即遣使人，备礼册命。"⑨这道诏令确定了吐谷浑为唐藩国的地位，加固了二者的政治关系。

年底，诺曷钵亲自到长安觐见唐太宗，并请婚，受到了唐朝的热诚款待。第二年，诺曷钵向唐朝献上牛羊 1.3 万多头，唐朝与吐谷浑的关系日益密切。

唐贞观十三年（639），即诺曷钵为王的第四年，他又一次亲赴长安再次请求赐婚。李世民将宗室女弘化公主嫁给了诺曷钵。诺曷钵在王城中按吐谷浑风俗举行了盛大的成婚仪式，四方国王与吐谷浑各路名王都来赴宴恭贺。诺曷钵与唐的密切关系，引起了吐谷浑国内亲吐蕃一派人的不满，丞相宣王及其两个兄弟就是这一派人的代表。他们极力主张吐谷浑与日益强大的吐蕃结盟，摆脱唐朝的控制。他们多次劝说诺曷钵，但没有任何进展，于是宣王策划了一个阴谋，准备利用吐谷浑每年举行盛大的祭天、祭山活动的机会，劫持诺曷钵和弘化公主，投奔吐蕃，万一弘化公主阻挡就将她杀掉。

唐贞观十五年（641），诺曷钵得知宣王有异动的消息，十分惊恐，与弘化公主只带少数亲兵，连夜向鄯城（西宁）奔去。快到西宁时，忠于诺曷钵的吐谷浑威信王在日月山一带领兵相迎，保护诺曷钵夫妇安全到达鄯城。唐鄯州（治今乐都）刺史杜凤举派将军果毅都尉席君买与威信王合军讨伐宣王一伙。席君买率部擒斩宣王兄弟 3 人。这件事引起了吐谷浑内部的极大恐惶。唐太宗便派出户部尚书唐俭和中书舍人马周为正副使，持节入吐谷浑抚慰。很快就使吐谷浑国内的局势稳定下来。

唐贞观二十三年（649），即诺曷钵十四年，唐太宗驾崩。在其陵墓的前所立 14 位民族领袖人物石造像陪臣中就有诺曷钵之名。高宗继位后，诺曷钵立即派出使节，到长安上表致贺。

唐高宗永徽三年（诺曷钵十七年，652），诺曷钵和弘化公主联名上表，希望有生之年，回长安探亲一次。得到高宗李治的允准。十一月，弘化公主和诺曷钵来到长安省亲。他们受到了唐王朝和唐高宗的热情款待。据正史记载，唐与少数民族政权和亲共 27 次，而出嫁的公主回过娘家的唯有弘化公主一人，由此可见唐与吐谷浑关系的特殊性。诺曷钵还向高宗为他与弘化所生的儿子慕容忠求婚。李治也同意了这门亲事。第二年，遣使送县主赴吐谷浑完婚。这一对夫妇也是终老白头。

诺曷钵在位时期，吐谷浑王国已经走向没落，远不是正在青藏高原上兴起的吐蕃的对手。唐高宗龙朔三年（663），吐蕃大举入侵吐谷浑。在吐蕃的步步进逼下，吐谷浑与吐蕃在黄河边决战，诺曷钵一败涂地，带着弘化公主和亲信几千帐逃到凉州，依附于唐王朝。诺曷钵背井离乡，在唐朝境内渡过了 25 年的流亡岁月，最后与儿孙们长眠在与吐谷浑故地隔山相望的凉州南山阳晖谷的各个山岗上，他们的墓门无一例外地朝向南方，远远地守望他们曾经的家国。

弘化公主 76 岁时去世。民国四年（1915），弘化公主的墓志铭在甘肃武威发现。弘化公主在吐谷浑国 50 余年中，为唐朝与吐谷浑政治联系的进一步发展，为汉族与西北民族的友好往来，作出了贡献。其后，弘化公主又为次子闼卢模末求婚，高宗以宗室女金明县主往嫁。唐王朝与吐谷浑亲上加亲。成为中原王室与西北民族和好的又一象征。当时的社会各界对这两次姻缘持积极的态度，唐代著名诗人张说写道："青海和亲日，潢星出降时。戎王子婿宠，汉国舅家慈。"认为和亲能慰抚边远民族的人心，发展双方的友好关系，远被荒服，是吉祥之兆，大力赞扬了汉浑之间的亲情关系。

第二节　吐谷浑的历史文化

吐谷浑的政治制度　吐谷浑的风俗习惯　吐谷浑的语言文字、音乐、绘画　吐谷浑的宗教信仰　吐谷浑与丝绸之路青海道　吐谷浑开发建设青藏高原的贡献

吐谷浑在政权建设方面，努力吸收和仿效汉族王朝的做法。早在西迁前，吐谷浑部落酋长就已称"可汗"，有时也称"大单于"。据《魏书》卷一〇一《吐谷浑传》载，吐谷浑从辽东向西迁阴山之时，慕容廆遣长史乙那楼等追其返回。乙那楼称吐谷浑为"可汗"。当时的"可汗"乃"官家"或一个部落酋长之意。树洛干时，自称"戊寅可汗"，也是指部落酋长而言。及至夸吕称可汗，受柔然等少数民族政权的影响，可汗成为王国最高首领的称谓，相当于皇帝。可汗妻称"恪尊"（音同可敦，即皇后）。此后，可汗之下仿汉族政权设丞相、王、公、仆射、尚书、侍郎、郎中、别驾等官。丞相为众官之首，总揽内外大权。宗室子弟大多封王（羌人部落大首领也有封王的）。吐谷浑一般不设郡县，地方管理以地区和部落为单位，通过设"戍"进行军政合一的管辖。著名的"戍"有清水川戍（约在今兴海县境内，一说在循化县境）、赤水戍（约今兴海县夏塘古城）、浇河戍（约在今贵德县境内）、吐屈真川戍（约在今青海湖西乌兰县茶卡滩一带，一说在布哈河下游）等，由可汗分封子弟或其他民族首领管理。此外也有其他管领形式，如伏连筹第二子宁西将军曾率部驻守鄯善（今新疆鄯善县境），羌人首领莫昌曾被封为龙涸王管辖今四川

北部地区等。

公元 663 年吐谷浑王国亡于吐蕃后，成为吐蕃治下的"吐谷浑邦国"。据敦煌古藏文写本《吐谷浑（阿柴）纪年》残卷及新疆出土的藏文木简中有关吐谷浑的资料，役属于吐蕃的吐谷浑邦国的政治制度较此前有了大的变化，如吐蕃扶持的"莫贺吐谷浑可汗"之下，还设有大尚论、尚论等各级官吏，吐谷浑邦国有与吐蕃王朝相同的"告身"位阶制度，国内也有"千户"等行政单位⑩。可见，这一时期，政治制度受吐蕃的影响更大，受中原政权的影响则越来越小。

史称吐谷浑王国有简单的刑罚：杀人及盗马者处以死刑，其余犯罪则征物以赎罪，相当于后世的罚款。也有处罚杖刑的。施行死刑时往往以毡蒙头，从高处用石击死。盗马者与杀人者同判死刑，足见吐谷浑对马匹的重视，也说明吐谷浑私有财产（主要是牲畜）已有较大发展，受到法律保护。吐谷浑的法律虽比较简单，但对维护其国内社会秩序，巩固上层的统治权，强化其政权建设仍发挥了不容忽视的作用。吐谷浑王国也征收赋税，史称"国无常赋，须则税富室商人以充用焉"⑪。即需要时向富室、商人抽税，以补充国家开支的不足。

吐谷浑的军队和其他游牧民族相同，与部落氏族紧密相连，所有成年男性部落民平时都是生产者，或放牧牲畜，或从事农业、商业、狩猎；一旦有战事发生，或有戍卫需要，上马即为战士。其兵器有弓、刀、甲、矟等。

对吐谷浑的风俗习惯，《魏书》、《宋书》、《周书》、《南齐书》、《梁书》、《北史》等都有大致相同的记载。关于吐谷浑人的服饰，《魏书》卷一○一《吐谷浑传》称："丈夫衣服略同于华夏，多以罗幂为冠，亦以缯为帽"。即男子"通服长裙"、"著小袖，小口裤，大头长裙帽"，与北方汉族"长帽短靴，合裤袄子"略同。所谓"罗幂"，是一种以面纱遮面而防风沙的护面装备，这是吐谷浑人的发明，本为适应高原气候而创制，由于它样子别致、飘逸，不久就风靡北朝，到至唐朝时竟成为贵族妇女及宫女的常服。《魏书》卷一○一《吐谷浑传》还特别提及可汗的服饰，称"夸吕椎髻毦珠，以皂为帽，坐金狮子床"，即将头发挽于顶上成椎形，戴黑色帽。与华夏族风俗完全一致。而坐金狮子床，则是受西域波斯风俗的影响。吐谷浑妇女一般着"裙襦"，也与内地汉族妇女相似。但发式上有所不同，史称"妇人皆贯珠贝，束发，以多为贵"[⑫]。束发，即辫发，或云"披发为辫"，"以金花为首饰，辫发索后，缀以珠贝"。可汗妻恪尊（可敦）则"衣织成裙，披锦大袍，辫发于后，首戴金花冠"[⑬]。具有北方游牧民族妇女穿戴之遗风。

关于吐谷浑人的婚姻，史称"富家厚出聘财，贫人窃女而去"。说明吐谷浑内部贫富分化已很显著，但仍留有原始抢婚之遗俗。同时盛行收继婚，即"父卒，妻其庶母；兄亡，妻其诸嫂"。如视罴死后，弟乌纥堤娶兄妻念氏；世伏死，弟伏允依俗继尚隋光化公主等等，即是明证。

像其他游牧民族一样，吐谷浑人以庐帐为屋，肉酪为食。《南齐书》卷五九《河南传》称，吐谷浑"多畜，逐水草，无城郭。后稍为宫室，而人民犹以毡庐百子帐为行屋"。《晋书》卷九七《吐谷浑传》亦称吐谷浑"有城郭而不居，随逐水草，庐帐为屋，以肉酪为粮"。不过，因为有一部分农耕经济，吐谷浑人一般能荤素搭配，把肉酪与粮食巧妙地结合起来，例如用酥油和熟青稞粉拌制成糌粑，作为主要食品。吐谷浑人死后，"皆埋殡"，即实行土葬，"丧有服制，葬讫而除"。与鲜卑旧俗大致相同。

在中国历史上，吐谷浑的文化颇具特色，其在开发、建设青藏高原及在中西文化交往中，均作过巨大的贡献。

吐谷浑最初从东北迁徙时只有170户（一说1700户）人家，之后，从迁徙、建国到强盛，吐谷浑部落广容博纳，不断地吸纳着其他民族的成分，逐渐成为一个以吐谷浑部族为主，融合了鲜卑、匈奴、羌、氐、戎、汉等民族成分的新的民族共同体。吐谷浑的历代王大都极力招集、安抚甚至用武力征服的手段吸纳、兼并周边的一些部落和民族。如慕璝王从秦、凉招抚了一大批失去土地的汉族人，以及五六百个羌戎杂夷部落；在歼灭大夏国时，吐谷浑王国又将西秦和大夏国的大部分遗民收归到了自己的麾下；伏连筹王则兼并了宕昌、邓至等小国和一些戎狄部落。这里的"狄"包括匈奴、高车、西域胡等民族成分。丝绸之路青海道兴起后，国内有一些西域胡人定居，并慢慢融入了吐谷浑部族。吐谷浑在融合别的民族的同时，也在被别的民族所融合。尤其融合到汉族当中的很多。吐谷浑由众多民族融合而成，国内语言复杂，既有属阿尔泰语系的蒙古语族及突厥语族，又有属汉藏语系的羌藏语族及印欧语系伊朗语族。境内主要流行的是古鲜卑语，但汉语也十分流行，且写作书契多采用汉文。北魏杨衒之《洛阳伽蓝记》卷五记载："其（吐谷浑）国有文字，况同魏。"即吐谷浑王国的文字与北魏大致一样。吐谷浑王国的贵族子弟从小就接受儒学教育，官员们也大都识文断字。吐谷浑上层更是精通汉族语言文字，其历代君王都有较深的汉文化素养，对儒家经典也比较熟悉。如叶延饱读《诗》、《传》，根据周礼，公孙之子可以用王父的字为氏。所以，叶延把姓氏改为吐谷浑，放弃了原本的姓氏慕容。《南齐书·河南传》载，吐谷浑王拾寅之子易度侯，"好星文，尝求星书"。但迷信天象的刘宋王朝深怕易度侯会因此勘破天机，拒绝了他的请求。吐谷浑历史上在位时间最长的夸吕可汗喜欢读文学词章，北齐的阳夏太守傅灵标出使吐谷浑时，曾在夸吕可汗的案头看到了北朝著名的大才子温子升的文集。不少吐谷浑人兼通汉语、嚈哒语和鲜卑语。见于史册的鲜卑语译语有可汗、恪尊、阿干（兄）、处（是）、莫贺（父）、五期（王）等。

崇尚汉文化，是吐谷浑王国的一大特征。吐谷浑一度奉南朝为华夏正统，受其册封，后又结好于北朝。吐谷浑上层主动与内地中央政权建立和好关系，与他们自身具有根深蒂固的汉文化素养、维护中央正统的思想意识十分牢固是分不开的。例如吐谷浑第六任主视罴以"扫氛秦陇，清彼沙凉，然后饮马泾渭，戮问鼎之竖"为己任；其第八任主树洛干则欲"振威梁益，称霸西戎，观兵三秦，远朝天子"[①]。都有平定当地乱局、维护国家大局一统的愿望。第九任主阿豺曾发出"水尚知有归，吾虽塞表小国，而独无所归乎"的感叹。在他看来，吐谷浑是僻处塞外的弱小王国，应当有众水归大海一样的认同中华正统的归属感和向心意识，他认为南朝刘宋政权是当时华夏正统的代表，理应向之遣使朝贡，建立名义上的臣属关系。阿豺之所以能正确定位自身，向内地中央政权通使称臣、接受封号，与其继承父辈一脉相承的忠君一统思想是分不开的。吐谷浑人对中华民族大家庭的归属感、文化认同，历史上中华民族强大的凝聚力、向心力仍是值得继承和发扬光大的伟大的精神遗产。

《旧唐书》卷二九《音乐志》载："《北狄乐》，其可知者鲜卑、吐谷浑、部落稽三国，皆马上乐也。"可知吐谷浑的音乐与游牧经济及善于养马关系密切。吐谷浑的"马上乐"，归当时的鼓吹署所辖。"周、隋世，与《西凉乐》杂奏。今存者五十三章，其名目可解者六章：《慕容可汗》、《吐谷浑》、《部落稽》、《钜鹿公主》、《白净王》、《太子企喻》也"⑮。可知隋唐鼓乐中有"吐谷浑"一部，原为十六国以来的鲜卑歌。其马上乐传入内地，丰富了中原的音乐文化。461 年，吐谷浑王拾寅向南朝孝武帝刘骏献上了一班"舞马"，即能在音乐声中翩翩起舞的马，引起宫廷不少人的好奇。这些舞马雄俊奇绝，善解人意，舞姿刚健优美，直把刘骏和大臣看得如痴如醉。刘骏当即命各大臣作诗赋相贺。南朝的大臣们不一会就献上了 27 首赋，佳作不少。其中又以江南大才子谢庄的《舞马赋》为上乘。刘骏又命谢庄作舞马歌，令乐府谱曲传唱于宫廷和民里坊间。吐谷浑之舞马，也开了唐玄宗训练舞马的先河。唐开元、天宝年间，盛极一时之"舞马"就源于吐谷浑。

20 世纪 80 年代及以后，青海省考古部门在刚察、天峻、都兰、格尔木、共和、玉树等县（市）境内陆续发现了十多处岩画，其时代有魏晋南北朝的，也有隋唐及其以后的，大多属隋唐时期。岩画内容主要是牦牛、马、羊、狐狸、野猪、狼等各类动物形象，也有少量畜牧、狩猎场面，以及舞蹈、交战、巫术、生殖崇拜及汉藏文字，还有一些神秘莫测的物形和符号等。有学者经过探讨研究后认为，在青海及甘肃已发现的岩画是由古羌人、匈奴人、吐谷浑人、吐蕃人以及藏族、蒙古族共同创作的，不同民族只是时代先后上有别。

都兰县热水乡察汉乌苏河南岸露丝沟中，在一块铁青色的巨大石壁上，有摩崖石刻 2 组。其一为阴线刻法结合浮雕刻凿的坐佛像 3 尊、立佛像 3 尊，立佛像高 5 米左右，宽约 1.5 米。坐佛佛像头戴菩萨冠，袒右臂，首部刻有佛光圈，坐五瓣莲花之上，佛像上下刻出象征殿堂之石框。佛像古朴生动，线条流畅，比例匀称，可惜的是面部已模糊不清。第二组刻在佛像之下，是两匹神态悠闲的骏马，长尾垂地，肢体健壮有力。长约 2.5 米，高约 1.6 米。据考古学专家考证，此画成于北朝中期，"应出自吐谷浑人之手"⑯。吐谷浑第十二任王拾寅时，吐谷浑上层已信

图上 4-1　露斯沟
摩崖石刻佛像图

奉佛教。吐谷浑人在露斯沟刻石敬佛，大概就在此前后。至于佛像下刻马，在同类石刻中极为罕见，这也正是吐谷浑人文化特色的所在。吐谷浑人爱马几近图腾崇拜。故将马刻于佛像之下，至少有两层含义：一是表示对马的崇敬，并享以祭祀，与神佛一视同仁；二是祈求佛祖也保护马群平安壮大。

　　吐谷浑人原本信仰萨满教，但随着时代的变迁，佛教后来成为吐谷浑的国教。《晋书》卷九七《吐谷浑传》记载，吐谷浑开国始祖吐谷浑对弟弟慕容廆派来向自己致歉、挽留的长史乙那楼说："先公称卜筮之言……"，说的就是吐谷浑与慕容廆的父亲曾让巫师占卜，得到吐谷浑与慕容廆二人日后必将发达的预言。可见，慕容鲜卑当时尊奉的是萨满教，刚刚脱离慕容鲜卑的吐谷浑应该也存在着专业卜筮的职业萨满巫师。吐谷浑的儿子吐延被羌酋姜聪刺死后，其子叶延志在复仇，每天都扎一个草人，说那就是姜聪，一边哭一边用箭射，射中了就嚎啕大哭，射不中就瞑目而怒，大声呼喊。这种扎草人诅咒仇人的方法其实就是一种巫术，为萨满教所惯用，直至唐朝还发生过吐谷浑人"谎称祭山神"，要劫持诺曷钵可汗投奔吐蕃的事。这足以证实吐谷浑曾盛行过山川崇拜和山神、河神的祭祀活动，这种万物有灵论观念为萨满教所特有。

　　在信奉萨满教的同时，从北魏太平真君六年（445）吐谷浑王慕利延西征于阗为标志，佛教开始传入吐谷浑。当时，僧人慧览经于阗返回中原，慕利延的太子琼等人早听说慧览是大德高僧，就派人修建了一座右军寺，请慧览到寺中主持。到拾寅即位后，《梁书》中已经称吐谷浑"国内有佛法"，又记载了梁天监十三年（514）吐谷浑上表请求允许他们在益州立九层佛塔的事。梁武帝大同六年（540），夸吕可汗又遣使至梁，"求释迦像并经论十四条，敕付像并'制旨涅槃'、'般若'、'金光明讲疏'一百三卷"[⑦]。说明佛教除西域一路传入外，尚有南朝佛法的传入。都兰县露斯沟摩崖石刻中佛像的出现，是吐谷浑人信仰佛教的实物证据。吐谷浑东邻北朝，南邻南朝，两国都是大乘佛教的传布区，吐谷浑受到了很大影响，所接受的佛教也当属大乘教宗。

吐谷浑曾使丝绸之路青海道兴盛一时，对中西文化的交流沟通作出了突出贡献。吐谷浑曾与中原王朝开展互市，青海高原的牲畜、毛皮等一度大量进入中原，中原的丝绸、茶叶、瓷器等也一度源源不断地流入吐谷浑。这样的互惠贸易、互通有无，对双方经济的发展、人民生活的改善都有极大的好处。另外，双方使节往来的过程，同时也是物资交流、文化沟通与融合的过程，其历史意义十分深远。

在十六国及南北朝初期，中国的水路交通还不很发达，中原王朝要和中亚、欧洲、印度等地交往，主要靠的是陆路交通，而河西走廊是那时中原与西域交通之主要通道。但当时各地方割据政权互相争夺，连年征战，严重阻碍了中西间的经济文化交流，中原与塞北各政权、西域的交往因为这个原因甚至经常被迫中断。就在这时，地处西北的吐谷浑王国，对联系中原与塞北的互相往来，沟通我国内地与西域的经济文化交流，作出了重要的贡献。公元445年，因北魏进逼，吐谷浑王慕利延率领部众往西退却，他率领军队从今都兰香日德一带出发，进行了吐谷浑历史上有名的西征。慕利延西征走的是由青海东部横贯柴达木盆地，从新疆塔里木盆地进入西域的古道。这条古道人迹稀少、山险天寒，但自慕利延西征后，这条路逐渐兴盛起来，它与河西走廊南北相辅而行，一为丝绸之路南线，一为丝绸之路北线，都是中原通往西域的交通动脉。

两汉魏晋时期，中西陆路经济文化交流多发生在黄河流域，北魏时的西域商贾亦大都集中在洛阳。到了南北朝时期，吐谷浑人在自己的国境内开辟了一条通往南朝都城建康的新道，开创了丝绸南路兴盛的新局面。这条路的走向，从吐谷浑城（今都兰）或伏俟城出发，大致有北、中、南三条支线可到达龙涸（今四川松潘），再到成都一带，然后由这里顺长江而下，到达南京。具体而言，北线从龙羊峡过黄河，到浇河（今贵德河阴镇），东行经周屯（今贵德县东沟乡）、兰采（今同仁县兰采乡），至同仁保安、瓜什则，再经今甘肃省甘南藏族自治州夏河县甘家滩、拉卜楞寺、合作，过洮和（今临潭），到达龙涸；中线经今共和县切吉草原，过曼头城（今兴海县河卡乡东南），从尕马羊曲渡黄河，到吐谷浑早期的总部（都城）沙州慕贺川（今贵南穆格塘沙碛一带），沿茫拉川东行，经今泽库县，四川若尔盖，到龙涸；南线是越扎梭拉山口至今兴海县大河坝河流域，从兴海县曲什安河口一带过黄河，过今同德县，果洛藏族自治州，循阿尼玛卿山北麓，东南行过若尔盖，到达龙涸。当时的人称这条新路为"河南道"（南朝曾称吐谷浑为河南国），又叫"吐谷浑道"。《南齐书》卷五九《芮芮虏传》记载："芮芮常由河南道而抵益州。""河南道"开辟之后，西域各国与我国南方发生了直接的联系，从而扩大了经济文化交流和往来的领域。如南朝萧梁时，中亚大国滑国的国王夷栗陀多次向南梁遣使朝贡，一些商人也随着使者一道来南朝贸易。滑国朝献的东西中有凶猛的黄狮子，珍奇的白貂裘，华丽的波斯锦等，都是一些很难见到的稀罕之物，深受南朝王公贵族们的喜爱。由于语言不通，西域各国的使者和商人往往要依靠吐谷浑人作翻译，才能同南朝人对话。那时，常常可以看到这样的情境：皇帝在庄严的朝堂上接见金发碧眼的西域使者，吐谷浑人站在一边拱手翻译，传递着双方间和平友好的信息；奇装异服的西域商人在繁华的街市上摆放着各种稀奇的商品，周围聚拢一圈人，吐谷浑人站在中间将他们之间的讨价还价翻译出来，促成着一笔笔交易；在崎岖艰险的丝绸之路青海道上，吐谷浑人骑着骏马走在马队前面，指引着行路的方向。当时的滑国及古柯国、呵跋檀国、胡密丹国、白题国及波斯国也先后到梁贡献。当时，这些西域国家到南朝走的是吐谷浑新辟的那条捷径。可以说，吐谷浑王国开路搭桥，开通了西域与我国南方交通往来的新道路，极大地促进了中西间的沟通和经济文化交流。

相对于河西走廊的丝绸北道而言，丝绸之路青海道虽然比较艰险，但却是比较安全的。因此，塞北的柔然、高车、突厥等政权向南朝派遣的使者和商贾，大多选择这条路，而南朝派往这些政权的使者走的也是这条路。正是凭借吐谷浑开启的方便之门，中国的江南地区和塞北地区往来不绝，保持了数百年的联系。那时候，在这条以往人迹罕至的路上，经常可以看到操着不同语言、穿着各色服饰、秉持着使节关文的各国使者艰难地骑马跋涉着。有中原汉人打扮，用骡马驮运着各色精致丝绸、茶叶及瓷器的南朝商人，也有深目隆鼻、赶着驼队马帮的西域商人，他们带的翻译和向导大都是通晓各国语言的吐谷浑人。有时，路途寂寞，通过吐谷浑人搭桥引线，不同国家和种族，不同身份和等级的人往往会搭伴而行，互相帮助，从而缔结一段真挚的友谊。丝绸之路青海道像一条无形的纽带，不仅连接了已经中断了一些时日的中原内地与西域各国的联系，还把我国西北的各个政权和地区联系得更加紧密了。

通过吐谷浑人的不懈努力，万里之遥的东罗马帝国也不再显得那么陌生了，亘古寂寞的青海高原也直接融入了世界贸易的繁华舞台，从而在世界交通史上占据了一席之地。2002 年 5 月，都兰县香日德镇以东 3 公里处，地属沟里乡牧草村的一座古墓中，发现了一枚拜占庭金币。这枚金币是狄奥多西斯二世（408—450 年在位）的金币"索里得"，时代较早，此墓可能是吐谷浑人的。如这个推测不误，它应是吐谷浑人开辟的丝绸之路青海道存在的实物证据。

都兰县境内有大量古墓，已经发掘了一部分，出土了大量丝绸残片和其他珍贵文物。考古部门认为，都兰古墓出土的锦绫织物大体可分为四期：第 1 期是北朝晚期，时间相当于 6 世纪中叶；第 2 期是隋代前后，时间约在 6 世纪末到 7 世纪初；第 3 期初唐时期，约相当于 7 世纪初到 7 世纪中叶；第 4 期为盛唐时期，时间约在 7 世纪末到唐开元天宝时期[⑧]。前三期正是吐谷浑国存在时期，柴达木盆地恰在吐谷浑国的有效控制下，丝绸持有者应该是吐谷浑人。如前文所述，拾寅王在位时，吐谷浑的政治中心就在都兰县，近年在都兰县香日德发现的古城应是其王都。都兰县众多墓葬的分布范围恰与文献中记载的吐谷浑活动区域相合。古墓出土的丝绸第四期，柴达木盆地已归吐蕃统治，但吐谷浑作为吐蕃属邦，其国民依然在这一带生活。大量丝织品在古丝绸之路重镇都兰的出土，为青海曾是丝绸之路繁荣之干道提供了见证。

吐谷浑开创的丝绸之路青海道意义重大。首先，它为东西方物质文化的交流架起了一座桥，使东西方物质文化的交流持续不断。把中华文明远播西方的同时，也将西方的文明传播到了中原汉地。从而促进了中原汉地的经济发展。《北史》卷九六《吐谷浑传》载："吐谷浑氂牛蜀马及西南之珍无岁不至。"这牛马为吐谷浑所产，是中原汉地发展农业、交通必需之物；而"西南之珍"就包含从西方来的物资，从而丰富了中原汉地的物质文化生活。其次使吐谷浑国的经济结构和社会形态发生了变化。原来的纯牧耕经济中加入了经贸，并成为吐谷浑三大经济支柱之一。从而促进了社会经济的发展，加速了封建化的过程。吐谷浑人始有能力置四大戍，建城池宫室。也就是说有了集镇，部分人从毡庐搬进了房屋，也有了丝绸制的衣物，生活有了较大的变化。

吐谷浑人为发展东西贸易，采取了很多颇有见识的政策措施。其一，努力搞好和南北朝的关系，因为这是吐谷浑人在政治上的凭借和依靠，经济上最大的市场和货源供给地。因此，就通过接受封赐、相互联姻、人质入侍、奉命征讨、致贺吊丧、祝寿问好等一系列双向互动，维持与南北朝的特殊关系。据统计，吐谷浑灭国前共向北朝及隋唐朝贡 76 次，向南朝朝贡 37 次。多数朝贡亦为大规模的经商活动。所以吐谷浑人创下了中国历史上少数民族政权向中原王朝进贡次数之最。其二，给中外商人以宽松的经贸环境，可自由贸易而不收税，这是吐谷浑国王们聪明之处，丝绸南道上黄沙漫漫，毒虫猛兽，雪山万重，白骨指路，还有沿途出没无定的凶悍强盗，商队遇之惟有拼死一搏才有生路。敦煌莫高窟第 420 窟，有三幅壁画，生动地再现了丝绸道上的万种凶险：有牲口跌入万仞深渊者，有与强盗搏杀的画面，说明丝绸之道上生财不易，需拿命换钱。风险如此之大，如果还要到处设卡收税，雁过拔毛，且不说万里路上需设很多机构和人员，就算能够行得通，则吐谷浑人和各类胡商们一看无利可图，怕早就一个个"转产"了。而商人们乐此不疲数百年，正好验证了这是一条好办法。其三，鼓励百姓从商。史载，吐谷浑"其地与益州（今四川成都）邻，常通商贾，民慕其利，多往从之。教其书记，为之辞译。稍桀黠矣"⑲。这条史料说明吐谷浑鼓励百姓从商，通过经商，吐谷浑人学习汉文知识，学会与汉族商人进行语言交流，在做买卖上，渐渐变得精明起来了。这正好说明了吐谷浑人在长期的经商实践中，已形成了较强的经商能力和相应的文化心态。

吐谷浑在青藏高原立国近 350 年间，将蒙古高原先进的畜牧业引进青藏高原，发展了当地畜牧业，使当地社会经济和物质文化得以提升，为开发青藏高原做出了巨大的贡献。吐谷浑以"多善马"、"出良马"著称，其良种马号"青海骢"，又被称为"龙种马"。《北史》卷九六《吐谷浑传》记："青海周回千余里，海内有小山，每岁冬冰合后，以良牝马置此山，至来春收之，马皆有孕，所生得驹，号曰龙种，必多骏异。吐谷浑尝得波斯草马，放入海，因生骢驹，能日行千里，世所传青海骢是也。"这种马是以波斯牝马与本地牡马交配而成，具有高大、神骏而又耐劳、耐高寒的素质。吐谷浑人利用青海湖周围草场优越的自然条件，引进波斯良种马，与当地马杂交，利用杂交优势，培育出了名传今古的良种马"青海骢"，此马风骨俊秀，善踏侧走步（今人称之为"大走"），在隋唐时就已名扬天下，皇室、豪门、贵族多畜之，用为坐骑及马球游戏。杜甫《高都护骢马行》中"长安壮儿不敢骑，走过掣电倾城知"的诗句称赞的正是青海骢。除了体型高大的青海骢以外，吐谷浑还出"蜀马"，应是从巴蜀引入的一种体型小，耐劳善走山地的马。吐谷浑兼有两种良马，既可在草原上驰骋，又可在山地上奔跑，因此，尽管四周强邻环伺，其国运独能垂 350 年之久，应同拥有这一骑兵优势有关。

吐谷浑人也善于养驼。距今 3000 年前，居住柴达木盆地的先民们，已经把骆驼作为重要畜类了。吐谷浑人来到西北后又进一步发展了养驼业，并赋予骆驼全新的用途，使骆驼成为丝绸道上最重要的运输工具。可以说，没有骆驼，丝绸之道就没有了活力。从南北朝至唐的数百年内，每年有大量的吐谷浑马、驼及其他牲畜，通过朝贡进献、贸易或被"掠获"的方式，进入中原汉地，成为汉地农牧业、交通运输以及支持战争不可或缺的物资。

吐谷浑还在其境内改善交通，建筑了技术含量颇高，美观、坚固的铁木结构的桥梁，即著名的"河厉"桥。《水经注》卷二引段国《沙州记》说："吐谷浑于河（黄河）上作桥，谓之河厉。长百五十步……相去三丈，并大材以板横次之，施钩栏，甚严饰。桥在清水川东也"。这样的桥在黄河上游可能建筑了多座。"河厉"桥又称"飞桥"，是无墩柱伸臂木梁结构的实体桥，是木、铁加工技术综合运用的产物，适宜在高山峡谷河流上建造，对后世影响很大，其结构、技术在当时均属先进，显示出较高的工程技术水平。

第三节 唐蕃联姻与唐蕃古道

唐蕃联姻传佳话 文成公主庙 唐蕃古道青海段的走向 唐蕃古道——汉藏经济文化交流的"黄金桥"

年轻有为的吐蕃赞普松赞干布建立了强大统一的吐蕃王朝。他的光辉业绩，使他成为藏族历史上伟大的民族英雄，赢得了藏族人民的热爱和尊敬。青藏高原地区的统一，促进了当地政治、经济、文化的全面发展，同时为发展唐蕃关系奠定了基础，也为后来西藏进入祖国版图创造了条件。

羡慕大唐富庶与繁荣的松赞干布虽然在公元636年向大唐求婚受挫，但他想与唐朝联姻交好的心愿却并没有轻易放弃。唐贞观十五年（641），他又派遣大相禄东赞献黄金5000两和其他宝物珍玩数百件，再次向唐朝请婚。唐太宗见吐蕃态度真诚，心意诚恳，终于以宗室女文成公主许与松赞干布，并命礼部尚书、江夏郡王李道宗主婚，持节送公主至吐蕃。于是文成公主在唐蕃专使及侍从的陪同下，踏上了西去的漫漫古道。公元649年，唐太宗李世民去世，高宗李治继位后，遣使入蕃告哀，并封松赞干布为驸马都尉、西海郡王。松赞干布欣然接受了唐朝的官爵封号，并致书司徒长孙无忌等人说：天子初即位，若臣下有不忠之心者，当勒兵以赴国除讨。同时，还献金银珠宝十五种，请求置于唐太宗灵柩之前，表示深切哀悼和怀念之情。唐朝刻了他的石像列在唐太宗的昭陵前，以示褒奖。

早在唐朝与吐蕃建立关系之前，吐蕃与吐谷浑就是所谓的"甥舅之国"。但是吐蕃在积极推行扩张策略时，吐谷浑所处的河源地区及青海环湖地区的丰美水草对吐蕃具有极大的诱惑力。因此，随着吐蕃国力的强盛，它向吐谷浑地区的扩张也就成了势所必然的事。而吐谷浑与唐朝之间时好时坏的关系也为吐蕃的扩张提供了良好的契机。

唐贞观十五年（641），唐太宗命礼部尚书江夏王李道宗持节送文成公主赴吐蕃完婚。据一些汉藏文史书记载，文成公主出嫁的队伍非常庞大，唐太宗的嫁妆也非常丰厚。

文成公主一行从长安出发，一路西行，经甘、青两地入藏，其中一半以上的路程在今青海省境内，是最为艰险的路段。相传当年文成公主远嫁吐蕃，浩浩荡荡的送亲队伍一路向西，进入青海境内时，曾驻驿于日月山。公主在山顶举目四望，眼见西面一片茫茫无边的草原，相比长安虽也有另一番景致，但一眼望不尽的空旷使她在亲人已远的现实中，油然而生远离家乡的愁思。这时她想起自己离家时父皇赠给自己的一块"日月宝镜"，据说如果她想念家乡和亲人时，从宝镜中便可看到她想看到的一切。于是公主急忙拿出宝镜来看，可谁知宝镜映出的除了自己脂粉斑驳、泪痕涟涟的面容外，不见长安的半点踪影，公主不禁思乡落泪（后泪水汇集成了由东向西流入青海湖的倒淌河）。但当她想到身负唐蕃联姻通好的重任时，便果断地摔碎了"日月宝镜"，斩断了对故乡亲人的眷恋情丝，下定了毅然前行的决心，义无反顾地走上了西行的道路。从此入蕃之心坚定不移。

从此以后，赤岭便有了日月山的名称。后人为纪念文成公主，在山脚下建了一座文成公主庙。如今要去日月山，一进景区就可看到"唐蕃古道"四个大字赫然印在一块大石碑上，再向前走大约50米，一尊高大的文成公主汉白玉雕像岿然屹立，雍容华贵、和蔼可亲的气度令人油然而生敬意。顺着石阶往上，经过回望石，在感受千余年前公主驻辇于此的悲切心情的同时，遐想日亭月亭遥相呼应的种种意境。在飘满经幡的山顶，还可强烈感受到藏传佛教文化的浓浓气息。山顶有一块刻有"日月山"三字的石碑，古老的日月山在记载斑驳史影的同时，也将人们对日月山的感怀留在了充满沧桑的石碑上。

文成公主一行翻越日月山后进入吐谷浑境内，受到先她一年嫁到吐谷浑的弘化公主的隆重接待。而吐谷浑主诺曷钵更是大尽地主之谊，携妻子对文成公主的到来表示了格外亲切热情的欢迎。诺曷钵为表示对大唐帝国的诚意，还特地为文成公主修了个行馆。行馆的准确位置已难确定，推测在今兴海县河卡乡境内。多年来一直想与唐朝结亲的松赞干布夙愿得以实现，十分兴奋，于是亲自率领侍从和卫队从拉萨前往柏海（今青海的鄂陵湖和札陵湖区域）迎亲。并在柏海西边山包上安扎大营，修建行馆恭候。

到达逻些前，文成公主一行途经了今玉树藏族自治州。过通天河大桥沿青康公路南行，就来到了唐蕃古道的重镇玉树。"玉树"，藏语是"吉祥如意洲"的意思。据古文化遗存和文献记载，南北朝、隋时这里为苏毗和多弥国辖区的一部分，唐时为吐蕃辖区。这里草原辽阔，牧草肥美，是青海省的主要畜牧业基地之一。

距结古镇30多公里处的通天河南岸，有个风景优美的去处，名叫勒巴沟，藏语意为"美丽的沟"，海拔3700米左右，沟深约10公里。这里山高谷深，碧水潺潺，是高原罕见的美景胜地。传说当年文成公主途经此地，被这里的美景迷住，在此住了些日子，并命随行工匠在沟里的石头上刻下佛经、佛像。据说后来金城公主入藏时也经过这里，也命工匠刻下佛经、佛像。一些年代久远的石刻遗迹至今尚存。

勒巴沟不仅风景迷人，更让人震撼和留恋的，是沟里的佛教石刻文化。唐以后的千余年来，当地佛教信徒刻凿的嘛呢石数以千万计，可以说满山遍野俯拾皆是。内容以六字真言为主，也有经文和警世格言等等。勒巴沟岩画带有浓厚的唐代佛教造型艺术风格，从石刻岩画上体态丰满的唐代侍女和古藏文看，勒巴沟岩画的创造应追溯到盛唐时代，也就是说，应追溯到文成公主入藏的时代。从那时开始到今天，1300多年过去了，勒巴沟的石刻绵延不绝，它象征着佛教文化在这一地区的传承，也见证了汉藏人民自古以来的团结友好。

刻在勒巴沟口石壁上的《文成公主礼佛图》，主佛为释迦牟尼立像，其上身立于仰莲座上，右手施与愿印。释迦的右侧刻有四个朝佛的形象：第一个作下跪状捧香炉的是侍童，第二个头戴吐蕃塔式缠头、身着对襟小翻领胡服作献礼状的显然是藏王松赞干布，第三个着汉服手持莲花的是文成公主，第四个是身着藏服的侍童。这幅图中，主佛和松赞干布的造像均为藏式风格，而其他形象均为汉式造像风格。这种区别的本身不仅说明石刻所表现的是唐蕃联姻，而且还说明这比一些将文成公主形象"藏化"的造像还要早。古朴的造像下面刻有一些古藏文，附近嘛呢石中也有梵文石刻，这都说明这幅图年代可能较早。文成公主礼佛图左方约 5 米处有《三转法轮图》，画面中心为如来佛，结半跏趺坐在双层仰莲狮子座上，左右两边各有一个结跏趺坐的佛，画面最上部有四个合十交脚菩萨像，左下方是四个对手合十的牛头或蛇尾人像，右下角是豹、牛、象、鹿等瑞兽。图中的仰莲狮子座有上下枋，并且中间有一竖柱把上下枋连接起来呈"工"字形，据藏区考古资料，这种狮子座最早出现在松赞干布时期，流行于赤松德赞时期。根据《文成公主礼佛图》和《三转法轮图》的内容及特点，其凿刻年代距文成公主进藏应该不太久远[20]。

在勒巴沟口石刻不远处金沙江西岸有一座叫做"古素赛玛"（藏语，意为沙塔）的小土塔，据说，这座塔是唐代为纪念文成公主入藏而建的，仅用了一天的时间就垒筑成了。沿勒巴沟西进数公里，有一条支沟叫子琼沟（又名鸟水沟），近沟口处还有一座古朴的土石塔，比"古素赛玛"要高大一些，当地人称之为"公主塔"。这座掩映在绿树之中的古佛塔高18 米，底周 14 米，土筑石垒相间，共五层，呈覆钵式，据说是当年文成公主路过此地时让人修筑的[21]。

图上 4-2　勒巴沟唐"公主塔"

　　据民间口碑资料，文成公主、金城公主都曾路过玉树县巴塘地区，勒巴沟、贝纳沟中的许多石刻、建筑遗迹为大量口碑资料提供了实物证据。文成公主庙现已成了玉树地区最著名的旅游景点，除历史悠久外，更重要的它是民族团结的象征。公主庙里千年不断的香火，也在无声地向人们言说着自古汉藏一家的历史事实。坐落在贝纳沟（藏语意为"十万经沟"，因沟内多见石刻经文故名）口的一座褐红色、精巧玲珑、幽静雅致的小寺院，就是闻名遐迩的历史文化古迹"大日如来佛雕像"及庙宇，俗称"文成公主庙"，这是一座既有唐代艺术风格又有藏式平顶建筑特点的古式建筑。

　　文成公主庙坐北朝南，庙堂内正上方的岩壁上，浮雕有九尊巨幅佛像。佛像由两只背向伏卧呈莲花宝座状的雪狮驮着，宝座又由两根粗大的木柱相支撑。正中的主佛即大日如来佛，高约 7.3 米，佛像结跏趺坐在狮子仰莲座上，头束高发髻，戴三瓣法冠，身着对襟翻领胡服，袍饰是由龙纹、忍冬云纹和摩尼珠纹组成的团花，团花之间有方胜、摩尼珠作为填充纹饰。主佛像两耳佩有垂至两腮的金环，双手自然交叉，垂放

图上 4-3　唐蕃古道上的文成公主庙

腹前，双腿盘坐，佛面五官端正、眉目清秀、双目正视，显得神态端庄稳重，性情娴静慈祥。其背光和项光饰以象征"光明普照、佛慧无量"的火焰纹和十字宝相花纹，头顶上方刻有梵文六字真言。在主佛像的两侧，各有4尊高约4米的菩萨像，分上下两排站立在小莲花座上。这八尊菩萨，也都头束高桶状发髻，戴三瓣法冠，身着对襟翻领胡服。他们个个手持宝物：有的手拿莲花，有的手持金刚杵，有的手捧海螺，有的手托宝瓶，有的手端如意宝食碗，有的手握七星尚方剑，姿态各异，形象逼真，栩栩如生。八尊菩萨都有顶部锐尖的桃形背光。在主佛与八尊菩萨之间，排列对称协调、整齐有序，生动地表现了古代的尊卑等级关系。整组浮雕佛像，依山就势，安排巧妙，布局合理，构图新颖；人物造型大方，体态丰满、容貌秀美，形神兼备，立体感很强，加之堂内光线暗淡，香烟袅袅，猛看上去，给人一种飘飘欲落之感。佛像两边，从上至下雕有三尺宽的藏式花边图案，与佛像群浑然一体，整个浮雕充分显示了古代高超的雕刻艺术水平。

据传玉树是公主沿途休息最长的一个驿站。当年文成公主到达玉树巴塘一带之后，受到当地藏族群众的热烈欢迎，文成公主也在这里停留了两个多月。据说，为了感谢当地群众对自己的热情和友好，公主还给当地藏族同胞传授了开荒种田、织布、酿酒、歌舞等技艺。对文成公主充满依恋的当地群众还郑重地保留了她的帐房遗址，甚至把她的足迹和相貌都刻在石头上，以便怀想。在玉树，几乎每个藏族群众都能讲一段有关文成公主的故事。据民间传说，文成公主在贝纳沟停留期间，亲自制定佛像的尺寸、格局和图案，率领工匠、艺人在沟内悬崖峭壁上雕凿了佛像、大小佛塔和重要经文等数十处，文成公主庙的九尊佛像据说就是当时雕凿下来的。藏文史料《西藏王统记》、《安多政教史》等的记载也证明了这种传说的真实性。至于文成公主庙，据说是金城公主主持修建的。公元710年唐蕃交好，再次联姻，金城公主重走文成公主之路入藏途经此地时，发现文成公主遗留下来的雕像造型独特，颇为壮观，为了不使公主的功德被风雨所剥蚀，她让人建了这座庙宇，并命名为"文成公主庙"。以后这座庙宇便被人们保护下来，作为顶礼膜拜的活动场所。这些说法当地群众深信不疑，许多专家也表示赞同。不过，也有专家持不同看法，认为尽管后世历次修复对文成公主庙的佛像石刻原貌有不少破坏，但其基本造型仍带有明显的唐代或吐蕃早期风格。如主佛和诸菩萨所穿的对襟小翻领胡服，与敦煌莫高窟144窟壁画中吐蕃人所穿的服饰很相像。此外，贝纳沟石雕像附近还有后人撰写的有关造像的石刻题记勒石，上面明确记载了造像的年代和原因。题记中提到了赤德祖赞（约680—755），并且有"祝赞普父子长寿"的句子，很可能石雕像、石刻题记是赤德祖赞之子赤松德赞（为金城公主所生）出生的那一年（即公元742）凿刻的。如果这一推断成立，则佛像的实际雕凿年代比文成公主入藏时间要晚大约一个世纪。

松赞干布在柏海举行隆重的迎接仪式后携公主前往逻些（今拉萨）。回到拉萨之后，举行了盛大的婚礼。吐蕃民众为了欢迎她的到来，还举行了盛大而隆重的赛马会。据说藏族一年一度的盛夏赛马会由此而来。

公元640年唐文成公主和吐蕃松赞干布的联姻，标志着唐蕃政治关系迈出了亲善友好的历史性一步。而70年后金城公主的再次入蕃，使唐蕃之间的政治和好关系得到延续和进一步发展。神龙三年（707）三月，吐蕃赞普赤德祖赞遣大臣悉董热贡献方物，并为自己请婚。四月，中宗下诏以金城公主往嫁赞普。吐蕃非常重视，派出了庞大的迎亲使团。唐景龙四年（710），吐蕃再次遣使迎亲。于是，唐朝颁诏嫁女，在始平（今陕西兴平）县筑馆，为金城公主远嫁送行。诏书说明了唐蕃再次和亲的缘由、意义及对和亲的期望，表明了唐朝对这次和亲的高度重视。金城公主入藏时，"帝念主幼，赠锦缯数万，杂技诸工悉从"。因为金城公主喜好龟兹乐，中宗还特地送给一个龟兹乐队。据说当时一并传入拉萨的还有唐朝三大乐舞之一的《秦王破阵乐》，至今拉萨还留存有不少唐朝的乐器。金城公主从长安出发，于始平饯别，经今临洮到西宁，由西宁经石堡城（今湟源大、小方台）至赤岭。往西进入吐蕃地区，所行路线与文成公主基本一致。据敦煌古藏文写本《吐谷浑（阿柴）纪年》残卷记载，公元710年，吐蕃迎亲使团经过吐谷浑地方时，"母后墀邦（即公元689年嫁与吐谷浑的吐蕃公主）及其子莫何吐谷浑可汗、吐谷浑大尚论等宫廷位阶高之人，会见了金城公主，双方致礼，并举行盛宴，奉献了各种礼品。"[22]

　　青藏地区由于地处高原，境内地势高耸，山峰叠嶂，河流众多，交通运输受其制约，具有鲜明的高原特点。一是路线走向必须沿着水草丰茂的地区通过，以解决人畜的水草需求；二是山高路险，冰峰耸立，江河纵横，交通道路，特别是边境通道，都有较固定的隘口、古渡，扼天险而控制交通。伴随着文成公主与松赞干布联姻的成功，双方使者的往来不断增加，人民之间的接触日益频繁，唐蕃之间的友好大道——唐蕃古道正式形成。唐蕃古道的开通，在祖国内地与西藏高原之间架起了一座友好交流的桥梁，在历史上发挥了极为重要的作用。

　　关于文成公主进藏的道路问题，最主要的曾有三种不同说法：一是认为文成公主由今天的川藏公路入藏，即由西安出发，经过宝鸡、天水、文县、松潘、金川、丹巴、康定，渡长江，经玉树入藏抵拉萨；第二种说法认为文成公主由今天的青藏公路入藏，即从西安出发，经西宁、日月山、倒淌河、都兰、格尔木，逾唐古拉山，过黑河而抵达拉萨；第三种说法认为文成公主是由甘、青、藏一带藏族自古沿用的入藏大道（亦称入藏朝佛大道），即经天水、临洮、兰州、乐都、西宁、日月山、恰卜恰、温泉、黄河源，越巴颜喀拉山，由清水河镇至玉树，逾唐古拉山经西藏那曲而入藏的。目前学术界已基本达成共识，即公认第三种说法符合文成公主进藏走的道路。这条道路途经玉树地区。而玉树地区通往西藏的道路又比较多，虽然起点（称多县清水河镇）和落点（西藏的那曲）是一致的，但具体走法却有较大区别，大致有西线、中线、东线三种不同说法：西线是说从清水河经今曲麻莱县，大体溯通天河西南行，过西藏的那曲至拉萨；中线是说从清水河经今玉树县、杂多县，出查午拉山口，过那曲至拉萨；东线是说经今玉树县、囊谦县及西藏的丁青县、巴青县，过那曲至拉萨。每种路线都有一些民间传说作为依据，如囊谦县达那寺有个法轮，据传是文成公主亲自推动开始旋转的，后人从公主手中接过来轮流推动，使法轮每时每刻都在不停地转动，迄今已达 1300 多年。究竟文成公主走的是哪一条线，目前还难下最后的定论。本文取较多人的看法，认为从称多县经玉树巴塘、囊谦的入藏之路，即上文所述东线，是文成公主途经之地。而由称多县清水河镇西南行，经扎多乡、尕朵乡，在吾云达一带过通天河，经玉树县安冲乡、哈秀乡、隆宝镇（结隆）至杂多县子曲桥，出查午拉山口的入藏大道，即上述的中线，为唐代设驿官道，是唐蕃古道的正道㉒。

根据青海省考古研究所卢耀光研究员的看法，所谓"唐蕃古道"是文成公主进藏以后才建立起来的，因而文成公主入藏的路线和唐蕃之间官方所设的正驿大道是两个不同的概念，两者未必完全相同，我们赞同这一观点。

文成公主进藏的这条古道即唐蕃古道一般被分为东段和西段。东段是指长安至鄯城（今西宁）的路段，约有928公里；西段是指鄯城至逻些（今拉萨）的路段，约有2125公里。当时文成公主一行从长安出发，经秦州（今甘肃天水县）、狄道（今甘肃临洮）、河州，自炳灵寺渡黄河入鄯州境内龙支城（今青海民和县柴沟乡北古城），再傍湟水西行直达鄯城。然后自鄯城出发，西越赤岭（今日月山），进入吐谷浑境内，西南行至柏海后入藏的。唐代文献表明，唐使入吐蕃，多经由此道。如《全唐文》载唐使吕温入蕃，系由清水县（今甘肃清水县）经河州（今临夏）往蕃；《新唐书》卷二一六《吐蕃传》载刘元鼎入蕃，也是经过狄道、兰州而至青海的。需要说明的是，古道东段至狄道以后，又有两条道路可通达鄯州，一条是经河州（今甘肃临夏）至鄯州，另一条是经兰州至鄯州。河州至鄯州一道较为流行，为正道，经兰州之道为辅道。如炳灵寺石窟内发现的《炳灵寺记》题记中，便记载有唐开元十九年（731）朝内御使大夫崔琳率71人使团入蕃，道经河州炳灵寺时所留下的题名。藏文史籍《安多政教史》亦载唐文成公主入蕃时，曾在炳灵寺作短期停留，并雕刻有8丈佛像一尊等。这些遗迹，都反映出唐代入蕃驿道河州道所居的重要地位。唐蕃古道的西段，是指由鄯城县至吐蕃逻些的官道，其道程《新唐书》卷四〇《地理志》"鄯城县"条下有翔实记载。然而由于这一区段人烟稀少，像东段那样从唐代延续至今的城镇几乎没有，加之年代久远，古今地名差异很大，因此对这一区段古道的具体走向、古驿站今地的确定比较困难，许多学者对此作了研究，但长期以来众说纷纭。1983—1985年间，在青海省文化厅的组织下，成立了"唐蕃古道考察队"，深入唐蕃古道西段进行了为期6个多月的实地考察，取得了很有价值的成果。下文在引述《新唐书》卷四〇《地理志》原文的同时，采纳学术界相对公认的研究成果对其中大部分今地作简短注释：

鄯城县"有河源军（今西宁市古城台），西六十里有临蕃城（今湟中县多巴镇），又西六十里有白水军（今湟源县东之北古城）、绥戎城，又西南六十里有定戎城（今湟源县日月乡克素尔古城），又南隔涧（今湟源县药水河）七里有天威军，军故石堡城（大小方台），……又西二十里至赤岭（日月山），其西吐蕃，有开元中分界碑。自振武（即石堡城）经尉迟川（今称倒淌河）、苦拔海（今称尕海）、王孝杰米栅（今共和县恰卜恰镇北东巴古城）九十里至莫离驿（今共和县东坝附近，一说在共和县达连海一带），又经公主佛堂（约在今兴海县河卡乡一带）、大非川（今兴海县大河坝河上游）二百八十里至那录驿（水塔拉河中游地区），吐谷浑界也。又经暖泉（今温泉）、烈漠海（今苦海），四百四十里渡黄河，又四百七十里至众龙驿（今称多县清水河镇，镇南有崇陇峒滩，"崇陇"与"众龙"音近）；又渡西月河（今称多县扎曲，"扎曲"藏语意为"发源于月亮一样泉眼中的河"），二百一十里至多弥国西界。又经犛牛河（又作牦牛河，今通天河）度藤桥（今称多县尕朵乡吾云达一带通天河渡口），百里至列驿（今玉树县隆宝镇，原名结隆乡）。又经食堂、吐蕃村（今玉树县年吉措，又名野鸡海）、截支桥（今杂多县子曲桥），南北两石相当（据唐蕃古道考察队实地考察，今杂多县子曲桥东约8公里的给沙扁地方确有两块巨石，各长约20米、高约15米、宽约8—10米，一南一北兀立于子曲两岸草地，相距约500米，格外引人注目）。又经截支川（今杂多县子曲河谷），四百四十里至婆驿（杂多县子曲河上游子野云松多一带）。乃度大月河（今杂多县扎曲河上游扎阿曲）罗桥（约在今扎尕拉松多一带），经潭池、鱼池，五百三十里至悉诺罗驿（今杂多县当曲以北莫云乡与原查当乡之正中一带），又经乞量宁水（今杂多县当曲）桥，又经大速水（今西藏聂荣县索曲）桥，三百二十里至鹘莽驿（今西藏聂荣县北），唐使入蕃，公主每使人迎劳于此。又经鹘莽峡十余里，两山相釜，上有小桥，三瀑水注如泻缶，其下如烟雾，百里至野马驿（今西藏聂荣县东北的白雄附近）。经吐蕃垦田，又经乐桥汤，四百里至阁川驿（今西藏那曲）。又经恕谌海，百三十里至蛤不烂驿（今那曲南桑雄），旁有三罗骨山，积雪不消。又六十里至突录济驿，唐使至，赞普每遣使慰劳于此。又经柳谷莽布支庄，有温汤，涌高二丈，气如烟云，可以熟米。又经汤罗叶遗山及赞普祭神所，二百五十里至农歌驿（今拉萨市北羊八井）。逻些在东南，距农歌二百里，唐使至，吐蕃宰相每遣使迎候于此。又经盐池、暖泉、江布灵河，百一十里渡姜济河，经吐蕃垦田，二百六十里至卒歌驿（今曲水）。乃渡臧河，经佛堂，百八十里至勃令驿鸿胪馆，至赞普牙帐，其西南拔布海（今羊卓雍湖）。"

唐蕃古道促进了唐蕃间经济文化的交流，唐蕃联姻增进了汉藏两族人民亲密、友好、合作的关系，是和亲文化的重要组成部分。和亲文化是封建社会统治阶层的政治联姻，往往是不同民族间的男女结合，有较强的民族交融性。又由于和亲者身份高贵，会通过自上而下的方式影响到许多层面，因而它在政治上、社会上往往会衍生出一系列的新的、高层次的文化变化。松赞干布迎娶文成公主后，中原与吐蕃之间的关系甚为友好，带动双方的文化发生了诸多变化。

伴随着唐蕃和亲和唐蕃古道的形成，唐蕃之间的政治联系不断加强，尤其是唐蕃使臣的相互往来逐渐频繁起来。据有关资料统计，自唐贞观八年（634）吐蕃首次遣使入唐，至 9 世纪中叶吐蕃王朝崩溃，213年间，双方往来使者共 191 次，其中唐入蕃 66 次，蕃入唐 125 次，这中间有朝贡、议盟、盟会、修好、和亲、告丧、吊祭、封赠、求请、报聘、慰问、约和等诸多表现汉藏团结友好的活动。形成了"金玉绮绣，问遗往来，道路相望，欢好不绝"[②]的亲密关系，为以后汉藏两族兄弟情谊的进一步发展，开辟了宽广的"黄金大道"。唐蕃双方频繁的往来在增进藏汉民族间了解的同时，也增进了两个民族间的友善和融合，曾一度达到了一种唇齿相依、休戚与共的境界。而以"偃兵息人"和"团结邻好，安危同体"为目标的军事交往也使唐蕃之间的关系总体上以和平友好为主，作为解决矛盾的使者，也总是身衔和平使命奔走于唐蕃两地，为双方人民的团结友好和安居乐业做出了历史性的贡献。

唐蕃之间频繁的使臣往返活动，不仅促成了唐蕃之间政治、军事间的交往，更促进了相互间极为广泛的经济贸易交往，丰富了各族人民的物质生活。

首先，唐朝两位公主居住过的地区农业有了发展，唐蕃古道沿线唐朝使臣经过的地区，农业经营方法和农作物生长情况接近汉族地区。以文成公主入藏为契机，多种先进的生产技术传入吐蕃。据《松赞干布遗训》记载：文成公主带入吐蕃的有务农及改良土壤之书籍及碾磨、造纸等技术，文成公主将汉地芜菁（芜根）种子带到吐蕃。文成公主入吐蕃时，首先来到青海地区，曾在这里教蕃人捕鹿耕田，建造水磨。藏文史籍记载，芜菁等蔬菜农产品也是由文成公主传入吐蕃的。唐朝的冶金、农具制造、纺织、建筑、制陶、碾米、酿酒、造纸、制墨、缫丝等手工业也由唐朝派去的工匠培养发展起来。中原的丝绸、茶叶、农耕技术源源不断传入吐蕃。吐蕃则将马、牛、羊、骆驼、牦牛尾、獭褐、金器、银器、玉器、染药等大量输入中原。其次，"茶马互市"的兴起，对繁荣农牧业经济、改善农业区和牧业区的生产和生活结构发挥了重要作用。

伴随着唐蕃古道上经济贸易的繁荣，汉藏两族间的文化交流也不断深入。松赞干布十分倾慕中原文化，与唐公主成婚后不久，他脱掉毡袍革裘，改穿绫罗绸缎，并派吐蕃贵族子弟到长安国学"以习诗、书。又请中国识文之人典其书疏"，吸收中原文化。唐朝也不断派出各类工匠到吐蕃，传授各种技术。不少吐蕃人对汉族诗文十分精通。

吐蕃人原先"以毡帐而居"，文成公主入藏后，有不少人"释毡裘，袭纨绮，渐慕华风"，唐人诗中"自从贵主和亲后，一半胡风似汉家"的诗句，就是这种情况的真实写照。8世纪以后，两地间的文化交流更为频繁，那时候，汉人在吐蕃地方机构中担任官职已不是什么稀奇之事。在藏汉文化的交融发展中，汉族吸收吐蕃的东西也不少。如白居易《时世妆》里所写道："元和妆梳君记取，髻堆面赭非华风。"赭面本来是吐蕃人以赭色防晒物质涂面，防风沙护皮肤的一种习俗，但因文成公主不太喜欢而被松赞干布在国中禁止，不曾想这种风俗却传到了长安，并在长安流行一时。吐蕃的佛教和汉族地区的佛教关系也十分密切。传说文成公主入藏时以车载运释迦牟尼佛像至吐蕃。赤德松赞时佛教在蕃区进一步得到发展，并逐渐本土化，成为吐蕃人们的共同信仰。另外在历法方面，吐蕃也基本上采用了汉族地区天干和地支配合的纪年方法。汉藏间的经济、文化交流使汉藏民族在经济、文化上相互依存，互通有无，改

善了各族人民的生活，同时也使两个民族共同融入了不可分割的一个整
体。文成公主出嫁的历史文化意义，已远远超出了统治者所期望的政治
作用。故藏族人民视文成公主为"绿度母"，歌颂文成公主的藏戏《文成
公主》长演不衰，历久弥新。

第四节　吐蕃在青海的统治及其历史文化

吐蕃势力在青海的消长大势　吐蕃统治青海地区的举措　吐蕃的风
俗习惯与文化　吐蕃占领后丝绸之路青海道继续保持兴盛势头

据汉藏文史书记载，约公元前 4 世纪时，西藏雅隆地区（今山南地
区泽当、琼结一带）的悉补野部落脱颖而出，该部落首领聂赤赞普，号
"鹘提悉补野"。聂赤及以后的 6 代赞普，在藏族历史文献中被合称为"七
天座王"，其后依次又有"中丁二王"、"六地善王"、"八德统王"、"五
赞王"等，以上共 28 位王。"五赞王"时期大约相当于中原地区魏晋南
北朝时期，这时，鹘提悉补野之名，成为了雅隆地区的古称，进而一度
成为了整个藏区的名称。从第 26 代王起，其谱系有了确切记载。到其第
30 代王时初步形成国家。鹘提悉补野的第 32 位王松赞干布是藏族历史
上一位伟大的人物。唐贞观七年（633），年轻有为的吐蕃赞普松赞干布
南征北战，使青藏高原上的部落邦国大多归其所辖，从而结束了这一广
大地区长期以来的封闭状态与邦国林立、互不统属的局面，强大统一的
吐蕃王朝从此诞生。吐蕃王朝的建立，有力地推进了这一地区的历史进
程，为藏族形成奠定了基础。不久，松赞干布与唐朝联姻，唐宗室女文
成公主一行取道青海前往吐蕃首都逻些（拉萨）完婚，从此唐蕃走上和
好交往的道路，双方联系日益密切，途经青海的唐蕃古道成了汉藏两大
兄弟民族政治、经济、文化交流的黄金大道。

然而，自松赞干布去世以后，朝政长期操纵在禄东赞及其长子论
钦陵手中，形成了噶尔家族专政的局面。噶尔家族极力推行军事扩张政
策，向北推进是其扩张重点。分布在今青海南部玉树藏族自治州地区的
苏毗、多弥邦国，分布在今果洛藏族自治州一带的党项羌邦国，以及分

布在黄河源头一带奄及柴达木盆地南缘的白兰国等羌人大小邦国或部落都先后被吐蕃攻占。唐高宗龙朔三年（663），吐蕃又进一步攻占了唐的属国——吐谷浑王国。从而占领了今青海省除河湟地区以外的广大区域。唐朝被迫加强边境军事防务，在青海境内增设军、城、守捉，增派军队。此后，唐蕃双方在青海境内发生过龙支（今民县境）之战、承风岭之战、良非川之战等战事，双方互有胜负。吐蕃赞普都松芒波杰即位后，不甘大权旁落，于唐圣历二年（699）兴兵翦除了论钦陵及其亲党，迫使镇守青海的论钦陵弟论赞婆率千余人投降唐朝。武则天封赞婆为特进、归德郡王。同时降唐朝的还有论弓仁（一作莽布支，即钦陵之子），他还带来了归他统领的吐谷浑人 7000 帐。武则天封弓仁为封左羽林大将军、安国公，让他们率部众为唐守边。弓仁亡故后，唐廷追赠其"拨川郡王"号，唐右丞相兼中书令张说为其撰《拨川郡王碑》。这支吐蕃部众此后世代定居于今甘青地区，其贵族的后代直到宋朝还有在中原王朝为官者。

论赞婆驻镇青海 30 余年，是吐蕃统治吐谷浑，并与唐在东线交战的最重要的人物，他们叔侄的降唐，大大削弱了吐蕃东扩的实力。吐蕃赞普都松芒波杰亲政后，开始谋求与唐朝的和解。这时，唐朝也很需要与吐蕃达成谅解，以便全力对付北方强敌东突厥。中宗神龙二年（706），唐蕃双方达成划界协议，史称"神龙会盟"。神龙三年，唐以宗室女金城公主许嫁吐蕃赞普墀德祖赞，公元 710 年完婚。金城公主继文成公主之后和亲吐蕃，受到唐蕃双方高度重视，它不但体现了唐蕃双方化干戈为玉帛的良好愿望，同时进一步加强了汉藏民族经济文化的交流。唐蕃再次和亲之后，双方使臣往来频繁，边境烽烟不起。但是唐中宗和吐蕃执政的没禄氏相继去世后，唐蕃关系又趋于紧张。由于金城公主送亲使鄯州都督杨矩的奏请，唐将九曲之地（今青海黄南州及海南州部分地区）以金城公主汤沐邑的名义划给吐蕃，吐蕃在这一带设独山、九曲等军，在黄河上架桥，有了进攻唐边更为有利的条件。开元初年，双方战事不息，使唐蕃双方都消耗了巨大的人财物力。唐朝增设陇右节度使（驻今乐都），屡增常驻兵，兵力最多时达到 7.5 万人之多，马 1 万余匹。唐朝军队主要驻扎在今祁连县经日月山至河南蒙古族自治县的连线一带，与吐蕃驻军对峙。到开元中期，吐蕃在战事中屡处下风，急欲息兵停战，金城公主多次与赞普一起上书唐玄宗，表达希望唐蕃和睦相处的良好愿望。唐朝大多数朝臣也希望息战以纾民困。开元十七年（729），唐玄宗派皇甫惟明等入蕃，以探视金城公主为名，表达和平意愿。吐蕃立即作出积极响应，派重臣名悉猎随唐使入朝谈判。开元二十年（732），双方达成协议：在赤岭（今日月山）立分界之碑，相约互不侵犯，强调"舅甥修其旧好"。开元二十二年（734），唐派金吾将军李佺到青海，在赤岭与吐蕃分界立碑，然后，唐蕃分派官员到双方交界各处，布告"两国和好，无相侵略"。从此，唐蕃停战，沿边人民有了恢复与发展生产的喘息之机。

赤岭界碑竖立后两年，即开元二十四年（736），吐蕃不顾唐朝的制止，出兵攻小勃律国（今克什米尔吉尔吉特），损害了唐朝利益。次年，双方边将开战。开元二十六年（738）赤岭界碑被毁，双方关系恶化，唐蕃万里疆界烽烟再起。开元二十九年（741），金城公主去世，唐蕃在陇右地区的战争规模也开始升级。天宝年间，唐蕃双方先后在金巴台（今青海门源县境）、河源军（驻今青海西宁市）、安人军（驻今青海海晏县境，一说大通县境）、石堡城（在今湟源县日月乡）等处发生战事，唐朝乘胜收复了黄河九曲之地，在与吐蕃的对峙中渐渐取得较多优势。但是，天宝十四载（755），唐朝发生"安史之乱"，驻青唐朝军队被迫内调平定内乱，边防空虚，吐蕃乘虚而入，10年内不仅占领了今青海东部鄯州、廓州所辖唐地，而且攻占了青海以东的广大河陇地区（吐蕃称这一地区为"朵思麻"，或译"多麦"、"安多"），并一度攻入唐都长安。

安史之乱以后，唐蕃间的东部战线由原先今青海境内转移至今甘肃东部和东北部一线。公元8世纪末9世纪初，唐蕃双方各由于其社会内部矛盾的加深，都没有力量再进行长时期的战争。唐穆宗长庆元年（821），唐蕃在长安西郊会盟，唐承认吐蕃占有河陇，吐蕃承诺不再扰唐边境。次年，唐派大理卿刘元鼎取道青海赴逻些参加隆重的长庆会盟仪式。盟文称"舅甥二主商议社稷如一，结立大和盟约，永无渝替，神人俱以证知，世世代代，使其称赞"。长庆会盟基本结束了唐蕃间多年的争战，符合唐蕃各族人民希望和平相处的共同美好愿望，顺应历史潮流。

长庆三年（823），又于双方京师竖立用汉藏两文写下的盟碑。拉萨大昭寺门前之碑迄今保存完整。

长庆会盟使河陇各族人民脱离战争苦海，暂时得以休养生息。但20年之后，这一地区重又陷入残酷的战乱之中。9世纪30、40年代，吐蕃王室佛教、苯教间的斗争趋于尖锐化。唐武宗会昌二年（842），崇苯灭佛的吐蕃赞普达磨被杀，王室分裂，吐蕃政权崩溃，河陇占领区诸将领也开始内讧，在河、鄯、廓、凉、瓜、肃等地火并，各族人民遭受蹂躏，"五千里间，赤地殆尽"㉕。吐蕃守将的混战，对河陇地区经济社会造成极大破坏，同时也削弱了瓜、沙地区吐蕃守备力量，沙州张议潮发动的反蕃归唐起义取得胜利，吐蕃守将的混战结束。此时的晚唐朝廷也日益衰落，唐、蕃两大王朝都对河湟地区失去实际统治。此后直至五代十国时期（907—979），包括河湟在内的陇右地区也是"种族分散，大者数千家，小者百十家，无复统一矣"㉖。散居着的无数个大大小小吐蕃部落，各自为政，互不统属。这种分裂割据的状况持续了4个多世纪，直到唃厮啰政权兴起，才结束了这种局面。

吐蕃对占领区的诸羌邦国、吐谷浑进行切实有效的统治，包括派官驻军、征收赋税等。以吐蕃对吐谷浑的经略为例。吐蕃攻占吐谷浑全境后，对其经营管辖十分重视。663—666年，吐蕃大相禄东赞坐镇吐谷浑时，曾扶持了一位吐谷浑王子为可汗，以统辖其原属各部，并封授了以后可以代代承袭的"莫贺"之号。此后，"莫贺吐谷浑可汗"在其辖区内履职，按期向吐蕃交贡赋，效忠吐蕃。据王尧等编辑《敦煌本吐蕃历史文书》（第103页）记载：669年，"吐谷浑诸部前来致礼，征其入贡赋税"。又托马斯《关于新疆的藏文文献和文书》载："马年仲夏之月，薪山堡寨与兵站众人之口粮，大麦之类，已送去一百四十驮。薪山粮官伯颊勒的口粮，由吐谷浑送粮人玉赞送到。"㉗

吐蕃对"吐谷浑邦国"在政治、军事、法律方面加以统治，但"吐谷浑邦国"也保留了一定的独立性。一是"德论会议"有吐谷浑官吏参加。这个机构主要设在与河陇地区交接的吐谷浑领地，由吐蕃大臣任召集人，负责处理地区军政事物，并从吐谷浑领地征收赋税、筹办粮草、调解民族纠纷、任命吐谷浑官吏。如《关于新疆的藏文文献和文书》载：

一位吐谷浑千户长的儿子上书德论会议，要求将自己任命为新建成的卡莱镇的千户长。他在申请书中特别提到，"垒阿柴王（按即莫贺吐谷浑可汗）及其论（按即德论会议主持人）知道我等都是有能力之人……阿柴王和论曾提名我们作千户官员，请授予我等千户长之职"[28]。由此可知，吐谷浑可汗有推荐高级官吏之权，但最后决定权在吐蕃控制的德论会议。敦煌古藏文写本《吐谷浑（阿柴）纪年》中多处有可汗任免和赏赐大臣的记载[29]。二是有关"吐谷浑邦国"的重要政事由吐蕃赞普亲加过问。《关于新疆的藏文文献和文书》载：727 年，"赞普以政务巡临吐谷浑，途次，……任命外甥吐谷浑小王、尚·本登葱、韦·达札恭禄三人为大论。吐谷浑诸部之大部均颁与赏赐"。吐蕃王室还不定期派出重臣前往吐谷浑可汗王廷，共同"协商"解决重大政务，并对"吐谷浑邦国"的重大事务行使监督权。古藏文写本《吐谷浑（阿柴）纪年》第 16—20 行记，709—710 年，吐蕃派遣大臣韦通热纳云等，前往莫贺可汗夏宫色通，与可汗举行了会议，制定了六种职务，进行了户口大清查[30]。吐蕃还给"吐谷浑邦国"制定了新法规，以有别于吐谷浑的旧法规。三是吐蕃对"吐谷浑邦国"的军队结构作了一些改革。将吐谷浑能战之士，以原部落为基础编成军团。其指挥官仍由吐谷浑人担任，称"万人将"，遇有征调即随吐蕃大军征战。

吐蕃在所占领的汉族聚居区还有镇、城、军等设置。这方面的设置多仿效唐朝之制。唐朝初年，曾沿袭隋制在边疆地区设镇，今青海境内曾有过洪济镇（在今贵南县沙沟乡一带）、静边镇（在今贵德县河阴镇），但后来均改称为军。吐蕃所设镇却存在时间较长，在藏史中称为"冲"，汉文中又译为"冲木"、"重"、"川"、"春"等等。其长官称"通颊"（意为观察使），这是设置于重要地区负责军事和民政重任的机构。唐高宗咸亨元年（670）以后，设于今青海境日月山以西者有赤雪冲（址在青海湖畔）和玛冲（一作马重，意为黄河镇，址在黄河九曲一带）。赤雪冲后来不见于史册，被耶摩塘冲（或译作野猫川冲）所取代。耶摩塘冲等于汉文史料中的"青海节度使"，新旧唐书《吐蕃传》中所载的吐蕃所设渔海军（约在今青海刚察县境）、游奕军（约在今青海海晏县境）及青海军等可能都是属于这个冲的军事据点。玛冲可能是汉文史料中的腊城（一作猎城）节度使。《吐蕃传》中所载之九曲军（约在今青海贵南县境）、独山军可能是属于这个冲的军事据点。公元 8 世纪中叶，吐蕃占领整个河陇后，又设了鄯州冲（也称宗喀冲，即唐史中所载之鄯州节度使，治今青海乐都）、噶居冲（治今甘肃临夏市）等。冲有大冲与小冲之分。以上为大冲，下辖有管理军事事务、后勤、司法以及农田、水利等的官员，并辖有若干军或城等军事建置。

除前面提到的几个军外，吐蕃在今青海境先后设的军、城还有大岭军、铁仞城（在今湟源县境）、新城（在今门源县境）、雕窠城（在今同仁县保安镇）等。小冲如青海之邈川、甘肃之洛门川等。

吐蕃占领青海后，为加强其统治，还采取了派军队驻屯和移民充实政策。今青海境黄河上游及日月山向西向北连线一带是吐蕃军队驻屯的重点地区。驻屯军多来自前后藏的伍茹等处东岱及强征的苏毗、多弥人等。移民是与军队驻屯相辅相成的措施，军士的家属、亲友多有随军迁徙者。今青海门源县和甘肃天祝县一带的藏族即"华热藏族"，自称是禄东赞后代，当与论赞婆降唐被安置在洪源谷有关，有史实根据，应是可信的。今青海化隆一带也是吐蕃军驻屯区，即藏史所称"噶玛洛"部驻屯区。9 世纪中叶东部镇将混战，嗢末（吐蕃随军奴婢）大乱之后，驻屯军在战乱中残破无存，移民则成为当地居民。

以西藏悉补野部为主体的吐蕃人和青藏高原上诸羌部族的语言相近或相似。吐蕃能很快统一青藏高原的诸羌各部，是有其共同的语言文化基础的。在其军事征服过程中，吐蕃又通过驻军移民，以蕃语为主导，消除了一些方言，使诸羌各部拥有共同的语言，即藏语，这一共同语言无疑成为藏族这个新民族共同体的凝固剂之一，而伴随着吐蕃对青海吐谷浑及河陇地区的统治和民族同化政策，藏语在这些地区也广泛流行。吐蕃在占领区的文化举措首推统一语言，其次是广泛推行藏文。近年发掘的青海都兰墓葬中即有藏文木牍出土。而在吐蕃统治过的敦煌、新疆等地，也都有大量藏文文献出土，这说明，在吐蕃统治全境中藏文都得到了推行。

安史之乱后，成千上万的河陇汉族也处于吐蕃统治者的奴役之下。《通鉴考异》卷一七引《建中实录》云："河陇之士约五十万人，（吐蕃）

以为非族类也，无贤愚，莫敢任者，悉以为婢仆，故其人苦之。"实际上，吐蕃对汉族是区别对待的。《因话录》卷4"谭可则"条记载："先是，每得华人，其无所能者，便充所在役使，辄鲸其面；粗有文艺者，则涅其臂，以候赞普之命；得华人补为吏者，则呼为舍人。（淮南裨将谭）可则以晓文字，将以为知汉书舍人。"吐蕃对其统治下的汉人除部分（主要是工匠）没为奴婢外，大部分百姓按吐蕃制度被编组为部落，委任降附的唐朝官员或地主为官，并按部落征集赋税和徭役。吐蕃王朝后期势衰，对汉人的政策有些变化。如新疆出土的藏文书信中有河湟汉人担任吐蕃州将职务者，任文官的更多。

吐蕃在占领区推行统一融合和强制同化政策。广大汉族和其他被统治民族必须穿吐蕃服装，即"着皮裘，系毛带"，还要"习胡语"，即讲吐蕃语言，使用吐蕃文字。当时受吐蕃统治的汉族人只允许"每岁时祀父祖"时才"衣中国之服"，平时只能"号恸而藏之"。可见民族融合有个痛苦过程。尽管这些第一代汉人一直在心理上对吐蕃民族同化持有抵触情绪，但"逾代之后，斯人既没，后生安于所习"。第二、第三代后人们心理上的痛苦感就弱化了。唐司空图"一自萧关起战尘，河湟隔断异乡春。汉儿尽作胡儿语，却向城头骂汉人"的诗句便是生动的写照。㉛到了宋代，史籍所见西北吐蕃部落名称多有冠以汉姓者，如赵家族、马家族、兰家族等，都是吐蕃化了的汉族。

吐蕃对河陇地区的统治和民族同化政策的实行，使吐蕃的风俗习惯在这一地区得到大面积推广。

关于吐蕃的风俗习惯，旧、新唐书《吐蕃传》有较为具体的记载。这些记载反映的是吐蕃王朝建立前后的状况，随着吐蕃与外界特别是与唐朝联系的增多，有些习俗已发生变化。吐蕃是藏族的先民，吐蕃王国的风俗习惯一部分被藏族传承下来，有些随着时代的演进发生了变异。

根据史书的记载，吐蕃时代国人称其王为"赞普"，统理国事的国相为"大论"、"小论"。原先相论之下虽设有官员，但一般不办理日常事务，只是临时统领而已。松赞干布时，仿唐制作了些改变，确定了官阶、告身制度，共分6等12级，并用不同材料制成臂章，以区别官职高低，谓之"章饰"。吐蕃征兵用金箭，有军事行动也以七寸金箭为契（凭证）。每百里设一驿站，有紧急军务，传令的驿人胸前加银鹘（鹘即隼，是飞得快且凶猛的鸟），如遇特别紧急的军务，胸前加更多银鹘。报告外敌到来也举烽燧。早期的吐蕃人用刑严峻，即使犯小罪也要被剜眼割鼻或断足，或用皮鞭抽打。且刑罚随施刑者的喜好而定，并无固定的"常科"。其监狱是深数丈的地牢，囚人进去，二三年才放出。松赞干布时制定了成文法，情况有些改变。吐蕃招待外国贵宾吃饭前，先赶来一群牦牛，让客人自己用箭射，射中的那一头烹熟让客人享用。赞普与其臣下每年举行一次小型盟誓仪式，届时以羊、犬、猴为牲（供品），一般先打断牲的腿，再剖开牲的内脏。但是到后来由于佛教的反对，到了赤松德赞时期，这种杀牲的血祭形式被明文禁止。盟誓时由巫师向天地山川日月星辰之神祷告道："逾盟者有如牲。"[32]每三年举行一次大规模的盟誓仪式。盟誓仪式的前一天晚上，先在祭坛陈设食品，并杀犬、马、牛、驴为牲，届时也要告神，要赌咒发誓。

吐蕃经济以畜牧业为主，畜多犛牛（牦牛）、猪、犬、羊、马。由于当地气候寒冷，只有少量农业，农作物有青稞、芸豆、小麦、荞麦等。其地多金银铜锡等矿产品。吐蕃人多随畜牧迁徙，不常其居，但"颇有城郭"。贵族多住大毡帐，名为"拂庐"，大的能容百余人。一般百姓住小毡帐。土屋皆平顶，高的达数丈。妇女辫发，喜欢以赭色颜料涂面（文成公主去后不喜欢，赞普下令改了这一习惯）。服装以毡、褐为主要原料。松赞干布倡导实行服装改革，从唐朝引进丝绸服装，大大丰富了吐蕃服装的花色品种，引起了"唐风"在吐蕃的流行。丝织品的大量涌进，使吐蕃人的衣着服饰物料变为裘皮、氆氇和丝绸三大门类。吐蕃人虽以穿着丝绸为荣，但适应当地气候和生活条件的还是裘皮和氆氇为原料的制衣。吐蕃人饮酒用手掬捧，碗具多用木头制作，有时用毡做成盘状，其内圈用炒面捏塑成碗状，里面盛上羹饭奶酪，吃时连饭带"碗"都吃下去。

吐蕃人的游戏有围棋、六博等，音乐为吹螺、击鼓。文成公主、金城公主都精于音律，会抚琴，入藏时带去了部分乐器。后吐蕃又从汉地获得笛子、唢呐等乐器。男子弓箭不离身，妇女不参与政事。吐蕃有"重壮贱老"之俗，以壮为贵，老年人地位低贱。出入皆少者在前，老者居后。吐蕃军人善于作战。军令严肃，"每战，前队尽死，后队乃进"[33]。军队无粮饷，以战场掳掠所得为资。俗以战死为光荣，病终为不祥。如果累代有人战死，才是高贵门第。临阵怯懦造成败北者，要把狐狸尾巴悬挂在其头上以示羞辱；而作战勇敢立有战功者，则奖给虎皮。行拜见礼必两手挨地，作狗吠之声，以身拜揖两次而止。父母死，剪断头发，脸上涂染成青黛色，穿黑衣服，下葬毕丧事结束，不戴孝。赞普死，其最要好的五六名朋友（即结为"共命"者）要自杀殉葬，生前衣服珍玩及乘过的马匹、用过的弓剑之类，全部埋入墓中。在墓上起大室，立土堆，插上杂木作为祭祀的地方。

　　吐蕃的原始信仰是苯教（史书称"多事羱羝之神，人信巫觋"，"重鬼右巫"）。佛教正式传入吐蕃的时间，学术界一般认为始于松赞干布时期。一个方向是传自印度，唐蕃古道开辟后，又从中原地区引入汉地佛教。佛教曾遭到苯教的抵制，缓慢而曲折地得以发展。赤德松赞采取了一系列发展佛教的举措。赤祖德赞继立后，佛教在吐蕃发展到了极盛的状态，苯教反对佛教的斗争也空前高涨。吐蕃佛教史籍称这一时期为"前弘期"。唐文宗开成三年（838），达玛篡夺了王位。达玛赞普在苯教支持下，颁布灭法废佛命令，毁灭佛教寺院、经籍及其基础组织——出家僧人集团。唐会昌二年（842），达玛被佛教徒刺杀，吐蕃贵族们分别拥立王子永丹和俄松，为争夺王权，互相攻伐，王室遂分裂为二。吐蕃幸存的佛教僧人纷纷逃遁至阿里、安多（青海）、喀木（西康）等地避祸。当时，在曲卧日（今西藏曲水县雅鲁藏布江南岸）山上静修的僧人藏饶赛、约格迥、玛尔·释迦牟尼辗转来到青海黄河谷地（古称玛域），结庐修行，弘扬佛法。由于藏饶赛、约格迥、玛尔·释迦牟尼在藏传佛教发展中的重要传承作用，被人们尊称为"智者三尊"，又称"三贤哲"。通过从吐蕃来河湟弘法的"三贤哲"的努力，佛教在河湟地区得到发展。吐蕃佛教史籍称这一时期为"后弘期"。

　　藏族语言属汉藏语系藏缅语族藏语支。吐蕃没有文字时，以"刻木结绳为约"。吐蕃王朝时期，已由原来的"刻木结绳"记事逐渐发展到使用木简。

　　松赞干布为发展吐蕃文化，培养本民族的知识人才，多次派吐蕃子弟入唐学习汉语汉文，同时请汉地文人入藏协助办理文书典籍。除派往唐朝学习外，松赞干布还派遣贵族子弟到天竺（今印度）、尼婆罗（今尼泊尔）、大食、克什米尔等地，如同去汉地一样，也学习文学、医学、绘画、建筑、雕塑及其他手工技艺，不断丰富吐蕃文化。其中大臣吞米·桑布扎被派到南亚、西亚学习文字的创制方法，后来吞米·桑布扎不负重托，经过数年艰辛学习，刻苦思考，借鉴创新，终于仿照梵文，在古象雄文的基础上，结合藏语特点，创制了古藏文。有了文字，用文字书记译写的典籍陆续出现且日益增多，给后世留下了大量宝贵文化遗产，丰富了我国的文化宝库。松赞干布及其以后诸王从汉地引进大量儒家经典、天文历法、占卜术、堪舆术、医学、佛教经文等方面的书籍，并组织人力译成藏文。佛教经典多有用梵文等文字写成的。从吐蕃王朝时期开始涌现众多梵藏、汉藏翻译家，赤松德赞时期就曾设译场，专事翻译佛经。佛经翻译集大成者，就是藏文《大藏经》的问世。这部巨制之作的内容由经藏、律藏和论藏组成，世称"三藏"。从佛学名家著述分类，又分《甘珠尔》和《丹珠尔》两大部分，计有经典4570部之多，可谓汗牛充栋，穷毕生精力难于卒读。历代信众多有写经手，除了诸多藏文《大藏经》木刻版本之外，还有卷帙浩繁的手抄本传世。青海省玉树州囊谦县东仓家族所藏《大藏经》明清抄本便是明证。西藏萨迦寺用五种颜料书写的藏文《大藏经》，密藏在寺内藏经阁，受信众朝拜。

　　吐蕃成文法出现前，用刑"但随喜怒而无常科"。松赞干布时，为巩固政权，规范社会生活，开始制定吐蕃法律，并用藏文公布。松赞干布首创了涉及上层建筑各个领域的三十六章程和二十章大法，还制定了一些涉及刑事方面的专项法律条文。这对强化吐蕃统治、维护社会秩序，起到了积极作用。文字的创制，成文法的出现，使青藏高原的文明进入到一个新阶段。

　　青海省考古部门在刚察、天峻、都兰、玉树等县（市）境内陆续发现了多处岩画，其时代大多属隋唐时期，有吐蕃统治时期各族人民创作的作品。岩画内容主要是各类动物形象，也有汉藏文字。

　　近30年来，青海都兰县境内及邻近地方发现数千座古代墓葬，分布较集中的主要有都兰县热水乡、夏日哈乡、沟里乡、香日德地区等。

1982 年以后（主要是 1982 年—1985），青海省文物考古部门对都兰县热水乡血渭墓地、夏日哈乡大什角沟墓地等做了正式发掘。曾在国内引起轰动的都兰热水 1 号大墓，1983 年被文化部列为我国六大重要发现之一，1986 年被列为全国十大重大考古发现之一，1996 年被公布为全国重点文物保护单位。此墓规模很大，认为是王者之陵，学术界没有太大的分歧。但其墓主为谁？究竟是吐蕃王还是吐谷浑国哪一世国王，目前尚在研究中，还没有定论。

都兰古墓出土了大量文物，近几年不法分子盗掘古墓猖獗，有关部门也收缴了部分文物。都兰古墓出土的文物非常珍贵，历史价值很高，尤其是丝织品引人注目。专家学者认为，都兰古墓出土丝绸数量之多、品种之全、图案之美、技艺之精、时间跨度之大（北朝晚期至唐代中期，约 6 世纪末至 8 世纪后半叶）与敦煌所藏的、新疆吐鲁番阿斯塔纳出土的、陕西法门寺出土的、日本所藏的丝织品相比，均有过之而无不及。种类之多几乎囊括唐代的所有品种。其中织金锦、缂丝，嵌合组织显花绫、素绫、绲锦等均属国内首次发现。据统计，这批丝绸中，共有残片 350 件，不重复图案或色泽的品种达 130 余种。其中多半为中原汉地织造，占品种总数的85%，18 种为西方中亚、西亚所织造，占品种总数的14%。西方织锦中有独具异域风格的粟特锦和波斯锦，一件织有中古波斯使用的钵罗婆文字锦，是目前所发现世界上仅有的一件确证无疑的 8 世纪波斯文字锦㉞。除丝织品外，中原汉地文物还发现有"开元通宝"铜钱，小宝花铜镜、大量的漆器如杯、盘、碗等。西方文物发现有粟特金银器、突厥银饰件、玛瑙珠、玻璃珠、红色蚀花珠、铜盘

图上 4-4　都兰出土黄地中窠宝花锦

图上 4-5　乌兰县铜普大南湾出土罗马金币

残片和铜香水瓶等。这样多的来自东、西两方的文物集中于此，充分地说明这一时期青海路的地位和作用。此时的青海，确已成为交流东、西方物资的中心和融合东西方文化的中心[35]。都兰古墓发掘者认为，都兰古墓出土的丝织品大体可分为四期，早的在北朝晚期，正当吐谷浑兴盛期；晚的即第 4 期为盛唐时期，时间约在 7 世纪末到唐开元天宝时期[36]，这时在青海高原生活了数百年的吐谷浑已成为吐蕃属邦。出土文物证明，在这一历史时期内，青海丝绸之路是畅通的，即使是在吐蕃控制下的 7—8 世纪，其与东、西方贸易的规模也是前代所无法比拟的。也就是说，吐蕃占领吐谷浑故地后，吐谷浑开辟的丝绸之路青海道并没有冷落、被废弃，而是继续保持着兴盛势头。这是吐蕃人、吐蕃统治下的吐谷浑人对中西文化交流做出的贡献。

【注释】

① 《魏书》卷 101 《吐谷浑传》，中华书局 1974 年版第 2235 页。

② 《魏书》卷 101 《吐谷浑传》，中华书局 1974 年版第 2239 页。

③ 周伟洲著：《吐谷浑史》，宁夏人民出版社 1985 年版第 42、59 页。

④ 《南史》卷 79 《河南传》，中华书局 1975 年版第 1978 页。

⑤ 《晋书》卷 97 《吐谷浑传》，中华书局 1974 年版第 2538 页。

⑥《魏书》卷 101《吐谷浑传》，中华书局 1974 年版第 2235 页。

⑦《魏书》卷 101《吐谷浑传》，中华书局 1974 年版第 2235 页。

⑧《北史》卷 96《吐谷浑传》，中华书局 1974 年版第 3187 页。

⑨ [北宋] 宋敏求编：《唐大诏令集》卷 129，商务印书馆 1959 年版第 700 页。

⑩ 参见周伟洲编：《吐谷浑资料辑录》，青海人民出版社 1992 年版第 452 页。

⑪《魏书》卷 101《吐谷浑传》，中华书局 1974 年版第 2240 页。

⑫《北史》卷 96《吐谷浑传》，中华书局 1974 年版第 3186 页。

⑬《北史》卷 96《吐谷浑传》，中华书局 1974 年版第 3286 页。

⑭《晋书》卷 97《吐谷浑传》，中华书局 1974 年版第 2542 页。

⑮《旧唐书》卷 29《音乐二》，中华书局 1975 年版第 1071—1072 页。

⑯ 许新国：《露斯沟摩崖石刻图像考》，载《青海社会科学》1994 年 2 期。

⑰《南史》卷 7《梁本纪》，中华书局 1975 年版第 215 页。

⑱ 许新国、赵丰：《都兰出土丝织品初探》，载《中国历史博物馆馆刊》1991 年 15、16 期合刊。

⑲《梁书》卷 54《吐谷浑传》，中华书局 1973 年版第 811 页。

⑳ 参见汤惠生：《青海玉树地区唐代佛像摩崖考述》，《中国藏学》1998 年 1 期；崔永红主编：《文成公主与唐蕃古道》，青海人民出版社 2008 年版第 62 页。

㉑ 参见崔永红主编：《文成公主与唐蕃古道》，青海人民出版社 2008 年版第 63 页。

㉒ 转引自周伟洲编：《吐谷浑资料辑录》，青海人民出版社 1992 年版第 449 页。

㉓ 参见崔永红主编：《文成公主与唐蕃古道》，青海人民出版社 2008 年版第 24—29 页。

㉔ [唐] 独孤及：《毗陵集》卷 18《敕与吐蕃赞普书》，台湾商务印书馆影印本《文渊阁四库全书》第 1072 册第 297 页。

㉕《资治通鉴》卷 249，中华书局 1956 年版第 8044 页。

㉖《宋史》492《吐蕃传》，中华书局 1977 年版第 14151 页。

㉗ 转引自周伟洲编：《吐谷浑资料辑录》，青海人民出版社 1992 年版第 446、404 页。

㉘㉙ 转引自周伟洲编：《吐谷浑资料辑录》，青海人民出版社 1992 年版第 401 页。

㉚ 转引自周伟洲编：《吐谷浑资料辑录》，青海人民出版社 1992 年版第 449 页。

㉛《全唐诗》卷六三三司空图《河湟有感》诗。

㉜㉝《新唐书》卷 216《吐蕃传》，中华书局 1975 年版第 6073 页。

㉞㉟ 许新国:《青海丝绸之路在中西交通中的地位和作用》,载《昆仑文汇》1998 年
6 期。

㊱ 许新国、赵丰:《都兰出土丝织品初探》,载《中国历史博物馆馆刊》1991 年 15、
16 期合刊。

第五章

宋元明清时期的青海文化

　　宋元明清时期，青海历史文化丰富多彩。北宋时期，青海吐蕃诸部联合起来，建立了唃厮啰政权，又称青唐吐蕃政权。唃厮啰政权存在近百年，传4代6主。唃厮啰政权是通过"立文法"之类的形式组织起来的一个封建性的部落联合体，国家形式比较松散脆弱。唃厮啰政权奉行依宋抗夏的基本国策，以接受北宋王朝的册封和赏赐为荣，经济上与宋朝可收到农牧经济互补之效。唃厮啰的文化风俗基本沿袭了吐蕃之旧，当时，青海吐蕃人普遍信奉佛教。青海是历史上著名的屯田区。明代青海东部的屯田，是汉以来制度最为完备、最有成效的屯田。屯田促进了内地汉族文化与青海各少数民族文化之间的交流与认同。青海所酿最著名的酒是"威远烧酒"。随着酒产量的不断提高，河湟流域喝酒的人越来越多，渐渐形成了划拳喝酒、唱酒曲、行酒令等独特的酒文化。宋代沿用晚唐做法，实行茶叶政府专卖制度。明代与茶马贸易配套的管理机构更为庞大，管理制度比前朝更为严密，茶马交易更为活跃。清朝前期沿明制继续实行茶马互市，雍正十三年（1735），茶马互市停止，但茶叶销售由官府控制、专营的体制并没有终结。茶马互市延续千余年，其制度文化内容丰富，对社会生活影响深刻。宋、元、明、清时期，青海少数民族与中原王朝有过频繁的贡赐贸易活动，它不仅是一种表明上下隶属关系的政治行为，而且也是一种特殊的商品交换方式。由于茶马互市的开展，青海各族人民群众逐渐养成了喜好喝茶的习惯，久而久之，形成了有高原特色的茶文化。酥油茶、奶茶、熬茶、刮碗子茶等，丰富多彩，与其他地方颇多不同。宋、元、明、清各朝对宗教实行优容政策，使藏传佛教和伊斯兰教都得到较快发展。宋、元时期，地方教育的成效不是很大。明代，河湟地区儒学教育起步并有了初步发展，清代办学的数量、规模和普及程度都远远超过了明代。除官办府、县、厅儒学外，还出现较多的书院、义学等。元、明时期，青海形成了六大世居民族交错居住的格局，各民族人民共同开发建设青海，同时孕育、发展了丰富多彩的地方文化艺术，逐渐形成河湟曲艺（含平弦、越弦、贤孝等）、社火表演、皮影戏展演、花儿等文艺形式。各民族的思想、精神精华以格言、谚语、民间歌谣、民间故事和传说等形式绵延、传承。明代，青海地方志书的编纂开始起步。

第一节　唃厮啰政权及其文化

唃厮啰政权概况　唃厮啰政权兴盛及消亡的原因　唃厮啰政权与丝路贸易　唃厮啰的文化风俗与宗教

唃厮啰政权是北宋时期河湟地区吐蕃人（藏族前身）建立的地方性政权，又称青唐吐蕃政权、安多吐蕃政权。"青唐"是宋代吐蕃人对西宁的称呼。"唃厮啰"先是对人的尊称，这人本名叫欺南陵温戈遍（戈遍即赞普之异译），青唐吐蕃政权就是他创建的；后用于称呼青唐吐蕃政权。欺南陵温，号瑕萨（意为当今皇上），是吐蕃达玛赞普五世孙赤德的后人，生于"高昌磨榆国"。高昌即今新疆吐鲁番地区，但近来也有人考证认为高昌或即藏文文献中"郭仓"之异译，"高昌磨榆国"即今西藏日喀则以南一带。欺南陵温 12 岁时，被客居在高昌的河州（今甘肃临夏）吐蕃人何郎业贤带到河州。由于欺南陵温相貌"奇伟"，又具有高贵的赞普血统，当地人便称他为"唃厮啰"（藏语"佛子"之意，汉文史籍又译作嘉勒斯贲）。中世纪时的吐蕃社会非常讲究血统，注重门第，因此唃唃厮啰一到河州，便引起了当地吐蕃各部族的兴趣，各部首领如河州耸昌唃均、宗哥（今青海乐都县境）李立遵、邈川（今青海民和县境）温逋奇等都想挟持他到自己的辖地。李、温知道，在尊故主、重贵姓的吐蕃社会，谁能控制吐蕃王室后裔，谁就有了号令诸部的最为有力的法宝。于是，他们联合起来将唃厮啰劫持到廓州（今化隆群科），并拥立为赞普（国王）。不久，又从廓州迁到李立遵部所在地宗哥。河湟地区吐蕃各部闻风相从，很快聚集在唃厮啰的旗帜之下，使李立遵部成为拥有胜兵六七万的大部落联盟。李立遵自任论逋（宰相），尊唃厮啰为主，将女许配给唃厮啰。宋大中祥符八年（1015），唃厮啰与李立遵聚吐蕃各部"立文法"，众至 10 万，号称 30 万，请求助宋攻击西夏以自效。约于公元 1023 年徙居邈川，依附温布奇。宋明道元年（1032），宋朝封唃厮啰为邈川大首领、宁远大将军、爱州团练使，温逋奇为归化将军。温逋奇不甘久居人下，意欲除掉唃厮啰而自立，唃厮啰诛杀温逋奇，率部西迁青唐城（今青海西宁），独立地建立起政权。在不长的时间内，唃厮啰充分利用青唐地区的一切有利条件，在吸取李立遵、温逋奇等酋豪丧身亡国的教训的基础上，采取了一系列符合自己发展的内外施政措施，使这个政权迅速发展壮大，成为北宋一代河湟地区最有影响的政治实体，一度成为宋、夏两大王朝竞相争取的对象，同时成为辽国愿意结好的友邦。

　　唃厮啰政权鼎盛时期的疆域，大体东至今甘肃兰州，东南达今甘肃甘谷县境，奄有今甘南藏族自治州境；南至今四川北部和青海果洛藏族自治州一带；西逾青海湖至龟兹国（今新疆库车）界；北界祁连山与西夏相邻。

　　唃厮啰政权有如下特点：一是国家形式比较松散脆弱，其结构简陋而缺乏严密性。它只是通过"立文法"之类的形式组织起来的一个封建性的部落联合体。二是综合国力不强，在战争环境中，自卫尚可，基本不具备向外扩张的能力。三是存续时间相对较短，总共不足百年。然而，唃厮啰政权在其鼎盛时期，足以让周邻政权刮目相看。那么该政权采取了哪些举措使其进入鼎盛期，并保持了较长一段时期呢？

　　一是奉行依宋抗夏的基本国策。这一国策的基础是宋朝有笼络唃厮啰令其作为牵制西夏力量的需求，唃厮啰也有获取宋朝的支持以自重的愿望。在宋、夏的争取和争夺面前，唃厮啰的天平向宋倾斜，一是表明唃厮啰在政治上情愿隶属于宋，对宋朝皇帝，沿唐代吐蕃王朝时的传统称呼为"阿舅天子"，以接受北宋王朝的册封和赏赐为荣；二是经济上唃厮啰与宋朝恰可收到农牧经济互补之效。遵循这一国策，每当西夏进攻北宋时，青唐政权总是应宋之约从后牵制西夏，使西夏不能毫无顾忌地对宋展开攻势。不仅唃厮啰本人在世时坚持这一基本国策不变，而且其子董毡继任后也是如此。

二是大力发展商业，增强经济实力。由中原取道河湟，沿湟水到青海湖，再经柴达木盆地到南疆的丝绸之路青海道，构成丝绸之路的重要组成部分。唃厮啰政权的历代国主为过往商旅提供导引、保护和翻译等优待，欢迎商人在青唐城内建造房舍、货栈，长期坐地经商，使丝绸之路青海道继南北朝隋唐之后再次发挥了东西交通主干道的作用，唃厮啰政权因善于经营中西商业贸易而"以故富强"①，获得了巨大经济利益。

三是政治建设方面既沿袭传统又有所变易。唃厮啰政权的最高统治者汉文史籍称"国主"，吐蕃人称为"赞普"，国主之下设"论逋"（国相），在国主左右协助处理军政大事。唃厮啰"尊释氏"②，国内僧人地位较高，有大事一般要召集僧人决定。唃厮啰政权的基层组织是部落，各部落向王室集团提供赋役，遇有战事听国主号令率部民从征。同时，王室集团对各部落有保护的义务。赞普与各大部落首领的隶属关系是通过"祭天"盟誓的形式来维持的，吐蕃王朝时代"岁一小盟，三岁一大盟"的传统得以沿用，同时采用拘押"质帐"的办法控制各个部落。青唐城内为国主建有华丽威严的宫殿，设有一系列森严的安全防范措施。在政治建设方面比吐蕃王朝有进步的是，分别设立了协助国主处理日常事务的"国相议事厅"和"国主亲属议事厅"，使论相派和王室贵族派各有专门机构分别讨论军政大事，国主听取两方面的意见，在一定程度上收到了防止某一方面专权的效果，对减少决策失误有重要意义。这是唃厮啰政权存续时间较长的重要原因之一。

唃厮啰政权由盛到衰的转折发生在其第三任主执政之时。唃厮啰子董毡去世后，继位者是董毡养子阿里骨。阿里骨上台后，在重大战略决策和政策上出现失误，导致唃厮啰政权由盛转衰。阿里骨死后，其子瞎征执政，继续了阿里骨嗜杀的错误做法，使唃厮啰政权分崩离析。宋朝见唃厮啰政权朝不保夕，于是两度出兵湟水流域，宋徽宗崇宁三年（1104），唃厮啰政权宣告解体。

唃厮啰政权灭亡的原因主要有以下四点：

一是非唃氏血统的阿里骨继承王统引起吐蕃诸部不满。阿里骨本是于阗（今新疆和田）人，因其母嫁给董毡，被收为养子。虽然阿里骨曾随董毡征战，立过战功，有一定威信，但在"以种族为贵贱"的吐蕃社会中，阿里骨坐上王位，仍是严重有违传统观念的事。何况阿里骨上台有采取了匿丧矫诏等一系列不正当手段之嫌，在唃厮啰家族的眼中，阿里骨上台纯粹是"篡位"，对唃厮啰政权的稳定来说是巨大的隐患。

二是阿里骨一度放弃了其父祖辈制定的依宋抗夏的战略，错误地发动了依夏抗宋的战争。阿里骨知道自己嗣位国人不服，于是想通过发动收复熙河六州之战把内部矛盾引向宋朝，以民族矛盾来缓和内部纷争，以巩固自己的统治地位。结果夏国失约不予配合，阿里骨兵败。此役成为唃厮啰政权衰败的转折点，尽管阿里骨晚年竭力与宋恢复和好关系，但唃厮啰政权从那以后一蹶不振，鼎盛气象一去不再复返。

三是阿里骨父子嗜杀佞佛，引起百姓怨怒。阿里骨上台后为了树威，不惜采取诛杀异己的高压手段，其子瞎征执政时，不但不思改良，反而变本加厉，重用奸佞，妄杀忠良，使"部曲睽贰"③。杀戮仍不奏效，又大肆佞佛。阿里骨父子为了修寺造塔造佛像，让国中百姓出金钱，国人大怨。

四是青唐吐蕃政权只是较松散的部落联合体，这种政权的特性决定了其中央集权本来就不强，而属下各部落的独立性却较强，联合体瓦解比较容易。

唃厮啰在发展中西商贸和文化交流方面曾有卓越建树。公元960年，北宋王朝建立后，逐步结束了中原地区的混乱局面。西北地区的甘州回鹘、西州回鹘和于阗等地方政权纷纷遣使进贡，与北宋保持着频繁的朝贡贸易关系。一时间，从内地到西域，道路畅通，商旅如流，昔日冷清的丝绸之路又逐渐恢复了往日的繁忙。在丝路贸易逐渐得到恢复的最初几十年中，往来于西域和内地的贡使团队和商人多取道灵州、泾原道。

11世纪初，活动于今宁夏、陕北的党项族逐渐强大起来，不仅控制了贡使团队和商人们必经的灵州、泾原道，而且不断向河西走廊地区扩张势力。特别是元昊建立夏国（史称西夏）后，积极向河西走廊地区用兵，最终于1036年完全控制了河西走廊地区。对于通过境内的丝路贸易通道，西夏统治者不仅没有看到它背后所蕴藏的巨大商机，反而将它作为获取暴利的途径，极尽盘剥之能事。据史书记载，西夏各地的官吏将士对过境贡使、商人十分苛刻，不仅盘查很严，还要抽取十分之一的货物作为税收，而且抽取的往往都是货物中的上等品，使贡使和商人们叫苦不迭。此外，西夏还经常抄掠过境商旅，无故扣押和勒索西域到北宋的贡使和僧人，使过往的商旅蒙受巨大损失。为了减少损失，商人们常常将不同档次的商品混装在毛褡（用毛织成的褡裢）中，以应付"十中取一"的过境税，就是这样，商人们的税负仍然很沉重。为了避开西夏的劫掠和盘剥，贡使和商人们开始改行吐谷浑时代就曾兴盛一时的青海道。

当时，居住在青海河湟地区的是许多互不统属的吐蕃部落，他们为了共同抵御强敌西夏向西扩张，最终统一于唃厮啰政权，为丝绸之路青海道的再次兴盛创造了条件。与西夏不同的是，唃厮啰政权的统治者敏锐地意识到，过往境内的贡使和商人会对本国政治经济文化发展起到积极的推动作用，因此，抓住这千载难逢的机遇，对过往的使团和商人持友好态度，并积极为商贸交往提供各种便利条件，使丝绸之路青海道在经历了一百多年的沉寂后再次兴盛起来，并被人们称为"青唐道"。

在当时复杂多变的政治形势下，青唐道的具体行走路线是随着西夏势力的向西推进而不断发生变化的。在甘州回鹘没有被西夏灭亡前，行经路线是先经河西走廊西段到达甘州（今甘肃张掖），然后从甘州南下，由扁都口翻越祁连山进入青海境内，并大体上沿今天的宁（西宁）张（张掖）公路到达青唐（今青海西宁）。然后由青唐向东经过宗哥（今青海乐都县碾伯镇）、邈川（在今青海民和县境内），再向东南渡过黄河，到达河州（今甘肃临夏）、熙州（今甘肃临洮），再从这里前往中原地区。西夏控制整个河西走廊后，往来的使团、商旅不得不改道荒凉的柴达木盆地。据史书记载，当时的于阗、拂菻国（东罗马帝国）的使者到中原地区，大致上是从今天新疆婼羌、且末一带进入青海，经过黄头回纥居住的柴达木盆地北部、草头鞑靼居住的祁连山南麓，过日月山，经林檎城（又名宁西城，在今青海湟中县多巴镇）到达青唐，再从青唐前往北宋。由于唃厮啰政权长期奉行联宋抗夏的外交政策，为青唐道的畅通创造了便利条件，直到北宋末年，史书仍有于阗的使者不断来到北宋朝贡的记载，说明青唐道在这个时候仍然畅通无阻④。

在青唐道成为西域和内地政治经济文化交流桥梁的同时，唃厮啰政权的统治者们以开放的胸襟、超前的眼光，采取了许多积极措施来促进境内丝路贸易的发展。在唃厮啰政权的辖境内，官方不仅设置了许多驿站来接待过往的贡使团队和商人，而且还要求各部族的人对过境商人要友好相待，为他们提供食宿，商人只需付给相应的费用或货物即可。为了保护携带大批货物的贡使团和商队安全出入境，官方还专门派兵护送，使西域各国的贡使能够安全抵达北宋京城开封。对于留在其境内做生意的外国商人，官方不仅允许他们自由从事交易活动，而且在某些方面给予支持和照顾。在青唐城，官方还特意划拨出一片土地，专门供外国商人修建屋宇货栈，定居贸易，收取的税费也比较低。

唃厮啰政权奉行重视商业贸易和友好对待过境贡使、商人的政策，不仅得到了北宋政权的赞许和支持，进一步密切了两国之间的关系，也吸引了大批贡使和商人改行青唐道，来到青唐城开展贸易活动，加强了唃厮啰政权同西域和内地的政治经济文化交流，促进了国内的商品流通和经济繁荣，极大地增强了国力。伴随丝路贸易的日益兴盛，青唐道上逐渐兴起了一批新兴的商业城镇，如青唐城、宗哥城、廓州城（在今青海化隆县境内）、邈川城等，其中青唐城是规模和名气最大的一个。由于这里地理位置和自然条件比较优越，自西汉以来，就逐渐成为河湟地区的政治、经济和文化中心。吐蕃占领该地后，改名青唐，青唐一名便载入史册。唃厮啰定都青唐后，在原有的基础上修筑城池，营建宫殿，进行了大规模的城市建设活动。后来，经董毡、阿里骨两位青唐国主的不断建设，整个青唐城初具规模。据北宋人李远所写的《青唐录》一书记载，当时的青唐城广二十里，分东西两城，东城居住着数百户在战争中

图上 5-1　宋青唐城遗址

降俘或流散于此地的羌人和西域各国来此地做生意的商人。青唐国主居住在西城，城内还居住着数千户唃厮啰部众，城上建有两重谯楼，谯楼后设有中门、仪门，仪门北 200 余步有大殿九楹。城西建有很多佛祠，僧尼众多。整个城市的布局既有内地城池的特点，又有浓郁的民族特色。在青唐城城市规模不断扩大、城市功能不断完善的同时，大批吐蕃贵族和商人陆续迁入城中，经青唐道往来于西域和内地的贡使、商人，大多在此驻足休息，消除劳顿，补充物资，然后继续前进。据史书记载，当时往来青唐城做生意的不仅有从中原地区赶来贸易的内地商人和从西域地区赶来的于阗、回鹘、高昌等国的商人，而且还有来自古波斯和西亚、阿拉伯半岛的西方商人。由于有优越、安定的贸易环境，许多商人在这里逗留一年或数年后才离开，有的干脆在城中修建房屋，定居经商。这些商人中，资本多达二三十万贯的并不少见。在青唐城的市场中，既有来自中原地区的各种生活用品和生产工具，也有来自西域和西亚地区的各种珍奇商品，还有产自本地的马、牛、羊等畜产品和鞍具、刀剑、甲胄等手工业品，可谓商品云集，琳琅满目。

青唐城商业的兴旺，为唃厮啰政权带来了巨大的经济利益，积累了可观的财富。北宋元符二年（1099），当宋将王赡率领大军进入湟水流域时，青唐国主瞎征（阿里骨之子），前往宗哥城对王赡说，青唐城积蓄甚多，如果大军到了那里，可以供应 1 万军队 10 年的费用，还有无数金银珠宝。北宋亡后，河湟地区处在金和西夏的统治之下，由于多年战争，商业萧条，青唐城在丝路贸易中所起的"中转站"的作用也逐渐消失了，青海地区的丝路贸易也从此一蹶不振。

元代国土面积大，内外贸易发达，商业繁荣。元代青海东部有许多色目人，其中回回人善于经商，民间贸易比较活跃。蒙古人最初使用辽、金钱币，建立元朝后曾废止铜钱，使用纸币。元代"中统元宝"交钞和"至元宝钞"通行全国，基本上达到了全国货币的统一。1955 年柴达木盆地格尔木农场第一作业站平土造田时，发现用毛毡包裹的一大包元代纸币，共有 400 余张，包括元朝不同时期发行的多种纸币，上面盖有中书省、尚书省的朱红官印，钞面上印有汉文楷书"中统元宝交钞"或"至元通行宝钞"字样，也有八思巴文，面值有"壹贯"、"贰贯"、"伍佰文"3 种，先后印行于元代中统、至元、至正时期。这批纸币系用桑皮纸印制而成，因柴达木气候干燥，保存得很完好。这批珍贵文物的出土，从一个侧面反映出当时青海地区商业贸易曾正常开展的历史事实。元代，丝路贸易又有了一定程度的恢复和发展。当时，经北方草原和河西走廊到西域的丝绸之路草原道和河西道畅通无阻，而青海道由于交通条件相对比较差，很快就冷清下来，并逐渐退出了丝路贸易这个东西方经济文化交流的大舞台。

唃厮啰的文化风俗基本沿袭了吐蕃之旧。《宋史·吐蕃传》记载："其国大抵吐蕃遗俗。"由于地处高寒，自

图上 5-2　元代纸币

然条件差，青海各部吐蕃人经济相对落后，自给不足，因此，其社会生活也非常单调，"人喜啖生物，无蔬茹醯酱，独知用盐为滋味，而嗜酒及茶。居板屋，富姓以毡为幕，多并水为秋千戏"⑤。在衣着方面，《宋史》曾提到吐蕃人"贵虎豹皮，用缘饰衣袭。妇人衣锦，服绯紫青绿"。但这应该是吐蕃贵族人家的情况，一般农牧民与吐蕃王朝时代"衣率毡韦"的状况相比，恐怕不会有太大的改观。

藏文已成为通行的文字，宋代人称之为"蕃书"、"蕃字"。但掌握文字的主要是上层贵族和僧侣。宋崇宁四年（1105），宋朝置蕃学于熙河兰湟路，此举对于发展藏族文化具有重要意义。纪年方面使用十二生肖。刘涣出使青唐时，唃厮啰"道旧事则数十二辰属，曰兔年如此，马年如此"⑥。

佛教的广泛流行是宋代青海吐蕃民族文化上最重要的内容。10 世纪晚期，卫藏地区鲁梅等 10 人曾到河湟一带学习佛法，并返回西藏大力弘传，西藏佛教由此复兴，藏史称此为"下路弘传"。而另将印度高僧阿底峡由西藏阿里堆区肇端的佛教复兴运动称为"上路弘传"。

青唐政权统治时期，河湟吐蕃已普遍信奉佛教，且受到当地统治者的大力扶持，佛教僧侣在社会中也拥有很高地位，甚至参与政治，有大事必集僧决之。阿里骨则更以佞佛而著称。当时青唐城内塔庙众多，《青唐录》记载，城中之屋，佛舍居半。由于这种背景，宋王朝在和吐蕃部落打交道时，也十分注意利用佛教来收揽人心。

不过，佛教的普遍流行并没有将吐蕃民族固有的文化传统抵消。以苯教为表现形式的原始宗教与佛教并行不悖。《宋史》卷四九二《吐蕃传》所载吐蕃人"不知医药，疾病召巫觋视之，焚柴声鼓，谓之'逐鬼'。信咒诅，或以决事，讼有疑，使诅之"的状况便是例证。

第二节　经贸活动及高原各民族的茶俗文化

河湟屯田及其文化意义　青稞酒的酿造　承前启后的宋代茶马互市　明清茶马互市制度文化的变迁　宋、元、明、清时期的贡赐贸易　青海各民族的茶俗文化屯田是我国封建社会国家组织劳动力，垦种荒地、边远土地或其他国土，以满足军队给养为主要目的的农业生产组织形式。青海河湟地区土地肥沃，灌溉便利，是历史上著名的屯田区。自西汉时赵充国首开军事屯田制以来，东汉、隋、唐时期也曾在这里或长或短开展过规模不等的军事屯田。到了宋代，宋军重新占领青海东部后，曾在河湟地区招刺弓箭手（民兵的一种）进行耕垦，它对巩固北宋对这一地区的统治起了积极作用。元至元二十五年（1288），朝廷命回回人忽撒马丁为"管理甘肃、陕西等处屯田等户达鲁花赤"。据《循化志》卷2记载，清乾隆年间，地方官员在考察今甘青两省交界的捏工川一带土地状况时，发现有宋元明时期的屯种遗迹。

明朝全国普遍兴办屯田。明代青海东部的屯田，是汉以来制度最为完备、最有成效的屯田。洪武十年（1377），西宁卫开始实施军事屯田。永乐十年（1412），归德千户所也开始开展屯田生产。明代卫所屯田的主体是卫所军士，无论城操军还是屯田军（通称正军或旗军）或是军余（正军户下成丁者，随正军来营生理以供军者），都必须隶军户（后来的招募兵可以不隶军户）。屯田设有专人督责，"每卫委指挥一员，每所委千户一员提督屯种"。西宁卫和归德千户所也是如此。西宁卫还设有监牧判官、屯田通判等官，专职负责兵饷出入、屯粮征纳及水利灌溉诸务。据《明宣宗实录》卷42、卷80中的记载，宣德时期，西宁在卫军士有3560人（按定额应有5600人），其中参加屯田生产的达3000人之多。城操军与屯田军之间的比例达到了内地卫所二八开的标准。归德千户所的戍、屯比例也大致如此。

明代给军士分配屯田以"分"计。西宁卫和归德千户所最初大体都是给每军50亩为一分，农具耕牛由国家提供，屯军则按规定向国家交纳租粮，称之为"屯田籽粒"或"屯粮"。军屯除军士屯田外，军士家眷也往往入屯垦种。另外，马驿驿卒也在驿站附近屯田。明代湟水流域屯田顷亩总数大体在1600顷至2000多顷之间，约合今16—20万亩。西宁卫的屯田主要分布在今湟源峡以东湟水河谷地区，屯地以水浇地为主。归德千户所的屯田则分为10个屯寨，分布于今贵德到循化之间的黄河及其支流隆务河河谷地区。

河湟地区屯田自明后期开始趋于衰落，屯军不断逃亡，屯田面积逐年递减，产量亦递减。屯田由原来的官田性质逐渐向民田转化，这一转化过程到清雍正年间基本完成。清初，屯田名存实亡。到雍正年间，明代旧有屯田虽然基本上民地化了，可以卖买了，但终清一代，屯田的名目仍然保留，以与科田、番田、秋站田等相区别。清代只在柴达木盆地和大通河上游试办过屯田，成效不大，影响甚微。

明代屯田除了经济上意义重大，与元代相比，加大了河湟地区农业经济的比重；由于屯田，河湟地区灌溉条件进一步改善，促进了农业的精细化经营等等，另外，文化上的影响也十分深远。一是屯田促进了内地汉族向河湟地区的迁徙，改变了这一地区的民族构成。青海不少汉族人自称其祖先是明朝洪武年间从南京珠矶巷（著录或作珠市巷、朱紫巷、竹市巷等）迁来的，还可找到家谱、墓志碑石的记载作为证据，凿凿可信。除来自江淮一带，来自黄河流域各省的也很多。内地移民来到河湟地区与屯田有密切关系。他们有的是按正常调拨制度调来的，有的是因罪被谪发来的。西宁当时属边卫，接受这种谪戍者的机会比较多。清代，因经商、逃荒、为官等原因来青海的内地汉族人比明代还多。五湖四海的移民来到青海，定居下来，改变了这里的民族构成。由于来的地方杂，同处的民族众多，使青海人渐渐养成包容的心胸，不排斥"外地人"，久而久之，便形成包容的精神文化。二是移民促进了内地汉族文化与青海各少数民族文化之间的交流与认同。内地汉族受中国传统文化濡染深，儒家文化素养较高。他们从各省来到青海，把原居地区的生活习俗、意识形态、价值观念、信仰、文学艺术等带到了青海，传播了中原儒家思想和农耕文化。文化的传播是双向的，汉族文化与各少数民族文化互相吸收、互相影响，不断交汇融合，逐渐产生了地方特色浓郁的高原地域性文化。三是明代河湟屯田的某些单位演变成今天的村落名称，这些村名是屯田制刻下的永久性痕迹，饱含着丰富的历史文化信息。正史记载，明代有"归德十屯"，即当时归德千户所辖有 10 个屯田单位——屯寨。每个屯寨基本上是一个百户所。根据《临洮府志》、《循化志》等地方志书的记载，"归德十屯"分别是：今贵德县河东乡莫渠沟河流域的王源寨（今称"王屯"）、周鉴寨（今称"周屯"）、刘庆寨（今称"刘屯")；今尖扎康杨地区的杨鸾寨、康泰寨、李钊寨；今同仁保安地区的吴屯、李屯、季（计）屯和脱屯。由于军户落籍屯地，连同家属定居下来，再未返回原籍，他们将内地的龙王信仰、文昌信仰、二郎神信仰等汉族文化带到屯寨，与当地少数民族文化相互交融，发生了文化整合，逐渐形成了独具高原特色的民间信仰文化。随着时代的推进、人口的繁衍，后来这些屯寨逐渐得到发展，形成规模较大的村落。时至今日，"王屯"、"刘屯"、"周屯"、"康杨"等地名仍在使用。这些地名将明代屯田的名称固化并保存下来，内中蕴涵着极为丰富的文化内涵。

青海酿酒历史悠久。齐家文化和卡约文化均出土过陶酒器，由此推知那时已开始酿酒。随着粮食生产的发展，此后家庭酿酒应一直存在。南凉统治者常用酒犒赏军队，南凉王秃发乌孤就是因酒醉骑马摔伤而死的，南凉时期河湟流域必有酿酒作坊。据《宋史》卷492《吐蕃传》记载，唃厮啰人"嗜酒及茶"，可知酒在当时藏族人民的日常生活中占有重要地位。《格萨尔王传》中有酿酒饮酒的内容。青海酿酒最著名的还要数明代威远（今互助县城威远镇）所酿的青稞酒——"威远烧酒"。

据考，威远烧酒起步于明代中后期。那时有来青海的山西客商到西宁威远堡经商，他们发现当地几家酒坊酿造的青稞酩醴酒清冽芳香，绵甜可口，别有风味，于是就在蒸煮酩醴酒的基础上，以高原盛产的青稞为原料，引进山西杏花村的制粬、发酵、酿造等传统工艺，酿造出清香甘美、醇厚爽口的"威远烧酒"，并很快闻名遐迩。据说，到清朝中后期，小小的威远堡竟有十几家烧酒坊，其中义合永、文玉和、永盛和、天佑德等酒坊远近闻名。慕名前来沽酒的各地客商络绎不绝，于是，民间流传着"驮酒千里一路香，开坛十里游人醉"的佳话。威远烧酒之所以出名，一是得益于这里的水，威远古井的水纯净甘甜，软硬适中，并且含有锂、硒、锌、锶等多种有益的微量元素，是酿造美酒最理想的水源；二是得益于高原特产青稞，它品质优良，营养丰富，蛋白质含量在14%、淀粉含量在60%以上，且富含β—葡聚糖、膳食纤维、磷、锌、硒等微量元素，是酿酒的佳品。

随着酒产量的不断提高，青海喝酒的人日益增多。中原酒文化与高原少数民族酒文化互相融合，最终形成了河湟流域独特的酒文化。

茶马互市是茶叶与马匹的物物交换，各朝各代茶马互市的制度、交易的方式、频率、茶马比价等各有不同内容，它反映的是茶马交换的制度文化。茶马互市在我国前后延续近千年，在历史上产生过重大影响。青海是实行茶马互市的重点地区，不仅在各朝代产生过重要的经济效益，也发挥过重大的社会和文化效益，是具有重要文化研究价值的历史现象。

众所周知，茶叶是世界三大饮料（还有咖啡、可可）之一，我国是茶叶的故乡，是饮茶历史最早的国家。唐人陆羽所撰《茶经》认为早在神农氏时代，茶叶的药用价值已被发现，后逐渐由药用演变成日常生活饮料。

青海地处高原，气候寒冷，不产茶叶。唐以前从外地携带来的茶叶微乎其微，故而青海各民族群众饮茶的历史比产茶地区短得多。历史上青海人饮茶仰赖于茶马互市。

茶马互市起源于唐代。唐太宗时，文成公主远嫁吐蕃，带去了茶叶和饮茶方法，此后吐蕃王室和上层贵族饮茶者逐渐普遍起来。据唐代李肇《国史补》卷下记载，唐德宗建中年间（780—783），"常鲁公使西蕃，烹茶帐中。赞普问曰：'此为何物？'鲁公曰：'涤烦疗渴，所谓茶也。'赞普曰：'我此亦有！'遂命出之，以指曰：'此寿州者，此舒州者，此雇渚者，此蕲门者，此昌明者'。"从这条史料可知，吐蕃赞普对茶叶的知识已非常丰富，能够说出茶叶的具体产地，而且他所具有的茶叶已包括了内地主要产茶地的品种。当时流入吐蕃的茶叶所借助之途径应主要是民间贸易。唐代实行茶马互市只是偶然为之，总体来说交易次数很少，规模很小。据正史记载，与青海有关的易马史实发生在唐元和十年（815）。那年，唐朝为了讨平吴元济之乱，宪宗命中使到黄河上游大拐弯的河曲地区换马，以供军需。但当时用以换马的仍然主要是绢帛。不过，我国历史上对茶叶实行征税、管制、专卖措施者实始于唐。大和九年（835），朝廷令茶户将茶树移植官场，茶叶产销全由政府垄断。此后，小规模的茶马互市现象开始多见。公元10世纪末，后唐与契丹确实进行过多次较大规模的茶马市易。真正较大规模的茶马互市开始于北宋时期。

北宋朝廷因为常常与辽、西夏发生战事，战马消耗多、需求量大，而中原本土又不容易解决这个问题，于是便把获取马的希望寄托在西北地区的吐蕃族（藏族先民）上。

世居青藏高原的吐蕃人主要经营畜牧业，习惯于食用热量高的肉制品、乳制品，这就需要便利消化的饮料。茶叶具有化腻、消食、提神等功能，深受藏族同胞的喜爱。一旦饮用，就离不开它。天长日久，茶叶渐渐成为他们日常生活不可或缺的必需品。但藏族聚居区不产茶，他们获取茶叶只能依靠内地供给。于是，茶马市易、互通有无，就成为中原王朝与西北吐蕃族共同的需求和愿望。

宋代沿用晚唐做法，实行茶叶政府专卖制度。宋初规定，茶民（园户）所产茶叶除自己饮用者外，要全部交给官府，官府付给园户本钱后，对茶叶实行专卖。园户如果匿不送官或私自销售，茶叶将被没收，并按藏匿和私售数量的多寡治罪。商人向国家纳税后可以经销茶叶，但不能出境。仁宗天圣时（1023—1031）停止官给本钱收购全部茶叶的做法，改为听任园户与商人自行交易，官府抽取一定额的利息即可。嘉祐时（1056—1063）改向园户收租，向商人征税。

唃厮啰政权与宋朝长期维持茶马互市关系。徽宗崇宁元年（1102）开始实行"茶引法"。"茶引"就是政府发给商人运销茶叶的凭证，商人交纳茶价和税款后可以申领"茶引"，凭"引"卖茶。"引"有"长引"、"短引"之分，运销数量、地点都有限制。贩卖茶叶利润很大，商贩如果把茶叶运到西北地区，获利常至数倍。

宋神宗时，熙河路（衙署在今甘肃临洮）每年通过交易可获得马匹1.5万匹，到哲宗时，增至2万匹，差不多是宋初从全国得到马匹总数的4倍。而熙河路交易的马源以唃厮啰政权所辖各部为主。元符三年（1100）八月，熙河兰会路勾当公事（官名）童贯令熙州、岷州、通远军将当地现有存茶全部搬运到湟州（治所在今青海民和县境），专供易换这一地区马匹之用。唃厮啰所辖各部的马匹除直接赶到熙河路、秦凤路各市场进行交易外，其首领还帮助宋朝边官买马。如元丰四年（1081），宋朝命熙河、秦凤二路买马场将统一马价告知青唐国主董毡属下首领景青宜党令支等，让他们回到青唐（西宁）后告谕董毡，希望他鼓动吐蕃各部人前来市场卖马交易。熙宁至元丰年间宋朝每年运往熙河的茶叶是4

万驮。宋代茶马互市的规模扩大，政策和措施也进一步完善。政府有掌管茶叶专卖与买马事宜的机构榷茶司与买马司，后来二者合并为"茶马司"，从管理层面理顺了关系，从而为茶马互市的顺利开展提供了体制保证。

南宋时期，今青海玉树地区的吐蕃部落（当时称"卢甘蕃"）珠氏家族与巴绒噶举派僧人勒巴噶布共同归附了南宋，青南地区吐蕃部落在设于黎、文、阶等州的市场上与南宋继续开展茶马市易。据《宋史》卷186《食货志》记载，当时"卢甘蕃（今玉树藏族自治州地区）马岁一至焉，洮州蕃马或一月或两月一至焉，叠州蕃马或半年或三月一至焉，皆良马也"。

元朝幅员广大，马匹充足，没有必要用实物交换去收揽马匹。至于茶叶营销，仍实行国家专卖制度。藏族等少数民族所需茶叶，可以通过正常贸易等途径获得。所以茶马互市几乎是空白。

明朝出于边防需求，每年需要得到大批良马武装军队。而辖境内产马不多，藏族嗜茶习惯更有发展，得不到茶就会生病，所以茶马互市的基础更为牢固。明代与茶马贸易配套的管理机构更为庞大，管理制度比前朝更为严密，茶马交易更为活跃，且逐步趋于制度化。明代汉藏两族茶马贸易从规模、成交量、影响力等方面讲都称得上是鼎盛时期。尽管明朝制定的茶马贸易政策存在马贱茶贵的弊端，但从整个明代茶马贸易的效果上讲，它对于促进藏族聚居区畜牧业的发展、促进藏区与内地之间的经济交流，加强中央王朝对藏区的政治管理还是起了积极作用的。

明代茶马互市的总流程是：将四川、陕西等省生产的茶叶统一收购后运到西北汉藏交界地的几处茶马司贮存，由专门的机构代表朝廷出面经营，同藏族各部落交换马匹，并严禁私茶出境。明代的茶叶贸易始终与马政、边防紧密联系在一起。产茶地方有茶课司，贮放有茶仓，运输茶叶有茶运司，验茶有批验所，具体掌管以茶易马有茶马司，分道监察督理有巡茶御史，巡视保卫有卫所官军。机构全，分工细，规模宏大。

明洪武年间，先后在秦州（治所今甘肃天水）、洮州（治所今甘肃临潭）、河州（治所今甘肃临夏）、甘州（治所今甘肃张掖）、庄浪（在今甘肃永登）设立了茶马司，具体掌管茶叶的运输、收贮和易换马匹事

宜。洪武三十年（1397），有朝臣反映，秦州茶马司过于偏东，距离牧区
很远，牧民纳马、朝廷酬茶都不方便。于是朝廷决定撤销秦州茶马司，
新设西宁茶马司。西宁茶马司的办事机构在西宁卫城的北大街，具体纳
马地点在镇海堡（今湟中县多巴镇通海村）。据地方志记载，镇海城始筑
于嘉靖十三年（1534），这座古城现已看不到了，但尚能找到些许墙根残
痕。洪武年间镇海堡还没有城池，纳马季节这里当有临时的营寨、马厩
之类设施。

　　明朝允许商人凭茶引到产茶地方买茶，在"腹里"即中原及江南各
地销售营利，但严禁私人到甘青少数民族地区销售茶叶，对违反者从重
治罪，直至处以死刑。茶局批验所如果发现商人所携茶叶与茶引、茶由
所载数额不相符，多出部分即为私茶。如果没有茶引、茶由而贩茶，更
不用说即是私茶。私茶即使在内地（腹里）经销也是违法的，如果"私
茶出境"、"通番"，那就罪加一等了。明朝《律例》规定："私茶出境
与关隘失察者，并凌迟处死。"尽管茶禁政策和法律规定十分严峻，但
由于茶叶走私的利润很大，尤其将茶叶私贩到藏族聚居区获利更大，所
以任凭法律订得再严厉，总还是有冒着杀头危险去走私的人。走私者以
奸商为多，同时一些权重势大的官宦也不乏无视朝廷茶禁重典，铤而走
险，偷运私茶牟利者。朝廷定期派行人或巡茶御史进行监督检查，还责
成各分巡道、兵备道官员加强防守，规定失察者要受责罚，但私茶仍然
打击不彻底。朝廷派下去巡察的官员如果清廉一些，查得严一些，走私
活动就收敛一些；反之，走私就猖獗，总是没有禁绝的时候。后来允许
招商中茶，防范私贩茶叶的难度加大。

　　当时从四川、汉中等地把茶叶运到河州、西宁等茶马司是很不容易
的，一是路途遥远，二是崇山峻岭多，路况不好，所以茶叶运输成本很
高。往西北边地运茶是官府的专利，但官方运力有限，所运的茶常常不
敷换马所需。宣德末年曾试行招商运茶支盐引的办法，私人如能将茶运
到西北边地，可以得到一定数量营销食盐的凭证。商人为图营销食盐的
丰厚利润，愿意运茶的很多。这样一来，茶叶运输难的问题解决了，同
时却出现了私茶买卖难禁的弊端，于是又恢复官运如故。到成化年间，
各茶马司所存茶叶过少，不够换马所需，朝廷不得已再次实行"招商中

茶"的办法。但违禁私贩茶叶的情况更盛,商人自恃有执照文凭,大贩私茶,官府很难查办,朝廷每年所得马匹反而不足原来的十分之一。十来年后,朝廷再次下令停止招商中茶。到正德年间,受官方运力小、马匹需求大的压力,招商中茶法第三次得以实行。当时规定,商人将茶运到边地后,一半留给官府用以易换马匹,一半允许商人在内地自由售卖(仍不许私茶出境)。另外,为了调动商人运茶的积极性,官府还支付给茶商一定量的茶叶作为"酬劳"(脚费)。史书称这部分茶叶为"附茶"。现在甘青地区民间还有"茯茶"的叫法,茯茶应该是由"附茶"演化来的。这些规定和做法基本上成了此后沿袭不改的定例。当时藏族不习惯用秤,茶叶计量多用"篦"为单位。篦就是包装茶叶的竹器,一篦茶的重量3—10斤不等,以7斤为多见。用篦包装,还有搬运方便等优点。正德年间茶商所得"附茶"是运茶总量的14%,后来又有调整,根据茶引的大小和售茶地区的不同,所纳税额及所得茯茶比率也有差别[⑦]。

明朝刚推行招商中茶制度时,对商人贩茶的数额、时间、地域范围都还可以控制。但后来随着官场腐败,"法废弊滋",官府失去对茶商的控制能力。官营茶马互市管理混乱,贪贿盛行,茶禁日弛,私茶泛滥,茶叶贸易的主动权和大部分利益被商人获取。

明代的茶马互市并不是遵循平买平卖、随行就市的纯市场原则进行的,茶马比价基本上由朝廷单方面决定,一般是马价偏贱,茶价偏贵。如洪武中中等马给茶30斤,洪武末给60斤。永乐八年(1410)易马时,每匹马的平均给茶量不足40斤。宣德十年(1435)以后,平均每匹马给茶叶84斤,有所上升。正统年间每匹马平均给茶数又一度跌至42斤,正德三年(1508)升为87斤,万历年间(1573—1620)更增至100斤左右。有学者测算过,以当时银本位的货币为标准,一匹中等马的市场价应该是10两白银,平均每匹马给茶叶200斤才是比较合理的。正是明朝廷贱马贵茶的政策直接导致私贩难禁。其最终的后果是"番易得茶而叛服自由,兵无良骑而驰驱多怯","茶法、马政、边防于是俱坏矣"[⑧]。

明代在以实行传统的茶马互市制为主的同时,还时断时续地实行过差发马制。洪武十六年(1383)正月,明太祖发出谕旨,要让归附已久的"西番之民"按土地和人户的多寡承担赋税,如3000户的部落则3

户共出 1 马，4000 户则 4 户共出 1 马，定为土赋，目的是要强化藏民的君臣意识和国家意识、国民意识。牧民有马要纳马，如同农民有地要纳粮，有劳力要服役一样必不可少。在明朝一些朝臣的眼中，本朝的差发马与前代的互市、交易有根本的不同。藏族各部落有向朝廷纳马的义务，朝廷则赐给藏民生活不可缺少的茶叶，通过纳马酬茶来体现朝廷的尊贵，体现朝廷与藏民之间政治上的隶属关系和汉藏两族经济上互通有无、互为依存的关系。洪武二十五年（1392）三月，朱元璋派官员前往河州、西宁等卫所管辖的藏族部落，动员他们献马，许诺将酬给茶叶。结果，牧民献马踊跃，朝廷获得 1 万余匹马，将 30 余万斤茶赏给了献马部众。征集差发马取得第一次成功。从此，差发马制度在藏区推行开来。后来实行过一个时期的"金牌纳马制"。"金牌"其实是铜铸的，分上、下两号，上号藏在内府，下号颁给各纳马部落作为信符。朝廷每三年派使臣征马一次，先比对金牌，上下号相合时方可交马给茶；如发现无金牌或牌号不符却来征马者，牧民有权不交马，并可将行骗之人扭送官府治罪。明时颁给必里卫的一面黄色铜铸镏金"金牌"实物现存青海贵德县文化馆，长 22 厘米、宽 8 厘米、厚 0.8 厘米，正面有楷书"信符"二字，背后有篆文三行，上为"皇帝圣旨"，下左为"合当差发"，下右为"不信者斩"。据史书记载，当时共颁金牌 41 面，其中西宁卫兼辖的曲先、阿端、罕东、安定四卫以及巴哇、申中等"十三番"共给牌 16面，纳马 3050 匹。凡获得金牌的纳马部落，被明代称为"熟番"或"属番"，其中也包括被明代人视为"番族"的撒拉族、土族、撒里畏兀儿人（裕固族先民）等。金牌纳马制于永乐十四年（1416）开始一度停止，宣德年间又恢复。正统年间再度停止。正德以后，青海牧区大量藏族部落被蒙古贵族控制，已颁金牌也大多散失。嘉靖时期，不少朝臣几度提议恢复金牌纳马制，但金牌随发随失，于是在杨一清主持下，一度用"勘合"（文书）代替金牌，恢复马赋之征，并改三年一市为每年定期开市。但此时大多数藏族部落只向西海蒙古交纳租税，为明朝纳马当差的部落越来越少了。

清朝取代明朝以后，继续实行茶马互市。但废止了明代的金牌纳马制、勘合纳马制，实行"酌量价值，两得其平"的政策。明代茶引有大小之分，商人运茶所得"附茶"比率也有区别，大引为 6.45%，小引为 6.7%。顺治十年（1753）规定，商人每运茶 1000 斤，一律给茶 140 斤作为脚费，即统一按 14% 的比率给以"附茶"，比原来大小引所给数都有提高。朝廷还下令对前来交马换茶的藏民酌情赏给烟酒，以示安抚和招徕。此外，整顿了明后期以来茶马司等机构经办茶马市易人员上下玩忽、贪贿盛行等弊端，结果，茶制统一，执行简便，上下整肃，官营茶马互市重新出现了一些生机。在管理体制方面，清代也有一些新变化。顺治二年（1645），令陕西省派茶马御史一员，经管西宁、洮州、岷州、河州、庄浪、甘州五个茶马司，每年招商领引，以茶易马。所换牡马拨给各边兵，牝马拨至苑马寺喂养繁息。顺治四年（1647），增派满汉巡察御史、笔贴式（翻译满、汉章奏文书的官）、通事各一员。康熙七年（1668），裁去茶马御史，茶马互市事宜改由甘肃巡抚兼管。⑨

清朝由于提高了茶商运费，而换马的任务又不是很重，所以官茶存储丰裕，在换马的同时，常变卖收银或顶替兵饷支放。清朝茶马比价与明末接近。上马给茶 120 斤，中马给茶 90 斤，下马给茶 60 斤（后改为 70 斤）。

清朝在茶马互市过程中也很重视严防并打击私茶。从总体上看，清代茶叶私贩情况没有明代严重。清初，在决定沿袭明制实行茶马互市时，就明令在通接藏区的关隘要道派官军巡守，遇有夹带私茶出境者，拿解治罪。康熙四十年（1701）因私茶充斥，令严查往来之人，凡携带茶叶 10 斤以下者勿问，如有驮载 10 斤以上无官引者拿解治罪。清朝定例，商人按茶引规定将茶叶运来以后，茶马司要对运来的茶叶重新称量，抽样熬煎品尝，进行质量检查，在确信没有短斤少两和假冒伪劣等弊端的情况下，才收贮起来，将经过查验的茶叶退给商人贸易。但后来商人巧为规避，将官茶、私茶分开包装，官茶中混入草茎树叶，蒙混司库，致使易马藏民大受其害，影响了茶马互市的正常运行。朝廷虽采取了一定的防范措施，但私贩茶叶的舞弊行为仍然时有发生。

清朝虽然一开始沿袭明制实行以茶易马政策，但并不像明朝那样把茶马互市看成"国之要政"，特别迫切指望用茶叶易换马匹。康熙四十四年（1705），曾一度下令停止以茶易马。雍正九年（1731），由于朝廷与新疆的准噶尔蒙古作战，需要马匹的数量突然猛增，一时难以凑齐，于是朝廷又下令西宁等 5 茶马司恢复以茶易马制。到雍正十三年（1735），新疆战事结束，"番民以中马为累"，请求中止以马易茶。于是朝廷再一次下令停止茶马互市，此后再没有恢复过。历史进入清朝中期，国力日益强盛，幅员广大，经济繁荣，商业发达，茶马互市的必须要素已不存在了，所以茶马互市的终结成了必然的结果。具体来讲，一是由于国力强盛，周边少数民族宾服、边疆安定，阶级矛盾和民族矛盾趋于缓和，尤其是先后平定"三藩"、收复台湾、臣服漠北蒙古后，战事少了，马匹的需求量下降。二是马匹有稳定的来源，不必仰赖用茶叶去换。康熙、雍正时期，不仅控制了满、蒙民族马匹来源，而且在察哈尔和辽西设立了牧马场（乾隆年间又在甘肃、新疆设立了多处牧马场），每年繁殖的马匹大体可以满足常规所需。万一不足，可以在产马地区征集。三是商品经济空前发达，茶叶和马匹都可以作为商品，在政府统管之下，通过货币中介进行交易，需要茶的、需要马的都能通过正常的市场渠道满足其所需，采取以物易物的形式自然没有必要了。四是清政府对茶叶的重视已由茶马贸易转向出口贸易。茶叶是我国出口最早的传统商品。康熙中期，华茶出口价值已占出口总值的 60%，乾隆后期占到出口总值的88.8%。

　　传统的茶马互市虽然停止了，但茶叶销售由官府控制、专营的体制并没有终结。原来的西宁、庄浪、河州等茶马司均变成了"茶司"，中间少了一个"马"字，表示不再管易马之事了，但依然是清朝实行茶叶官卖的专门机构。乾隆中期，先后裁撤洮州茶司和河州茶司，剩下的西司、庄司（在今甘肃永登）、甘司（设在今兰州）共经管茶引 28996 道，其中西宁茶司额设茶引 9712 道，仍由商人纳税领引销茶。这时的茶叶均从湖南采运。这种状况一直延续到清后期。同治元年（1862），陕西爆发了回民反清斗争，在泾阳加工和等候盘验的茶封全部被烧抢。此后官茶贩运中断。同治十二年（1873），陕甘总督左宗棠奏议实行以督印茶票代引的办法，动员商人运销茶叶，官府收税。每票为 50 引，每引正茶 16 封（80 斤），折纳正课银 3 两。另外，在行销时，再向地方卡局完纳厘税一次。但由于茶叶质量不好，销售情况不佳，茶商亏损不堪。光绪八年（1882）以后，关闭了西宁、庄浪等地的官茶店，允许商人纳税后自行运茶卖茶。茶商为了提高竞争力，到产茶地方选购真细好茶，仔细加工，在茶封上标明商号名称，足额包装，销售状况才有了好转。民国时，仍沿用商人纳税买茶票运销茶叶的做法⑩。

延续千余年的茶马互市曾经对繁荣农牧业经济，改善农业区和牧业区的生产和生活结构，促进民族间的和好共处发挥了非常重要的作用。由于茶马互市的开展，在内地和边疆地区之间形成了纵横交错的贸易网络，开辟并拓展了茶马古道。事实上，茶马古道传输的不限于茶叶和马匹，从内地运来的还有丝绸、布帛、粮食、日用手工业制品等，从青海运出的还有羊毛、皮张、鹿茸、麝香、药材等。茶马互市不仅仅是一种经济联系方式，还包含着极为丰富的政治、宗教、文化等内容。由于茶马互市和贡赐贸易的开展，使中原王朝与青海的政治、经济、文化联系更加密切。茶叶的不断输入，使青海各族人民的饮茶习俗得以形成和发展。茶马互市丰富的历史文化内涵，值得今人深入研究，从中获取历史启示。

宋、元、明、清时期，青海少数民族与中原王朝有过频繁的贡赐贸易，是中国封建社会为了表明政治上的君臣藩属关系而进行的一种政治活动。"贡"，是指为臣一方向君主一方敬献方物；"赐"，则是君主一方出于礼仪和笼络的需要而赐给为臣一方一定数量的物品作为回报。一般情况下，进贡与回赐的价值大体相当或回赐略高于进贡。因此，进贡与回赐不仅是一种表明上下隶属关系的政治行为，而且也是一种特殊的商品交换方式，被人们称为贡赐贸易。

贡赐活动最初产生的时候，政治所占的比重较大，而后来经济所占的比重增大，贡赐双方也越来越看重贡赐活动所产生的经济效益。青海地区零星的朝贡活动很早就已经有了，但真正意义上的大规模的贡赐贸易活动，却肇始于南北朝时期的吐谷浑政权，发展于唃厮啰政权时期，兴盛于明代初期，最终没落于清代初期。在元代以前，青海地区的贡赐贸易主要在两个政权之间通过派遣使者的方式来进行。元代以后，随着青海地区被纳入统一多民族国家的版图，参与贡赐贸易的则主要是当地少数民族部落首领、僧人和土官了。

北宋时，兴起于河湟地区的唃厮啰政权，为了抵御强敌西夏的侵扰，在政治上需要得到当时势力最强大的北宋王朝的支持，在经济上需要从中原地区获得本国贵族和百姓生产生活所需要的各种商品，因此，奉行"联宋抗夏"的政策，积极与北宋建立政治经济联系。北宋政权为了利用唃厮啰政权来牵制西夏，同时从河湟地区得到国防和生产所急需的马匹和西域各国的上好玉石、珍珠、玛瑙等宫廷所需的奢侈品，对唃厮啰政权的称臣进贡活动给予了积极回应，除了对贡品按值给价外，还额外给予丰厚的赏赐。所赐包括茶叶、布帛、药品等一些禁止出边的物品。唃厮啰政权向北宋进贡的物品，除了有马匹、麝香等特产以及从西域商人手中换来的象牙、珍珠、玛瑙等珍贵物品外，还有制作精良的各种兵器。据不完全统计，从唃厮啰本人第一次（1015）向北宋进贡，到其政权崩溃（1104）的 90 年间，唃厮啰政权及属下的河湟吐蕃大首领向北宋进贡 45 次，北宋回赐或封赐多达 150 余次[⑪]，可见双方的贡赐贸易活动是非常频繁的。

元代，青海地区的贡赐贸易得到了一定程度的恢复。但和以往不同的是，参与贡赐贸易的不再是某一个政权，而是许多少数民族部落的大小首领、上层僧人了。据《元史》记载，青海藏族部落首领、僧俗贵族前往大都（今北京）朝贡的络绎不绝，贡使团的规模非常庞大，常常有成百上千人。贡赐贸易的恢复，在一定程度上密切了青海少数民族和内地的经济文化交流，增强了民族凝聚力。

明朝建立初期，为了加强对西北少数民族地区的统治，在普遍推行卫所制度和土官制度的同时，为实现分而治之的目的，还积极鼓励这一地区的少数民族首领赴京进献方物，"自通名号于天子"，以表示对明王朝的顺从和"向化"。同时，为了推行"因俗而治"的政策，给这些地区的上层僧人授予大国师、国师、禅师、都纲、喇嘛等僧职，允许他们赴京朝贡。据学者们统计，从洪武六年（1373）到正德九年（1514）的 141 年间，今青海境内的少数民族首领、上层僧人和土官进京贡献方物的次数总计达 200 次以上，平均每年 1.4 次以上[⑫]。青海地区的朝贡者们进献的方物主要是马匹，明朝政府为了表示"恩典"和笼络人心，除了对进贡的方物论值给价外，还要给予丰厚的赏赐。而且，贡使们在返回途中可以做生意，获利很多。如正统八年（1443），瞿昙寺国师喃葛藏卜等赴京朝贡时，请求朝廷允许他回去时购茶 1.5 万斤，最后朝廷准许他购买5000 斤。

洪武年间，明朝政府对进京朝贡者，随便赏赐，并无定制。明成祖永乐年间，要求上层僧人一年一贡，不久又改为三年一贡，并且明确规定：三年期到，如不朝贡，即视为对朝廷不敬。同时，明朝礼部在永乐元年制定出了对朝贡者的赏例。由于明朝政府给朝贡者的赏赐比较优厚，朝贡者返回时沿途又可以进行贸易，购买所需的茶叶、布帛，所以僧人、土官趋之若鹜，明朝政府不堪重负，不得不对朝贡的人数、次数加以限制。景泰七年（1456），明朝政府大大减少了对番僧朝贡的赏赐，同时要求"贡有定期、人有定数、物有定品、印信有定据"[13]。但是，各地前来朝贡的部落首领、僧人几乎每年都超过了规定的数额。成化三年（1467），明朝政府再次要求西宁、河州等地的地方官，今后"凡番夷进贡，务将年貌、族分及所贡物——审核开报，勿令冒名作弊"[14]。明正德初年后，大批东蒙古部落先后来到以青海湖为中心的青海草原上游牧，藏族部落成了蒙古人的附庸，被迫年年向蒙古人交纳称之为"添巴"的贡赋。从这时起，青海境内的藏族部落首领、上层僧人和土官很少向明朝进贡，贡赐贸易也一落千丈，开始衰落下去。

明末清初，青海藏区归厄鲁特蒙古和硕特部首领顾实汗管辖。清朝入主中原后，顾实汗向清朝的进贡就更加频繁了。入贡使团的规模也非常庞大，经常有贡马、骆驼数百匹或上千匹。清朝政府为了抚慰远方，给贡使非常优厚的待遇。除按贡马的等级以高于市价发给银钞，或折合实物付给贡马价外，还按贡使官衔大小、地位高低颁赐各种赏品。顾实汗去世以后，青海地区的蒙、藏部落与清朝之间的贡赐贸易往来并没有中断。罗卜藏丹津反清事件发生后，清朝政府对青海蒙、藏首领的进贡活动进行了整顿和规范，规定朝贡要按期定地举行，在王公台吉中指定人数，让他们自备驼马，由边外赴京请安进贡。这时候，例行的朝贡虽然也有赏赐，但贡赐贸易不论从规模上还是从数量上都大不如前。辛亥革命后，随着清王朝的最终灭亡，延续了上千年的贡赐贸易便退出了青海的商贸历史舞台。

　　从唐宋开始，由于茶马互市的开展，青海饮茶的人逐渐多起来。宋、元、明、清时期，青海各族群众所饮茶叶的品种不够丰富，朝廷调运什么茶就饮用什么茶，主要以从四川运来的为主，包装形式上，先以散茶为主，后期以紧压的砖茶为主。明正德（1506—1521）以后，以压制包装的"茯茶"为主。茯茶是黑茶中的佼佼者，黑茶是六大基本茶类之一，属于后发酵茶，也是全发酵茶。茯茶能够随时间的推移慢慢陈化、香醇，故存放年代越久香味越浓，茶汤越易烹冲出来，茶汤色泽红艳明亮。茯茶有助消化、减肥和补充各类维生素，以及降脂、降压、调节糖类代谢等功效。

　　唐宋以来，茶马互市主要在朝廷与藏族之间进行，宋代青海地区的主体民族是藏族，饮茶的人自然以藏族为主。此后直到清代，藏族一直是青海茶叶消费的主体民族之一。藏族饮茶习俗有饮清茶、奶茶的，还有饮酥油茶的。酥油茶，藏语称"恰苏玛"，意思是搅动的茶。酥油是从牛奶或羊奶中加工提取的脂肪类食品，营养十分丰富，食后能产生很大的热量，御寒性强，非常适合青海的高寒气候。《丹噶尔厅志》卷五载："藏番所饮之茶，尝以茶叶熬成，灌入长木桶，和酥油以木杵舂之，经三五次而后成，名曰打茶。邑人多喜饮之，每人至三四十碗，有终日彻宵不休者。"[⑮]清代藏族酥油茶的做法与当今差不多：先将茯茶煮出浓茶汁，然后滤去茶叶，将茶汁放到一个细长的木桶中，加入酥油和食盐，然后用一根木棍用力搅打，待将茶汁与油盐搅打得水乳融为一体时，再倒进锅里加热，有时与牛奶一起加热，便成了咸甘浓香的酥油奶茶了。更早是将酥油和茶放到一个皮袋中，扎紧袋口，用木棒用力敲打，直到打制成香稠浓滑的酥油茶。打酥油茶用的茶筒，多为铜质，也有用银制的。而盛酥油茶用的茶具，多为银质。茶碗虽以木碗为多，但讲究一些的用金、银或铜镶嵌而成。

　　藏族比较讲究喝酥油茶的礼节，大凡有宾客登门，主妇会请客人拌一碗糌粑，即将炒熟的青稞粉，用茶汁调制成半干半湿状，或捏成团子的食品。随后，递上酥油奶茶，再热情地邀请客人一边喝茶，一边吃糌粑。按当地的习惯，客人喝酥油茶时，不能端起碗来一饮而尽，这样喝被认为是不礼貌、不文明的。一般每喝一次，碗底都要留下少许茶，二三巡后，客人不想再喝时，就把剩下的少许茶汤有礼貌地泼在地上，主妇便不再劝饮了。

藏族聚居区有一种风俗，当喇嘛举行诵经仪式时，虔诚的信徒要向僧人敬茶，接受者被称为"茶僧"。富人向贫者施茶，被认为是积德行善之举。在藏区的一些大寺院里，往往备有一口特大的茶锅，每逢众人朝拜时煮水熬茶，供香客取饮，是佛门的一种施舍。藏族婚嫁送聘礼时，或亲友之间看望走访时，均视茶为珍贵礼品。

青海蒙古族的饮茶习俗与藏族大同小异。蒙古族喜饮奶茶，蒙古语叫做"乌古台措"，是蒙古族的传统热饮。其做法是：先用砖茶烧煮成茶汤，把茶叶过滤掉，再加入鲜奶煮制而成，喝时通常要加少许盐，也喜欢添加酥油，或放入炒米、奶制品泡食，风味咸鲜甘香。另外一种比较简单速成的做法是，将砖茶或散茶磨成茶粉，将奶煮滚后按照个人的口味直接加入茶粉煮制，再加入盐等，片刻即成，这种方法一般用于放牧的途中。

除藏族、蒙古族外，青海其他民族也喜欢饮茶，这种习俗一直传承到当代。《明史》卷八〇《食货志》说："西北多乳酪，乳酪滞膈，而茶性通利，能荡涤之。""盖西北人嗜茶，有自来矣。"西北民间谚语有"宁可三日无粮，不可一日无茶"的说法，是西北茶俗的真实写照。西北地区食物中牛肉、羊肉、奶酪等高脂肪食物所占比例较高，而蔬菜、水果等高维生素、微量元素较为缺乏，所以"嗜茶"。

元明清时期，汉、土、回、撒拉等民族群众的饮茶习俗，缺乏详明记载，但生活习俗虽有变异性，其基本元素却是比较稳定的，据此，我们用近现代的习俗反推古代，大致不误。这一时期，青海汉族人除沿用内地汉族的饮茶习惯外，还因为生活在农牧兼营的高原地区，所以饮茶习惯与藏、蒙古族比较接近，也喜欢饮黑茶类中的茯茶。青海农业区的各族群众喜欢喝用陶瓷罐或砂锅、铜壶熬煮的色泽黄褐、浓醇微涩的熬茶，不嫌茶陈、茶老。民间有"清茶熬成牛血了"的俗语，极言茶之浓酽。在熬茯茶时，一般习惯在茶水里加一些荆芥、薄荷、红枣、盐、花椒等物，然后用文火慢慢地熬煎，待汁浓味甜，诸味俱现时，方才停火。当地有句俗话是这样说的："人没钱，鬼一般；茶没盐，水一般。"

是青海人喜欢喝有点咸味清茶的真实写照。如果在这清茶里加入牛奶熬煮，便是醇香的奶茶了。喝熬茶能解渴暖身，可以生津止渴，缓解高原地区因干燥而引发的多种病症。还可以解油腻、油脂，如果有了积食、胃寒等肠胃不适症状，喝上几杯热热的熬茶，立刻就会通体舒爽。

元代回族（一说蒙古族）饮膳太医忽思慧在《饮膳正要》一书中记载了大量回族饮食的内容，其中回族和撒拉族饮茶习俗相同，最具代表性的方式是刮碗子茶。刮碗子茶用的茶具，俗称"三件套"，由茶碗、碗盖和碗托或盘组成。茶碗盛茶，碗盖保温保味，碗托防烫。喝茶时，一手端托，一手握盖，并用盖顺碗口由里向外刮几下，这样一则可拨去浮在茶汤表面的泡沫，二则可使茶味与添加食物相融合，变得浓酽，刮碗子茶的名称也由此而来。因三件一套的茶具形如炮台，故又称"三炮台茶"。刮碗子茶用的多为普通炒青绿茶，冲泡茶时，茶碗中除放茶叶外，还放有冰糖与多种干果诸如葡萄干、红枣、桂圆、枸杞、核桃等，有的还要加上白菊花、芝麻之类，通常多达八种，故也有人美其名曰"八宝茶"。回族、撒拉族同胞认为，喝刮碗子茶次次有味，且次次不同，又能去腻生津，滋补强身，是一种甜美的养生茶。

土族人也喜欢饮熬茶。熬煎时，在滚烫的开水中加入茯茶、花椒、姜片、盐等调味品。旧时河湟流域的各族民众买不起茯茶的人家，有熬煮麦茶作饮料的习俗。麦茶的主要原料是炒熟的小麦，熬制时，再加入花椒、茴香、姜粉、草果、盐等调味品。

第三节　文化教育与民间文艺概况

宋、元、明、清时期文化教育与民间文艺概说　明代儒学教育的起步　清代教育的发展　明清时期地方志书的编纂　明清时期祠庙的修建与祀典的举行　宋、元、明、清各朝对宗教的优容　民间文艺与思想文化遗产

青海历史上各民族的风俗都以尚武强悍著称。汉以来中原地区民谚就有"关东出相，关西出将"之说。青海地方志称，青海"民俗质

朴，风土壮猛，人性坚刚慷慨"，"爱礼不胜爱羊之心，重武逾于重文之念"⑯。这种尚武强悍的民风有其积极的一面，但若缺乏教育引导，则往往表现为争强斗狠、铤而走险的愚勇，对当地的社会稳定、经济建设、民族团结可能造成负面影响。宋、元、明、清时期，青海地方当局比较重视发展教育，以改变强悍的民风。如宋代曾在熙河兰湟路设过蕃学，对当地吐蕃上层家庭的子弟进行藏语言文字、汉语言文字教育。元代也有注重教化的举措，但限于资料，难述其详。由于条件所限，宋、元时期教育的成效不是很大。明、清时期，青海河湟地区汉族人口大幅度增加，实施儒学教育有了一定的基础和需求。明代前期，朝廷认为尊孔重学可取得培养人才、引领风俗、稳定社会、增强民族凝聚力的效果，能在崇儒尚礼、贵和乐善、诚信爱国等风尚的培育上起到积极作用。在官方的推助下，河湟地区儒学教育有了初步发展，出现了卫儒学，还有少量社学。儒学的初步发展，不仅培养了一批汉族人才，而且也培养了部分少数民族的俊秀子弟，青海地方开始产生进士、举人。清朝办学的数量、规模和普及程度都远远超过了明代。除官办府、县、厅儒学外，还出现较多的书院、义学和私学等。另外，明清时期还较重视社会教育，有乡社和家族教育等形式，教育内容包括成才教育、顺民教育、生业教育、伦理道德教育等。少数民族地区还有宗教教育，有条件的也开展宗教文化知识和行善敦礼的教育。明代，青海地方志书的编纂蹒跚起步，先后有张莱草创的《西宁卫志》（佚）和西宁兵备副使刘敏宽、西宁卫同知龙膺主持修纂的《西宁卫志》。清代修的志书有：《西宁志》（又名《西镇志》）7卷，《西宁府新志》40卷，《碾伯所志》以及《循化志》8卷，《丹噶尔厅志》8卷，《西宁府续志》10卷等。明、清时期，特别是清代，地方官依国家礼制要求先后建设了一批文庙、城隍庙、文昌宫、昭忠祠、乡贤祠、关帝庙等祠庙，还依制立有社稷坛、风云雷雨山川坛、厉坛、先农坛等坛壝，每年定期举行相关的祭祀仪式。此外，各地官绅民众还修建了众多祠庙、牌坊。这些众多的祠、庙、坛壝、牌坊等，在承载人们信仰寄托的同时，在无形中又传播着国家的政治意识和文化观念，它有使河湟地区各族民众在意识、信仰上向内地进一步靠近的潜移默化的作用。宋、元、明、清各朝对宗教实行优容政策，使藏传佛教和伊斯兰教都得到较快发展。元、明时期，青海形成了汉、藏、回、蒙古、土、撒拉六大世居民族交错居住的基本格局，各民族人民在共同开发青海大地的同时，孕育、发展了丰富多彩的地方文化艺术。特别是明、清两代，随着中原汉族向青海移民的增多，中原地区的艺术种类陆续传入河湟地区，逐渐形成河湟曲艺（含平弦、越弦、贤孝等）、社火表演、皮影戏展演、花儿等文艺形式。广大牧区的藏族群众除民间艺人说唱英雄史诗《格萨尔王传》之外，也流行讲说长篇叙事诗、故事、传说等。各民族文化相互交流、吸收、融汇，艺术水准不断提升。各民族的思想、精神精华以格言、谚语、民间歌谣、民间故事和传说等形式绵延积淀，传承不绝，其中不乏倡导社会和谐的宝贵思想遗产。

明朝立国伊始，即十分重视发展教育。洪武二年（1369），诏天下府、州、县皆立学。后来，进一步要求都司、行都司和卫也设置儒学。明朝提出治国以教化为先，教化以学校为本的观念。尊孔重学政策，可取得培养人才、引领风俗、稳定社会、增强民族凝聚力的效果。在用科举成名诱导士人的同时，还能在崇儒尚礼、贵和乐善、诚信爱国等风尚的培育上起到积极作用。儒学思想的广泛传播，对于培育和加强各少数民族对中华传统文化的认同，从而自觉维护民族团结和国家统一的局面，有着重要的作用。嘉靖二十六年（1547），甘肃等处巡抚都御史杨博在奏疏中认为，学政既举，则少数民族不熟悉儒家知识的状况，可以在潜消默化中得到改变。宣德二年（1427），镇守西宁的都督佥事史昭和西宁卫官上奏："西宁虽是边方，然官员军民之家亦有俊秀子弟向慕读书，缘未建学立师，无所授业。又凡庆贺表笺，无人撰述书写，请开学校如内地。"①同年十二月，得到朝廷批准。卫儒学设在西宁城东北角，建有殿庑、斋堂及射圃，备有礼器、图书。成化二年（1466）四月，甘肃巡抚右佥都御史徐廷章上奏，西宁、凉州、庄浪、山丹等卫学应如府州县学例，定拟廪膳生员，月给廪米五斗，科举外挨次岁贡出身。后经议准实行。

西宁卫儒学建立后，屡经扩建和维修。成化六年（1470），都御史徐廷章檄守备都指挥孙鉴增修。弘治三年（1490），西宁兵备副使柯忠重修，"爰始抡材鸠工，聿新堂斋、号宇、射圃、棂星诸门。既而劝募富室，量出己资，增饬簠簋，购求编帙，俾向之颓弊缺失者，俱绍复如前"[18]。嘉靖十二年（1533），兵备副使李经主持重修，不仅将一部分房屋土顶换为瓦顶，而且扩大了儒学规模，"缘斋之掖为号舍五十余楹，为学宫舍二十余楹，牲舍三楹。右为射圃厅五楹，缭以垣墙，益以丹碧"[19]。扩建后的卫学"规度聿新，宫墙岩岩，廊庑翼翼。而边陲耳目，炳然改观"[20]。

除了在西宁卫开设儒学外，在西宁卫城和碾伯还建有社学 2 所，对15 岁以下幼童进行有关本朝律令以及礼仪制度等方面的教育。其中西宁卫城内的社学，由都御史徐廷章于成化十四年（1478）在察院旧址改建。

明代的乡社和家族教育比前代更为完备、严整。很多家谱都将朱元璋的《圣谕六言》（即"孝顺父母，尊敬长上，和睦乡里，教训子孙，各全生理，毋作非为"）载入宗规、家训之首，利用祭祀、读谱等机会反复宣讲，进行成才教育、顺民教育、生业教育、伦理道德教育，少数民族地区还有宗教教育。

清朝建立后，河湟地区的文化教育事业在明代的基础上又有了进一步的发展。首先是儒学教育有新的发展。康熙四十六年（1707），西宁卫儒学教授梁景岱捐资重修学署。康熙五十五年（1716），兵备副使赵世锡、西宁镇总兵王以谦、同知摄西宁厅事沈廷正等加修明伦堂，堂之东为博文斋五楹，堂之西为约礼斋五楹，前面是仪门[21]。雍正三年（1725），改西宁厅为西宁府的同时，改卫儒学为府儒学。知府沈梦玺捐建训导署于学宫旁。西宁卫和碾伯所分别改为西宁县、碾伯县后，二县的儒学同时建立，其中西宁县儒学设教谕一员，碾伯县儒学设训导一员。雍正十二年（1734）八月，针对西宁府向无贡院，府学及西、碾二县学文武生童都不得不远赴临洮或凉州应试，赴考者渐少的状况，经署临巩布政司印务西宁道杨应琚、署西宁道副使高梦龙、知府杨汝梗、西宁知县沈予绩、碾伯知县张登高暨阖学生员捐资创建了贡院，申请文宗来郡考拔。乾隆四年（1739），西宁道佥事杨应琚、西宁知县靳梦麟再次重修儒学明伦堂，并"远延江浙之士施帐，选两邑秀才肄业，供其修脯焉"[22]，至此，西宁府儒学略具规模，儒学教育基础设施逐步得到改善。

在此前后，为官河湟的许多外省籍官员，捐建学署，筹措膏火，拟定学约，殚精竭虑，为发展地方教育作出了巨大贡献。如曾两度出任西宁道的杨应琚，"初莅兹郡，即以学校为首务，重建泽宫，广立社学，延远方博雅之士，供诸生膏火之资；修四礼乡饮之仪，布乐舞源流之制；举宾兴之典，严考课之法，多年熏陶，不惜心力"㉓，是地方官员中兴办教育的典范。

乾隆二十六年（1761），大通卫改设大通县，设训导一员。乾隆四十九年（1784）十二月，在循化厅添设厅儒学，设训导一员。贵德厅虽未设立儒学，但乾隆十六年（1751）西宁道佥事杨应琚、知府刘洪绪、千总彭馥呈请，照大通之例规定学额。巴燕戎格厅和丹噶尔厅因系新设，暂未设学额。截至清末，西宁府设有儒学教授一员、训导一员，西宁县儒学教谕一员，碾伯县儒学训导一员，大通县儒学训导一员，贵德厅儒学教谕训导一员，循化厅儒学训导一员㉔。

在府、县、厅所办的儒学有了大的发展的同时，雍正以来，在藏、汉、土、回、撒拉等民族杂居的河湟地区，还在道、府、县官员的积极倡导和社会各界捐资襄助下，陆续创建了许多书院、社学、义学等其他教育场所和形式。

书院最早是私人读书讲学的地方，明清时逐渐被改造成半官方式的教育场所，雍正以后得到空前发展。乾隆元年（1736），大通卫首先创建三川书院。乾隆二十六年（1761），碾伯知县何泽著创建乐都书院（后更名凤山书院）。乾隆五十年（1785），西宁知县冷文炜倡建湟中书院于西宁府城南街，招廪、贡生童考课肄业于其中。乾隆五十一年（1786），贵德县丞章熙永在城内何家街创建河阴书院，嘉庆元年（1796），同知嵇承裕捐资重建。道光九年（1829），大通知县张于淳在县儒学旁倡建大雅书院（后更名崇山书院）。光绪二年（1876），西宁办事大臣豫师、西宁道张价卿、西宁知府邓承伟、西宁知县朱镜清等在西宁倡建了五峰书院，延请当地名儒主讲。次年，大通知县倡建了泰兴书院，循化厅创设了龙支书院。光绪十三年（1887），丹噶尔厅同知将厅城两所义学合并为海峰书院。至此，河湟地区先后创办的书院达到9处㉕。这些书院大多推行儒学教育，注重考课，基本都有学田，籍地租收入维持，也有将捐助银两发商生息，作为膏火束脩的。

　　清代义学是从专门教授旗人子弟和边省少数民族子弟发轫的,乾隆以后才在内地广泛设置。初期义学不同于社学、私塾之处,在于它以教育"孤寒子弟"为主,一般不收"束脩",有的还发给学生用品。义学、社学都有官办的和私办的两类,前者教师俸银由国家开支,后者以捐田、捐银、捐房的租入填充。青海东部地区清代普遍建立了义学、社学和其他私学。如:雍正六年(1728),碾伯知县张登高在县治东北捐置社学一处;乾隆二年(1737),经西宁道佥事杨应琚、署守备李恩荣、孙捷捐俸,于大通卫城及卫属之向阳堡创建义学2处;乾隆十一年(1746),西宁道佥事杨应琚、知府刘洪绪、知县陈铦在西宁东关创设回民社学,西宁道佥事杨应琚、知府刘洪绪、知县陈铦与丹噶尔主簿在丹噶尔城捐俸创设社学;乾隆十二年(1747),西宁道佥事杨应琚、知府刘洪绪、所千总彭馥在贵德所创设义学等等。此外,西宁道、西宁镇、西宁府、西宁县等各级官署还在西宁建有义学若干处。据地方史学者统计,入清以来,西宁府所属3县4厅陆续设立义学共计90处,在藏、汉、土等各民族杂居地和回族聚居区创设社学20余处[26]。为了保障学校经费,各类学校多设有学田,由佃户租种,岁纳租税。各类学校还制定有学约、学规,以规范教学活动,勉励生童学习。

　　儒学教育的发展,在很大程度上促进了河湟地区文化教育事业的发展。据统计,清代前期,河湟地区考中进士6人,举人23人;武进士13人,武举人52人[27],较之明代,增加不少。乾隆年间曾任西宁知府、分巡抚治西宁道的刘洪绪对此发感慨道:"(河湟地区民众)子弟虽素朴鲁,尚气力,亦复知诗书,讲礼让……予为之俯仰流连,喜动眉宇。……虽在边荒番族,莫不敢柔服于礼乐,庠序之化,媲美于内地。考之往古,质之近代,盖未有如今日之盛者也。"[28]

　　清统治者也很重视对民众的思想教化。清雍正二年颁发《圣谕广训》,要求家喻户晓,加强乡村教化。清代甘宁青地区家族制度盛行,几乎每个较大的家族都有宗谱(族谱、家谱)、族规、祠堂、族田等,族长通过这些设施教育家族成员,使他们成为知书达理、遵纪守法、恪守儒家纲常名教的孝子顺民。青海信仰伊斯兰教的民族在清真寺进行经堂教育,包括宗教知识、阿拉伯文字和汉语言文字知识等;信仰藏传佛教的民族，有条件的也在寺院进行藏语言文字、天文历算、医药卫生、绘画雕塑、宗教舞蹈等多方面的教育。这些对于社会统治思想的构建、社会秩序的稳定都有积极作用。

明代地方官员们还在河湟地区积极修建祠庙、进行祀典活动，将其作为建立王朝秩序的基本措施。早在洪武十九年（1386），西宁卫指挥李实主持在卫城西北隅修建城隍庙，在卫城后建旗纛庙。宣德三年（1428），都督史昭始主持修建文庙。弘治三年（1490），副使柯忠主持增修文庙。嘉靖年间，西宁兵备副使李侯将卫儒学东面的文昌祠改立为忠节祠，"堂庑碑亭维备"，入祀者有：汉代后将军赵充国、强弩将军许延寿、伏波将军马援、护羌校尉邓训，隋卫尉卿刘权，唐经略副使娄师德，宋熙河经略使王韶、河州团练使高永年、陇右节度使王厚，明长兴侯耿炳文，都指挥李南哥，会宁伯李英，指挥陈治，千户李淳，百户葛日永、丁显、佛玄等。万历二十年（1592），在雷鸣寺西建成三师殿。此外，明代在西宁卫城还建有宣圣庙、启圣祠等祠庙。另据《西宁志》载，明代时西宁卫修建的坛壝主要有社稷坛、风云雷电山川坛、厉坛等，在西宁卫城的方位为，"社稷坛，城西一里。风云雷雨山川坛，城南三里。厉坛，城北一里"[㉙]。从《西宁志》所载西宁卫城全图（据甘肃省图书馆手抄影印本）看，社稷坛在西宁卫城外西北角，厉坛在卫城外东北角，风雨坛在卫城外的东南角。在西宁右所碾伯，也建有相应的祠庙。洪武十九年（1386），在所治西南隅创建城隍庙。成化十四年（1478），都御史徐廷章主持修建了文庙。此外，嘉靖之前，碾伯东关有真武庙，嘉靖三十三年（1554），增修暖阁、龛亭，并予彩绘，以至"金碧辉煌，文彩炫烂，峥嵘壮丽，视昔有加"[㉚]。

清代继承明代的做法，将建祠庙、行祀典作为在地方社会建立王朝政治文化秩序的基本措施之一，继续在河湟地区广泛推行。尤其是卫、所改并为府、县、厅后，文员出身的各级地方官员对此尤为重视，不遗余力。如：乾隆元年（1736）复任西宁道的杨应琚，见"宁郡祀典阙略"，遂"延浙儒周兆白至，教弟子员，俎豆乐舞之仪，刊示广布，日习月熟，庙貌尊显，宿燎悬设。承祭之晨，琴瑟旗章，金鼓析羽，俯仰节奏。殿庭之上，士民跄跄翼翼，观礼识古于戟门、泮池之间，咸叹息前所未有"③。

据地方志书记载，入清以来，西宁府及所属县厅依制建有文庙、城隍庙、文昌宫、昭忠祠、乡贤祠、关帝庙等祠庙，每年定期举行相关的祭祀仪式。这里以各地文庙的创建及续建为例：西宁府、西宁县文庙，创建于明代，清康熙四十六年（1707）卫学教授梁景岱倡阖学捐资重建，五十二年（1713）西宁道副使杨宗仁捐俸加葺，乾隆六年（1741）"佥事杨应琚、知府沈梦玺、知县王镐以泽宫卑狭，不能改为，于六月吉日鸠工庀材，自大成殿两庑、戟门、棂星门、泮池恢拓另建。又置斋房各三楹，赀繁力费。嗣知县应际盛、张渡、知府刘洪绪，知县陈铦继至，共襄功役。至十一年闰三月辛酉告成"（在今西宁市第十四中学西侧）③。碾伯县文庙，创建于明成化年间，清顺治十二年（1655）西宁兵备道冯如京重修，康熙四十三年（1704），西宁卫儒学教授梁景岱、碾伯所千总李天祥率诸生加葺，乾隆七年（1742），碾伯知县徐志丙以泽宫卑隘，自内至外展拓重建，至乾隆十一年（1746）竣工；大通卫、大通县文庙，乾隆二十七年（1762）由知县何泽创建，咸丰九年（1859）知县苏文炳重修，同治四年（1865）遭焚被毁，十三年（1874），知县黄仁治重建，光绪三年（1877）知县王翔加修；循化厅文庙，乾隆五十一年（1786）同知达桑阿奉文修建，同治三年（1864）城陷被毁，十二年（1873）按察使陈湜拨款重建，光绪十六年（1890）同知长赞重修，光绪二十八年（1902）同知叶克信重修；贵德厅文庙，嘉庆元年（1796）同知安福、训导张玉成创建，同治六年（1867）被毁，光绪三年（1877）重建。

除上述地方官依国家礼制要求建设并定时祭祀的祠庙外，入清以来，各地官绅民众还修建了众多祠庙、牌坊。据地方志书记载，仅西宁府城就先后建有雷祖庙、马神庙、火神庙、三官庙、北斗宫、百子宫、报恩堂、药王宫、真武庙、东岳庙、文昌庙、龙王庙、都龙王庙、雹神庙、庆祝宫、神海庙、财神楼、魁星楼、厩神庙、广嗣宫、三皇殿、玉皇阁、灵官殿、旌节祠、旌忠祠、八蜡祠等二三十座祠庙殿堂。先后所建个人祠庙计有：孟忠毅公（孟乔芳）祠、刘参政（刘殿衡）祠、西宁道副使杨公（杨宗仁）祠、殷公（西宁总兵官殷泰）祠、马军门（西宁总兵官马际伯）祠等；另外还建有柱国元勋坊（为四川提督张尔奇建）、贞节坊（5处）、烈女坊、"腾蛟起凤坊"、"三峡朝宗坊"、"襟河带海坊"等牌坊。这些众多的祠、庙、牌坊，在承载着人们信仰寄托的同时，在无形中又传播着国家的政治意识和文化观念，有使河湟地区各族民众在意识、信仰上向内地进一步靠近的潜移默化的作用^㉟。

编纂地方志是我国优良文化传统，是地方文化教育发展进步的结果和反映，对于推进地方区域社会的文化认同和社会一体化具有潜移默化的重要作用。明代以前，由于地处偏远，文教不兴，青海河湟地区没有一部记述当地政治、经济、文化、地理等的地方志书问世。入明以来，在各级政府和官员的积极推动下，当地文化教育落后的面貌逐步得到改观，地方志的编纂也开始得到重视。嘉靖年间，西宁卫邑人张莱草创《西宁卫志》，该志后虽亡佚，但无疑是青海历史上的第一部志书，开创了青海地方修志的先河。万历年间，西宁兵备副使刘敏宽、西宁卫同知龙膺主持修纂了《西宁卫志》。该志修成于万历二十三年（1595）十二月，后刊刻印行，然传世极稀，至清乾隆年间，已佚亡。后经西宁兵备道杨应琚多方搜求，仅得宦绩及艺文数卷。所幸，明末清初著名学者顾炎武在《天下郡国利病书》中录有该志部分内容，今人王继光据以辑成《西宁卫志》3卷，使我们对该志的基本面貌有大致的了解，也为研究明代河湟地区的历史提供了宝贵的历史资料。

清代以来，一些地方官员在兴办教育的同时，也十分关注地方志书编纂。早在顺治十四年（1657），西宁道佥事苏铣纂成《西宁志》（又名《西镇志》）七卷，体例较为完备，保留了许多明代至清初西宁地区政治、经济、社会、军事、文化等方面的第一手资料，为青海现存最早的地方志。乾隆十二年（1747），西宁道佥事杨应琚纂成《西宁府新志》40卷，约30万字。该志体例不因袭故常，多有创新，作者不仅对当地的地理沿革详加考证，而且书中许多材料为作者亲自调查所得，为明清时期众多陇右方志中的上乘之作，也是现存最完备的青海地方志书。康熙后期，碾伯千户所千总李天祥纂集《碾伯所志》，内容比较简略。乾隆五十七年（1792），龚景翰编成《循化志》8卷。该志不仅在体例上有所创新，而且考证精慎，广征博引，质量较高。嘉庆年间，出任西宁办事大臣的文孚于任职期间披阅档案，摘录一些重大历史事件，编成《青海事宜节略》、《湟中杂记》等书，均较为简略，对研究青海历史有一定参考价值。西宁府知府邓承伟修，学者张价卿、来维礼等纂，成书于光绪四年（1878）的《西宁府续志》10卷；丹噶尔抚边同知张庭武修、杨景升纂，成书于光绪三十四年（1908）的《丹噶尔厅志》8卷，记载了清后期当地政治、经济、文化等多方面的历史，均有重要的史学研究价值。

　　宋、元、明、清时期，历朝政府均采取优礼宗教上层的政策，借以协调官方与宗教之间的关系，维护其统治，同时维护社会的稳定。宋代，唃厮啰政权时期，境内藏传佛教盛行。10世纪晚期，西藏佛教在河湟地区得以复兴，藏史称之为"下路弘传"。佛教在西藏重新崛起后，更广泛地吸纳融汇了西藏本土文化的内容，从而形成了独具西藏地域及民族文化特色的藏传佛教。与当时西藏社会内部相互隔绝，经济上缺乏内在联系，政治上分散割据的客观环境相适应，加上教法教理传承上的差异，藏传佛教在形成过程中出现了不同的派别。早期的教派主要有宁玛派（俗称红教）、噶丹派、萨迦派（俗称花教）和噶举派（俗称白教），各教派内部又有许多不同的传承和支派，尤其噶举派支系繁杂，素有"四大八小"之称。藏传佛教形成后，逐渐向整个藏区及其边缘地区传播。据藏文史籍记载，公元11世纪后，噶举派各支系在今青海玉树一带传教建寺活动异常活跃。其中止贡噶举、巴绒噶举、周巴噶举及叶巴噶举等支派都在青南建有寺院。止贡噶举派的创始人仁钦贝（1143—1217）便是玉树之人。巴绒噶举派创始人达玛旺秋的弟子直希热巴（1128—1201）曾长期传教于西夏，是西夏王的灌顶师。12世纪末他两次到玉树地区讲经传教，并建有寺院（杂毛寺、毕日拉庆寺等），影响甚大。元代，青海藏传佛教得到进一步发展，青海境内又新建了一批寺院，如称多县尕藏寺，玉树隆庆寺、达杰寺，同仁夏卜浪寺等。明代藏传佛教在前代基础上又有了新的发展，随着格鲁派的兴起，活佛转世制度开始形成，名僧辈出。明太祖"惩唐世吐蕃之乱，思制御之。惟因其俗尚，用僧徒化导为善，乃遣使广行招谕"。他之所以"招徕番僧，本籍以化愚俗，弭边患"[34]，实系因袭元代。但元代只崇奉萨迦派，明朝则"多封众建"，对实力大、有影响的各教派首领均赐以封号。据统计，明代藏传佛教代表人物受封法王者2人，被封为王者5人，西天佛子者2人，灌顶大国师者9人，灌顶国师者18人，"其他禅师、僧官不可悉数"㉟。朝廷给予各教派以较为宽松的政治环境，保持了政教关系的和谐，同时使各教派平等发展，互相牵制。

清代继续实行优礼宗教的政策，甘青地区藏传佛教在朝廷扶植下，出现了前所未有的繁荣局面，寺院林立，信教人数不断飙升，寺院经济相对稳定，其与统治阶级的和谐关系也相对巩固。青海地区是回、撒拉、保安等族聚居区，明清时这一地区还普遍设立了清真寺，穆斯林群众环寺居住，形成教坊，坊内设有"伊斯力"等管理机构。

但政治与宗教毕竟是不同领域的事情，不可能时时处处自然契合。于是约束宗教使与国家法制一致成为必要。明代无论"熟番"（"纳马中茶，颇柔服"者）还是"生番"（"犷悍难制"㊱者）都被视为边防藩篱，然而从宗教行政管理上看，制度性规定并不多。清朝以平定罗卜藏丹津事件为契机，对藏区制定了多方面严格的制度：限制寺院、僧人数量，取消辖民及收税特权，不许僧人随便游方、出边和进入西藏等藏区。清朝从对藏传佛教的单纯信仰优待和实际上的无序管理，到从宗教徒违法行事、甚至参与武装叛乱的社会实际中汲取经验教训，制定必要的政策法规，将宗教活动严格限定在法制管辖下，从而理顺了政教关系，为宗教活动指明了方向，有利于藏传佛教地区政教和社会的和谐。但清朝统治者在与伊斯兰教关系的处理上不如与藏传佛教那样和谐。

元、明时期，青海地区形成了汉、藏、回、蒙古、土、撒拉六大世居民族交错居住的基本格局，并延续至今。这一时期，随着中原汉族向青海移民的增多，中原文化西渐之势与日俱增。尤其是明、清两代，多民族杂居，和好相处，逐渐形成了丰富多彩、多元互补而地域特色鲜明的地方文化。如江淮一带的民间曲艺，西北地区的秦腔、眉户戏等艺术种类陆续传入河湟流域，深入民众之中，经过当地民间艺人吸收、加工，逐渐形成河湟曲艺（含平弦、越弦、贤孝等）、社火表演、皮影戏展演、花儿等文艺形式。其中"河湟花儿"是多民族共同传承共同培育的艺术奇葩。河湟艺人们借助中原文化艺术的形式，加入自己的即兴创作，使外来艺术逐步发生变异，创作出一批新的文艺节目。譬如打搅儿、贤孝、花儿中有不少作品是民间创作的，反映的是百姓的生活、需求和情感。陕西秦腔剧目在青海东部农业区组建所谓"皮鞋班子",演唱诸如《三娘教子》、《落碗记》、《游龟山》等剧目,以娱乐民众教化民众。秦腔通常被称作"大戏"。秦、晋商人在河湟流域教唱眉户剧目,诸如《刘海撒金钱》、《老换少》、《相窟》、《上天保顶砖》等,这些生活戏被称作"小曲",它更贴近民众,拥有广泛的群众基础。

广大牧区的藏族群众除格萨尔民间艺人说唱英雄史诗《格萨尔王传》之外,也流行讲说长篇叙事诗、故事、传说等。在重大的节庆活动中,歌手演唱宴席曲目、歌舞,讲说族源传说记忆、民间叙事诗等。回族的宴席曲、筛子舞,撒拉族的音乐舞蹈,土族的纳顿节、安昭舞,蒙古族的那达慕、长调等,在元、明、清时期都有了长足的发展。上述地域特色浓郁的民间艺术充分表达了青海各民族人民的精神需求和审美情趣。各民族文化各具特色又相互交流、吸收、融汇。明清时期青海热贡艺人的作品,有广泛的社会影响。藏传佛教寺院、伊斯兰教清真寺都很讲求建筑艺术,如藏传佛教寺院建筑兼采藏、汉建筑风格,寺院中的彩绘、雕塑、壁画、唐卡、佛经等均堪称艺术瑰宝,伊斯兰教清真寺的砖雕、木雕、回汉交融的建筑艺术等,都有极高的艺术水平。

各民族人民在共同开发青海大地的同时,创作了大量精神产品。文学作品包括诗歌、小说、散文、故事、戏剧、传记、格言、卜辞及口头文学。值得一提的是,藏族英雄史诗《格萨尔王传》,学界认为在宋至明代时期完成定型。这部史诗以雄宏的场景、优美深邃的语言、鲜明生动的形象,塑造了一位扬善惩恶、敢于斗争、战无不胜的英雄形象。《格萨尔王传》最终成为一部流传世界各国,被纳入世界文学宝库的巨著。明代西宁邑人、进士张问仁出身书香门第,为官清廉,又善诗文,有《闷子集》、《河右集》等著作传世。明清两代地方志书中辑录了大量描述青海风土人情、山川景色的诗、词、赋、散文等文学作品,其中不乏脍炙人口的佳作。清代外省籍著名诗人如张恩、杨应琚、朱向芳、屈笔山、龚景瀚、文孚等留下了不少咏青诗作,与此同时,青海本土诗人、诗作增多,较有影响的诗文集有李愈棠的《苕华诗集》,碾伯人吴栻的《洗心斋全集》,来维礼的《双鱼草堂诗集》等。这些诗集所收诗作反映了青海的山川风光,还有作者的生活和情怀。隆务寺夏日仓一世噶丹嘉措是安多地区颇有声望的藏族学者，晚年被誉为"安多诗人"，有《噶丹嘉措全集》传世。本地诗人的涌现和大量诗作的问世，从一个侧面反映了清代青海文化发展的步履。

　　青海各族人民丰富多彩的思想文化精髓，往往以格言、谚语、民间歌谣、部落习惯法等形式绵延积淀，有的传承至今，其中不乏实现社会和谐的宝贵思想遗产。如回族宴席曲《五劝人心》，劝谕人们父慈子孝、兄弟团结、妯娌和气，姐妹和顺，邻里和睦。又如民和三川土族传唱的问答歌《混沌周末歌》，分为"起唱"、"混沌"、"开天辟地"、"人类起源"、"周末"5部，记叙了盘古出世，女娲娘娘割了金蛤蟆的舌头，补了一座黄金天，从此天河不下流，33天才周全的故事，其中隐含着人类必须与自然和谐相处的思想。撒拉族《骆驼泉》的美丽传说，体现了撒拉族人民尊重自然、呵护自然、感激自然，人与自然和谐相处的自然观。藏族中（蒙古族与此大同小异）有许多针对神山、神湖、草场等的禁忌，如禁忌在神山上随便挖掘，禁忌采集、砍伐神山上的花草树木；禁忌在神山上打猎，伤害神山上的禽兽，禁忌以污秽之物污染神山；禁忌将污秽之物扔到湖、泉、河里，禁忌捕捞水中的鱼、青蛙等动物……这些禁忌习俗表达了人们遵循自然法则、保护自然资源的思想，成为现实生活中处理人与人、人与自然和睦相处、协调生存的有效手段之一，对保护自然界、保护环境起到了一定的积极作用[⑰]。

【注释】

① ⑥《宋史》卷 492《吐蕃传》，中华书局 1977 年版第 14162 页。

② ⑤《宋史》卷 492《吐蕃传》，中华书局 1977 年版第 14163 页。

③《宋史》卷 492《吐蕃传》，中华书局 1977 年版第 14166 页。

④ 参见崔永红、张生寅著：《商贸互市》（收入崔永红主编《青海史话》第 2 辑），青海人民出版社 2005 年版第 18—22 页。

⑦ 参见崔永红、张生寅著：《商贸互市》（收入崔永红主编《青海史话》第 2 辑），青海人民出版社 2005 年版第 24—40 页。

⑧ 参见崔永红著：《青海经济史·古代卷》，青海人民出版社 1998 年版第 211 页。

⑨ 参见崔永红、张生寅著：《商贸互市》（收入崔永红主编《青海史话》第 2 辑），青海人民出版社 2005 年版第 41—44 页。

⑩ 参见崔永红、张生寅著：《商贸互市》（收入崔永红主编《青海史话》第 2 辑），青海人民出版社 2005 年版第 46—47 页。

⑪ 祝启源著：《唃厮啰——宋代藏族政权》，青海人民出版社 1988 年版第 228 页。

⑫ 参见崔永红著：《青海经济史·古代卷》，青海人民出版社 1998 年版第 215 页。

⑬ 《明代宗实录》卷 264，景泰七年三月壬申。

⑭ 《明宪宗实录》卷 44，成化三年七月辛巳。

⑮ 王昱主编：《青海方志资料类编》（下册），青海人民出版社 1988 年版第 1330 页。

⑯ [清] 杨应琚修纂：《西宁府新志》卷 8 第 2—3 页《风俗》。

⑰ 《明宣宗实录》卷 24，宣德二年正月癸丑。

⑱ 柯忠：《重修西宁学政记》，见 [清] 杨应琚修纂：《西宁府新志》卷 35 第 7 页《艺文志·记》。

⑲⑳ 李经：《重修西宁卫学记》，见 [清] 杨应琚修纂：《西宁府新志》卷 35 第 8—9 页《艺文志·记》。

㉑㉒ [清] 杨应琚修纂：《西宁府新志》卷 11 第 1 页《建置·学校》。

㉓ [清] 杨应琚修纂：《西宁府新志》卷 11 第 7 页《建置·学校》。

㉔ [清] 邓承伟修，张价卿、来维礼等纂，基生兰续纂：《西宁府续志》卷 6 第 1 页《官师志·官制》。

㉕ 参见张生寅著：《国家与社会关系视野下的明清河湟土司与区域社会》，黄河出版传媒集团、宁夏人民出版社 2011 年版第 137—140 页。

㉖ 王昱、聪哲主编：《青海简史》，青海人民出版社 1992 年版第 197 页。

㉗ 崔永红、张得祖、杜常顺主编：《青海通史》，青海人民出版社 1999 年版第 402 页。

㉘ [清] 杨应琚修纂：《西宁府新志》附序第 1—2 页《大通卫改设大通县、贵德所改西宁县县丞序》。

㉙ [清] 苏铣修纂，王昱、马忠校注：《西宁志》卷 2《建置志》，青海人民出版社 1993 年版第 151 页。

㉚ [明] 李凫：《真武庙碑记》，见（清）升允等修，安维峻等纂：《甘肃新通志》卷

30 第 47 页。

㉛ [清] 杨应琚修纂:《西宁府新志》卷 35 第 33—34 页《艺文志·记》。

㉜ [清] 杨应琚修纂:《西宁府新志》卷 14 第 4—5 页《祠祀志·祠庙》。

㉝ 参见张生寅著:《国家与社会关系视野下的明清河湟土司与区域社会》,黄河出版传媒集团、宁夏人民出版社 2011 年版第 137—140 页。

㉞ [清] 张廷玉等:《明史》卷 331《西域三》,中华书局 1974 年版第 8572 页。

㉟ [清] 张廷玉等:《明史》卷 331《西域三》,中华书局 1974 年版第 8577 页。

㊱ [清] 张廷玉等:《明史》卷 330《西域二》,中华书局 1974 年版第 8549 页。

㊲ 崔永红、张生寅、杨军:《青海和谐社会建设的历史借鉴与启示》,载《青海民院学报》2008 年 3 期。

下编

第一章

山水农牧文化

古人云"河出昆仑"，实则长江、黄河、澜沧江皆出自昆仑。昆仑山系蜿蜒 2500 公里，先民们依山依水求生存、求发展，青海地处山宗水源之地，在漫长的历史发展进程中，便形成昆仑山系文化和江河水系文化。

在这两大文化的环境中，先民们在草原地区从事游牧生产生活，在河湟谷地从事农耕生产生活，在青海壮美的雪山、草原、江河、湖泊之间，又有了草原游牧文化和农区的农耕文化。

第一节　昆仑山系文化

昆仑神话系统　　岗格尔肖合力雪山的传说　　阿尼玛卿雪山的传说
年保玉则神山圣湖的传说　　神山圣水崇拜

青藏高原的隆起，造就了数以千百计的高山雪峰，青藏高原因此被誉为"世界屋脊"，历来被视为畏途。尤为突出的是昆仑山系从新疆南部蜿蜒经过西藏北部，在青海境内雪峰林立，冰川密布，长江、黄河、澜沧江皆发源于青海境内的昆仑山系，在古人心目中祁连山系也被视为昆仑山系的组成部分，所谓"龙祖之脉"，当指犹如一条盘龙的昆仑山，中

图下 1-1　祁连山云雾

国西部山脉皆发自昆仑。自古先民将昆仑山系的险峻视为畏途，历代文人歌颂昆仑，都将昆仑山想象成神仙们居住的地方。山系茫茫苍苍，可望而不可即，中国古老的昆仑山系文化及其神话系统便由此而生。

　　有学者认为：从古籍记载和一般人的印象说，昆仑山"不仅是古老神话中的大山，而且是中华民族的象征，人们常用'巍巍昆仑'四字来形容中华民族伟岸不屈的人文性格和博大精深的文化内涵。""'昆仑'，在原始意义上首先是一种圆形的混沌迷茫状态。一些古书里直接写作或者等同于'混沦'、'浑沦'、'混沌'、'浑敦'等等。……神话中昆仑山不仅是圆形的，连山上的大铜柱也足足有三千里的周长，而且'周圆如削'。"①昆仑神话故事"共工氏怒触不周之山"中有"天倾西北"、"地不满东南，水尘潦焉"的话语，说明古人早已认识到中华大地西高东低的地形地貌特征。据科学考察，最早黄河与青海湖共融，青海湖是外泄湖，环青海湖地区是水乡泽国无疑。后来青海湖周边的山体隆起，将河湖隔开，青海湖遂成为内陆湖。由于气候向干旱转化，青海湖周边虽有雪山冰川溶化的河水给予入湖补养，但毕竟逐年消瘦，变成咸味很浓的湖泊了。

从祁连山到阿尔金山山系，再到东昆仑系，昆仑山系犹如一条盘龙莽莽苍苍，横贯我国新疆、西藏、青海、甘肃、四川五省（区）。仅东昆仑山系就长达 5000 公里；而祁连山到阿尔金山山脉，古人也将之纳入昆仑山系之内，将上述的两大山系统称为"昆仑"，誉为"龙祖之脉"加以崇拜。而柴达木盆地被众多的山峰呈半圆形环绕，历代先民在那里不断开拓进取，25 万平方公里的柴达木作为祖国的聚宝盆，在自然和人文的历史演进中生化出扑朔迷离的神话故事和实实在在的历史文化遗产。

对昆仑文化的研究，缘起于昆仑神话传说。昆仑神话系统与蓬莱神话系统，是黄河流域史前文明的文艺性印证。其中共工氏怒触不周之山；女娲炼石补天和抟土造人；西王母与周穆王相会于瑶池之上；大禹治水，导河积石等神话故事是人类最早用艺术的方式去认识自然、认识世界的途径和方式之一。从昆仑神话故事所最早发生的自然和人文环境看，在很大程度上与昆仑山、黄河、青海湖的地质和水文变迁密切相关：这是因为黄河发源于昆仑山脉。至少我们可从先民们流传至今的神话故事中窥测到这样一些启示：

"共工氏怒触不周之山"的故事，折射出远古时代青藏高原隆起所引发的巨大的地质变迁。这种地质变迁有渐变和突变之分：突变包括大的地震、火山爆发、陨石雨碰撞地球等灾难，古人往往将这种灾难与人类社会的某种重大事件相联系。远古时代的共工氏要与别人争为帝，大呼"天不助我也"！便一头向不周之山撞去，致使"天柱折，地堆绝，天倾西北，日月星辰移焉；地不满东南，水尘潦焉"。这种自然灾害可谓天塌地陷，洪水漫天。对于"天倾西北"、"地不满东南"的这种中华大地的地貌特征，古人想象出用"共工氏怒触不周之山"的神话故事来加以解释，将远古时代的部落战争与自然灾害相联系，虽事出有因，却只能看作是古人用艺术的方式认识他们生存的环境。

"女娲炼石补天和抟土造人"的故事，反映了中华大地在遭受了青藏高原隆起所造成的地质变迁的灾难之后，以女娲"炼石补天"和"抟土造人"为标志，又一次显示了人类文明的开始，女娲遂成为中华民族人祖崇拜的偶像。在诸多历史神话小说中，女娲氏是与人的繁衍生息相关的一位女神。传说先民遭受洪水袭击后，伏羲、女娲兄妹结合而繁衍了人类。或谓宇宙初开之时，只有女娲兄妹二人在昆仑山，即伏羲与女娲兄妹婚配后创造人类于昆仑山。有学者指出："应该认为：女娲抟黄土造人的神话，容或不是发生在昆仑山。那也必定发生在西北黄土高原的某一个地方。以地域文化视角透视昆仑文化，它应属于'大西北'、'大地域'文化概念。因之女娲抟土造人的神话，属于昆仑文化的范畴"②。女娲何以抟土造人？人类的起源又何以与黄土相关？远古时代的原始先民们的生存环境严酷，在自然灾害和狼虫虎豹的侵袭下，他们的生活水准低下，小儿在疾病的困扰下夭折居多，这从河湟流域多出土重幼习俗的瓮罐葬中得到印证。古人幻想女娲神用抟土造人的方式带来人丁兴旺。原始社会时期的人们开始有了万物有灵的自然宗教观念，并且以图腾崇拜和祖先崇拜的方式来认识他们的生存环境和自身的生老病死现象。于是他们烧制彩陶器作为陪葬礼器，彩陶纹饰中除了反映与他们生活关联的动植物图案纹之外，以马家窑彩陶器纹饰为代表的拟蛙纹（亦被人称作"神人纹"），将人形与蛙作为图腾崇拜物，这一图腾崇拜实质上是人类早期的生殖崇拜。蛙同娃，又与娲一音之转，女娲便成为中华民族人祖崇拜的对象。原始人烧制彩陶作为陪葬礼器，"女娲抟土造人"的神话故事便从原始人的祖先崇拜观念中衍生并留传至今。

女娲氏炼五色石补天的神话故事源自一种重大的地质变迁灾难史实是无疑的，可能是一次陨石雨撞击地球的事件，也可能是一次巨大的火山爆发事件。我们在青海的一些死火山口附近，看到远古时代火山迸发时岩浆流动过程中溶纳的各种颜色的石头冷却后凝聚而成的"五色石"，古人想象一位救世的女神在炼五色石补天，那一定也是最早抟土造人的祖先"女娲娘娘"无疑了。

"西王母与周穆王相会于瑶池之上"的故事，反映的是继女娲氏之后，西王母这个昆仑神话的又一位重要人物，她作为神话人物和历史人物的双重身份，与东王公相会于瑶池，反映了环青海湖地区的历史文化。青海学者谢佐根据古藏语称青海湖为"赤雪甲姆"（意为万帐王母）的含义，提出古人所谓的瑶池即今之青海湖的观点。他在考证昆仑柱所在地段时，根据西晋张华所著"昆仑铜柱铭"的记载，考察青海湖北岸的年钦夏格日山一柱形山峰，请教当地白佛寺宁果活佛，得知该柱形山峰，以石击之，有金属声的现象，当地牧民将年钦夏格日山作神山崇拜，"年钦夏格日"藏语意为"白面容大山神"，加上西王母石室之说也在该山（山间石洞多处，并有人类活动痕迹，即古代西王母先民活动遗存）等，谢佐提出古代西王母国人生活的地域当在环青海湖地区及其北岸的祁连山山脉一带，得到学界的认可。汉文古籍称西王母居昆仑山中的玉山，古人将祁连山脉也看作昆仑山系，青海省祁连县境内有地名"玉石沟"，多产玉。《山海经》描述"西王母其状如人，豹尾虎齿而善啸，蓬发戴胜，是司天之厉及五残"，将西王母说成是一位执掌司法与刑罚大权的女神，西王母的形象从一位古代环青海湖地区的首领，到封建社会后又成为美丽而威严，既有自身爱情的经历又划银河为界，阻隔牛郎织女各一方的上界王母娘娘，饶有兴味。

关于西王母的神话故事可谓多矣：潜明滋的结论是"西王母为西方貘族所奉祀的图腾神像"，他所说的"貘族"，实际上古羌语的"貘"即女性的称呼谓之"姆"mo，证明西王母为羌人某部落的女性首领。刘尧汉认为，西王母"是甘青一带羌或虎氏部落的女祭司、酋长"。青海湖地区是古羌人活动的地带，青海的许多地名都与虎有关，如"德隆"（藏语意为虎谷）、"德夏日尼哈"（藏语意为"出现老虎的山口"），"什大仓"（藏语意为虎窝）等，青海省黄南藏族自治州同仁县年都乎村至今保留古风舞"於菟"，是一种古老的虎图腾崇拜的民间舞蹈。

青海湖地区历史上曾有西王母国，即羌人某部落邦国。西王母生活的时间跨度很长，且西王母并非一人，西王母的历届王都称为"西王母"，从周王朝直至汉武帝时代，到前凉张骏、北凉沮渠蒙逊、乃至隋炀帝时代，西王母已成为民间广为流传的神话人物了，这些帝王们到青海湖滨时，总要祭祀一番，也是情理中的事。

关于西王母石室之说，今青海湖附近，包括年钦夏格日山间，多有古人生活过的洞窟被发现。古籍称西王母居昆仑山中的玉山，今人发现昆仑山系多产玉，古人多将祁连山脉看作是昆仑山，祁连山脉有玉石沟者，亦产玉。如果将昆仑神话故事内容与考古、史学结合起来分析，古代西王母国和西王母生活的地域当在青海湖及其北岸的祁连山麓今天峻县一带。据《汉书》卷二八《地理志》金城郡临羌县条记载，西王母石室应在青海湖、茶卡盐湖附近。另据《十六国春秋》卷七〇《前凉》载，永和元年（345），前凉主张骏及子重华派人在西王母石室前修了西王母祠。公元 416 年，北凉主沮渠蒙逊又亲自拜谒了西王母寺。前凉主所修、北凉主祭祀过的西王母祠（寺）的遗迹已被天峻县地方志办公室和青海省考古研究所的专家学者发现并确认。该寺的确切位置在今天峻县关角乡关角垭豁以南的关角日吉沟脑。当然，作为神话人物，先民们对它的描述也是随时代的变迁而发展变化。董绍宣在引证刘尧汉的观点的同时，还论述了"周穆王会见的西王母"、"汉武帝时代的西王母"、"前凉王张骏曾大建西王母庙"、"北凉王沮渠蒙逊曾到金山朝拜过'金母'"、"隋炀帝大宴群臣于金山湫池之上"等史实[③]，重点论证西宁与青海之间的娘娘山作为昆仑山北支祁连山的余脉，历称金山、金娥山、圣姥山等，与昆仑神话人物西王母之间有密切关系。

"大禹导河积石"的历史发生在今天黄河流经青海省境内的循化撒拉族自治县境内，河出积石关（今称积石峡），关或峡因积石山而得名。积石山又有大小之分，大积石山在青海南部的果洛藏族自治州境内，平均海拔在 4000 米以上，大禹到不了那里；循化县与甘肃省积石县均在小积石山山脉地区。积石关外的青海省民和回族土族自治县官亭地区考古发现喇家遗址，那是距今 4000 年前的人类灾难遗址，相当于大禹治水的时代。已故青海籍学者李文实指出："《史记集解》引皇甫谧说：孟子称禹生石纽，西夷之人也。不仅说明他是人王，而且石纽的戎人。"[④]又据《中国古今地名大辞典》"石纽山"条载："在四川北川县南一里。《唐书·地理志》'石泉县有石纽山'。《清一统志》'旧志有二石结纽，因名。有大禹庙'。又《谯周蜀本纪》'禹本纹山郡广柔县人，生于石纽'。广柔县废，在今四川汶川县西北，地有石纽村。"[⑤]上引诸书的作者将神话人物大禹还原成历史人物，而且诸说指出了大禹生于今四川西北的北川县和汶川县之间的石纽山石纽村的戎人。大禹治水"导河积石"就与今天的青海东部地区的黄河流经地积石山、积石峡相联系。考古发掘的民和喇家遗址被认为是距今 4000 年前地震、洪水造成的人类灾难遗址，印证了大禹时代的黄河水患和地质灾害。

田昌五著文说到夏禹，指出："鲧和禹也非实有其人，禹是蛇部落的称号，鲧是龟部落的称号，二者在初为父子部落。鲧部落很早就与颛顼部通婚，故而又是颛顼之子。只因他治水不善，被尧舜联合起来赶跑了。禹部落可能参加过这场战斗，故而史书上留下了禹攻共工的记载。共工即鲧，而禹则是共工之子句龙。他们的事迹在传说中是完全一致的。"⑥这一论断，又将大禹从历史人物看作是具有蛇图腾崇拜的部落名称，而共工和句龙父子则是历史人物了。《淮南子·天文训》载："昔者共工与颛顼争为帝，怒而触不周之山，天柱折，地维绝。天倾西北，故日月星辰移焉；地不满东南，故水潦尘埃归焉。"⑦对于这一段古籍的传说故事，各家从不同的角度作出不同的解释。我们从今天的青藏高原东北部即青海的地形地貌看待古人的神话故事，可以看出"不周山"之说系指祁连山脉、阿尔金山、玛卿雪山等山系自东向西，自北向南形成的半圆形的巨大"龙祖之脉"的地貌特征。古人想象中的天有"天柱"支撑，地有"地维"维系，一旦共工氏怒触不周之山，则造成天倾地陷的巨大后果，古人借助共工氏之举在诠释远古时代青藏高原隆起所造成的中华大地西北高、东南低的地形地貌特征。青海湖、祁连山、黄河所构成的景观特征，成为古代共工氏怒触不周之山故事情节的地望所在了。

　　"大禹治水"导河积石的故事，有浓厚的神话色彩。距今四千年前的大禹汲取前人治水堵塞之而失败的教训，采用导之疏之的方法治理黄河取得初步的成功，河湟文化的史前文明成就了夏王朝的建立。河湟文化的地域范围当指青海东部和甘肃西南部黄河、湟水、大通河、大夏河、洮河、渭水流域，这一区域是大禹治水的重要地段。我国现存最早的地理著作《禹贡》，有大禹"导河积石，至于龙门"的记载，积石峡均在青海境内，黄河穿越积石峡奔流。

　　《禹贡》还记载："导渭自鸟鼠同穴，东会于沣，又东会于泾；又东过漆、沮，入于河。"大禹导渭水于鸟鼠同穴的一座山上，这座山位于今天甘肃渭源县的西部。"鸟鼠同穴"在青海、甘肃南部高原地带是常见的自然界生物互为依存的现象。《尔雅·释鸟》解释："鸟鼠同穴，其鸟名鵌，其鼠名鼵"，古人踏勘甘青南部地理环境是十分认真的。藏族称草原上的鼠兔为"阿十扎"，称与之同穴的鸟为"阿十扎郭徐"（意思是"清扫鼠兔门庭者"）。因该鸟常作扇动双翅状，故得到"清道夫"的雅号，这种现象在青海南部高原比比皆是。

　　藏族学者三木才引证汉藏文资料并加以论证，认为"古代神话意义上的昆仑山是超越现实和历史时空的一座神山"。"古代神话中的昆仑山是远古民族的宇宙观。就像藏传佛教的宇宙中心须弥山一样。"⑧他在考证观察世界的真实昆仑山及昆仑神话的物质载体时，通过引证《山海经·海内西经》中记载的昆仑之丘的记载，认为青海省海西蒙古族藏族自治州天峻县境内的岗格尔肖合力山与汉文古籍记载的闷摩黎山（又名昆仑）的地貌特征完全吻合。岗格尔肖合力雪山位于疏勒南山东端，主峰海拔5174米，也是环青海湖地区的十三名山之一。三木才指出："岗格尔肖合力雪山是一座具有久远的人文历史和深层次民族、文化背景的山。在汪什代海居住这一地区时期，仍然视这座雪山为神山。由格绒·乌金久扎曲央多吉、拉加·嘉鲁两位喇嘛，先后建造肖合力拉卜则和尊姆拉卜则，以祭神山。信徒认为，此山中有许多圣室仙迹。"⑨三木才在这里所说的"汪什代海"是环青海湖地区的藏族部落名称，"拉卜则"是藏族祭祀山神的场所，多由石料磊砌，其上多有古代兵器及经幡等，藏族祭祀山神时烧煨柏枝、炒面，抛撒风马纸，并念诵祭文。岗格尔肖合力雪山位于青海湖西北部约200里地，三木才从"神话中有历史，历史中有神话"的理念出发，对岗格尔肖合力山及其周边地区的人文地理作了大量考察。岗格尔肖合力山坐落在天峻县木里乡，登临海拔4000多米的木里乡政府后山坡，在冬

图下1-2　天峻岗格尔肖合力雪山景

天早晨的阳光照射下观察岗格尔肖合力山，山顶冰洁玉晶，山间桔红色岩体泛出紫岚之气，山脚下湖泊密布，使人感觉置身于一种扑朔迷离、气象万千的画图中一般。入注青海湖最大的一条河流布哈河源自岗格尔肖合力山。生活在青藏高原的藏族人民群众赋予雪山以丰富多彩的神话传说，将雪山人格化而加以崇拜，雪山文化亦是昆仑文化的重要组成部分。

玉树藏族自治州境内的巴颜喀拉山脉是中华民族的母亲河长江、黄河的分水岭，其中的神山尕朵觉沃海拔 5470 米，康巴藏族群众崇拜这座神山，举行祭祀神山的仪式。巴颜喀拉山将玉树藏族自治州和果洛藏族自治州相连。果洛藏族自治州境内的玛沁雪山地区的主峰阿尼玛卿峰海拔 6282 米，是青海境内最高的一座山峰。这座被藏族人民群众誉为"晶莹帐幕"的偌大雪峰，由海拔在 6000 米以上的三座雪峰组成，其周边地区有 18 座 5000 米以上的山峰环绕，30 多条大型冰川下的山泉、沼泽、溪流为流经玛沁雪山地区的黄河注入活力。黄河在玛沁雪山的涵养下进一步壮大起来，"玛沁"一词的藏语含义便是"大黄河"的意思。玛沁雪山地区自古以来朝山者络绎不绝，在阿尼玛卿峰下人们吹起白海螺，燃起桑烟以祭祀山神，并念诵焚香祝祷词，祈求山神护佑众生。藏族民间艺人绘制阿尼玛卿山神的唐卡，唐卡中形象为穿戴白色盔甲，跨大白马，十分英武的山神，反映了历代藏族先民希冀与自然环境和谐相处的愿望。藏族人民群众将青藏高原的诸多雪山人格化，认为阿尼玛卿峰是创始山神的第四位儿子。雪山家族在人们心目中是崇高无上的，因此，有许多苦修僧人常在玛沁雪山地区的山洞中闭关修行，并有道歌传世。

果洛藏族自治州久治县境内的年保玉则也是一座神山，主峰海拔 5369 米，是昆仑山系东段巴颜喀拉山的最高峰，主峰之巅由三座雪峰组成。山谷中的冰川消融，融汇成当地 160 多个大小湖泊。神山圣湖，加上古老的神话传说，使人遐想。藏文古籍《果洛宗谱》、《安多政教史》等书记载了年保玉则地区的神话传说：古代一位勇敢的牧人帮助年保玉则山神战胜敌人，营救了山神的儿子，山神感念那位牧人的功德，将自己的女儿嫁给了牧人，这对仙凡夫妇的后裔形成"三果洛"即昂欠本、阿什姜本、班玛本三大部落，因此，年保玉则的神山圣水便成为果洛

图下1-3　年保玉则圣湖

游牧文明的发祥地。

　　总之，昆仑山系文化揭示了青海高原人与自然的密切关系。历代先民沿山系求生存求发展的历程中，尊重自然的同时力求与自然相适应。昆仑山系文化也成为青海人文地理的重要内容，发掘其内涵和外延，探索青藏高原这一世界第三极的人类文明成长轨迹是大有裨益的。

　　昆仑神话故事一方面寄托了我国古代先民适应自然环境，特别是与青藏高原隆起后的自然环境相适应的殷切愿望；另一方面也反映了我国古代先民在求生存、求发展的艰难历程中所表现出的大无畏英雄气概。

第二节　江河水系文化

　　青海境内的黄河流域　长江流域　澜沧江流域　湟水流域　浩门河流域　西倾山与洮河源　水与生命　黑河流域

　　长江、黄河、澜沧江发源于青海南部高原，那里平均海拔在4000米以上，雪峰屹立，湖泊星罗棋布，在31万平方公里广袤的土地上，每平方公里人口平均分布还不到2人。在高寒缺氧的严酷环境中，历代先民培育高寒畜种，从事畜牧业生产和手工劳动，孕育并发展成别具特色的江河源文化。

　　汉文古籍统称"河出昆仑"，经查勘，昆仑山系中的约古宗列曲（玛曲源流段）是黄河源干流。"约古宗列曲"一词，藏语意为"形似炒青稞铁锅盆地之水"，反映了黄河源干流的地貌特征；"玛曲曲果"也是藏语，意为"黄河源头"。约古宗列盆地坐落在青海省玉树藏族自治州曲麻莱县境东北部，巴颜喀拉山脉卡日扎穷山岭北麓的西南隅，海拔4698米。唐代诗人李白的诗句"黄河之水天上来"的遐想印证了黄河源干流的高远莫测，青海民谚："山有多高，水有多高"则反映了河源的实情。

　　据《青海省志·长江黄河澜沧江源志》记载，黄河河源段有一级支流54条，其中流域面积在1000平方公里以上的一级支流有3条；流域面积在500—1000平方公里的一级支流有4条；流域面积在300—500平方公里的支流的2条。二级及二级以下的支流众多，可见河源地区河流密布，加上黄河源地区的5300多个湖泊，可谓是高原水乡之地。黄河流经果洛藏族自治州的高原姊妹湖扎陵湖和鄂陵湖，那是河源地区最大的

图下1-4　扎陵湖

图下 1-5　鄂陵湖

两个外流淡水湖。其中扎陵湖的水域面积 526.1 平方公里，"扎陵"，藏语意为"灰白色的长湖"，古称"柏海"，当年文成公主远嫁吐蕃时，吐蕃松赞干布到柏海边迎亲，留下一段历史佳话。鄂陵湖的水域面积 610.7 平方公里，"鄂陵"，藏语意为"青色的长湖"。黄河穿二湖而过，是青海南部高原的一大奇观。

果洛藏族自治州玛多县境内除了扎陵湖、鄂陵湖之外，黄河流经该县境内的星宿海时的景观，决定了黄河的藏语命名。星宿海也是一处外流的淡水湖泊群，面积 29 平方公里，海拔约 4215 米，黄河流经星宿海时的夏季风光格外迷人：高原绿色的草甸上分布着大大小小的众多湖泊，犹如天上的繁星，从高处望去，绿原蓝湖，犹如孔雀展屏，藏语的黄河之名"玛曲"即孔雀河由此而来，星宿海的藏语名称叫"玛涌滩"，意为孔雀河流经的平原，当地藏族认为玛涌滩又一次给黄河以生命之水，甚至有"没有玛涌滩，就没有孔雀河"的说法。

黄河流经果洛藏族自治州的玛沁县境内的玛沁雪山地区，因冰川消融的雪山壮大起来，成了名副其实的大黄河。黄河流经青海省境内的同德县、贵德县、尖扎县、化隆县、循化县、民和县，由于与黄土高原接壤，黄河从源头的清水河渐变为"黄色的河"。

　　作为中华民族的母亲河之一的黄河，在滋润大地的同时给人们带来水患。李国英指出："黄河是一条闻名世界、复杂难治的河流，许多规律性的东西我们还没有完全掌握，黄河的洪水威胁依然是我们的心腹之患；黄河的泥沙淤积和河床的逐年抬高始终是黄河问题的症结所在。"历代文人墨笔下的黄河源头的景观诸如谢朓的"红尘朝夜合，黄河万里昏"，王之涣的"黄河远上白云间，一片孤城万仞山"，刘长卿的"汗马河源钦，烧羌陇底遮"，刘禹锡的"九曲黄河万里沙，浪淘风簸自天涯"，郎士元的"河源飞鸟外，雪岭大荒西"等等，而今日河源地区的景观已非昔日可比，塞外诗人们若泉下有知，当令他们感到十分的欣慰。

　　长江作为祖国的第一大河，全长 6300 余公里，流域面积 180 万平方公里，沿江重镇林立，国民生产总值据统计占全国的 40% 以上。长江也是中华儿女的母亲河，自古以来长江流域人文环境优良，文化荟萃。溯长江之源，也在青海省境内的南部高原。长江流域的传统文化有青海境内通天河地区的江源文化，四川盆地的巴蜀文化，湖南湖北的荆楚文化，浙江江苏的吴越文化，大上海的海派文化，皆名闻遐迩，唯对江源文化，人们知之甚少。

　　长江源头有正源、南源、北源之分。正源沱沱河的主干流经青海省海西蒙古族藏族自治州格尔木市代管的唐古拉山乡。沱沱河左岸的支流延伸到青海省玉树藏族自治州治多县境内，沱沱河流域面积 1.76 万平方公里，其中冰川面积 381 平方公里。沱沱河源头的东西两边各有庞大的雪山群，最高峰各拉丹冬海拔 6621 米，也是唐古拉山脉的主峰。沱沱河有一级支流 97 条，其中流域面积在 1000 平方公里以上的一级支流有 3条；500 平方公里—1000 平方公里的一级支流有 4 条；300 平方公里—500 平方公里的有 3 条。沱沱河源头还有较大的湖泊雀莫错，湖水面积88.2 平方公里。

　　长江南源当曲河的干流发源于青海省玉树藏族自治州杂多县境南部边界处，流经杂多县、治多县和唐古拉山乡，流域面积 3.07 万平方公里。当曲河有一级支流 85 条，其中流域面积大于 1000 平方公里的一级支流有 6 条。当曲河流域有湖泊 3606 个，湖水面积共约 270 平方公里。

图下 1-6 长江之源沱沱河

长江北源楚玛尔河发源于昆仑山脉南支可可西里山东麓，源头在青海省玉树藏族自治州治多县境西部。楚玛尔河全长 526.8 公里，流域面积 2.08 万平方公里，水流经治多县曲麻河乡人民政府驻地南流，在莱涌滩汇入通天河。楚玛尔河水系有一级支流 57 条。其中流域面积大于 1000 平方公里的一级支流有 3 条。楚玛尔河流域有湖泊 2156 个，湖面积 210 多平方公里。

长江三源之河汇入通天河，通天河两岸共有一级支流 101 条，其中流域面积大于 1000 平方公里的一级支流有 6 条；流域面积在 300 平方公里—1000 平方公里的一级支流有 3 条。通天河上段区间流域内有湖泊 3110 个，湖水面积共 300 平方公里⑩。

通天河流域的历史文化悠久，先民们沿通天河水系求生存，流域内新石器时代的石器时有发现。隋唐之前曾有多弥（亦作东女）、苏毗邦国，其后为吐蕃王朝所辖，多有文化遗存。玉树州称多县贝纳沟唐代摩崖石刻大日如来佛及两侧佛像左有普贤、金刚手、文殊等，右有弥勒、虚空藏、地藏王菩萨、观世音菩萨等，并有藏汉文题记。汉文"唐志"、"波罗密"、"波罗密多经"等字样可辨；藏文为韵文体诗句，有"君王赤德祖赞在位时为供养众生之业，方丈大译师益西洋制、工匠方丈仁钦昂则、嘉桑与华旦及所有工头皆圆满竣工"的文字，反映了通天河流域是唐蕃古道的必经之地。摩崖石刻处修了庙宇，世称"文成公主庙"。藏文史籍《贤者喜宴》记述了文成公主途经此地时因大雪封山而逗留一段时间的经过。青海省玉树藏族自治州首府结古镇附近巴塘乡境内的通天河畔勒巴沟，分布着六处唐代佛雕及石刻。其中佛雕人物造型有释迦牟尼、飞天、供养人等，并有古藏文石刻。这条进深8公里的山沟"自始至终有很多大小不等的石堆，无论走到哪山哪水，没有一处不刻有《忏悔经》和《六字真言》经文的，行人几乎每迈一步都到了无处插足的境地呵！"[11]

清代杨茄裳以"穆鲁乌苏河"（即长江的蒙古语名称）为题，写道："人行沙岸何寥寥，严霜封马毛如胶。前途夷坦不可辨，倏见长河横亘千里层冰交。相传河流通天浩无极，惊涛骇浪出没不容舸？""河流兮通天，去天岂云遥。"自古人们将长江源头之行视为畏途，骑马翻山越岭，高原风雪，古道之难，难于上青天。实则长江源头的通天河流域自然环境优美，人文环境独具高原民族特色。

澜沧江作为著名的国际河、东南亚第一巨川、亚洲第六大河，源于青海南部高原，流经西藏、云南后出国境，称湄公河，为缅甸、老挝及泰国的界河，南流柬埔寨经越南南部注入南海。澜沧江全长4500公里，中国境内河长1612公里。源头在青海省玉树藏族自治州杂多县西北唐古拉山北麓的查加日玛西面4公里的高地，海拔5388米。澜沧江干流在江源区分三段河流，有一级支流50条，其中流域面积在1000平方公里以上的一级支流自上而下的扎阿曲、阿曲、布当曲等三条河流相汇。江源区有206个源泊星罗棋布，最大的湖泊是多宗错湖，面积为0.21平方公里。

澜沧江发源地即江源区海拔5000米以上的山峰共有1462座，江源北部最高山峰海拔高达5876米，在雪峰林立之间多有冰川，冰川在高原阳光的照耀下，千姿百态，分外妖娆，为澜沧江源头的水系注入生命力。江源区大小沼泽总面积为 325 平方公里，占江源区土地总面积的 3.1%。那里高寒缺氧，冷季长达 8—9 个月，藏族群众俗语："夏季总是姗姗来迟，冬季连蹦带跳就到眼前！"那里常有雪灾发生，还有风沙肆虐，泥石流亦时有发生。

黄河、长江、澜沧江的发源地在青海南部高原，通称三江源，那里是青藏高原的腹心地带，由于人烟稀少，人们的足迹罕至，有着珍稀的野生动植物资源，鸟类如黑颈鹤、胡兀鹫、雪鸡、雪鸽等，兽类如白唇鹿、雪豹、野牦牛、藏野驴、藏羚羊、棕熊、盘羊等。植物资源如大黄、秦艽、水母雪莲、冬虫夏草等。

三江源地区作为一片高原净土，约 36 万平方公里，占青海省国土面积的二分之一，那里的雪山、江河、湖泊、草原、沼泽，构成了一幅高原净土风景画卷；那里的藏族歌舞、《格萨尔王》传唱、牧民的游牧生活，构成了生动的人文场景。黄河在青海省境内流长 1959.1 公里；长江

图下 1-7　囊谦县境内的澜沧江

在青海省境内流长 1217 公里；澜沧江在青海省境内流长 448 公里。

　　三江源地区的自然环境和人文环境表明，历代先民沿江河谷地和高原草地发展畜牧业以求生存的漫长历程中，在不同的历史时期建立在一定的物质文明基础之上的精神文明化进程及其成果是别具高原风貌和地域文化特色的。江河源文化生态的传承历史悠久并深深打上了佛家思想的印记，这可从藏汉文史籍记载、实物资料、文化遗产包括民俗文化活动中洞悉。特别是从元代开始出现的藏传佛教活佛转世现象，到明清两代在封建王朝的"因俗以治"政策下使其制度化。随着藏传佛教活佛转世与转世活佛系统的确立和发展，藏传佛教寺院经济也随之形成并得到发展。在封建社会统治阶层的大力扶持下，寺院的建筑艺术、绘画艺术、雕塑艺术以及宗教音乐、宗教法舞得到长足的发展。特别是格鲁派（黄教）寺院的显宗经院、密宗经院、财轮经院（主修天文历算）、医学经院的佛教经院制度的确立并得以发展壮大，一方面宗教文化不断汲取民间世俗文化的养料以宣传教义，另一方面宗教文化也在不断地渗透到民间世俗生活的方方面面，包括民间的文化艺术创作活动。

　　在玉树藏族自治州境内突出表现出藏族康巴文化的特色，尤以康巴歌舞著称。康巴歌舞所反映的是历代先民热爱当地的神山圣水，向往美好生活的内容。卓舞的热情奔放、伊舞的载歌载舞，反映了康巴藏族人民热爱家园、热爱生活的豁达乐观情怀。在州府所在地结古镇北郊的嘉纳嘛呢堆，显示出藏传佛教石经大观，加上巴塘草原巴曲河流经的勒巴沟唐文成公主庙及其周边的石刻文化艺术成果，使康巴藏族文化表现出浓郁的地域特色。

　　由于佛教在青藏高原长期传播的过程中打上了地域文化的印记，尤其在藏传佛教史的"后弘期"，藏传佛教诸派纷起，使玉树地区的藏传佛教寺院所代表的教派及其分支纷呈，保留了大量历史文化遗产。各教派寺院的建筑风格、僧侣的宗教生活、寺藏佛教文物，包括藏语系佛教典籍等，使康巴藏族文化又闪耀着佛教文化的重彩。

　　以巴颜喀拉山为界，与玉树相毗连的果洛藏族自治州，黄河流域经果洛的扎陵、鄂陵姊妹湖、星宿海以及玛沁雪山，河流壮大，流量增加，被誉为"玛域"的黄河谷地历代盛传《岭·格萨尔王传》的坐唱艺术。这部藏族人民所喜闻乐见的英雄史诗，在果洛地区传诵着英雄及其眷属的神奇故事。说唱《岭·格萨尔王传》的民间艺人，藏语称作"仲巴"。在果洛草原乃至青藏高原普遍流传着"仲巴"说唱英雄史诗的"神授"经历，细加推究，实际是英雄史诗的历史渊源及其深刻的人民性所使然。在玉树地区还有的"仲巴"以说唱"格萨尔"方式，在说唱《水浒全传》藏文版所描述的梁山一百零八位英雄的故事，说明人民群众总是以他们特有的思维方式在不断演绎他们心目中英雄的故事，包括历史上的英雄除暴安良，救助弱小的行为。这种行为还在果洛人民群众想象中的阿尼玛卿雪峰的高大形象，由此而演绎出的玛沁雪山山神将会庇护高原民众的祷词中表现出来。

在果洛州久治县的年保叶则神山和山间的圣湖，也曾引发了一则充满神奇色彩的关于山神的女儿与当地猎人结合生子，并成为"三果洛"祖源的故事。这则故事还被藏族文人记载于《果洛宗谱》的古籍中，可见其流传于民间的年代至迟从元代开始，元代忽必烈时期元王朝统治者与噶举派上层所经历的一些事件的史实，也在这部古籍中有所反映。

玉树、果洛两个藏族自治州下辖 12 个县，与果洛相接壤的黄南藏族自治州，下辖 2 个农业县尖扎、同仁，2 个牧业县泽库和河南。发源于泽库县多禾茂乡若临山区的隆务河，全长 144.3 公里，流域面积 4934 平方公里，这条河流由九条溪水汇合而成，藏语称作"苟曲"（意为九溪），从海拔 4000 米高度自南向北落差 2000 米，这条黄河一级支流，流经泽库、同仁、尖扎三县，出隆务峡，汇入黄河。自古以来隆务河流域由于农牧相间，物产丰富，多民族文化交相映晖，被誉为"热贡金色谷地"，被藏族文人称为"金色境域"，有著名的十大景观。

除了藏传佛教艺术作品唐卡、佛像、法器所反映的宗教内涵和外延外，三江源流域的各类民歌、民间曲艺、舞蹈，乃至民间传说、谚语、童话、民间故事、民间叙事诗、英雄史诗等，无不反映出以藏族为主体的各民族人民群众的聪明与才智。

由于热贡地区正处在隆务河流域的中心地带，元代建立了藏传佛教萨迦派寺院隆务寺，在明代万历年间这座寺院的主持活佛嘎旦嘉措时期，改宗格鲁派寺院。嘎旦嘉措虽出生于活佛世家，但他追求修炼，写下了充满激情与人生感慨的《嘎旦嘉措道歌集》，并产生深远的社会影响。继嘎旦嘉措之后，热贡地区于清晚期又有一位僧侣文人夏格尔哇（1781—1851），写下他传世的《夏格哇传》，记叙了他在玛沁雪山地区修行的经历及其对慈母的思念，在憧憬未来与现实生活之间写下感人至深的文学性传记。

清嘉庆年间，泽库县境内的和日寺第三世宁玛派活佛德尔敦·久美桑俄舍丹增在当地开创了石刻藏文大藏经的先河。继这位活佛之后，僧俗刻经手们刀笔不停，在长达150多年间，刻写《廿珠尔经》、《丹珠尔经》、《解脱经》，以及二十一度母像等，收录各种藏文著述，石刻文字竟达2亿多字，石刻文化代辈传承不辍，延续至今。

值得关注的是热贡地区藏族、土族和汉族民间工艺美术师所从事的佛教绘画艺术和雕塑艺术，代辈传承，他们的足迹遍布青藏高原和周边佛教传播的国家和地区，他们的作品深受青藏高原及其周边国家和地区佛教信众的尊崇和热爱。今天的河南蒙古族自治县的蒙古族人民群众，自元代以来即与周边地区的藏族人民群众密切交往，蒙藏文化的交融达到了水乳交融的地步，这在三江源地区也是令人称奇的文化现象。

第三节　草原游牧文化

牧业区的部落时代　生产方式　生活习俗　游牧文明管窥

青海省境内从祁连山脉到环青海湖地区，乃至青海南部高原，草原占据了六个自治州的大部面积，辽阔的草原由于平均海拔在3000—4000米以上，高寒缺氧，无霜期短，冬季漫长，草原上的人口分布每平方公里在2—3人左右。作为全国四大牧区之一，青海省境内的牧业区、牧帐、牧民的生产生活自古以来，尽管随着社会历史的进程在发展变化，但这里的山川风貌，历史民族和近现代民族为发展高寒畜牧业作出的巨大贡献，造就了草原游牧文化的丰富内涵。

我们从考古发现、史籍记载和民俗中得知，青海的历史文化可以追溯到戎羌时代。中原先民和西部羌人的交往最早可追溯到三代时期。早

图下1-8 游牧图

在商代，羌人在黄河上游发明牛皮筏，作为水上交通工具，并借用中原先民的"舟"一词作为羌藏语系中的名词，舟楫名称"zhóu"，沿用至今。《诗经》中有"自彼氐羌，莫敢不来享，莫敢不来王，曰商是常"的吟咏，戎氐羌在古籍中往往混同连用。由于武王伐纣，西部羌人帮助周武王打天下，于是许多羌人部族内徙，受封于周朝，正如《晋书·江统传》所说：关中之人百余万口，戎狄居半。已故史学家马长寿先生引用了《说文》解释"羌"，"西戎牧羊人也，从人从羊，羊亦声"之后说"大体可通"。他在同一本书中还说："古代的氐和羌都是西戎，都居住在西方，又同属汉藏语系，关系密切自不待言"⑫。历代史学家将戎、氐、羌视为同一语系的民族，马长寿则指出了三者同属于汉藏语系这个共同点。戎、氐、羌的语言既属于汉藏语系，我们至今仍然可从汉藏语言中考察到戎—氐—羌—汉—藏各民族间的历史渊源关系。"戎"这个词在藏语中称作 rong wa，即从事农业的农民，因为戎人住在中原先民的西部，汉文史称西戎。

《说文》称羌是"西戎牧羊人也"，一语道破了戎、羌关系：羌人在中原先民心目中是西部戎人之中的从事畜牧业生产的牧民。这与考察今天甘肃、青海河湟流域向青藏高原过渡的自然地理环境的状况也是符合的，古代戎羌先民根据自然环境特点，宜农则农，宜牧则牧，在高原地带放牧，在平洼地区农耕，农牧业生产互补，相得益彰。马长寿在《氐与羌》一书中还阐述了羌人的宗教信仰："羌者，以其人牧羊为主，供祀羊神，端公戴羊皮帽并饰以两角祈禳，故谓之羌。"对于羌人所供奉的羊神，顾颉刚先生著文时引用了《新唐书》卷二一六《吐蕃传》中的话："其俗重鬼右巫，事羱羝为大神"，之后进一步指出："'羱'是大角的羊，'羝'是牝羊。……他们贵重大角的羊，尊为大神，说不定他们是把羊作为图腾的。"⑬羱羝，即盘羊，青海方言称作"大头羱羊"，以其角大且盘为特征，藏语称作 nian，汉语译作"年"或"念"、"碾"，至今有地名"念青唐拉"、"年保玉则"、"碾伯"等，羌藏都尊为山神，古藏语将盘羊称作 nian，引申为古姓氏，藏医称疫病为 nian。羌人中的宗教职业者"端公"，头戴羊皮帽又以羊角为头饰，在青海河湟流域的汉族社火表演中有翻穿皮袄，头戴羊角帽者，被尊为大神。汉藏人民群众在羊群中固定一只"神羊"，背系红布条，人不宰杀，听其老终，藏语称作 cai lou，由此可窥见"羌人事奉羱羝"的古代遗俗。

古代戎人供祀猎犬，汉文古籍中常出现"犬戎"字样。青海省湟源县出土卡约文化中的青铜器"鸠首犬戏牛权杖"，说明戎羌先民将鸠鸟、猎犬和牦牛相组合，成为部族首领权力的标识。青海都兰古墓葬出土翘首盘卧的狗骨，证明唐代吐谷浑人、吐蕃人以犬殉葬的习俗。直到今天，青海农村汉族群众还有为婴儿撞狗认亲并为小孩起名"狗保子"的习俗。青藏高原农牧民群众很早驯养狗以护家护羊，青海藏族地区培育的藏獒，猛如虎仔，声若洪钟，迅跑如飞，受到人们的青睐。

历史上的戎、氐、羌民族的人数当不在少数，虽然我们已无法得知他们在各个历史时期的确切数字，但他们入居中原，对中原民族的壮大与发展是起了作用的。从训诂学的角度看，羌同姜，中原姜姓、姬姓、许姓、谢姓等在古代由姜姓而来。戎、氐、羌人的活动范围很广阔，今天的西藏、青海、甘肃、新疆东南部、川西北，都曾留下戎、氐、羌先民的足迹。他们曾经培育适应青藏高原自然地理环境的畜种，如被誉为雪山之舟的牦牛、犏牛；栽培适宜青藏高原气候环境的农作物，如青稞、豌豆、油菜籽等。他们发展水路和陆路交通，与中原先民进行经济文化交流。他们既热爱故土，又追逐新乡，青海省海北藏族自治州、海西蒙古族藏族自治州境，乃至唐蕃古道沿途留下的大量岩画，反映了青海古代先民们的许多生活画面，而如"车猎图"高原珍稀动物图像等，则间接地表达了古代先民们迁徙流动的文化路径。

羌人的居住地多在高寒地带，因而从事畜牧业者居多；戎、氏则比较靠近中原地区，从事农业生产者居多。我国境内诸多古代民族由于居住环境和从事生产的内容有所差异的缘故，大的方面有农耕文化和草原文化之别。历史上我国西部戎、氏、羌由于种种原因而出现的大规模迁徙运动中，戎、氏加入中原地区从事农业生产活动的民族也属必然，而羌人在漫长的历史长河中，从氏族到部落，进而出现大的部落联盟，开始向邦国的方向发展。羌人社会的这种发展历程，从秦汉发展到魏晋南北朝时，出现了我国东北地区的游牧民族鲜卑诸部向西北大草原长途迁徙的史实，于是出现了羌、鲜文化由撞击到部分融合，进而羌鲜立国的新局面，揭开了青海民族文化交融并存的新篇章。

早在两汉之际，由于漠北高原的匈奴民族开始西迁，有的到遥远的西亚乃至欧洲去了。同时，我国东北的鲜卑诸部开始发展壮大起来，他们举族西迁到漠北高原，再到阴山、陇山，渐次越过河西走廊、祁连山脉，进入环青海湖流域驻牧，甚至深入到今天青藏高原腹心地带，与世居于此的羌人联合，建立邦国。如在今青海湖北岸魏晋南北朝时期的乙弗勿敌国，那里北出祁连山脉与河西走廊、阴山相通，环青海湖流域水草丰美，"此国在吐谷浑国之北，南凉之西，盖为吐谷浑之别部"⑭周伟洲指出，乙弗勿敌国始创人物渠帅生活的年代是在北魏太武帝灭北凉之前，即公元439年之前。《北史》所载继渠帅之后的乙弗部"高祖莫瓌（guī）"拥部入附，拜定州刺史、西平公"，认为莫瓌当时受"西平公"只是虚衔而已。该部原居漠北，后迁至屈海（今青海湖）一带，十六国时先后为南凉、西秦、北凉所役属。以后吐谷浑西进，公元437年北魏封吐谷浑慕利延为"西平王"。当时吐谷浑的势力范围已经扩展到青海湖及西平（今西宁）一带，早先居于这一带的鲜卑乙弗、契翰等部并入吐谷浑国⑮。

"吐谷浑自晋永嘉之末,始西渡洮水,建国于群羌之故地,至龙朔三年为吐蕃所灭,凡三百五十年。"⑯在长达 300 余年的历史进程中,吐谷浑国在今天的柴达木盆地、环青海湖流域,河湟流域,乃至青海南部高原广阔的土地上,先后与当时的前秦、西秦、北魏、东魏、西魏、前凉、后凉、南凉、北凉;北周、北齐、南宋、南齐、南梁、陈;匈奴、突厥、柔然、宕昌、邓至等地方政权和民族发生政治、经济、军事、文化方面的关系,其后又与隋、唐、党项等交往频繁,尤其值得注意的是吐谷浑国借助当时的交通工具马力,在粟特与中原地区之间,搭起了一座文化桥梁。

吐谷浑国的始创者吐谷浑(245—317),他的曾祖魏初率诸部入居辽西,从宣帝伐公孙氏有功,拜率义王,始建国于棘城之北。棘城在今辽宁省义县西一带。从吐谷浑率部西迁的历史记载中,我们还可以得出鲜卑历史文化的几点启示:(1)吐谷浑和慕容廆是同胞兄弟,吐谷浑虽然居长,却因庶出而只得到 700 户民众,不能继承王位。吐谷浑在拥马西行自创基业的途中,对专程奉继承王位的慕容廆之命赶来挽留他的长史乙那楼说:"我是卑庶,理无并大",这虽然是吐谷浑内心不平之语,却也说明当时的白部鲜卑受中原文化中封建伦理的正统观念之深。(2)吐谷浑部不远万里,从今天的东北辽宁西行,这在当时并不仅仅由于兄弟之间发生矛盾所致,客观上由于鲜卑诸部畜牧业发达起来,牲畜兴旺,草场不够用,发生了"浑与廆二部俱牧马,马斗相伤"的事件。所以,魏晋南北朝时期的鲜卑诸部纷纷西迁,到漠北高原和青藏高原发展畜牧业,这种大规模的游牧之路,形成了我国北方草原文化走廊,是有深远意义的。(3)这段历史记载反映:吐谷浑部在东北时崇信巫术,听信"十筮之言"。联想青海民间宗教活动中的"法拉"(即神汉)、"咕典"(藏语,即神位)、"biang biang"(象声词,击羊皮鼓作法事者)等巫术活动,从法器多以单皮鼓,巫师的穿着打扮等考察,证明是北方草原民族的萨满教遗俗,这也与古代鲜卑人的宗教信仰密切相关。(4)鲜卑人留给后世的古歌即《阿干之歌》,被认为是吐谷浑的胞弟慕容廆为怀念他远到西北的兄长吐谷浑而作。阿干,鲜卑语,意为哥哥,歌词有"阿干西,我心悲，人生能有几阿干！"句。后来慕容隽建立前燕，有人将《阿干之歌》改编为《辇后大曲》，是我国目前所知少数民族最早的一首大曲⑰。人们传唱此曲想来是很悲壮的。这首歌一定是通过前述的草原文化走廊传到西北地区的。作为青海西宁和甘肃兰州的民间坐唱艺术即所谓"西宁的赋子，兰州的鼓子"，赋子有南音成分，而鼓子词的唱腔却保留了苍劲壮烈的北方音乐旋律。

北方游牧民族另有两首古歌被译为汉文保存下来，即《敕勒歌》和《胭脂歌》（亦作《匈奴歌》），其中的歌词"天苍苍，野茫茫，风吹草低见牛羊"已是家喻户晓、脍炙人口，成为我国古代游牧民族游牧生活及其自然地理环境的生动写照。北方游牧民族的音乐被史家称之为"马上乐"，对我国民间音乐的影响甚大。历代北方游牧民族在广阔的草原不断迁徙中歌唱他们的故居新地，加之民族间交流频繁，民间音乐形式多样，有牧歌、思乡曲、叙事歌、战歌等，其风格刚健清新，粗犷豪放，富有浓郁的草原生活气息和风韵。魏晋南北朝时期，北方少数民族的音乐舞蹈传入中原地区，受到中原汉族人民群众的喜爱⑱。所以今天青海、西藏、甘肃、川西北、宁夏、陕北等地民歌的历史渊源与北方游牧民族音乐的关系甚为密切，这也是我国各民族文化长期相互交流的必然结果。

进入元明清时代，这种文化交流和融合日渐明显。一部中华文明史就是多元一体文化的绚丽乐章。

草原社会从部落时代走来，从古代直到清代乃至中华民国时期，部落时代的方方面面记述了草原游牧民族走过的漫漫历程。特别是历史上的草原民族上层为取得良好草场的驻牧权，通过政治军事手段占有并游牧于草原，所以历史民族的不断迁徙组合屡见不鲜，如元代的蒙古族因徙居青海地方而成为青海的世居民族之一。早在南宋时期，蒙古族上层阔端等相继分封青藏地区，蒙古族部众相继入居环青海湖地区。元太宗十一年（1239）窝阔台继汗位，青藏地区成为阔端王的封地，阔端派遣多达那波等率军进西藏，途经青海湖地区，玉树等地，到达西藏后促成时年 63 岁的萨迦班智达·贡噶坚赞（1182—1251）偕同两个侄子八思巴和临那多杰到凉州和阔端会晤，"萨迦班智达"是对贡噶坚赞高僧的誉称，意为藏传佛教萨迦派的大学者，萨迦派的高僧以精通因明学和文学享有盛誉，贡噶坚赞著有《萨迦格言》、《贤者入门》等著作，在藏族地区影响深远。当年贡噶坚赞和阔端在凉州会晤后达成共识，由贡噶坚赞向西藏上层写了一封书信，元王朝随即分封西藏上层十三万户长，从此西藏归入祖国大家庭的版图。萨迦班智达在往返凉州、西藏的途中经过青海地区，曾在青海省贵德县境以珍珠之价修建"珍珠寺"，萨迦班智达的侄子八思巴后来被忽必烈奉为帝师，班智达叔侄作出的历史贡献如同青海的珍珠寺永驻人间。

蒙古族各部族驻牧青海地区后青海蒙藏等民族关系揭开了新的一页。尽管各民族上层之间的争权夺利此起彼伏，但蒙古族上层审时度势，却接受了藏传佛教的传播，"万历六年（1578）五月十五日，三世达赖喇嘛索南嘉措与俺答汗会晤于青海湖南岸察卜齐雅勒仰华寺。俺答汗为索南嘉措举行了盛大的欢迎会，献上金银珠宝、绸缎、马匹等上万件贵重物品。鄂尔多斯彻辰洪台吉献词，朝圣的蒙、藏、汉信徒十万余众。索南嘉措和俺答汗至上尊号。达赖的名号由此产生。土默特蒙古皈依藏传佛教格鲁派。俺答汗在青海扩张势力的过程中，与藏传佛教格鲁派结为政治联盟，为藏传佛教格鲁派在蒙藏地区的弘扬在政治上提供了保障。起了推波助澜的作用，扩大了格鲁派的影响，壮大了格鲁派的力量。同时对蒙古社会的发展产生了历史性的深远影响"[19]。这种影响促进了蒙藏文化交流。

到了清代，蒙古各部族在青海的政治、军事活动中，各自的势力均有消长，其中厄鲁特蒙古徙牧青海地区的和硕特、土尔扈特部、辉特部，以及其后进入青海的绰罗斯部、喀尔喀部各据一定领地。清代初期和硕特贵族一方面和当时清朝地方政府为收取赋税不断发生矛盾冲突；另一方面清朝中央政府对蒙古族贵族分封爵位，并延续其爵位的世袭制度。青海省河南蒙古族自治县境内历史上有蒙古族贵族河南亲王，王府占有大的优良草场，并有牧工放牧，王公、扎萨克、台吉各有领属。据调查，河南蒙旗的草场占有制大致分三种形式，即王府占有、部落占有和寺院占有，这是封建特权在草场分配制度方面的具体反映。广大牧工的隶属关系也分属于各诺颜、济农、台吉，不得脱离，否则要受到惩罚。部落战争中的俘虏、欠债和犯罪而沦为奴隶者，社会地位低下，终生为主人无偿劳役[⑳]。在蒙古贵族的这种游牧社会的特权统治下，黄河南部的藏族部落阿柔部落投顺到河南蒙古亲王的管辖之下。阿柔部落是一个古老的部落，明清时期由郭秀、阿秀、曼秀等18个小部落组成。藏族部落民众在与蒙古族部落民众的长期交往中，相互吸收对方的生产、生活方式内容，蒙藏关系融洽，当地的蒙古族民众在保留母语的一些基本词汇的同时，大多讲一口流利的藏语。蒙藏群众共同信仰藏传佛教，共同供奉今甘肃南部的拉卜楞寺，崇尚嘉木样活佛。

清雍正元年（1723），青海境内的蒙古亲王罗卜藏丹津因不满清朝政府的爵封起兵反清，在反清的叛乱中煽惑西宁周边藏传佛教各大寺院僧众参与，造成极大的社会动乱。由于罗卜藏丹津的分裂活动不得人心，青海和硕特蒙古诸台吉中相当一部分上层人士持反对态度，其中亲王察汗丹津和郡主额尔德尼尔克托克托鼐拒绝参加叛乱。清朝政府命年羹尧为"抚远大将军"征调川陕官兵进驻西宁平叛，又命四川提督岳钟琪为"奋威将军"协助年羹尧参与军务。清军在青海境内展开军事清剿，历时一年一个月平息了这次事件。之后，清朝政府随即采纳年羹尧的《青海善后十三条》和《禁约青海十二事》的奏议，对青海蒙古诸台吉分别予以赏罚，对地方行政制度、划界、会盟、贡市、朝觐、卫戍、移民等项作出规定。将青海蒙古各部编为29旗，每百户编为一佐领，不满百户为半佐领，几个佐领编为一旗，旗长由部落首领台吉等担任，旗长扎萨克下设协领，副协领、参领各一员。清朝政府在对平定叛乱中有功的王公贵族大加封赏的同时，规定了会盟和朝贡制度。清朝委派一等侍卫、散秩大臣达鼐为"办理青海蒙古番子事务大臣"（简称青海办事大臣）办理善后事宜[㉑]。清朝政府对藏传佛教寺院进行了整顿，通过会盟、祭青海湖水神的仪式加强了对青海蒙藏事务的管理。

与河南蒙古族自治县相毗连的果洛藏族自治州的久治县、玛沁县作为纯牧业区，历史上也经历了纷繁复杂的部落时代。久治地区有康干（意为"上帐房"）、康赛（意为"新帐房"）、哇赛（意为新聚落）三大部落，其中康干部落下属阿绕、关仓、昂什果尔等14个小部落，这些部落境内建有白玉寺、隆格寺、东宗寺、尖木达寺、叶合拉寺等藏传佛教寺院；康赛部落下属兰木科、霍科、斗扎等15个小部落，境内建有藏传佛教宁玛派寺院两座，格鲁派寺院和觉囊派寺院各一座；哇赛部落下属多却、朵鱼、则什达等 8 个小部落，境内建有哇赛寺、阿绕寺两座宁玛派寺院。

"果洛"一词曾在汉文史籍中写作"郭罗克"，藏语意为"以下反上"，指历史上的部落战争中，小部落战胜大部落而居上，可直译为"犯上"。明代初期，金沙江谷地的朱拉加父子率部迁徙到道绕地方定居，随即征服并吞年部落、夸日部落、哇部落等，成为果洛地区世称"三果洛"的先祖部落首领，历经第二代朱安本，第三代本杰布三兄弟部落首领，到第四代帕合太继任部落首领时，曾受到明宣皇帝敕封。果落部落历经 200 余年的发展变化，分化成三大部，即昂欠本、阿什姜本、班玛本三部，世称"三果洛"[22]，昂欠、阿什姜、班玛是果洛三部各自首领的名讳，每人的名字之后加"本"，藏语意为"十万"，应该是各领属十万民众的意思（实际上是多数词，并非实际人口数）。现在果洛藏族自治州属六县即久治、班玛、玛沁、甘德、达日、玛多等在历史上基本属于"三果洛"的地域范围。历史上果洛地区的三大部落社会逐步建立了武装组织和治内御外的法规，三大部落的首领之间有一定的血缘关系，"在正常情况下，三大部落各自经营所辖部落生计，遇到关系果洛全局的大事，如一部遭受外侵或内讧等重大变故，或有两部落发生械斗纠纷时，即召开三方头人会议，作出决断。在这种情况下，三方会议便是三大部落统一的权力机构，所以，大家都认为果洛三部是一个血肉相连，不可分割的大家庭"[22]。在大小部落的发展进程中，部落之间划分草场地界，吸纳牧户，形成了部落制度。

在大的部落里，头人称作"宦保"是部落里的行政首领，部落武装的指挥官，又是部落法规的制定者和执法者。宦保采取世袭制，宦保享有管理牧户、支配草山牧场、建立部落武装、征收赋税、裁决讼案、摊派劳役等特权。协助宦保管理部落事务者称作"lun bao 伦保"，一般由大部落直属的部落头人或宦保的亲属担任，伦保只能秉承宦保的意志行事，无条件服从和执行宦保的命令。小部落的头人称作"措宦"，受伦保管理并由伦保指派。部落里的牧户对宦保承担牧役、赋税、兵役等义务外，宦保家的长工，承担放牧、打酥油、剪羊毛等生产活动外，为宦保家缝制帐篷、搬迁草场、运输保卫、传递信息等，全由部落牧民轮流无偿负担㉔。

在长期的部落发展进程中，随着藏传佛教的传播，大部落是否建有寺院，成为衡量大部落有实力、有影响的标志之一。寺院在部落的支持下开展宗教活动，牧业区往往建有帐房寺院。

果洛地区的大部落首领曾受到封建王朝的分封，如清康熙六十年（1721），清朝政府授中郭罗克（即果洛三部之一的中果洛）头人丹增为土千户，上郭罗克噶屯、下郭罗克彭措为土百户，隶属四川成绵龙茂道松潘镇漳腊营㉕。

元明清以来封建王朝在青海藏族地区实行千百户制度，这一时期的藏族部落多由千户长、百户长管辖，但各个部落的生产生活活动以及诸多事宜，又自成体系。环青海湖地区藏族史称安多盛产骏马的地方，汪什代海十八部落走过了漫长的历史发展变迁的道路。十八部落即环仓部落、厄化部落、夏日果尔部落、阿日沟部落、拉果什结部落、沙宁部落、特哈部落、巴那亥部落、尕雪部落、年乃亥部落、莫合庆部落、莫合琼部落、那合萨部落、多巴娘哇部落、多巴索玛部落、快日寺藏部落、郭那部落等，这些部落经历了漫长的游牧迁徙，最后驻牧于青海湖西北部的岗格尔肖合力雪山地区的布哈河流域，那里有扎喜郡乃圣山、关角岩洞，还有快尔玛形似红城的山崖、天峻山、岗则吾结雪山等壮美的高原雪峰大草原，还有入青海湖最大的一条河流布哈河，还有疏勒河水系、大通河水系、哈拉湖水系，汪什代海十八部落的广大民众自古以来沿山系水系发展畜牧业，展开了一幅波澜壮阔的部落游牧生活图景。

汪什代海各部落的畜牧业经济主要以放牧马、牛、羊三种牲畜为主，少数贫苦牧民曾饲养几头黄牛，个别部落饲养骆驼和骡子，作为驮畜。专用驮运东西的牦牛称作"kua ma（夸玛）"，据调查汪什代海千户府曾饲养16头毛驴，作为观赏畜种。犬在牧业区起着看守门户和防狼驱兽作用。高寒牧区培育猛犬，藏獒便应运而生，藏族牧民称藏獒为虎仔，大如牛犊，声若洪钟，迅跑如箭，凶猛异常。牧民行路，骑在马上，怀揣打狗索棒，遇到猛犬来袭时，将打狗索棒绕头身马匹而行，因此，藏语称打狗索棒为"gue gu ri 郭果日"，意为"绕头"，这种打狗棒相当于武术中的索标，只是用来防护人马的。

　　在牧民的经济生活中，马牛羊既是生产资料，又是生活资料。由于牧民的衣食住行都来之于牲畜和畜产品，衣毡裘、食乳肉、住庐帐、乘牛马，畜牧业的发展凭借牲畜的繁殖而扩大再生产。据统计历史上"一般好的年景成畜死亡在 10% 左右，自食出售占 1% 左右，生产母畜占 40% 到 60% 左右，受胎率 80%，存活率 80%，这样年增加约 10%，平年增加不多或不增不减，歉年还要减少，下年定要少吃少卖，否则生产就不能发展"㉖。高寒地区游牧部落的畜牧业特点是将牲畜既当成生产资料，又当成生活资料。牧谚"牛羊靠草甸，牧民靠牛羊"，春夏之际如果牧草返青迟，长势不好，牲畜不起膘，造成牛羊春乏而死亡；秋冬之际出现雪灾，牲畜掉膘，也要造成牛羊死亡。再加上封建社会时期，牧主头人占有大量牲畜，掌握了生产资料和生活资料的所有权，贫苦牧民的生活处在饥寒交迫的境地，青海牧业区过去流传这样的谚语："我吃不饱肚子，我等不到天亮"，"饥饿赶我出门，寒冷又赶我回家"，这是那个时代贫苦牧民的生活写照！

　　部落时代的草原占有情况决定了畜牧业经济的所有状况。随着时代变迁，草原的所有权也不断发生变化。青海历史上的羌人，鲜卑人、吐蕃人，直到元明清时期，蒙古族和藏族上层在青海草原上掌控畜牧业生产资料和生活资料，也曾为此而发生过一些争夺的历史事件。特别是清朝初期的罗卜藏丹津事件后，草原的占有要由清朝政府派员划定，"1858年（清咸丰八）农历五月，西宁办事大臣福济重划蒙藏二族牧地，汪什代海部落被安置在布哈河流域"㉗。一旦牲畜量增多，草原载畜量增大，草场不够时，往往发生草原纠纷，部落之间发生械斗，被称作"打冤家"。牧主头人在占有大片草原和大量牲畜的情况下，雇工放牧便成为牧主经营牧业的主要方式之一，给牧主放牧的贫苦牧民常常受到牧主的盘剥，由于草原上的自然灾害频繁，牲畜繁殖的不稳定造成畜牧业经济的脆弱性。

　　畜牧业经济的特点使历代牧业区先民们一代又一代积累了丰富的放牧马牛羊的经验，对大小牲畜的种类及其习性了如指掌，牲畜的名称比农业区要细得多，因山羊和绵羊的习性对其放牧各有方法。牧谚云："春天慢放好草滩，夏季避暑上高山，秋采草籽抓膘好，冬天避风寻温暖"、

"春天牲畜像病人，牧人是医生；夏天好像上战场，牧人为追兵；冬季牲畜似婴儿，牧人是母亲"、"马放滩、羊放湾、牦牛上高山，骆驼要放盐碱滩"。在牲畜采食时，要"放得散，看得见，不能团团转"。根据季节不同，牧民游牧，又分冬窝子和夏窝子，牲畜进冬窝子前采用的放牧方法是让牲畜有序吃草："先吃远，后吃近，先吃阴坡，后吃阳坡，先吃平川，后吃山湾"，这里的远近阴阳平川山湾指不同地域的牧草，牧人对生产母畜则偏重护理，给予补饲。

牧民善于利用草场，对牧草的合理利用划定草场保护区，在牧场内又设定牲畜吃草的"草路"和牲畜饮水的"水路"，为防备牧畜的草料不足，留有备牧的牧草地，要有计划地挨到牧草返青的时候。牧民放牧在高寒缺氧的草原，对于春夏的期盼与期待是很高的，在牧民的眼里，春天到来的象征有三个阶段，他们称之为：二月黑水浸路，三月青黄不接，四月地绿天蓝。农历四月草原上的青草芽破土成片，与蓝天相映照，羊群从春乏开始转换成活泼，体态开始健壮起来，"当听到春天的第一声春雷时，羊群中会发出咩咩的欢叫声。牧民认为，从这一天起，羊群清醒了"。春天也是羊群优胜劣汰的分化时期，羊群中的衰竭者总是吃到青草便死，"牧民认为是昴宿星（星座名）临出嫁前最后干的一件坏事。春雪未能完全融化而变成很薄的冰块浮在草尖上时，亦被认为是昴宿星吐出的水。据传，当昴宿星远嫁时，在路上会遇见前来迎春的杜鹃鸟。杜鹃鸟问昴宿星：'你在人间干了些什么？'昴宿星回答：'我把富人变穷了，把穷人变没了。'当秋季，昴宿星返回，杜鹃鸟正当南迁的时候，它们又在途中相遇。昴宿星问杜鹃鸟：'你在人间干了些什么？'杜鹃鸟回答：'我让穷人变富了，富人更富了。'"㉘这则藏族牧民的民间故事，反映了游牧民对天象观察星移斗转的时序变化与牧民生产生活的关联程度。

牧民们的游牧生活中，根据畜牧业的生产特点和生活环境，他们因地制宜地有许多创造发明。牧民为防牲畜逃失和野兽侵害，利用天然沟谷山崖作屏障，打圈围栏形成畜圈，并驯养猛犬看护畜群。为牛制成牛鼻圈和牛项圈，为马制作马绊，拴牛有档绳，骑马有马鞍，用牛角制成哺羔乳器，喂马有料兜，打狼用夹脑（"夹脑"，一种除狼害的用具名称），牧民剪羊毛，捻毛线、打酥油、揉皮子都是能手，野炊时采用火皮袋鼓风，用三叉石支锅，用火镰取火，行路时捎带炒面褡裢，炒面中掺和酥油、曲拉（奶渣），用茶水拌和成糌粑进食，招待客人有手抓羊肉，早起吃早点，晌午喝午茶，睡前喝酸奶，讲求生活起居有规律。牧民的穿着打扮，因民族地域而异，藏族牧民的羊皮袄有大领、斜开襟、左右下摆、束腰带、女式皮袄用艳丽布料镶边，也有用水獭镶边的。还有羔皮袄、夏装布袄、氆氇褐衫等。青海省黄南州河南蒙古族牧民男袍用豹皮大领，女式皮袄下摆镶红黄绿三色布料。牧民的装饰打扮也讲究，特别是节庆礼服配以头饰、项饰、背饰，显得十分精神，尤其妇女喜佩珊瑚、玛瑙、绿松石等宝物，耳环、手镯多用银制，玉树藏族自治州境内的康巴妇女头饰多有米黄色的腊珀。凡此种种反映了牧民群众的审美情趣。

游牧民族大多性格豪爽，乐观豁达，又能歌善舞，有着丰富的民间文化娱乐活动，诸如赛马、射箭、摔跤、唱歌、跳舞、举办节庆活动等。青海牧业区还有众多的寺院，牧民群众朝圣拜佛、诵经朝山，参加宗教仪轨。对他们生活的自然环境中的山川风貌充满了想象力并发出许多颇有趣味的话语，以启发儿童智力。藏族牧民中还有一些受尊崇的说唱《格萨尔》的民间艺人，他们长年累月地传唱着英雄史诗，在冰天雪地中的牧人帐篷里，在绿野茫茫的草原上，一代又一代尽享着精神食粮。

在游牧生活中牧民们积累了丰富的生产生活经验，并凝练成谚语，一代又一代口头流传，使人们受到教益。特别是在一些重大的节庆宴会、草山纠纷事件中，使对方同意自己的观点或者据理力争，谚语都发挥着它的魅力。如"心疼人的话语不中听，治肝胆的药物无甜味"相当于汉语中的"忠言逆耳利于行，良药苦口利于病"；"弱者镇定自如，强者岂可撼动"反映了柔弱者最强大的道理；"在黄疸病人的眼里，连白海螺的内腔也是黄的"，反映了戴着有色眼镜看事物，没有不发生偏差的；"办公事要宽宏大量，训烈马要缰绳放长"指出了为人处世的哲理；"坏人的太阳总是从西边出来的"揭露了坏人不遵从真理的狡诈。草原牧民的谚语还有生活常识方面的内容，如"喝了酸奶就喝茶，肠胃犹如破皮袄让狗抓；吃了肉就抽烟，头脑犹如山头雾罩严"等等。此外，气象谚

图下 1-9　藏族服饰

语传承了草原物候变化方向的经验等，显得十分可贵。

　　牧民的民歌可分为宴席曲和山歌两种，前者大多是赞美家园和亲朋好友的歌曲，如"玛卿雪山顶上雷声隆隆，那是天降甘露雨的吉兆；森林深处杜鹃鸟儿鸣唱，那是林木要结硕果的吉兆；宴席桌前歌声嘹亮，那是祝福长辈们安康的吉兆"。山歌大多只能在野外青年男女之间传唱，多为情歌，如"杜鹃鸟多么可爱，没有它不知冬和夏；小女友多么可爱，没有她不知昼和夜"。还有民间故事、叙事诗等，历代牧民在不断创造他们的物质需求的同时，创造了丰富多彩的精神财富，给后人留下了丰厚的文化遗产。

第四节　河湟农耕文化

河湟谷地农业区及其人文环境　垴山概貌与人文环境　浅山概貌与人文环境　川水地概貌与人文环境　"耕读传家"的理念及其社会影响

　　青海的河湟地区当指流经境内农业区的黄河、湟水、大通河（亦作浩门河）"三河间"广阔的流域。河湟谷地自秦汉以来，各民族人民耕牧于期间，各民族人民群众之间互相学习，取长补短，创造了丰硕的文化成果。

河湟谷地在祁连山北麓和积石南麓之间：黄河谷地有青海小江南之称的贵德盆地，丹霞地貌映衬碧水蓝天，那里曾有恐龙骨化石和剑齿象化石出土。西藏历史上的高僧萨迦班智达·贡噶坚赞到凉州与元王朝上层阔端会晤时，途经贵德，修建珍珠寺。这位藏族学者的《萨迦格言》成为藏族行为规范的千年准则。西夏王朝的后裔也在贵德黄河之滨留下木雅人的尼那佛塔。建于明万历年间的玉皇阁至今保存完好。罗汉堂寺的藏传佛教宁玛派法舞，汉藏回民族的民间曲艺等，记叙了这方土地的历史沧桑；黄河从贵德穿越李家峡，流经黄南藏族自治州的尖扎县和海东地区的化隆县境，化隆县黄河北岸山崖上的夏琼寺"弥勒望河"塑像与尖扎境内的坎布拉隔河相望：坎布拉是吐蕃王朝末期不甘佛教被达玛赞普"灭法"的"三贤哲"，带着律藏辗转从新疆到达黄河谷地的坎布拉山峡密林中避难，其后又到今循化孟达、化隆丹斗寺等地，收徒授法，使佛教在藏族安多地区复兴，通过青海又向西藏传播佛教、被藏传佛教史称为"后弘期"。而化隆的夏琼寺是藏传佛教格鲁派创始人宗喀巴大师出家落发，从七岁至十六岁依止端珠仁钦大师学习佛法的地方，距夏琼寺不远的昂思多有"尖扎嘛呢"，传闻那里的水转经轮中藏有端珠仁钦大师遗物而闻名遐迩。尖扎、化隆隔河两岸又有许多回族、汉族农民聚居，化隆花果之香的水地川群科和甘都，尖扎黄河岸边的康家、杨家、直岗拉卡等，是两县气候温暖、五谷丰登的好地方。

黄河穿峡过隘，流经循化撒拉族自治县，黄河南岸台地是撒拉族的绿色家园，街子清真大寺前有撒拉族前贤阿赫莽、尕勒莽兄弟的墓庐（穆斯林群众称作拱北），并有骆驼泉，成为撒拉从中亚长途跋涉迁徙到今天循化地区的历史见证。街子清真大寺还珍藏了一部距今 700 多年的《古兰经》抄本。撒拉族人民群众与当地的藏、回、汉民族和睦相处，在明清以来的历史长河中，撒拉族和其世居民族一道，用勤劳的双手建设着自己美好的家园。循化县孟达乡至今保留了古老的篱笆楼。黄河北岸有藏族村庄"嘉许尔"，是"三贤哲"受戒向佛，后来成为藏传佛教"后弘期"鼻祖喇钦·贡巴饶赛的故居。

黄河流过积石峡，那是古人记载的大禹"导河积石"的地方。积石峡因山势险要，明洪武年间设关，亦作积石关。峡内曾有禹王石、禹王庙，先民们为纪念古代治水英雄大禹而建。

黄河出积石关，在甘肃境内又与青海省民和县官亭土族地区隔河相望。民和的官亭镇、中川乡、杏儿乡、甘河乡等7个乡镇，每年农历七月十二日到九月十五日的长达两个多月期间，各土族村庄按顺序举办"纳顿"盛会。当地土族民众信奉"二郎神"，村民们在"纳顿"会举行礼仪活动并表演《会首》、《庄稼其》、《五将》等传统节目，用以祈年并加喜庆，特别是古老的《庄稼其》，是反映当地土族先民从游牧到农耕时，老人教授后裔耕田方法的一种用舞剧形式表演的节目，给人以古朴而又真拙的感受。

湟水发源于青海省海晏县境内，汇合湟源、湟中和大通北川的支流后在青海省会城市西宁相融，穿越小峡、大峡、老鸦峡等峡谷，流长300余公里后汇入黄河。湟水流域面积中的湟源县被誉"海藏咽喉"之地，自古以来是唐蕃古道、茶马古道和丝绸南路的必经区域，历代先民留下了许多文化遗存。湟源三峡即西石峡、药水峡和巴燕峡，除了前人留下的石刻题记、浮雕佛像之外，西石峡有佛儿崖、海藏寺、北羊沟寺等古迹；药水峡有宗家沟诸洞窟，其中的擦擦洞内的藏传佛教文物擦擦弥足珍贵，还有东科寺、石堡城遗址、哈城遗址等；巴燕峡内的扎藏寺，据史书记载历史可追溯到东汉延康元年（220），明代由蒙藏族上层扩建为扎藏寺，峡内的古城遗址留下狼烟烽火的记忆。湟源县城丹噶尔，城内有城隍庙、孔庙、火祖阁、清真寺以及清代的丹噶尔厅署等名胜古迹，反映了湟源文化的多元内容。

湟水的另一支流南川河，发源于"宗喀居日山"，藏族视为湟水正源，藏语宗曲河，因山上长满野葱故名。宗曲河边的鲁沙尔地方，元末诞生了一位佛教大师宗喀巴。他一生潜心向佛，16岁到拉萨游学，依止藏传佛教噶当派的仁达哇等上师，于36岁成名，创立藏传佛教格鲁派。"格鲁"，藏语意为"善律"，注重戒律。宗喀巴大师（1357—1419），一生著述甚丰，19部著作中有显宗、密宗代表作，主张显密合修，先显后密，对后世产生了深远的影响。

南川河流经国内藏传佛教六大格鲁派（俗称黄教）寺院之一的塔尔寺附近，塔尔寺历经明清两代民族宗教界人士的资助，成为一座规模宏大，壮丽的佛教丛林。其中，大小金瓦殿所代表的藏传佛教建筑艺术，富丽堂皇，四大经院则代表了藏传佛教的经院制度，寺内的诸多佛府和僧舍，反映了僧阶系统。寺内供奉的众多佛像、壁画、堆绣、酥油花

图下 1-10 大藏经

油塑等，显示了藏传佛教艺术的魅力。清乾隆帝书写"梵教法幢"匾额至今悬挂在大金瓦殿内。寺藏 17 通藏、满、蒙、汉几种文字的碑刻，记载了塔尔寺的历史沿革。塔尔寺所在的鲁沙尔镇，是藏传佛教格鲁派创始人宗喀巴大师的故乡，塔尔寺即为纪念这位高僧大德而建。随着塔尔寺的香火日渐旺盛，鲁沙尔形成手工艺品发达的市场，汉、藏、回、蒙古、土等民族的商贸业也在那里兴旺发达起来。湟中大小南川地区自汉代以来历届先民从事农业生产，徐家寨出土的百余块汉画像砖所反映当时的农牧业生活场景，证明了河湟地区早期的风土人情。

西宁北川的湟水支流旧称苏木莲河，隋炀帝西巡经北川，过大斗拔谷（今扁都口），从河西走廊返回长安（今西安市）。历史上曾有多民族在这条川道生活。1973 年秋，大通县城附近的上孙家寨村出土了距今 5000 年的舞蹈纹彩陶盆，这件彩陶器内壁绘有三组舞蹈纹饰：每组五人牵手翩翩起舞，舞者的头部扭向一边，溜发髻下垂，身后的尾饰也摆向一侧，将强烈的舞蹈动律之感表现得淋漓尽致。每组舞者的两边绘了弧

形纹，既开阔了舞蹈空间，又表示出舞蹈环境在林中；舞者脚下绘了三道弦纹，表示舞者又在水滨，李泽厚在《美的历程》一书中说那是神农氏时代的产物。

湟水的三条支流在西宁汇合，奔腾向东，在平安和互助县境内的湟水南岸，曾经是唐蕃古道的重要驿站，北岸的白马寺是藏传佛教"后弘期"鼻祖喇钦·贡巴饶赛圆寂的地方，备受佛教信众的尊崇。互助土族自治县境内的佑宁寺，清乾隆年间有一位三世章嘉·若白多杰大师，被清尊称为"国师"，为蒙藏社会的安定团结作出过重大贡献㉙。

湟水流经乐都县境时，在南山积雪、冰沟寺峰、红崖飞峙、水峡石佛等自然景观中，柳湾彩陶器奇特的各种造型和诸多纹饰、符号，传递了河湟文化中的史前文明信息。中国北方黄河流域从鲁南大汶口到仰韶、半坡、大地湾、马家窑，直至柳湾，古代文明从彩陶器制作的发展走向，显示了农耕文化的丰厚遗产。我们从河湟文化到河套文化、中原文化和齐鲁文化的发展趋势，看到了河湟文化在黄河流域传统文化中的地位。

黄河的另一条一级支流大通河（亦作浩门河），发源于青海祁连县境，自西向东沿祁连山北麓蜿蜒而下，流经青海省门源回族自治县境，穿越门源仙米林场。祁连牧场被誉为全国最美的牧场之一，县城因附近多种特产而称为八宝镇，祁连县与门源县相毗连，为黑河、黄羊河、宝库河等众多外流河发源地，门源县境内有流域面积在 50 平方公里以上的河流 31 条，其中浩门河水系 23 条，祁连山内陆水系 8 条㉚，浩门河两岸有 60 万亩油菜地，每逢盛夏，油菜花盛开，风送十里香，蜂农纷至沓来，沿河两岸出售蜂蜜产品。仙米林场有仙米寺、珠固寺，县城浩门镇有规模宏大的清真寺，门源回族宴席曲、华热藏族婚礼均久负盛名。

浩门河在甘肃境内汇入黄河。祁连、门源二县隶属青海省海北藏族自治州管辖，在大通河的滋润下，那里的草原、农田、马牛羊、野牲、禽鸟充满了生机。古代羌人、戎人、鲜卑人、吐谷浑人、吐蕃人、西夏人都留下了足迹，而近代世居的藏、回、汉、土、蒙古等民族在这大通河谷地一带的生产生活也写下了浓墨重彩的篇章。祁连八宝镇与门源门镇之间，雪山、森林、草原、农舍、牧帐，被誉为青海骢后裔的浩门

图下 1-11 浩门河畔菜花香

马，高原珍稀牛种白牦牛，清澈的山泉、河流、几十万亩油菜花，构成一幅绚丽多彩的高原画卷。

湟水的三条支流在青海省会城市西宁汇合，"西宁"一词始于北宋。唃厮啰在河湟建立地方政权时称作"青唐城"，"青唐"一词为古藏语，意为"野马川"，可见西宁古时为野马奔腾之地。汉代西宁称作"西平"，曾有西平亭建置。湟水可谓西宁地区的母亲河，流经乐都县城时，当地称作"碾伯大河"，"碾伯"为古羌语。乐都柳湾遗址出土大量彩陶器、彩陶纹饰、拟蛙纹为殊胜，从陪葬的彩陶器的数量多寡分析，原始社会后期已出现贫富分化。西宁北川上孙家寨出土的舞蹈纹彩陶盆，成为青海地区彩陶器的代表作，而柳湾彩陶博物馆藏的二万余件彩陶器可谓彩陶器之大观。河湟彩陶器制作是原始先民们建立在当时的生产生活方式之上的精神文明的反映。应该说彩陶器在原始社会后期既是人们物质财富的象征，又是先民们精神财富的体现。

湟水流域民歌"花儿"（亦作"少年"）为多民族传唱，反映了历史上各民族人民群众追求美好爱情生活的愿望，"花儿"的音乐旋律优美，曲调据统计有百余种之多（民间称作"令"）。花儿词中反映的人民群众生产生活内容较多，歌手们以比兴的手法即兴创作，真切生动，如"白牡丹白得耀人哩，红牡丹红得破哩"，其中一个"破"字将红牡丹鲜艳程度一字点破。青海省首批国家级非物质文化遗产保护名录中，有大通回族土族自治县老爷山花儿会，互助土族自治县丹麻花儿会，乐都县瞿昙寺花儿会，民和回族土族自治县七里寺花儿会。寺院附近的花儿会，是历史上各民族群众赶庙会时，青年男女自发地在山野中唱情歌，渐次形成颇具规模的民间音乐会场。

青海东部农业区的地貌呈阶梯式地貌特征。因海拔高度不同，各民族农民的耕作环境分为垴山、浅山、川水地带，各具特色。垴山，海拔在 2700 米到 3000 米之间，气候冷凉，农民种植油菜、豌豆、马铃薯、青稞等农作物，那里耕地较宽阔，农历七八月份油菜花一片金黄，间以碧绿的青稞地，地边的草地上开满红花（俗称马奶头花）。放眼望去，红黄绿色的田野，给人以天公巧作大地艺术的感觉。垴山农民还凭借良好的草山，放牧一定数量的牛群和羊群，分工到垴山顶管理牛群羊群的活计，俗称"坐圈"。他们耕牧于垴山，由于无霜期较短，农活也很辛劳，往往霜冻时节才开始打碾，粮食入仓的时间较长。青海省境内的祁连山南麓一带山峦，拉脊山脉中的垴山地区都属于这种情况。祁连县、门源县、海晏县、湟源县、互助县、湟中县、大通县，乃至平安县、乐都县、化隆县、循化县、民和县等都有垴山地带。门源县的浩门农场每年种植五、六十万亩油菜，菜籽花开的季节百里飘香，俗语"门源的油，遍地流"。这之前化隆县境内的垴山黑土地也盛产油菜籽油，也有"化隆的油，遍地流"之说。垴山人通过油坊榨油，称作"青油"，油渣称作"麻渣"，负责管理油坊的人被称作"油包士"，青油和面粉做成的油饼、油果、油花、油包子等面食，是垴山人的餐桌佳品。青稞是麦类中的早熟作物，麦芒长于小麦，垴山农民曾经培育过黑青稞、蓝青稞、白青稞。青稞面富有营养，又是绿色食品，市场价位在不断攀升。青海牧业区牧民用青稞炒成"麻麦"（爆麦花），用手磨磨成炒面，用牛奶和酥油拌成"糌粑"，那是牧民们不可或缺的主食之一。垴山地区多处在山间水源地，在冷凉气候条件下一般不怕天旱，马铃薯等农作物适宜于在这种条件下生长。马铃薯不但是农民的蔬菜，也可当作主食，能顶半年粮。

　　垴山农民在那样的时代虽然口粮尚可，但其余消费全靠粮食，以粮易物，也很艰难。由于缺少布匹，靠圈养的羊牛维持生计，积攒羊毛牛毛，制成羊毛毡、牛毛毡作铺盖，缝制成毡袄，毡裤、毡帽、毡靴，还有毡衫相当于今天的雨衣，故有"雨过了披毡衫"的俗语，相当于成语"亡羊补牢"。牧羊人在放羊的空隙中捻毛线，积少成多，织成褐衫、褐裤，青海河湟流域多出土"线坨子"，便是先民捻毛线的实物证据。又因织褐子的手工艺出现，便有了褐子匠、口袋匠。

　　贫苦的垴山农民在困荒时月还吃燕麦炒面。有一种黑燕麦在严寒的气候条件下生存能力强，燕麦面粉往往成为贫苦农民的接济粮食。垴山地区还种植白萝卜、白菜等蔬菜，以调节食物结构。

　　浅山，海拔在 2200 米—2600 米之间，由于历代先民在这一地区开荒种地，植被受到破坏，浅山多受干旱困扰，农民靠天吃饭，生活尤显艰辛。青海东部农业区的浅山地带较垴山、川水地广阔，山地的坡度一

图下 1-12　青海梯田

般在45度左右，农民耕地、施肥、耙磨、薅草、拔田均在山地间，历代先民广种薄收，遇到丰雨年则颇有收获，若遇旱天年则颗粒无收。清末乐都县瞿昙寺附近的磨台村出了一位拔贡谢善述，著有《荒年歌》，记叙了当地于光绪十七年之后遭受荒年，他以亲身经历，描述了浅山农民的困苦："今年遭天旱，到处是荒年，口粮儿不够，就要受艰难。""找下些绿麦子，凑下些秕青稞，四十大一升，余下些坏山药，山药吃不成，吃上了肚子疼，头晕而眼黑，风犯之不能行。山后之连麸面，一升四百钱，余下一个斗，将捏弄五六天"③。这首用当地方言编著的《荒年歌》，让当地老百姓传唱以莫忘荒年疾苦，其中"四十大"即四十枚铜钱；"山药"即马铃薯，亦作洋芋；"风犯之不能行"，指吃了发霉的马铃薯而中毒，头晕眼花民间以为犯风头病；"捏弄"即凑合。

　　浅山缺水，水畜饮水困难。有牲口者从十里八里之外驮水吃。乐都南山有干沟山者，农民打窖积雨水吃窖水，其困苦之情可想而知。为求风调雨顺，农民们供奉九天玄女并修建"福神庙"，有的地方供奉金山圣母，修建"娘娘庙"，还有的地方修建"龙王庙"，祈求苍天护佑，神灵降福。人们赶庙会，进香火，寄希望于神灵降福。青海河湟地区民间广为流传的祖籍南京珠玑巷之说，实则印证了明王朝"移民实边"的史实。从江淮迁到河湟地区的农民，形成屯堡，他们建庙修祠，以求适应当地的自然环境条件下的农耕生活。时至今日，河湟汉族方言中仍有许多南音成分，如仍将"面柜"称作"米柜"，南京民谚："自家门前的塘，谁不知道深浅！"青海汉语方言中仍将"浅塘"比喻为人浅薄，而将"塘深"比喻城府很深，难以捉摸等等。

　　浅山地区的农民除了吃喝之外，烧煨亦感困难。烧饭要到几十里外的山林砍柴，称作"烧柴"，有条件的地方砍柳梢、香柴、冬青等灌木作燃料，没条件的地方秋天扫树叶，拾牲畜粪便，刷扫枯草称作"刷末末子"，甚至挖蒿草根当作煨热炕之用，这样年复一年，土地愈显贫瘠，人们索取于自然，却难以维护自然。于是，浅山农民自发地在村落靠山处留"护坡"，形成村规民约。在有泉眼的地方，祭祀泉神，以保护生存环境。

　　川水地，能灌溉的河湟谷地，海拔在1800米—2100米之间，这一地区气候温暖，林木繁茂，自古以来农耕文化比较发达。黄河谷地的化隆境内的群科，被称为"上水地川"，那里是青海东部农业区的果蔬之乡，以酥醅梨最出名。另一处甘都，被称为"下水地川"，在黄河两岸，也是蔬果之乡。化隆与循化俗称二化，化隆为回族自治县，循化为撒拉族自治县，二县境内的黄河两岸大都是水田地，特产丰富。黄河从循化穿积石峡，到青海的东大门民和县，黄河岸边也是瓜果之乡。民和是回族土族自治县，县城川口镇附近有享堂，是因明代土司会宁伯李英墓所在地而被称为"享堂"。

　　湟水流经西宁时，有西川、北川、南川三川江合，湟水穿小峡、大峡、老鸦峡从河口汇入黄河，峡谷与峡谷之间有盆地和川道，也是能引水灌溉的水地。自西汉以来，中原先民不断迁徙到湟水谷地，水磨技术、二牛抬杠的耕田技术，以及修渠到引水灌溉等在湟水谷地传承。乐都县境内曾发现东汉时期的"三老赵掾之碑"，赵掾，亦名赵宽，是西汉名将赵充国的第五世孙。乐都县境还有汉槐后被毁，先民们曾视为神树而崇拜。

　　水地有河水润田，历代农民在河水处修磨沟，建磨房，从事加工面粉。磨房里有菊花形石磨，上下两扇，由磨房下的水轮带动磨面。在磨房口待磨的粮被称作"磨务"，管理磨房的人被称作"磨主子"，磨面的人用面粉"打课"，作为磨主子的酬劳。磨沟有一溜磨房，有的还修了油坊、俗语"油房水磨，先来后到"，成为有序

图下 1-13　最后的水磨房

作面粉加工的约定俗成语。

旧时代，贫苦妇女作油饼、凉面，在磨道子来回换面以维持生计。两扇石磨的上扇有磨眼，磨斗里的粮食经下磨扇转动而带动的木棍"搅曲把"将粮食缓缓流进磨眼，因此，民间谚语云："咋大的麦子呵，磨眼里下哩"，用这种磨面的现象在劝导人们化解胸中的块垒，是很富有哲理的。

在青海东部农业区各民族青年男女喜唱"少年"（又作"花儿"）民歌之外，农村代辈传承的口头谚语也很丰富，如时政类"为官不清，累死百姓"、"纳粮了不怕官，孝顺父母了不怕天"、"当官的动动嘴，当差的跑断腿"等；事理类"灯不拨不亮，理不辩不明"、"儿不嫌娘丑，狗不嫌家贫"、"穷在当街没人问，富在深山有远亲"等；人生修养类"人心要好，树根要牢"、"娘有疼心，儿有孝心"、"鼓打一张皮，人为一颗心"等。

农业区自明清以来，注重教育。许多农民以"耕读传家"为荣。做父母有唯恐儿女不识字对父母落下埋怨，再苦再累尽量让孩子读书，从私塾到书院，再到学堂，家里出了秀才，乡邻都来祝贺，并给秀才披红戴花，骑马夸学。因此，乡村里的一批读书人，也成为农耕文明的传承者。

【注释】

① 赵宗福：《昆仑神话》（收入崔永红主编《青海史话》第2辑），青海人民出版社 2005年版第5—7页。

② 谢佐：《昆仑文化源流考》，载青海省艺术研究所、格尔木市政府编《昆仑文化新论》，陕西旅游出版社 2004年版第64页。

③ 董绍宣：《娘娘山与西王母》，载《昆仑文荟》2004年第2期。

④ 李文实著：《西陲古地与羌藏文化》，青海人民出版社 2001年版第7页。

⑤ 臧励和等编著：《中国古今地名大辞典》，商务印书馆香港分馆 1931年版、1982年11月重印本第271页。

⑥ 田昌五：《关于尧舜禹的传说和中国文明的起源》，载深圳大学国学研究所主编《中国文化与中国哲学》，东方出版社 1986年版第51页。

⑦ 参见《文史哲》1986 年第 1 期，第 60 页。

⑧ 三木才著：《千年汪什代海，一个古老藏族部落的历史文化新探》，青海人民出版 2006 年版第 21 页。

⑨ 同上书第 14 页。

⑩ 青海省水利志编纂委员会编：《青海省志·长江黄河澜沧江源志》，黄河水利出版 社 2000 年版第 60 页。

⑪ 谢佐、格桑本、袁复堂编著：《青海金石录》，青海人民出版社 1993 年版第 19— 26 页。

⑫ 马长寿著：《氐与羌》，广西师范大学出版社 2006 年版第 11—14 页。

⑬ 顾颉刚：《从古籍中探索我国的西部民族》，载《社会科学战线》1980 年第 1 期。

⑭ 马长寿：《碑铭所见前秦至隋初的关中部族》，中华书局 1985 年版第 63 页。

⑮⑯ 参见周伟洲著：《吐谷浑史》，宁夏人民出版社 1985 年版第 33 页。

⑰ 安柯钦夫等主编：《中国北方少数民族文化》，中央民族大学出版社 1999 年版第 234 页。

⑱ 安柯钦夫等主编：《中国北方少数民族文化》，中央民族大学出版社 1999 年版第 232—235 页。

⑲⑳ 卓仓·才让编著：《黄南蒙古志·导论》，甘肃民族出版社 2010 年版第 3 页。

㉑ 参阅刘成刚、张秀贞编著：《纵览青海五千年》，青海人民出版社 2007 年版第 181—187 页。

㉒ 久治县志编委会：《久治县志》，三秦出版社 2005 年版第 109—113 页。

㉓㉔ 久治县志编委会：《久治县志》，三秦出版社 2005 年版第 109—113 页。

㉕ 玛沁县志编委会：《玛沁县志·概述》，青海人民出版社 2005 年版第 3 页。

㉖ 陈佐邦著：《汪什代海见闻录》，中国文史出版社 2008 年版第 35、67、75 页。

㉗㉘ 三木才著：《千年汪什代海，一个古老藏族部落的历史文化新探》，青海人民出 版 2006 年版第 134—135 页。

㉙ 任玉贵、李国权编著：《丹噶尔历史渊薮》，中国文史出版社 2007 年版第 28—36 页。

㉚ 马成云主编：《门源史话》，中国文史出版社 2007 年版第 13 页。

㉛ 谢善述著，谢才华辑，谢有容编：《谢善述诗文集》，青海人民出版社 2003 年版第 617—618 页。

第二章

多民族文化交融并存

　　青海的历史是一部民族迁徙史、文化交流史。青海自古以来是多民族文化的发祥地之一。青海地域文化是居住在青海地区的各族人民群众（包括那些已经消失的古代民族）共同创造的。青海的历史文化资源也是青海各民族历史文化资源的集合体。今天，世居青海的民族有汉、藏、回、土、撒拉和蒙古族。其中，土族和撒拉族是我国55个少数民族中青海所独有。

　　青海地区逐渐形成了汉族、土族以经营农业为主，藏族、蒙古族以经营牧业为主，回族、撒拉族以经营商业见长的这样一种既分工又合作的社会经济布局，农业、牧业、手工业，通过商业成为一种相对稳定的经济联合体。

　　从民族学的角度可把青海文化分为藏族文化、撒拉族文化、蒙古族文化、回族文化、土族文化和汉族文化等等。青海文化中的少数民族文化，都受到汉族文化的影响；而汉族文化又受到少数民族文化的影响，各民族文化相融互渗、取长补短、密不可分，形成了多民族文化交融并存、和而不同的地域文化特色。

第一节　多民族文化交融的历史回顾

古代民族文化交融概说　羌人与其他民族文化的交融　匈奴人与其他民族文化的交融　鲜卑人与其他民族文化的交融　元明及以后现存民族文化的交融

青海辽阔的地域、悠久的历史、灿烂的文化、众多的民族、浓郁的宗教气息，造就了青海丰富多彩的文化资源，是一个特色突出、品质高雅、潜在优势深厚、尚少为人所知的文化资源"富省"。约 3 万年前，青海先民们制作石器的遗物为考古所证，5000 年前河湟儿女舞蹈的优美韵律展现于彩陶纹盆。秦汉以来，由于受中原文化的濡染，青海先民提倡以仁为中心，重视伦理教育，由孔子、孟子思想体系形成的儒家学说的内容贯穿在许多民歌或曲艺当中，这些民间说唱对青海人民的伦理道德的规范产生着极其深远的影响。青海的神话故事内容大都是关于宇宙起源、人类由来、文化创造和部族战争等方面的内容，如：《女娲炼石昆仑山》、《大禹治水》、《瑶池对歌》、《刑天起舞》的神话故事以及藏族《格萨尔王传》、土族的《混沌周末歌》等；还有民间诸神神话（土地、灶神、牛王、马王、药王、财神、戏神、路神、护卫神等），对神的崇尚和礼赞是青海上古神话尚德精神的另一重要体现，它反映出青海高原人们特有的思想意识，代辈流传。诸如祭神祭天、尊祖敬老是青海人的千古遗风，至今民间祭祀活动仍十分隆重，不论是时祭、堂祭、节祭、岁祭还是祠祭，随时随地都能领略到远古文化的遗风。

青海本土的文化主要是新石器时代的拉乙亥遗存和宗日文化，青铜器时代的卡约文化和诺木洪文化等。贵南县拉乙亥遗址，出土文物 1500 余件，多以打制石器为主。继大通县上孙家寨出土了一件马家窑文化内壁绘有舞蹈图案的彩陶盆之后，同德县宗日遗址又出土了舞蹈纹彩陶盆，这 2 件彩陶的舞蹈图案花纹大同小异，极其精美，堪称青海古代文化的珍品。上孙家寨 200 余座墓葬中，随葬品有陶、铜、铁、金、银、玉、石、木等不同材质的生产、生活用具、装饰品及车马饰器、贝币、兵器、刑具等 10000 多件文物。柴达木盆地都兰县诺木洪的搭里他里哈出土的墓葬群中，殉葬品有石器（石斧等）、陶器（盆、碗、罐、瓮等）、骨角器（骨耜等）、铜器（斧、刀、钺、箭头等）、木器、毛皮缝织物、装饰品（玛瑙、玉石、兽牙、蚌壳）等文物达 1000 余件。海晏县出土的汉代西海郡的新莽时期的虎符石匮，用整块花岗岩雕凿而成，虎座正面刻有篆体铭文："西海郡虎符石匮始建国元年十月癸卯工河南郭戎造"等字样。乐都柳湾墓地仅马厂文化类型的墓葬 1041 座，出土文物 37000 余件。西宁北禅寺石窟、平安寺台尔寺石窟、夏宗石窟等，有隋、唐、宋、元不同时期的壁画遗存。上述璀璨的文物放射出各民族文化相互包容、交融的光彩，在一定程度上显示出青海多元一体的文化特质。

西汉以来，匈奴、小月氏、汉、鲜卑、吐谷浑、吐蕃等众多民族迁入青海，与戎羌文化融合、经济交流，开创出新的局面。青海自古以来就是多民族繁衍生息、多种宗教并存传播、东西方文明撞击、交融、荟萃之地。先秦两汉以来，青海就与中原地区在政治、经济、文化等方面开始了密切的交往，相互产生了重大影响，促进了文化的融合与发展。

青海是古代羌人最早生存繁衍的地区。羌人先民在文化、生产方面最早驯养马、牛、羊、犬，主要从事狩猎及原始畜牧业，也有部分农业生产。古文的"羌"字，即是"羊"、"人"二字的组合。故《说文》曰：羌"从人从羊"，释为西戎的牧羊人。《新唐书》卷二一六《吐蕃传》载："吐蕃本西羌属，盖百有五十种，散处河湟江岷间，有发羌唐旄等"，证明羌与后来的藏族相关联。到春秋战国（前 770—221）时期，羌人大量南迁至云南、贵州等地，与当地的土著民族结合，形成了我国西南地区的众多民族。秦汉时期（前 221—公元 220），羌人部落有 150 多个，每一部落有酋长，互不统属，生产力低下，仍处在原始社会后期。汉武帝元狩二年（前 121），西汉王朝派骠骑将军霍去病出兵击败河西匈奴，设 4 郡。武帝元鼎六年（前 111），汉军征讨河湟羌人，在湟中设"护羌校尉"，开始经略湟中，筑西平亭（今西宁市）。公元前 61 年，赵充国将军率兵统辖河湟诸羌，青海河湟地区纳入西汉中央王朝的统治之中，许多中原先民随之西迁，羌人和汉族在日常的生活和劳动中逐步加深了了解，文化上互相学习，互相吸收，汉羌文化交相融汇。西晋时期，辽东慕容鲜卑吐谷浑，西渡洮水，建国于群羌故地，后来与吐蕃王朝联姻，成为军事盟国。十六国时期（304—439），羌人在长安建立了后秦政权。羌人长期与汉族杂居，一部分融入汉族之中。但有一部分羌人则与鲜卑族合为吐谷浑，唐代后期一部分羌人融入藏族。

羌人吹奏乐器羌笛早在汉代应邵著的《风俗通》一书中就有记载，可横吹或竖吹。唐代诗人岑参《白雪歌送武判官归京》中曰："中军置酒饮归客，胡琴琵琶与羌笛。"唐代诗人刘言史《牧马泉》中曰："鼠毛衣里取羌笛，吹向秋天眉眼愁。"唐代诗人王昌龄《关山月》中曰："更吹羌笛关山月，无那金闺万里愁。"这种羌人乐器，在中原地区广为流传、老少皆知。可见历史上羌笛与华夏文化交融的深远关系。黄南藏族自治州同仁县年都乎村的"於菟"表演略见古羌文化遗风。表演者裸上身、露腿部，身部与脸部涂上煨桑后的草木灰，由画师画上虎纹，用白纸扎起头发，脖子上挂上用气吹鼓的羊肠子，腰系红布并插刀，手持白纸经幡，似威武、勇猛的百兽王。

西汉初，原居河西走廊的月氏人被匈奴打败，大部分西迁，少部分月氏人徙居湟中，与羌人同处，史称湟中月氏胡或小月氏。汉武帝元狩二年（前121），汉将霍去病击败匈奴，祁连山南北成为汉郡县制辖治区，小月氏归附汉朝，逐渐与青海汉族、羌人、匈奴人融合。

匈奴族崛起于河套阴山一带，战国以来便是漠北的大族，其后，匈奴族领袖刘渊受到汉军的攻击，西迁至新疆、青海一带，后来部分西迁至东欧。在青海大通地区有一些汉代匈奴墓葬，曾出土篆刻有"汉匈奴归义亲汉长"文字的卧驼纽铜印。匈奴族是青海古代民族之一，在文化艺术方面，堪称我国北方游牧民族草原文化的开拓者。匈奴人没有创制自己的民族文字，在历史上留有记载的民歌很少，现存的只有游牧民歌。先秦至西汉初，匈奴常攻扰中原地区，汉武帝时期，西汉经过近70年的休养生息，经济、国力大大增强，对匈奴从战略防御转为战略进攻，发动了漠南之战、河西之战、漠北之战三次战役。骠骑将军霍去病大破匈奴，将匈奴势力逐出河西走廊，从此"漠南无王庭"。失去了祁连山一带的优良牧场，匈奴人的畜牧业生产遭到巨大损失。匈奴被汉击败，退居漠北，悲恸之余，产生了著名的《匈奴歌》（也称《祁连山之歌》），据《史记》卷一一〇《匈奴列传》记载，这首歌中唱道："失我焉支山，令我妇女无颜色；失我祁连山，使我六畜不蕃息。"这首匈奴歌两行为一段，是两段旋律相似的分节歌形式。这首反映当时人民大众生活的民歌，有力地激发出匈奴族人民保卫家乡的决心，具有很强的艺术感染力和号召力。另一首匈奴民歌《胡吹歌》，据《旧唐书》卷二九《音乐志》记载，歌词是："上马不提鞭，反拗杨柳枝。下马吹长笛，愁杀行客儿。"显示出古老草原牧歌的典型结构特征。匈奴人的乐器，以管乐和打击乐为主，最富特色的几件乐器是胡笳、角和鼓。东汉蔡文姬《胡笳十八拍》云："胡笳本自胡中出。"胡人是中国古代对北方少数民族的泛称。所谓胡笳，是一种芦苇或木制的管乐器，三孔竖吹，音色幽暗悲凉，深受人们的喜爱。随着汉匈经济文化的交流，胡笳也传入了中原地区。蔡文姬的琴歌《胡笳十八拍》，是根据匈奴人原有的"思慕文姬"之音加以创作的。文姬妙于音律，战乱年代被虏入胡，后来被雄才大略的曹操赎回故国。她在曲中表达了骨肉离散的悲痛情感，匈汉音乐因此逐步融化为千古名曲。

匈奴是一个以畜牧业为基础的古代民族，匈奴武士骑在马背上，腰佩弯弓，手持青铜短剑，极其威武。而其所穿皮制衣服，被称为"胡服"。匈奴艺术最具代表性的是青铜及金银制品。匈奴通过与汉朝和亲，融入了不少絮、缯、酒、米、饮食文化。汉朝又与匈奴开关市，以利于南北农牧两大民族之间的物资交流。长年在马背上生活的匈奴民族，创造了马上演奏的"鼓吹乐"，运用于战阵、狩猎和仪仗。主要乐器有胡哨、角、鼓等。秦汉之际，这一独特的乐队形式传入青海，同青海古代多民族民间音乐相结合，形成西汉时期的"横吹"与"鼓吹"，并得到广泛传播。匈奴也是一个能歌善舞的游牧民族，产生了不少的歌手，创造了角、笛、琵琶、胡琴等乐器和乐曲。据《汉书》卷九六《西域传》、《后汉书》卷七《五行志》及晋傅元《琵琶赋序》等史书记载，在汉朝时期，匈奴人创造的角、笳、笛、琵琶、胡琴传入了中原，同时中原的琴、筝、筑以及钟、鼓等也传到了西域，这就极大地丰富了音乐的演奏技艺，促进了西域各国与中原地区文化的繁荣。这种影响在青海祁连山南麓、浩门河（亦作大通河）流域影响至深。

青海古代的鲜卑族是属于阿尔泰语系的游牧民族，其族源属东胡部落，兴起于大兴安岭山脉。魏晋南北朝时期，青海战争频繁，政局混乱，政权更迭，民族迁徙不断。原居于辽河流域的鲜卑族的部分成员先后移牧青海，并建立地方政权南凉、西秦、吐谷浑等。随着鲜卑的西迁和发展，鲜卑文化进入今青海地区，与羌人文化、汉族文化并存和交流，进一步加速了与青海各民族间的融合与交流。

吐谷浑原为我国东北徒河流域慕容鲜卑的一支，公元280年前后，吐谷浑部从辽东西迁至阴山（今内蒙古大青山）、约于永嘉七年（313），又徙陇上，止于枹罕（今甘肃临夏）、甘松。据《梁书》卷五四《诸夷·河南传》记载，约在东晋成和五年（330）左右，吐谷浑孙叶延率众继续西迁至今青海地区，不断向四周扩张，联合以羌族为主体的当地民族，在甘川青交界一带建立了吐谷浑政权（一度称"河南王国"）。吐谷浑国在青海350年期间，先后在清水川（约在今兴海县境内，一说在循化县境）、赤水（今兴海县大河坝）、屈吐真川（约在今乌兰县茶卡滩一带，一说在布哈河下游）、浇河（约在今贵德县境内）等地设大戍。吐谷浑强盛时，其幅员号称"东西三千里，南北千余里"。吐谷浑仿效汉族习俗，如男子服装与汉族基本相似，帽子大多以尖顶圆沿带帘，即所谓"罗幂"。妇女一般着裙，辫发并缀饰珠贝。因他们主要以游牧为主，故食物以奶、肉为主。随着农业的发展，部分吐谷浑人也以大麦、青稞为食。至唐龙朔三年（663）吐谷浑国被吐蕃所灭。其大部分后来融入吐蕃，少部分融入其他民族。羌人、吐谷浑人之间互相吸收同化，逐步成为统一的民族。而随着吐谷浑的灭亡，吐蕃的统治，除一部分羌、鲜迁离青海之外，大部分属民留在了原地，成为吐蕃臣民。吐蕃推行了强有力的统治，通过语言的统一，藏文的推行和军屯、移民，特别是随着吐蕃对青海各部、族人民民族同化政策的执行，加快了青海诸羌及吐谷浑、汉等民族文化与藏文化融合的进程。

鲜卑音乐是在其原始的即兴音乐基础上逐渐形成的，体现在反映其狩猎、游牧生活方式等内容，被称之为"马上之声"。鲜卑人在吸收中原文化的基础上发明创造了四弦、腰鼓等乐器。鲜卑传统音乐内容丰富，形式多样。有牧歌、思乡曲、叙事歌、战歌等体裁。著名的《敕勒歌》，是北齐时敕勒人的放牧歌，"其歌本为鲜卑语，易为齐言"，已成为千古绝唱："敕勒川，阴山下，天似穹庐，笼盖四野。天苍苍，野茫茫，风吹草低见牛羊。"这首歌以恢宏博大的胸怀，粗犷苍劲的风格以及对草原大自然的挚爱，显示出鲜明的游牧民族风格。《新唐书》卷二二《礼乐志》曰："北狄乐皆马上之声，自汉后以为鼓吹，亦军中乐，马上奏之，故隶鼓吹署。"汉代设立的乐府以采集和演唱鼓吹乐曲，从而成为中原王朝宫廷音乐中的重要组成部分，西晋以后更专设鼓吹署以掌管这种乐曲。早期民歌《阿干之歌》等纳入传统宫廷音乐之中，从而丰富了原有的宫廷乐曲，使之成为一种具有鲜卑民族风格的"鼓吹大曲"，实现了吐谷浑音乐与汉族传统音乐的交融发展。从此，青海鲜卑音乐成为中国古代宫廷"鼓吹乐"的重要组成部分，在其他少数民族王朝和汉族王朝中广泛流传，从而丰富和发展了中华民族的传统文化。

据史书记载，鲜卑保留了掠女的婚姻制度，以牛羊为聘礼，为妻家服役，随着父系家长制的确立，也曾出现过一夫多妻制；初期信崇巫术，祭祀天地日月，西迁青海后，逐渐信仰佛教，有的兼奉道教。据《宋书·索虏传》记载，"死则潜埋，无坟垄处所，至于葬送，皆虚设棺柩，立冢椁，生时车马、器用皆烧之以送亡者"。丧葬习俗为土葬，敛尸以棺，殉以狗、乘马、衣物等。此时的青海地区草肥畜壮，又与河西走廊和漠南草原毗邻，是西部古文化的交汇地。鲜卑族在举行庆典、祝寿、葬礼时必有质朴粗犷的原始歌舞，无疑是源于其生产、生活，并成为其思想感情流露和宣泄的一种艺术形式。

元明时期青海世居民族的格局基本形成，延至当代。除了原有的藏、汉、土族之外，蒙古族、撒拉族、回族相继入驻青海。各民族之间的文化交流首在民歌，明朝时期，任职河州的儒学教授高弘，在《古鄯行吟》诗中，对河湟民歌"花儿"描述道："青柳垂丝夹野塘，农夫村女锄田忙。轻鞭一挥芳径去，漫闻花儿断续长。"这是对花儿演唱环境、演唱者、曲调特征等的首次描述。可见明代的河湟"花儿"内容已较为丰富、影响已较为广泛。搜集整理、印刷民歌成风，音乐刊物先后问世。如明代冯梦龙编辑的《山歌》等。

青海民族民间文化是古代文明交汇而成的一种多元文化，流淌着古代各民族文化交融的血液。如清雍正年间在今青海循化境内黄河边敕建

"河源神庙"，乾隆元年，因汉僧"不通番语，吐番不能信服"之故，改选黄教高僧坚参八些率 19 名藏族僧人主持庙内事务，由朝廷发给口粮衣单，形成了道教庙宇由藏传佛教僧人住持的现象。

青海丰富多彩的文化资源，大致包含了如下十个方面。

其一，青海有各具特色的大自然山川景观和锦绣生态环境：如昆仑山、祁连山、阿尼玛卿雪山、年保玉则山、青海湖、扎陵湖、鄂陵湖、仙女湖、鸟岛、三江源、可可西里、康巴草原、玛域草原、金银滩草原、坎布拉森林公园、互助北山森林公园、大通鹞子沟森林公园、平安夏宗寺森林公园、乐都仓家峡森林公园、班玛玛柯河森林公园、同仁麦秀森林公园、祁连卓尔山、万丈盐湖、孟达天池等；

其二，有绚丽多彩的人文景观，如塔尔寺、隆务寺、瞿昙寺、龙恩寺、文成公主庙、东关清真大寺、平安洪水泉清真大寺、柳湾彩陶遗址、民和喇家遗址、都兰墓葬、丝绸之路遗迹等。

其三，有博大精深的文化底蕴，如古老的昆仑文化、羌藏文化、三江源文化、河湟文化、宗教文化等。

其四，有风格独特的民族民间歌舞风情，如各民族群情激昂的花儿会演唱、河湟社火（高抬、高跷、舞龙狮、八大光棍、跑旱船、顶灯等）、六月歌会、藏族民间歌舞（卓、依、拉伊、酒歌、逗曲等）、撒拉民间歌舞（迎亲、宴席曲等）、土族民间歌舞（纳顿、安召、於菟古风舞等）、蒙古族民间歌舞（牧歌、长调等）、回族民间歌舞（宴席歌舞）、宗教歌舞风情（颂经调、迎神曲、法舞）等；

其五，有独特形式的各民族习俗，如婚嫁习俗、礼仪习俗、服饰习俗、丧葬习俗、传统节令及饮食习俗等；

其六，有浓郁的宗教文化仪轨，如祭山、祭海、祭湖、祭河、晒佛、跳神、迎神、修行等；

其七，有神话传说、英雄史诗和历史故事，如西王母的传说、《格萨尔》史诗、赵充国屯田、阿豺折箭遗训等；

其八，有民族特色鲜明的地方戏剧及曲艺，如平弦曲艺、平弦戏、眉户戏、藏戏、寺院马背藏戏、西宁贤孝、越弦、下弦等；

其九，有传统的体育竞技文化活动，如赛马、赛牦牛、射箭、轮子秋、摔跤、砲（抛）儿石、羊皮筏渡河、荡秋千等；

其十，有精美的传统手工艺产品，如彩陶、唐卡、服饰、堆绣、刺绣、腰刀、皮制品、农民画、湟源排灯、乐都九曲黄河灯、藏毯、剪纸、昆仑玉、祁连玉、嘛呢石刻、三江源奇石、河湟奇石、石雕、木雕、根雕、动物标本等。青海多民族文化具有较强的交融性、多样性、神秘性、独特性和代表性。

多民族文化交融发展，已成为青海文化集中体现的一大亮点。循化县道帷藏族乡的宁巴有穿藏袍讲藏语的汉族；青海"托茂人"吸收了蒙古族文化，却保持了伊斯兰教的信仰；河南蒙古族自治县四个乡的蒙古族、黄南州同仁县上、下吾屯村的土族受藏文化影响而普遍通晓藏语；化隆回族自治县卡力岗地区的回族是一个着藏服、说藏话、到清真寺做礼拜的群体；黄南藏族自治州河南县的蒙古族、海晏县的蒙古族兼通兼容蒙、藏、汉三种语言及文化；同仁县吾屯的土族以虔信藏传佛教和绘制藏传佛教唐卡而闻名；青海回族通用汉语文，在宗教生活和日常生活中仍保留一些阿拉伯语、波斯语词汇；撒拉族语言属阿尔泰语系突厥语族西匈语支，多数人撒拉语、汉语兼通；海西和海北州的蒙古族通用蒙文，兼通藏、汉语言。土族关帝塑像上戴着藏、蒙古族习用的礼仪象征物哈达，庭院竖起高高的经幡，却具有浓郁的道教和藏传佛教结合的特色。西宁东关清真大寺的大殿脊顶中心，竖立着三尊鎏金金筒，这是藏传佛教尊重伊斯兰教而赠送的礼物。青海各民族既彼此贯通，又各具特色，形成求同存异、多元一体的格局。同时，青海六大世居民族各自都有深厚的历史根基、丰厚的文化底蕴、有独特的风俗习惯、多彩的审美情趣。

青海多民族文化在长期的发展过程中，相互交流、相互兼容、相互依存，交融并存，生动地体现了"和而不同"的地域特色，如互助土族轮子秋、玉树草原赛马、果洛赛牦牛、德令哈摔跤、海东卓仓地区射箭、海北马术表演、河湟地区武术比赛等民族民间传统文化体育项目等。不同民族的优秀文化孕育、催化了灿烂的民间文学艺术硕果。花儿白牡丹令《上去高山望平川》已成为青海高原最流行的民歌；呛嘟嘟令《雪白的鸽子》则是从甘肃传入的"推炒面"演变而成的，至今也成为河湟地区流行很广的民歌；小调《孟姜女》，汉、回、撒拉族都有不同的音乐变体，但在词意上都较接近。土族花儿《红花姐令》、藏族拉伊《祝愿》、回族宴席曲《一山的松柏》、花儿《三啦啦令》以及藏族拉伊等民族民间歌曲现在也成为东部农业区较为流行的民歌。它通过传播，一传十，十传百，不胫而走，家喻户晓。是跨越了社会区域和社会群体的一种多民族文化成果。这种丰富多彩的多民族文化成果，为各民族人民群众所喜闻乐见。在历史的长河中不断发展演变，丰富了人民群众的精神生活。

第二节　世居各民族文化的发展交流轨迹

世居主体民族格局的形成　汉族文化的发展轨迹　藏族文化的发展轨迹　回族文化的发展轨迹　撒拉族文化的发展轨迹　土族文化的发展轨迹　蒙古族文化的发展轨迹　各民族文化在发展交流中的包容性　各民族的饮酒文化

从战国到清代，先后有羌、汉、匈奴、月氏、氐、鲜卑、回纥等20多个民族生活在青海这片土地上。经过千百年的融合演变，上述民族有的已经消亡，到元明时期，青海形成了汉、藏、回、土、蒙古、撒拉六个世居主体民族。生活在青海的各族人民，在长期的历史岁月中形成了各自的风俗习惯。河湟社火、草原歌舞、藏戏、蒙古摔跤、赛马、回族歌舞、土族的安召舞、撒拉族民居、藏族服饰及其婚俗等充分体现了青海高原民族的风情。由于在地域上的杂居，政治、经济和文化生活等方面的相互渗透，生活在青海高原的各个民族除了各自独有的节日和文化活动外，还形成了各民族共有的、代表青海地方特色的乡土文化。最具代表性的是"青海花儿"，"筵席曲"、"民间体育活动"等。各世居主体民族有各自的共同语言，在各自相对集中的共同地域、共同的经济生活中表现出共同文化上的心理认同。

在历史的长河中，中原汉文化、中亚伊斯兰文化、蒙古高原游牧文化与青藏羌藏文化在这里碰撞、交融、浸润、涵化。经过杂居、联姻，各民族历史文化、宗教文化、民间文化相互渗透，成为我中有你、你中有我，而又各具个性的多元统一体，形成了独特的青海高原文化。

汉族从西汉以来不断从中原地区迁徙到河湟流域，在青海形成了人口最多的一个民族。

河湟流域指黄河上游、湟水流域、大通河流域，古称"三河间"。从汉代开始，汉族作为一个群体在青海高原定居并有过四次移民高潮期。西汉中期，设河西四郡，打通了中西交通路线，置护羌校尉，部分汉族第一次从内地迁徙而来。随着青海东部纳入西汉郡县制管辖体系，赵充国在河湟流域屯田，中原汉族农民不断迁徙到这一地区从事农耕生产，将农耕文化传播到青海。西宁等地发掘出大量的汉墓及汉代文物证明了这一史实。王莽当权时，设西海郡，强制迁徙成千上万的汉族人口到环青海湖地区。东晋时期，汉人张氏建立的前凉政权也招致人数不少的汉族西迁，隋唐时期戍边来青的汉族人口也不少，令今青海东部的汉族数量大为增长。12 世纪初，北宋力量到达河湟地区，并将鄯州改为西宁州。明朝洪武六年（1373），改西宁州为西宁卫，实行屯田，中原汉人西移的比较多，自江淮（包括南京）迁到青海的汉族，在西宁等地的大户家谱和墓碑中亦有记载。屯军及其家属在青海的碾伯、西宁、民和、循化、贵德等地定居者不少。来乐都瞿昙寺参加修建并护卫的 108 名军士也在当地定居。从乾隆初年（1736）起，山西、陕西、四川、河南、河北、山东、湖南、湖北等省的客商陆续来青海长期经商。光绪二十年（1894），甘肃东川库等地 100 余户迁来西宁后子河。青海是少数民族聚居区，生产、生活必需品较缺，故内地鞋匠、铁匠、铜匠、银匠、金匠、陶匠、石匠、木匠、制醋匠、碗碟匠、画师、厨师等工艺美术工匠徙居青海的也很多。

由于中原汉族先民不断迁徙到青海河湟流域并从事农耕生产，兼营手工业、商业等，在历史的岁月中，中原农耕文化与草原游牧文化相互交汇。在语言习俗、岁时节日、生活习惯、伦理道德、宗教信仰、行为准则、价值观念、思维方式、思想意识、心态感情等方面受羌藏文化、昆仑文化、高原多民族文化的影响，使这一地区历史文化的多元性、融汇性特点较为突出。汉族民众将源远流长的中原传统文化带到青海，传承了曲艺如平弦、越弦、贤孝以及打搅儿、道情、目连戏、皮影戏、眉户戏、秦腔、花儿、社火表演等文艺形式，体现了边地文化的向心力，具有很强的民间艺术魅力。

青海是我国藏族主要聚居地之一。主要分布在玉树、果洛、黄南、海南、海北5个藏族自治州和海西蒙古族藏族自治州。藏族主要从事牧业生产，少量分布在河湟地区的主要从事农业生产，并与其他民族杂居。早期的古代藏族散处在今青海西部黄河源及通天河一带。元、明时期，藏族已发展成为青海的主要民族之一。清雍正三年（1725），青海的藏族人口约有21.6万多人，其中农业区约有16.27万人，牧业区约有5.4万人。自雍正十一年（1733）起，清政府对玉树四十族征贡马银，纳银的有8443户，32390人。清道光二年（1822），玉树四十族发生了变化，经清政府批准，将囊谦千户属下的阿里两个百户迁往海北草原，驻牧今海北藏族自治州的祁连县。至清朝末期，玉树土官有千户（囊谦）1员，百户30员，所属部落已变为二十五族。中原王朝在藏族地区实行"政教

图下 2-1　汉族社火

合一"政策和千百户制度。

清雍正时期，青海蒙古族上层罗卜藏丹津反清事件后，青海蒙古族与藏族的分布格局发生变化，大致以黄河为界，北为蒙古，南为藏族。嘉庆、道光以后，黄河南部藏族群众纷纷过河，入驻环青海湖地区，最终形成环海八部落之众。

藏族文化是世界文化宝库中一颗璀璨的明珠，其悠久的历史、丰富的内容和独特的表现形式越来越受到世人的瞩目。世代生活在高海拔地区的藏族人民，面对恶劣的生存环境和相对匮乏的自然资源，表现出了顽强的生命力和对真、善、美的不懈追求。因而，注重不断地自我完善和追寻生命的真谛便成为藏族文化显著的特点。佛教自7世纪传入藏区以来，藏传佛教的哲学思想和价值体系作为藏族精神文化的主体和核心，引导、影响着藏族文化的方方面面。

藏族传统文化艺术非常丰富。其中藏戏是我国少数民族戏剧剧种的杰出代表，是中华民族极为宝贵的精神财富。藏戏艺术的历史与这个民族的历史相始终。藏族戏剧文化，作为其综合文化样式的组成部分，以特殊的表现形式，述说着该民族的历史与独特的文化心理。青海藏戏有黄南藏戏、华热藏戏、果洛藏戏、玉树康巴藏戏等多种，与宗教祭祀紧密相连。藏戏有着悠久的历史和广泛的群众基础，在当地深受民众欢迎。

藏族群众的饮食习俗一般以手抓、奶茶、酥油为主食。生活在牧业区的藏族群众，多居牦牛毛织成的帐篷。帐房结构简单，轻巧方便，中间用一根长而细的木梁，两头支上八根短而硬的木杆，四周再架几根小柱，然后将牛毛帐搭在上面，周围用木桩钉在地上即可。这种帐房雨水不渗，风雪不侵，冬暖夏凉，宜于搬迁，是游牧民族的理想住所。帐房内中央是泥巴垒成的锅灶，两侧是住宿的地方，一般是男左、女右，正中供奉佛像及经典，陈以铜、银制成的净水碗和酥油灯。藏族以糌粑（炒面）为主食，乐饮奶茶，喜食酸奶、牛羊肉等。农业区的藏族群众，同汉、回、土族等民族一样，一般以自然村为单位聚居在一起，居所同汉族的庄廓相同，只是内部装饰、摆设略有不同。在玉树、果洛、黄南等一些峡谷地带的小块农业区，也有一种称之为"碉房"的房屋，这种房屋的内外墙全部用片石和泥巴垒砌而成，房屋多系两层平顶建筑，下层为牛、马、羊等牲畜圈和杂用房，上层则为人的住室。房屋的椽檐、窗户及大门，施以重彩，颜色鲜艳，平时窗户外挂有白底黑边的帘子，极富民族色彩。农业区的藏族，以面食为主。藏族群众善于歌舞，每年生产之余举行赛马、射箭、摔跤等体育活动和"六月歌会"等文艺活动，每当夏秋季节，在草原上水美草丰、牲畜膘肥体壮的时候，他们都要举行各种欢乐的草原盛会。届时，人们选择地势平坦、水草茂盛、环境优美、交通便利的地方作为会场，然后合家老少带上帐篷，赶上牛羊，骑上骏马，从四面八方汇聚到一起，参加各种活动。

青海藏族的服饰和发式颇具特色。藏袍一般都具有长袖、大襟、宽腰、无兜等特点。根据用料的不同，可分为羔皮藏袍、皮毛藏袍和布料藏袍三种。皮毛藏袍用鞣好的老羊皮缝制，衣边饰以布条。果洛等地的男袍用一掌宽的黑布缝边，再镶缝一寸宽的白布。而女袍则用大红和黑布缝两道边，大襟下摆用同色布块镶成旗角。玉树地区则用黑缎子或布缝边，并镶以氆氇、红布等。羔皮藏袍是走亲访友、节日集会的礼服。一般都配上黑、褐等色的缎面，下摆及大襟等处镶以水獭边、锦缎等。皮制藏袍的衣领大都用羔皮、豹子皮等质地较好的皮子缝制。牧业区地高气寒，因此毛皮藏袍四季皆用。而农业区则一般穿布料藏袍。布料藏袍有单、棉两种，根据气候变化更换。穿着藏袍时，将衣领高高提起，腰间系上腰带，使胸怀与腰背都形成大行囊。袍内配穿一件黄、白、咖啡等色的衬衫。天气暖和，或参加劳动时，则脱去衣袖，束在腰间，极为方便。

藏族，尤其是牧业区，不分男女，十分讲究装饰品。男性腰间都佩带精制的藏刀，刀鞘饰以白银、鎏金，刀柄镶有玛瑙等，多为骨柄。此外，随身携带精制的钱包、火镰等。果洛、玉树等地男女都戴手镯及镶有玛瑙的银戒指。妇女戴耳环（也有男性佩戴者）和项链。无论男女，胸前都佩戴精制的银质方形护符，盒内装有经文、佛像等。

在藏族的婚俗中注重舅氏，尊为上宾；讲究礼仪；宴席有婚礼词，并有歌舞相伴。

青海藏族丧葬仪式，一般有塔葬、天葬、水葬、火葬、土葬、复合葬等六种。

青海藏族的传统节日主要有藏历新年、六月欢乐节、拉伊会、亮宝会、鲁热节、插箭节、祭拉卜孜、祭佛节、望果节、赛马节和塔尔寺四大法会（又称如来四大经节，在农历正月、四月、五月、九月）、酥油灯会（灯节）、晒佛节、燃灯节等，有的地区也过端午节和八月中秋节。

青海藏族的禁忌，群众忌庄廓大门朝西、朝沟，忌妇女不系腰带披长袍、不梳发辫、披头散发地在长辈面前行走，禁月婆居室、病房留客，禁牛羊圈里大小便，忌清晨出门遇空桶、空背斗等空物，忌穿戴他人衣帽、翻穿藏袍，忌讳打杀鹰鹫，忌直呼死者姓名，忌食马、骡子、驴等奇蹄动物和狼、狗、鸟等爪子动物及鱼等水产品。生小孩或家人有重病时，藏族群众就会在大门口煨一堆火忌门，时限一般 7 天左右，或根据病人病情而定，忌门期间外人都不得进入家院。

"哈达"是藏语音译名，是藏族和部分蒙古族、土族用于礼仪的丝巾。一般为白色，长约五尺。以生丝织造，多产于四川西部。婚礼节庆、迎送馈赠、拜见尊长、觐见活佛、喜讯往来等礼仪中，藏族都有献哈达的习惯，有致敬和祝寿的意义。藏族人民喜爱白色，自古以来，他们认为白色象征纯洁、吉祥，所以哈达一般为白色。此外，藏族还有一种五彩哈达。按佛教教义的解释，五彩哈达是菩萨的服装，是仙女的飘带，神圣无比，是最珍贵的礼物。五彩是蓝、白、黄、绿、红，分别代表蓝天、白云、大地、江水和空间护法神。

经过千百年来的发展，藏族文化日益发达，积累了大量丰富的文化史料，仅用藏文书写的文学、历史、宗教、艺术等方面的文献，即浩如烟海，难以计数。其中，佛经有 4000 余种。所以，寺院便成了藏族文化艺术荟萃之所。青海藏族聚居的地区约有藏传佛教寺院 530 余座，其中像塔尔寺、瞿昙寺、广惠寺、德欠寺、隆务寺、夏群寺、结古寺等，都以历史悠久、建筑雄伟、规模宏大、珍宝繁富而闻名于世。寺院里的雕塑、壁画、绒绣，有很高的艺术水平。最著名的要属酥油花、堆绣和唐卡，它们被誉为青海藏族手工艺品中的"三绝"。无论从题材内容、艺术风格，还是工艺美术水平来说，在青藏高原各大藏传佛教寺院中出类拔萃，是我国多民族文化艺术宝库中的奇葩[②]。

青海回族的分布，具有大分散、小集中的特点。元代有大量回族集体移居河湟地区，对此，元代诗人马祖常在《河湟书事》中有"波斯老贾度流沙，夜听驼铃识路赊"的感慨。明清以来，移居青海的回族不断增多。主要分布在东部和东北部，在化隆县、门源县、民和县、大通县、湟中县、平安县、祁连县、贵德县、西宁市城东区等河湟谷地一带，上述地区回族人口占其总人口的 80% 以上，其他各州、县也有少量分布。

图下 2-2　藏族歌舞

　　元朝初年，蒙古族中的西平、安西、西宁王系中，常年驻守青海的约 30 万人，大多数为"回回军"和信仰伊斯兰教的蒙古军；来自山东的反金农民起义军（称红袄军），后归顺蒙古被编入探马赤军中，通过回族奥鲁军热心人的介绍，与青海回族女子通婚定居，成为青海回族先民的一部分。据《大通县志》记载，现在居住在西宁市东关和大通县城关镇的哈、丁、穆、白、海等姓的回族，其祖先多为唐朝时期移居的阿拉伯和波斯人。从唐初至宋末，迁入青海的阿拉伯人、波斯人和中亚人，包括军士、工匠，商人学者、贵族、掌教和普通的老百姓。明朝初年，有数百回族因避战乱从河西一带流徙大通，在今城关、新城一带筑堡盖房，从事农业、手工业生产。今大通极乐乡深沟村的"刀子匠"、良教乡的"口袋匠"、桥尔沟的"沙罐匠"都是明代迁来的回族后裔。据《化隆县志》记载，明代万历年间（1573—1620），陕西大饥，有一部分回族逃荒到化隆地区定居。清雍正年间（1723—1735），清政府实行"移民实边"政策，从甘肃的甘州（今张掖）、凉州（今武威）、河州（今临夏市）等地迁来青海的人口中，回族占相当数量。同治十二年（1873），回族反清后，清朝大臣左宗棠曾将贵德、西宁等地的回族强行安置在今化隆、尖扎等地，在扎巴一次安置 500 多人。据《门源回族自治县概况》记载，门源回族自治县的部分回族也是由陕西回族反清失败后迁徙到青海，一些人便在门源地区安了家。民和县马场垣乡、大庄乡、米拉湾村的部分回族，也是清同治年间甘肃皋兰县反清斗争失败后迁来的。孔姓家族是从甘肃永靖刘家峡大川村迁居民和的。马营镇阳山一带的马姓及川口果园村的苏姓回族，原籍陕西凤翔县，均系陕西回族反清后的流落者，定居民和县已有百余年历史。青海境内的回族还有在明、清时期因随军随仕、经商、逃荒、避难，从陕西、甘肃、宁夏等地陆续迁来在青海东部各县及门源县等地定居者。非信仰伊斯兰教的各族男子有要娶穆斯林女子为妻，必须改信伊斯兰教；而信仰伊斯兰教的男子与其他民族的女子结婚，女子必须改信伊斯兰教③。

伊斯兰教在回族的形成过程中曾起过重要作用。青海回族群众居住在较集中的地方建有清真寺，由阿訇主持宗教活动，经典主要是"古兰经"，信徒称"穆斯林"。清真寺是回族穆斯林举行礼拜和宗教活动的场所，有的还负有传播宗教知识、培养宗教职业者的使命。清真寺在回族穆斯林心目中有着重要位置。每到斋戒期满，举行庆祝斋功完成的盛会，这一天就是开斋节，又叫"尔的"节。每逢节日，男人沐浴洁身，穿戴一新，先在家里念颂《古兰经》，然后去清真寺参加会礼；妇女一起床就开始准备丰盛的饭菜。节日里，每个回族聚居的街巷、村庄，人们见面互道"色俩木"，以示祝贺。然后去墓地"走坟"，缅怀"亡人"，以示不忘祖先。

圣纪节是穆圣的生辰和祭日，仪式的程序为开经、颂经、完经三部分。从开始的头一天起十数名或更多的阿訇聚集一起，高颂《古兰经》、《莫罗提》、《冥沙日》，赞主赞圣，并讲授经典与教义。

青海回族保留着足以体现自己民族特色的服饰习俗。男子平时穿各式时装，上清真寺做礼拜时则穿黑色或灰色大衣，老年妇女一般爱穿黑色大襟长袍，戴白色盖头。中青年妇女崇尚绿色、红色，平时一般戴黑色纱绒盖头。姑娘的穿戴更为艳丽时髦，有的姑娘身穿时装，头戴绿色纱绒盖头，华丽和谐，别具一格。青海回族喜居四合院，院中辟有花园，屋内多挂有阿、汉文中堂条幅或山水画。青海回族的烹饪技术高超，他们以牛羊肉为主料，可炒出上百种美味佳肴。

青海回族婚俗深受伊斯兰教法的影响，许多程序按教法规定进行。订婚时，男方须送彩礼，女方回赠果子茶，方为正式订婚。婚礼由阿訇主持，新郎及亲人组成的迎亲队到女方家里念"尼卡海"。为儿女操办婚礼的仪式叫"办宴席"，前来贺喜的人称之为"吃宴席"。在婚礼"吃宴席"的场合中演唱的民间歌曲，称为宴席曲，所表演的舞蹈也自然称之为宴席舞。回族宴席曲是回族婚礼中演唱的一种民间歌曲，也称为"家曲"、"菜曲"。

回族宴席曲的表现内容有一些是本民族特有的曲目，如《莫奈何》、《虎喇马》等，也有相当一部分是从其他民族的说唱中吸收的，如《方四娘》、《孟姜女》等，不过，这些源于其他民族的叙事说唱以宴席曲的形式表演，在长期流传过程中，赋予了本民族的生活习俗、审美心理以及地方色彩，已成为本民族优秀文化的一部分了。

宴席曲的唱词题材广泛，内容丰富多彩，基本反映了回族人民生活中的方方面面：有赞美东家、赞美亲友和赞美自然的赞美曲，如《恭喜曲》、《赞东家》等；有反映劳动、生产的生活歌，如《高山上挡马》、《庄稼人》等；有规劝人们向善的规劝歌，如《学生哥》、《娘怀胎》等；有描写旧中国军阀强行拔兵的征战歌，如《高大人领兵》、《马步芳征兵》等；还有反映妻离子散、人生悲欢离合的思念歌，旧时代新婚夫妇被战争逼迫分离，丈夫赶赴沙场，新妇独居闺房深夜思夫的《莫奈何》、《哭五更》等；有以历史故事和人物为题材的历史叙事歌，如《脚户哥》、《方四娘》、《满拉哥》等；有反映新时代、新生活的歌，如《园子家》等。这些都将抒情与叙事自然融合，人物刻画细腻动人，情节曲折、语言流畅、顺口悦耳，显得生动、完整。深刻地反映出了回族人民的情感和伦理观念。

回族宴席曲内容丰富，曲目繁多，演唱风格独特，主要以规劝、教育、赞颂为主题，在喜庆场合自娱也娱人的活动。化隆地区的宴席曲，主要以德恒隆地区的《上山打柴》、《小罗成》和石大仓乡大岭村、铁力盖村的《虎喇马》，以及二塘乡龙泉村的《筐篮莲花落》为代表。门源地区的宴席曲，主要以青石嘴镇的《白鹦哥》为代表。这些宴席曲程式性强，唱腔优美纯朴，且歌且舞，自娱自乐，很受当地回族群众的喜爱。

《白鹦哥》故事出自敦煌佛经变文，广泛流传于源自明清以来民间流传的一种古老曲艺宝卷之中。《鹦哥宝卷》故事大概内容为：一只红嘴绿毛的小鹦哥，为挽救母亲垂危的生命，飞过遥远的山岭，去寻找葡萄仙果，不料被人用弹弓打伤后捕捉，在好心的仆人的帮助下，它逃脱牢笼，衔着葡萄去找母亲，而母亲已亡。绿鹦哥悲伤不已，全身绿毛脱落，生出白色羽毛为母戴孝。孝心感天动地，白鹦哥被神仙收留于天界。故事中所表述的孝敬老人的主题，是中华民族共有的美德，故被回族群众汲取后，加以创造，而演变成今天的宴席曲。该曲主要的特色是：两位男性表演者在盛粮食的直径约 1.1 米的大笸箩（民间也叫笸篮）中表演，故被取名为《笸篮曲》，民间也称为《笸篮莲花落》④。

《虎狼马》是流传在化隆县石大仓乡大岭、铁力盖两村的宴席曲，反映在旧时代被迫当兵，远离父母妻子，病卧荒郊时，凄凉悲惨地哭泣，曲调深沉、悲凉。词情哀怨苦寂，唱起来如泣如诉，令人心碎，表达了生活中的痛苦、郁闷，演唱者根据内容进行各种手势的变换，表现出压抑悲愤之感。回族群众喜欢在宴席中表演此曲，意在规劝新人在以后的生活中相亲相爱共渡生活中的难关。

回族宴席曲为回族在漫长的历史发展过程中吸收大量汉族文化艺术，经过长期加工改造形成的一种艺术表演形式，其曲调、韵味、歌词内容、表演舞姿充满了浓厚的乡土情趣和民族风韵。宴席曲的演唱形式有独唱、对唱、齐唱等。演唱者有时带一些从武术动作中汲取的舞蹈表演，体现了回族人在过去为求生存，崇尚武术以求自卫强身。化隆地区的回族人将喜爱的传统武术动作融入到宴席曲中，如"鸽子翻身"、"黑鹰展翅"、"老爷抽刀"、"三倒步"、"犀牛望月"、"猛虎蹬腿"、"跳跃扑打"等。这些刚健挺拔、英勇豪迈的表演动作中闪烁着敏捷迅疾、静止沉稳的特点，细腻的演唱与武术的刚健、洒脱融为一体，同时也体现出一个民族的创新意识。演唱宴席曲不用乐器伴奏，因而在段落之间有较长的停顿或间歇。

青海回族由于受伊斯兰文化的影响，民间刺绣以其独特的风格，受到人们的青睐。

回族民间刺绣题材广泛，形式多样，多见于日常生活用品，有衣裙、腰带、汗巾、手帕、枕头、茶包、钱袋、针线包、花鞋、裹肚、鞋垫等，回族生活中的香包也是常见的刺绣品。针法有平绣、结绣、盘绣、扎绒绣、补花、拼贴、掏花等多种。无论哪种针法，都以细密精致、纹样清晰活泼为特点。色彩冷暖相照，对比鲜明，在色彩的运用上，其换色、变色，追求大平面色彩对比效果的丰富手段，堪称一绝。浓，则达致饱和；艳，则艳到极致；亮，则亮中见喜；雅，则雅致富丽。回族妇女喜欢以黑、白、藏青、深紫色作为底色，将红、黄、蓝、绿等作为花色，用色之大胆、新奇，使作品饱含大自然色彩，从而形成了独特的风格，刺绣阿拉伯文时，则以素雅为妙，但也强调色彩对比，如绿与白、蓝与白等，因而具有较强的质感，显得比较厚重。在纹样选材上，植物花卉以牡丹、茶花、夹竹桃、鸡冠花、梅花为多，动物以蝴蝶、蜜蜂、喜鹊、孔雀、凤凰为多。许多图案吸收了传统刺绣内容，如象征吉祥的"凤凰来仪"、"孔雀开屏"、"百鸟朝凤"、"狮子滚绣球"等，象征爱情的"蝴蝶双飞"、"蜜蜂采花"等，从中可见回族妇女心灵手巧之一斑。

青海回族的清真寺有 1300 多座，著名的清真寺主要有：西宁东关清真大寺、平安洪水泉清真寺、门源南关清真大寺等。西宁东关清真大寺是西宁回族群众居住地最有特点的标志性建筑，它是中国古典建筑艺术、阿拉伯建筑风格和现代建筑特色融为一体的混合建筑群。也是中国西北最大的伊斯兰教寺院之一，约建于 1380 年前后（明洪武年间），后屡经重建修葺，才具有了现在的规模。清真大寺的建筑大体上由前三门、中五门、宣礼塔、正门主楼、北侧商贸大楼、南侧宿舍和教室大楼、南淋浴室和礼拜堂楼、南北厢楼、礼拜大殿及北跨院等十一部分组成，建筑面积为 18428 平方米。进大门后的第一个院落气氛陡增肃穆，东面是高大的水磨砖墙，正面是九级花岗石台级，三角形外院场用不同形状的青石板铺就，整洁素雅，清朗凝重。花岗石台阶和周围砖墙色调和谐，西面的石级上一座五券洞的欧式座门，巍峨挺拔，拾级而上，似有脱俗之感，与座门连接的是两端的宣礼塔，西式的砖石塔体上筑有六角攒尖顶亭，过此门便是一块占地 28000 平方米的开阔场院，铺满大青砖，古朴庄重，一尘不染。里院正面二重平台上是一座中国宫殿式礼拜大殿，单檐歇山顶，飞檐斗拱，雕梁画栋，雄浑庄严，肃穆端凝。整个大殿分前卷棚、大殿、后窑殿三部分；构架采用重檐歇山式，斗拱屋顶飞檐高翘，大殿前卷棚南北两侧的墙壁上是精雕细刻的砖雕九扇屏。大殿前卷棚山石透玲珑之姿，花木呈葳蕤之状。

与大殿毗邻的是南北两座厢楼，为中国传统的歇山卷蓬顶廊柱式结构。两座厢楼与大殿互相呼应，浑然一体。另外大殿顶脊上装有甘肃拉卜楞寺僧侣赠送的三个藏式镏金大宝瓶（经筒），两座宣礼塔的塔尖顶上装有塔尔寺赠送和后来扩修时由大寺依样定做的两个精巧的镏金小经筒，清真寺融入藏式装饰物，在国内这是独一无二的。近一个世纪以来，象征民族团结的五个经筒，展现了大寺在全国清真寺建筑艺术中的独特风格。

在青海，回族与当地的汉、藏、土、撒拉、蒙古等兄弟民族的友好往来、互相影响。回族将兄弟民族的民间文化传承，通过友好交往的媒介，不断地吸收容纳进回族文体活动，已成为回族人民生活中的一项重要内容。挖掘、整理和开展回族传统的文体活动，对增强回族人民的体质，丰富回族人民的精神生活，有着不可取代的作用[5]。

撒拉族是青海省独有的少数民族之一，人口集中于海东地区的循化撒拉族自治县及毗邻的化隆县甘都镇和甘肃省积石山县。西宁市区和海西州也有少数散居。主要从事农业生产，擅长园艺业、商业和餐饮业。撒拉族有本民族语言，属阿尔泰语系突厥语族、西匈语支。由于长期同藏、回、汉族密切交往，吸收了不少汉藏语词汇，通用汉文，信仰伊斯兰教。据清乾隆时龚景翰撰《循化志》记载：撒拉族土司，始祖韩宝，旧名神宝，系前元达鲁花赤（元代掌印官），洪武三年（1370）邓大夫下归附。撒拉族先民系西突厥人撒鲁尔族，公元 13 世纪取道撒马尔罕，长途跋涉迁徙到青海循化地区定居，距今有 700 余年的历史。据《伊斯兰大百科全书》卷四载：撒拉族原名撒鲁尔，是乌古斯部落中的一个部落。在《回族源流考证》（土耳其文本）中更具体谈到：原住撒拉克（注：今土库曼共和国境内）附近的阿哈莽及尕勒莽兄弟二人，带领本族共 170 户人家，离开故乡东行，到了今天的循化定居下来。撒拉族在元代时称

"撒拉"、"撒拉儿"，明时称"沙刺"、"沙刺簇"、"撒拉儿"等。在长期发展过程中与周围的回、藏通婚，与各民族相互融合，逐渐发展形成了今天的撒拉族。

撒拉族口碑资料《骆驼泉》为我们提供了很好的史实：撒拉族先民从故乡出发，来到"金札"、"明札"（在中亚），经过天山北路、吐鲁番，进嘉峪关，经肃州、凉州，到了宁夏，又东行到了秦州（今甘肃天水），折而西返，到了伏羌（今甘肃甘谷），又到洮州（今甘肃临潭）、黑错（今甘肃合作），经拉卜楞，进入今甘肃夏河县的甘家滩。另一条路线是经天山南路到青海，然后到贵德，走尖扎滩，又到同仁县，折到元珠沟、甘家滩，最后进入循化。芈一之认为：撒拉族先民东迁时行走的路线与13世纪前半叶蒙古军在这些地区的重大军事行动中的行军路线基本吻合。"公元1225年至1227年，成吉思汗自中亚回军，由天山北路、河西走廊东行，攻打西夏兴庆府（今银川），西域亲军中撒尔特部曾参与这次战役……尔后，蒙古人进攻四川"。从六盘山基地出发"经临洮、河州、迭部南进。循化位于河州的右侧，蒙古军曾派兵驻屯于此"⑥。《骆驼泉》的传说中说："到了新的地方后，怕失掉教门，从撒马尔罕请来了40多位阿訇。"长期以来，伊斯兰教不仅在撒拉族的精神领域、而且在日常生活中都发挥着重要的作用⑦。

青海省的撒拉族先民由中亚土库曼斯坦东迁时所带来的一部《古兰经》，现藏于青海循化街子清真大寺。经有关专家鉴定，成书于8至13世纪，被认为是中国迄今为止发现的最古老的《古兰经》手抄本。全书共30卷867页，分上下两函装，函封为犀牛皮，套上印有精美图案，函内每册封面为天蓝色丝绸装裱。它不仅对研究撒拉族的来源、历史具有重要价值，而且对伊斯兰教研究也具有重大意义，是中国宝贵的民族宗教文化财富之一⑧。

口碑传说：撒拉先民在循化定居下来后，便向邻近的边都沟（文都）藏族通媒求婚。藏族上层同意他们要求，但提出了四个条件：第一，供拜藏族所信奉的佛教即藏传佛教的菩萨；第二，在房顶安设嘛呢筒；第三，在院庭中竖立经幡；第四，接受藏族的某些风俗，如院墙四个角上放置白石头，结婚时把牛奶泼在新娘所骑马蹄上，院庭里砌牲畜食槽，

图下 2-3　撒拉族神圣的手抄本《古兰经》　1933年美国传教士卡特·霍顿摄⑨

衣服不放在衣柜里而挂在横杆上等。前三个条件因与撒拉族先民所信仰的伊斯兰教规定不合而未被接受，第四个条件则被接受了，结果达成了协议，撒拉族先民的男子可以娶藏族女子为妻。至今藏族的不少习俗在撒拉族中仍有保存，撒拉族人和藏族人之间形成的"夏尼"（意为"本家"）关系也一直传承了下来。

除了同藏族人通婚联姻之外，撒拉族穆斯林中还融入了不少信仰同一宗教的回族人。这些回族人多来自东邻的河州。他们通过联姻、迁居等途径渐渐融合到撒拉族中。循化撒拉族穆斯林聚居区"十二工"中的"下六工"，以马姓为主，多是原先迁入的河州回民。此外，循化撒拉族穆斯林中无疑也有一定的汉族成分。《循化志》卷四载：来自江南吴地在当地屯戍的汉人，历年既久，一切同土人。这就是说，从撒拉族先民驻足循化到清乾隆的近500年中，当有一定数量的汉族屯田军士、工匠、行商、走方郎中逐步融合入撒拉族中。循化境内撒拉族穆斯林聚居区形成过程中，蒙古、藏、回、汉是4个离不开的民族，而伊斯兰教文化则贯穿于撒拉族的整个生活之中。

撒拉族同别的穆斯林民族一样，在长期的生活、生产实践中，以《古兰经》、《圣训》为宗教经典，在融入中国传统文化的同时保持了自身的民族性、独特性，在物质、精神文化等范畴以其独有的风格丰富了穆斯林文化宝库。撒拉族民俗专家马成俊在《百年撒拉族研究文集》中谈到："撒拉族文化是以阿拉伯伊斯兰文化为核心、中亚突厥文化、汉藏文化为补充的多元化的撒拉族文化体系。"撒拉族人民信仰伊斯兰教，主要节日有开斋节、古尔邦节、圣纪节三大节日⑩。

撒拉族的葬礼，从速从俭，实行土葬，一般"孔木散"都有一处公墓。家庭是撒拉族穆斯林社会组织形式中的基层单元和基础经济单位，是撒拉族穆斯林聚居区赖以存在和发展的基础。每个家庭都建有一院房屋，当地称其为"庄廓"。撒拉族社会组织分为家庭、"阿格乃"、"孔木散"、"阿格勒"、"工"五个阶梯的结构。民国及以前，由于撒拉族人结婚年龄较早，大多数家庭是祖、父、孙三代同堂。儿子们结婚后，父母大多随幼子而居，对长子次子等则分给他们一定的土地、工具、牲畜、口粮等，并建就新"庄廓"，使其另迁新居，成家立业。"阿格乃"，在撒拉语中意为"兄弟"、"本家子"。系以父系血统为基础，兄弟分居后若干个小家庭组成的近亲社会组织形式。由于血缘很近，"阿格乃"内禁止通婚。在一个"阿格乃"内，凡同辈人互称兄弟姐妹，无事则分户各居，有事则形同一家，加上居住在同一地区，故可称为"扩大了的家庭"。"孔木散"，在撒拉语中意为"一个根子"、"远亲"。"阿格勒"最突出的特点或标志是每个"阿格勒"都建有一座清真寺。"工"，按撒拉人自己的解释，是 kand（干）的对音。系撒拉族的一种特有的地域称谓，由同一地区的若干村庄组成，相当于"乡"一级的行政单位。

　　清乾隆年间的街子清真大寺系撒拉族祖寺，青海第二大清真寺。撒拉语的全称是"阿里提欧里米希提"。据说在尕勒莽兄弟一行迁居这里后，即在今三兰巴海村东建有一座简陋的清真寺，称"尕勒麦西提"（撒拉语意为黑色寺）。这可能就是街子清真大寺的前身。明洪武年间，撒拉族先民又在尕勒莽、阿哈莽墓旁建成了规模较大的清真寺。后来清真寺经过了三次大规模的扩建，清真寺与周围山川河流、居民村庄融为一体。礼拜殿分前卷棚、正殿、后窑殿三部分，中国宫殿式建筑。前卷棚面宽 7 间，间架颇大，并采用单檐绿琉璃庑殿顶及特大斗拱，不仅面阔壮观，而且出檐较深。正殿、后窑殿均也面阔 7 间，单檐歇山式，两连勾连搭。殿正中的大梁系一根直径为二人合抱的大原木，若放地下，人骑上脚不着地，相传是尕楞乡藏族群众所赠。殿内 16 根原木通柱支撑着 5 间勾连搭式全木屋架。礼拜殿屋顶为起脊重檐歇山式，四角飞翘，屋脊正中镶嵌有 3 个绿色琉璃瓦宝瓶。整个礼拜殿为砖木结构，彩柱画梁，粉壁素描，造型古朴，典雅壮观。

　　在街子清真大寺门前南侧有尕勒莽的陵墓，北侧有阿哈莽的陵墓，两墓边各有一棵大树。撒拉族民间传说，尕勒莽、阿哈莽兄弟临终前嘱咐教民："墓地不要盖顶，以后总有一天会盖上的。"后两个墓地旁便长出两棵榆树，叶繁枝茂，盖住了两墓。另在两墓旁据说还有撒拉族先民种植的扎根树和驻足他乡的撒拉族先民同族人种植的8棵同根树。街子清真大寺的东南侧则为著名的骆驼泉和骆驼石。

孟达清真寺，系撒拉族地区基本保持原始风貌并有若干蒙藏特点的清真寺。清真寺坐西朝东，处于风景秀丽、古木参天、临近黄河的一片小盆地中间，距离青海著名风景孟达天池不远。孟达清真寺邦克楼侧墙之砖雕有"麒麟拜寿"、"葡萄满架"、"鸟语花香"、"仙桃满盘"等内容。而殿内中堂式壁画，初步辨识有鹿、仙鹤、塔、亭、桥等。

撒拉族文学艺术以民间说唱文学为主。说，包括故事、神话、传说、寓言、谚语和笑话等，语言幽默含蓄。唱，包括撒拉曲、宴席曲和花儿等民歌。"撒拉曲"是撒拉族人民用本民族语演唱的一种抒情民歌。由许多具有独立意义的短体小诗组成。流行较广的曲子如《巴西古溜溜》、《撒拉尔赛西布尕》等。"宴席曲"是一种娶亲时的传统唱曲。撒拉"花儿"则是一种用汉语演唱的山歌，歌词一般为四句。其音调普遍带有颤音，婉转动听被称为撒拉令。

撒拉族民间最流行的舞蹈，是四人"骆驼舞"，一般在举行婚礼时表演，动作简单，节奏平缓，以此告诫自己不要忘记历史。撒拉族只有语言而没有文字，民族文化全靠民间艺人传袭，由于历史变迁，不少撒拉族舞蹈都已失传，而《骆驼泉》是惟一被完整传承至今的民间舞蹈，也因只有少数的民间艺人能够表演而濒临失传。

撒拉族妇女的刺绣艺术，十分精美，剪纸、窗花也是妇女擅长的一种装饰艺术。建筑艺术主要表现于礼拜寺的建筑装饰上，受内地影响，它是中国飞檐式的古典结构。是清真寺建筑与中国古典建筑的结合体。

撒拉族的婚姻形态是一夫一妻制。实行家族外婚。近亲家族"阿格乃"和远亲"孔木散"之间禁止联姻。婚姻的缔结全凭父母之命，婚礼由阿訇主持，有"挤门"习俗，即新娘在娘家人簇拥下要强行入屋，而新郎家闭门要礼；"对委"，即表演"骆驼戏"；"哭嫁"，新娘哭唱着走出家门；"摆针线"，即新娘到新郎家要出示针线活儿。

　　撒拉族初居循化时，其服饰尚保留着中亚风格，男子头戴卷沿羔皮帽，脚穿半腰皮靴，身穿"袷木夹"，腰系红绫布，妇女头戴赤青的缫丝头巾。后来，由于自然环境与人文环境的变迁，撒拉族也逐渐"入乡随俗"，男子一般穿宽大的短上衣或长衫，腰系布带，富人系绸缎带，头戴黑色或白色的六牙帽或平顶圆帽，脚穿平底布鞋，老年人则多穿长衫。青年男子爱穿"白布汗褡青夹夹"，腰系红布带或红绸带，短衣宽，长衣窄。老年人穿的长衣衫，撒拉语称为"冬"。做礼拜时头缠"达斯达尔"，一种长约数尺的白布。撒拉族妇女喜欢色泽艳丽的大襟花衣服，外套黑色坎肩。中年妇女的衣服极长，裤脚施地，脚穿绣花翘尖的"姑姑鞋"，制作精巧，鞋面鞋帮都绣有花卉图案，鞋尖翘起，上钩，并缀以丝穗，鞋底分厚薄两种，用细麻线密纳，式样美观，穿着舒适，平稳轻巧。年轻妇女爱穿花衣服，常在红衣上套黑色或绿色的长坎肩儿。妇女喜欢佩戴长串耳环、戒指、手镯、串珠等首饰。受伊斯兰教文化影响，妇女普遍戴"盖头"。少妇多戴绿色盖头，中年妇女多戴黑色盖头，老年妇女多戴白色盖头。在化隆的"外五工"卡日岗工一带，部分撒拉族的衣饰已改从藏族衣饰。

　　青海撒拉族的饮食以小麦为主食，辅以青稞、荞麦、马铃薯和各种蔬菜。逢年过节或贵宾迎门，则以炸油香、搓馓子、做油搅团、手抓羊肉、蒸糖包等庆贺节日或招待客人。奶茶和麦茶是颇受撒拉族男女老幼青睐的饮料。家家都有火壶和盖碗等茶具。肉食以牛、羊、鸡肉为主，忌食驴、骡、马、血液和自死之物。

　　每逢开斋节或宰牲节，家家的妇女们忙着炸月牙儿油香，招待阿訇及其来客。谁家的月牙儿油香最可口，客人通过品尝来评判主妇的本事。月牙儿油香是金黄色，上面点缀着无数个亮晶晶像玛瑙似的气泡，端上手来，软绵绵的像酿皮似的，撕开一块放入嘴里品尝，柔嫩香集于一起，其特点是清溜、味美，进口后不哽喉、不拖舌，特别是对老年人最适应，是别有风味的佳品。

　　在诸多的民居中，最引人注目的是坐落于孟达大庄牦牛巷中的篱笆楼。该楼初建于明末，历经清、民国400多年的沧桑岁月，原建风貌依然如旧。整个庭院建筑一般由东南北3面10间，上下20间和大门组成。大门多向南开，进深 1 间，2 深 4 柱，平顶式土房，高 2.1 米，面宽 1.8 米，进深 3 米，用泥石混做榫头，单扇户枢方式的大板门，特别是大门内配制木锁木钥匙，工艺制作别致，操作便利，显得古朴厚淳。楼体结构严谨，布局独特，工艺精湛。穿半式梁柱架，一般有 29 根柱子布列成网，纵梁有 9 条，双亲檐檩，两间道檩，密排圆椽，圆椽其上为松木落板条，铺磷形状，梁柱用材粗大。内室梁 7 米有余，下承方式随梁，底层深头额坊，榫头上下交错穿出柱腰卯孔，上层柱头榫插进梁头底部，檩子以螳螂头榫卯连接，整楼紧固一体，柱基为天然方圆花岗磉墩。楼底屋围面以花岗石混草泥砌成围墙，房间正面设置户枢单扇板门，分间墙和正面墙的腰部混合石泥砌成，胸劲编固三柱细条篱笆墙，笆条细长端直，取于山林杂木。篱笆墙体既取材方便、施工简单，又能防火隔音，冬暖夏凉。二层围墙在立柱横枋，横置 5 桩，桩间用垂直木条编做壁体，上抹黑土草泥，再抹白土泥，用材轻便，造型牢固，美观又朴实。室内盘有红石板满间炕。房正面装修竖式上下间格板壁。卧室设置双扇户枢裙板门，安置支摘窗，檐柱间装置寻杖栏杆，檐在雀替、插枋板、栏杆盆贫唇浮雕花纹，刀法流利精制。楼梯一般为高 3.7 米、阔 1.1 米的 10 阶板梯。上层为家庭生活中心，设作卧室、伙房、贮藏室、沐浴室等房间。楼底房间用作牲畜圈，冬暖夏凉，雨天牲畜可避于廊道，具有羌族民居建筑特征。

尊老爱幼是撒拉族的传统美德。见了老人要起身说"色兰"问安（"色兰"，阿拉伯语"和平""安宁"之意），吃喝住行老人优先，撒拉人常说"家有老汉，吃喝不愁"。亲戚邻里间会经常带着礼品探望老人。邻里之间，遇有疑难之事，都要请老人们献计献策，公断排解，因而撒拉人常说"村有三老，胜过一宝"。在撒拉人家做客时，主人沏的茶，客人要把茶碗端在手上。吃馒头时，要把馒头掰碎吃，切忌狼吞虎咽。撒拉族十分敬重"舅亲"，认为"铁出炉家，人出舅家"。撒拉族人做礼拜时，禁止行人在面前走过；忌在水井、水塘附近洗涤衣物；与人对面谈话忌咳嗽、擤鼻涕。

与尊老相一致的是爱幼风尚。一家有了新生儿，不论生男生女都会受到双亲及亲戚邻友的喜爱，不偏重孩子的性别。撒拉人认为生男生女，全是真主的决定，任何人都不可埋怨。在过去，有些撒拉人，一般只让女孩读完小学或初中后，在家中学做针线茶饭等必要的女红活；男孩则要继续在学校学习深造，父母还鼓励其离家远行，自谋生路，以培养他们长大后承担起生活的自立能力与责任，如果家长过分溺爱孩子，也同样会受到亲戚和邻居的批评。

撒拉族谚语、歇后语是撒拉族传统艺术语言。其中谚语具有一定的文学格式，如字数相等、结尾押韵、形式对偶、内容递进、前后连贯等，读起来朗朗上口，是集实用性、趣味性、哲理性和艺术性于一体的民间文学形式。歇后语在表达上还呈现出前句比喻、后句解释和说明的特点。撒拉族谚语、歇后语对了解撒拉族风土人情、特产方物、生产生活方式、宗教信仰等具有十分重要的意义，是撒拉族口头文学的珍贵遗产。几百年来，撒拉族与藏、回、蒙、汉等民族友好相处，在文化上相互影响、相互吸收，如儿童游戏类的运动项目"帕加古"（掷石子），要求手指灵活性比较高，一个以游牧为主的民族是不可能具有这种特点的，这更符合农业民族的特点，这种现象应该理解为是各民族文化的兼容性使然[11]。

土族也是青海省独有的少数民族之一。青海土族的族源主要有三种说法：一说以鲜卑支系吐谷浑人为主融合其他民族成分发展形成的；二说是沙陀突厥后裔；三说是蒙古人与霍尔人融合而成的。互助、大通一带的土族自称"蒙古尔"、"察罕蒙古"（白蒙古），民和县的土族自称"土昆"（意即土人，吐浑传音），乐都县土族自称"大夏人"（西夏人），其他地区的土族自称"土户家"。藏族称土族为"霍尔"，汉、回等民族称之"土人"、"土民"。后来，依据本民族意愿，统一称为土族[12]。

历史上，土族民众大多归土司管辖。1929年元月，青海建省。1930年，青海土族聚居的民和、互助、门源等地相继设县，该地区的土族始归由县府管理。1931年8月，南京国民政府下令废除土司制度，互助土族地区政教合一的土官制度已于1930年废除。据统计，截止2006年年底，青海土族人口有226748人，占全省人口547.7万人的1.14%[13]。

历史上土族只有语言，没有文字，语言属于阿尔泰语系蒙古语族，还保留着极其丰富的民间口头文学：如歌谣、叙事诗、寓言、传说、神话和儿童故事等等。

青海土族居民原信奉多神教，也有一些人信奉道教。明以后普遍崇信藏传佛教，但民间信仰仍然存在。土族群众笃信佛教，多送子弟入寺为僧。土族地区有藏传佛教寺院40余座，著名的有佑宁寺、广惠寺等。佑宁寺出了不少名僧，章嘉、土观、松布三大呼图克图均出自佑宁寺，他们对宗教、历史、藏学等作出了突出贡献，具有很高的威望。

土族人民热爱生活，热爱家园，能歌善舞，有丰富多彩的民间文学艺术。土族文化艺术洋溢着淳朴的自然美、艺术美，流行于互助土族自治县的安昭舞和轮子秋、七彩花袖衫、盘绣等，反映了土民族的审美情趣和艺术创造才能。土族由于长期同汉、藏民族杂居，在生活习俗方面相互影响，但仍然保持和形成有本民族独特的习俗，如土族载歌载舞的婚俗，五彩缤纷的服饰等风格[①]。

"安昭舞"流传在青海互助土族自治县，是土族人民在民间喜庆节日和婚礼仪式中，用以礼赞祈祷时跳的一种舞蹈，是融歌、舞为一体的舞蹈形式。"安昭"一词是歌唱衬词"安昭嗦罗罗"的简称，演化为民间歌舞的专用名称。关于安昭舞的来历，民间传说，古代有一位聪明的土族姑娘，为给万民除害。编演了圆圈形的歌舞，旋转的圆圈舞迷乱了一个叫王蟒的魔鬼的心智和眼睛，人们乘机用圆圈的绳子套住恶魔并杀了他，从此土族人民过上了安宁丰收的日子，流传成安昭舞。又说，安昭源于土族先民从事游牧时围着篝火跳的舞蹈，后随着农耕经济的发展与生活定居，逐渐发展成为年节、婚嫁、迎宾等喜庆活动中的舞蹈形式。表演时，在场院中间燃起篝火，老少皆着盛装，按男在前女在后的顺序围火堆成圈，由一人领唱，众人唱和，翩翩起舞，直至深夜。所唱内容主要是表达辞旧迎新，祈盼五谷丰登、老少平安、祝贺新婚以及诙谐幽默的词句，以此来抒发土族人民对生活和乡土的热爱，对自然恩赐的感激之情，也表达了对美好生活的向往。土族歌舞歌颂和礼赞山川神祇的恩泽，先民辛勤开拓家园的业绩。一首歌一个跳法，歌名就是舞名。脍炙人口的歌舞曲有《安昭索罗罗》、《占昭什则》、《辛中布什索》、《拉热勒》、《昭音昭》、《新玛罗》等。节奏欢快，带有抒情色彩，无乐器伴奏。土族有舞便有歌，歌与舞紧密配合，使舞韵更加优美。

　　《占昭什则》常在春节等重大节日中表演，节奏欢快热烈，传统唱词内容为颂赞丰收、吉祥太平。《辛中布什索》曲调优美流畅，节奏鲜明，动作舒缓而优雅，常在喜庆酒宴的庭院中歌唱表演。传统唱词以敬酒歌、礼赞歌为主。《安昭嗦罗罗》各种场所都可以表演，音乐悠长动听。传统唱词以祝福赞美为主，舞蹈轻盈，美观大方。《拉热勒》流传甚广，深受土族人民喜爱，几乎人人会跳，各种场所都可以表演，曲调欢畅，唱词主要表达土族人民的喜悦心情。《昭音昭》一般在婚礼和其他喜事如盖新房、婴儿出满月、接待贵宾时表演，有领唱、合唱、问答等演唱方式。传统唱词以吉祥如意的祝词为主。《新玛罗》是土族人民十分喜爱的传统舞蹈，人人会跳会唱。它热情奔放、舒展潇洒。传统唱词以礼赞山川大地的秀美和恩泽为主，多在节日演跳。《强强什则》以问答的方式，唱述民族的历史、神话、传说、祈盼、祝愿等等，具有史诗性质。逢年过节，土族男女老少聚在场院中，边舞边唱，有问有答，以形象生动的比喻表达着喜悦的心情⑮。

　　青海土族人的民间盘绣工艺很有名，也是土族传统文化的一个引人注目的标志。它与土族人的生活紧紧相连，他们把美好生活的向往和情感深深地融入盘绣之中，形成了土族盘绣独特的情感交流和审美情趣。

　　土族盘绣艺术的用料十分考究，加工精细。传统的土族盘绣在制作中，首先将胡麻草用棍子捶打加工成麻棉，用麻渣碾成的胡麻面拌成浆糊，涂在麻棉上，制成麻棉垫，再采用黑色纯棉布作底料，以利衬托。面料选定剪裁后，用浆糊糊成3至5层，面料的裱糊层一律用纯棉布衬垫。面料要求布纹较粗，便于穿针引线。盘绣不能用单层面料。盘绣是丝线绣，有红、黄、绿、蓝、橘红、紫、白等7色绣线，绣时一般7色俱全，配色协调，鲜艳夺目。

　　土族妇女盘绣不用棚架，而是直接用双手操作，绣者左手拿布料，右手拿针，作盘线的一根挂在右胸衣服上，作缝线的一根线穿在针眼上。走针时，把盘线盘在针上，用左手大拇指压住线，用右手针缝压。就这样上针盘，下针缝，一针二线，使2毫米大小的圆圈均匀排列在缝线上，像无数的葡萄串，展现在布料上。盘线要求严密平整，缝线要求端正结实。盘线似一般刺绣技法中的豆针绣，缝线似一般刺绣技法中的直针绣，由密集的豆针绣组成。完成整个图案，要用一般刺绣技法中的三重或五重豆针密绣。盘绣虽然费工费料，但绣品是一幅厚实华丽经久耐用的刺绣珍品，几年甚至几十年不褪色，不松线，始终保持着独特的魅力和神韵。盘绣的图案和花样有几十种，如法轮（土族语为"扩日洛"，表示地球）、太极图、五瓣梅（还有被扩延为六瓣、七瓣、八瓣的）、神仙魁子、云纹、菱形、雀儿头、富贵不断头、拐头十字、方格子、人物、佛像、老鼠拉葡萄、寒雀探梅、石榴花以及十二生肖、孔雀戏牡丹、狮子滚绣球等几十种样式。也有花卉、草木、飞禽走兽，但不多见，而最常见的图案有八宝、彩云、太极图、富贵不断头、八瓣莲花、神仙魁子等，因为这几种图案最适合于盘在绣花彩带和"叶日扭"图案上（镶在胸前的一种四寸见方的图案，亦叫"章兼"），而绣花彩带是已婚妇女必要之物，因此，这几种图案最常见、最盛行。传统圆形图案里套有七瓣者，被誉为太阳花，是高品位的刺绣艺术珍品。这些图案达到一种简练、概括的效果，亦有在"似"与"不似"之间的写意内涵，给人以美的享受。这种绣法常被采用在服饰或其他重要的部位，如大包腰带、衣领、章肩、口袋、烟包等显著位置供人们欣赏。在图案内容上，既保留着延续千载的寓意吉祥、美满、健康的古老传统，表达着老百姓对美好生活的祈愿和祝福，又不断从生活、大自然中寻找着灵感，反映着时代的审美趋势。她们设计的图案形式，结构严谨、节奏分明，给人以安定、活泼、大方的视觉感受，以花果、草木、人物、动物为题材，在自然基础上进行装饰变形的纹样，巧妙应用点、线结构和色彩的晕染效果，使绣品充满了浓厚的装饰味。许多花卉虽然采用了几何结构的结块装饰手法，但其效果依然与写实物象一样生动、美观，更增添了几分源于生活高于生活的艺术之美。在绣品的色彩处理上，大胆采用色彩的强烈对比、应用装饰手法，表现出一种无拘无束、开朗奔放的高原民族的气质。一枝一蔓、一花一鸟处处体现着她们的审美情趣和独到感受，一针一线代表着她们纯真的情感世界。

盘绣品除彩带、胸前"叶日扭"外，还有盘绣衣领，盘绣烟袋、盘绣裤带、盘绣腰挂、盘绣衣兜、盘绣筒绣、盘绣针扎以及其他装饰品等。

盘绣品没有剪纸底样，初学者在木刻的印板上涂上用牛奶研磨的赭石汁，压印在布料上，然后依据印纹进行绣制，要想掌握这门艺术，必须要精心、细心、耐心，若不经过长期的苦练，很难掌握这门技艺。

盘绣讲究丰富的吉祥寓意和绣面丰富的想象力。图案纹样周围结构严谨，内容丰富，以明显的层次感和突出的主体效果，表现出巧妙的艺术构思，既有严谨与细腻，又有大处落墨的粗犷，具有异彩纷呈的效果。盘绣针法细密均匀，图案紧凑大方、生动形象、疏密得当、融叠自然，色泽鲜明流畅，十分优美。

土族服饰文化是绚丽的彩虹。土族服饰，给人以如诗如画，美不胜收的一幅流动的田园风景画，装点着土乡的人和山山水水。作为土族刺绣之冠的"盘绣"艺术，是土族服饰的重要构成部分，成为土族独特的服饰文化符号。又因其绝妙独有的传统技艺，折射出一个由游牧到农耕的民族发展的历史印记[⑮]。

在土族服饰中，最引人注目的算是土族花袖衫。土族妇女的花袖衫，红色象征太阳和吉祥；黄色象征麦浪和丰收；黑色象征土地和诚实；绿色象征庄稼和希望；白色象征牛羊和纯洁。土族女人的服饰中，土族语称作"秀苏"的，是一种用红黄蓝白黑紫绿等七色布料布或丝绸制作成套袖，缝于长衫上。由于土族女人喜欢穿五颜六色的花袖衫，所以，人们习惯称她们为"穿彩虹衣衫的人"，土族居住的乡村也因此而得名"彩虹之乡"。这些花袖衫无不与土族盘绣相关。那多种多样的头饰"扭达"、彩虹般的花绣衫、灼灼的项圈和绣花腰带，鲜艳亮丽，斑斓夺目，充分显示出土族人民的聪明才智和独有的服饰特色。

土族人举行婚礼时，常伴以歌舞等娱乐活动。婚礼舞一般以两个穿着白褐子长衫的领亲人为主，其他人伴唱。舞蹈动作，各地不尽相同。传统的土族婚俗是一场歌舞的盛宴，婚俗作为土族人民在长期的社会实践和生产生活中创造的灿烂文化的一部分，是土族人鲜明独特的人生礼仪的重要体现。

哭嫁是土族传统婚俗中最为特殊的一种仪式，新娘用哭嫁的方式，表达对娘家依依不舍的深情，哭嫁词委婉动人，是新娘感谢父母、兄嫂养育恩情的表达。两位能歌善舞、擅长词令的"纳什金"带着迎亲的礼物隔门通过与阿姑们的对歌，才能进屋；可是伶牙俐齿的阿姑们则拥挤

图下 2-4　互助土族安昭舞

到窗前开始唱"骂媒仪式"的歌曲以戏谑纳什金。互助土族唱《尖尖玛什则》、《你们拿来什么礼》、《从哪里来的人》等歌曲，民和山川土族唱《老媒嘶果》(骂媒)、《莫日苦调尼嘶果》(骂牵马人)等，歌词风趣幽默，内容为赞美自家姑娘、戏谑婆亲人等，气氛十分热烈活跃。唱完纳什金嘶果歌后，阿姑们提着盛饭的小罐，载歌载舞，来到纳什金前，唱《敬其子歌》，夸耀自己做饭的技艺和原料的贵重。纳什金先是奚落一番，等阿姑们发怒了，操起火棍，机灵的纳什金又和蔼可亲地唱起了赞歌。接着就该举行"千佼日"仪式，跳安昭舞，阿姑们将纳什金拉下炕头，拖到庭院中，逼纳什金领唱领舞，歌舞一直到鸡叫头遍才停止。骂媒、拦门迎亲、哭嫁、改发等婚礼仪式反映了土族人的人生价值观、伦理道德观，婚礼是土族人最为重要的人生礼仪。

　　土族人民尤其注重尊敬长者，如路遇相识的老人，要下马问候。土族人热情好客，忠实守信。好客的主人常说："客来了，福来了！"客人在铺有大红羊毛毡的炕上，先敬一杯加青盐的浓茯茶，再端上西瓜般大小的"馄锅馍"。若是贵宾，桌上加摆一个插着酥油花的炒面盆，端上大盘手抓肉块，上插一把五寸刀子，酒壶上系一撮白羊毛。让客人饮酒吃肉，款待有加。

土族人的禁忌主要有：忌吃圆蹄牲畜（马、骡、驴）肉；忌在畜圈内大小便，认为这会影响牲畜的生长；忌讳用有裂缝的碗给客人倒茶；不能问客人"吃饭没有"或"吃不吃饭"等话；在客人面前吵、打孩子是最大失礼，会被认为是下逐客令；进土族人家，必须先在院外打招呼，待有人应答后，才能入院内；年轻妇女的卧室不得随意进入，不能同未婚姑娘开玩笑；忌客人数他们的羊只；在佛堂、大殿内忌吸烟、吐痰和大声喧哗；忌从僧侣的跪垫和其他物品上跨过；忌对酥油灯打喷嚏和咳嗽；在佛堂里转经轮时，必须从左向右，不可逆转；寺院附近禁止打猎和随地大小便。

土族一般行火葬，部分地区行土葬。

土族节日文化具有多元的色彩。由于土族受周边各民族尤其是汉、藏文化影响较深，其宗教信仰为佛教、萨满教、道教，因而在节日上表现出多元丰富的色彩。

以纪念祖先、祭祀神灵为主题的祭祀节日在土族节日中占有较大的分量。而祭祀节日多与宗教有关，宗教信仰是土族人民生活中不可分离的一部分。擂台戏也称"擂台会"，是互助威远镇的土族人民每年农历二月初二所唱之戏。据史料记载，威远镇在以前叫"诺木斗"（土语意为森林地区），明代时，改称"牧马营"（军事要地），是兵戎活动频繁的地区。近代以来的擂台会主要是演秦腔戏来祈求风调雨顺、国泰民安的一种祭祀求神活动。除唱戏外还进行转轮子秋、跳安昭舞、赛马、摔跤等文体活动。

民和回族土族自治县的土族一年一度举办的"纳顿"节庆活动，被誉为天下最长的狂欢节。在丰收的季节，土族村落之间演出"庄稼其"、"打虎将"等剧目。纳顿节是三川地区土族群众的传统节日，关于纳顿的起源传说：三川地区十年九旱，多方求神无效。后来有人从四川灌县请来一尊二郎神像，村民修庙供奉，果然风调雨顺。村民大喜，歌舞庆祝，形成了娱神的纳顿节。纳顿节通过民间组织全体参与，通过各种傩仪傩舞傩戏，与恶劣的自然环境和社会环境进行抗争，是土族人民长期以来盼望风调雨顺、人寿年丰、国泰民安和社会稳定的思想反映。二十世纪三十年代初期，当地土族知名绅士朱海山为了农忙时节各村进行纳顿会互不冲突，按夏收早晚不同的村庄排列纳顿会的会期，即农历七月十二日从收割庄稼最早的中川乡宋家村开始，共有二十一个较大的村庄依次轮流举办。每村一天，相邻两村共同欢庆，至农历九月十五日在中川乡朱家村结束⑰。

同仁县境内的土族多出绘制唐卡的艺人，每年腊月寒冬，年都乎村的土族村民们演出古风舞"於菟"，以消灾驱瘟。春节是土族人最隆重的节日。从正月初三至正月十五，亲友互相拜年，正月十五的晚上，每户门前用麦草燃九堆大火，男女老幼从火堆上反复跨越而过，以示灵魂的净化，祈愿身体健康。还有"端午节"、"中秋节"、"重阳节"、"冬至日"、"腊八节"、"三月三"、"元宵节"等，这些节日是土族人民生活中生动而富有感染力的传统节日。

土族丰富多彩的民间节日与群众文化活动紧密相连，如"花儿会"，主要有"七里寺花儿会"、"五峰山花儿会"、"峡门花儿会"等，其中互助的"丹麻花儿会"最为有名。土族"花儿"用土语、汉语演唱，曲式大多具有上、下两个乐句，音域宽阔，体现出含蓄、纯朴、真挚的艺术风格。花儿会上，人们放飞着对生活、对情感的理想。此外，还有土族赛马会等。

土族农作物品种主要有小麦、青稞、土豆等。土族有酿酒习惯，农家所酿名"酩醯"，互助所产青稞酒远近驰名。

土族民间文化遗产大致分为六大类：一是生动丰富的民间文学，有民间故事、传说、歌谣、谚语等，叙事长诗《拉仁布与吉门索》，描写土族青年男女冲破封建制度束缚，大胆追求自由美好爱情的动人故事，被誉为土族的"梁山伯与祝英台"；民间说唱故事《祁家延西》歌颂了明朝土族土司祁秉忠忠君爱国、舍身忘家、东征西伐的英雄业绩。土族高级喇嘛、僧侣也著书立说。由土族活佛土观·却吉尼玛所著的《宗教流派镜史》一书，曾被译成英、德文流传国内外。是土、藏民族文化交流的结果；二是特色鲜明的民族服饰。土族服饰兼备了游牧和农耕生活的特点，色彩艳丽，别具一格；三是工艺精巧的民间技艺，盘绣、玉雕、根雕、剪纸、石刻等民间工艺；四是脍炙人口的歌舞艺术，土族花儿、土族宴席曲、土族舞蹈等；五是源远流长的民俗活动。包括婚礼礼仪 biang biang 会、纳顿会等民间祭祀活动；六是丰富独特的民间体育活动。土族轮子秋融体育竞技与歌舞艺术为一体，土族花腰带、拔棍、拔腰等都是民间独有的竞技娱乐项目。

在汉文史籍和地方志文献记载中，称明代活动在环青海湖草原的东蒙古为"西海蒙古"，称清代活动在这里的西蒙古为"青海蒙古"。蒙古这个名称最早出现于公元 7 世纪，《旧唐书》称它为"蒙古室韦"，它是唐王朝所属室韦诸部之一。公元 1206 年，成吉思汗（铁木真）统一了大漠南北，"蒙古"这一名称便成为各部的共同称号。蒙古人初入青海，就是伴随着成吉思汗 1227 年灭夏攻金的西征而来的⑱。元朝建立后，蒙古族人宁濮郡王、濮阳王、西宁王、镇西武靖王等率部众陆续移居青海。元朝覆灭后，青海境内的一部分蒙古族撤退到大漠以北，一部分则分散到昆仑山、祁连山等地游牧。明末清初，和硕特蒙古首领顾实汗，迁牧于青海湖周围、黄河河曲一带，蒙古族遂成为青海世居民族之一。

青海蒙古族大多分布在海西蒙古族藏族自治州、河南蒙古族自治县，主要从事畜牧业。蒙古族讲蒙古语卫拉特方言，河南县蒙古族大多已转用藏语。蒙古族信仰藏传佛教。

元明以来，蒙古族在青海高原与这里的各族人民长期杂居，互通婚嫁，特别是与藏民族长期相处，许多风俗习惯及宗教信仰都大同小异，而在音乐、舞蹈、服饰、语言上更是相互渗透交融。因此，今天青海地区的一部分蒙古族通晓蒙藏两种语言，黄南藏族自治州代管的河南蒙古族自治县，除了居住设施保持着蒙古包外，从生活习俗，语言服饰都已基本藏化了。此类现象在青海其他地区的蒙古族中也屡见不鲜。同时，在青海的蒙古族音乐中也融入了当地藏民族的音乐特性，从旋律至演唱风格都发生了很大的变化，形成当地藏族人听了像是蒙古族曲调，而内蒙古人听了又觉得不似蒙古族曲调的现象。青海境内的蒙古族与内蒙古、新疆的蒙古族风俗习惯基本相同。但因长期与藏、汉、回、土等民族杂居，风俗习惯既有蒙古族的特点，也吸收了其他民族的优点。住传统的蒙古包，也有受藏族影响住牛毛帐篷的。

　　蒙古族能歌善舞，喜爱摔跤、射箭、赛马等活动。每年夏秋季节，人们按传统习惯举行盛大的祭海、祭俄博等活动。其中尤以祭俄博活动最为隆重和热闹。祭俄博是青海蒙古族一年一度的盛会，类似内蒙古的"那达慕"大会，约在每年七月中旬举行。届时，僧俗群众、男女老少穿着节日的盛装，骑马乘驼，牵上驮着帐篷、食品的牦牛，从四面八方汇集到开阔平坦、水草丰美、鲜花盛开的草原上，安营扎寨，举行祭祀山神、祈祷人畜平安等仪式，参加或观看射箭、打靶、摔跤、赛马、歌舞等比赛和表演，开展各种物资交流活动，使空旷宁静的草原，一下子变成了帐篷云集、歌舞不断的场所。赛马场上，一派人欢马叫，欢声雷动的景象[19]。

　　蒙古族的祭海活动颇有特色。每年到了农历七月二十五日，青海的蒙古牧民们就从很远的地方赶着牛羊，来到青海湖边，他们在湖边摆上供桌，把杀好的牛羊摆在供桌上，然后宣读祭祀青海湖的祭文，再向着蔚蓝的湖水顶礼膜拜。最后大家争相抢割献祭用过的牛羊肉，人称"抢宴"，按照蒙古人的习惯，谁能最先抢到供肉，或者抢得多，视为是吉祥。祭海活动结束后还要进行摔跤、赛马、射箭比赛。"俄博"是草原上蒙古牧民最早用石头堆起的路标，随着时代的演进，蒙古族牧民对俄博十分崇拜，凡是经过俄博的牧民，都要围着俄博转上几圈，再取来几块石头堆在俄博上，于是俄博越堆越高。事实上，俄博是茫茫草原上重要的方向标，有了俄博的指引，即使是在风沙迷漫的天气里，也不会迷失方向。祭俄博在每年的 7 月 13—15 日，是青海蒙古族牧民一年一度的草原盛会。祭俄博期间，牧民们聚集在高高的俄博边，听活佛和僧侣念经、参加祭祀山神的祭典以祈求平安。

　　蒙古族历史上有过多种宗教并存。成吉思汗和他的继承者对各种宗教采取了兼容并蓄的政策。流行的宗教有佛教、道教、伊斯兰教、基督教、萨满教等。元代伊斯兰教的建寺活动遍及各地，基督教也受到重视和保护。但佛教的影响仅限于蒙古上层统治阶级，蒙古人大多信奉的仍然是萨满教。此后，在明、清两朝的支持和提倡下，藏传佛教在蒙古地区兴盛起来。明朝永乐年间，藏传佛教格鲁派（俗称黄教）对青海蒙古族产生过巨大的影响，致使青海蒙古族完全皈依了藏传佛教。据统计，

1949 年前青海地区的蒙古族只有 2 万人，而藏族有 43 万余人。青海蒙古族长期与蒙古族本土文化间隔，藏传佛教成为蒙古族的传统信仰。

藏传佛教格鲁派是宗喀巴大师于明朝中叶，在对佛教进行重大改革的基础上创立的一个教派。它的逐步发展壮大，客观上给蒙古族社会带来了一个相对稳定的局面，对安定人民生活，继承和发扬蒙古族传统文化起了一定的作用。特别是自第三世达赖喇嘛索南嘉措到青海蒙古族中传播格鲁派教义始，藏传佛教格鲁派在青海蒙古民族中得到传播与发展，减少了由于战争和古旧遗俗带给广大民众的重重灾难，一度维持了该地区的安定。第五世达赖喇嘛罗桑嘉措同卫拉特蒙古联盟建立关系，重新统一青藏高原，与清王朝联结关系，为促进祖国的和平与安定做出了贡献[20]。

服饰是民族融合的见证。束身窄袖，是传统蒙古族服饰的典型标志，青海蒙古族服饰却呈现出了另一番面貌，宽大的衣襟、高敞的领口，与传统服饰相比有所改变。法布勒是青海蒙古族男子常穿的光面羊皮袄，这种皮袄上缀有三角形的领子，领子从领口直垂腰际，足有一米多长。法布勒十分宽松，扎上腰带后，俨然一个硕大的口袋，蒙古族男子骑马远游时，通常把年幼的孩子装在法布勒里，在转场的过程中，还可将沿途食用的干粮装在法布勒中，这时法布勒便成了一个旅行袋。

青海蒙古族服饰宽松肥大的特色，是与青藏高原独特的气候条件分不开的。青藏高原温差很大，天热时青海蒙古族服装宽大的领口不仅可以起到通风的功效，领子拉起来还是一个可以保护面部不受紫外线侵害的"面罩"，在牧人的日常生活中十分实用。青海蒙古族服饰独特的穿法是青海蒙古族和藏族同胞文化交流的产物。

辫套是青海蒙古族最为独特的服饰之一。蒙古族和藏族妇女都有自幼留发辫的风俗，藏族妇女的发辫垂在脑后，蒙古族妇女的发辫则垂在胸前。青海蒙古族的辫套是一个宽度为 8 厘米到 10 厘米、长度在 1 米到1.5 米之间的布筒，布筒上通常会装饰有四枚或是八枚圆形的银饰，或是绣有 4 个或是 8 个不等的团状花纹，花纹的内容多以八宝吉祥图为主。花纹的颜色十分艳丽，多为蒙古族刺绣中的精品。辫套下端还缀有彩色流苏，主人走动时，这些流苏便会随着她们的步伐摆动。为了行动方

图下 2-5　蒙古族那达慕赛骆驼场景

便，青海蒙古族妇女戴辫套时，通常会把辫套扎在腰间，显得既美观又利落。

相传成吉思汗统一蒙古各部落之后，曾下令每个蒙古人都要戴头巾以表示头上飘有旌旗，这种头巾被称为袱头。有专家认为，辫套也许就是从袱头演变而来的。奇怪的是，在蒙古高原上，辫套只有青海蒙古族独有。如遇重大的节庆活动，蒙古族已婚妇女在戴辫套的同时，通常还会戴一顶叫"贺拉斯根马勒哈"的尖顶小帽。小帽为色彩艳丽的绸缎制成，帽子顶端饰有红色穗子，下端还安有一个圆形的洁白羊羔皮制作的帽檐。青海的蒙古族由于居住区域寒冷及受藏族的影响，其服饰有别于内蒙古地区的蒙古族。男女在冬季均穿镶边或以布为面的羊皮长袍，夏季一般穿棉布、氆氇或羊皮制作的夹袍。节日或做客，穿以绸缎或平绒为面用水獭皮或彩色氆氇镶边狐皮做领的羊羔皮长袍。无论冬夏，男女均系颜色鲜艳的丝绸腰带。男子腰带上挂鼻烟壶、刀子和火镰等，女子在腰带上系小刀、丝绸长条及小手帕、针包等。男女均穿牛皮或绒做的靴子，考究的穿香牛皮制的尖端上翘、镶有剪牛皮花纹的蒙古靴。冬季多戴狐皮帽，夏季多戴呢绒礼帽。

青海蒙古族妇女特别讲究头饰，颈上戴有用珊瑚、玛瑙和珠宝串成的项链以及银制护身佛龛。已婚妇女将头发挽成双辫，装入一双长辫套内，垂于胸前；未婚少女将头发辫成若干小辫，总为一辫，垂于脑后，装入一辫套内。逢节庆日，还戴耳环、手镯和戒指等。

服饰文化中蕴藏着美丽的传说。青海蒙古族女装彩格洁格是一种无袖四开叉绸缎夹袄，多以蓝色为主。韦荣慧在她的著作《云想衣裳》中写道，蒙古族认为蓝色是天空的颜色，象征着永恒、坚贞和忠诚，是代表蒙古族的颜色，崇拜蓝色更是蒙古族崇拜自然的一个表现。不仅如此，蒙古族妇女在制作彩格洁格时，往往还绣满了由盘羊角、草叶和花朵演绎出的纹饰，这些图案同样也代表了蒙古族崇山敬水的美好情怀。彩格洁格也是青海蒙古族少女出嫁时必穿的嫁衣。

蒙古族的饮食与藏族基本相同，喜食炒面和牛羊肉。蒙古族的奶制食物，品种多样，特别有名。有奶豆腐、奶皮饼、酸奶、马奶酒等，不仅味道鲜美，而且营养丰富。其中酸奶还被蒙古人视为吉祥食物，在节庆宴席上，作为头道食物招待客人；给人贺喜或送礼，都要提一桶酸奶相送。因酸奶富有营养，又可解渴、帮助消化，因此放牧归来，总要先喝一些酸奶，每顿饭后，也要喝酸奶。另外，习惯用鲜牛奶和酥油晒"曲拉"。在盛大喜庆的日子，按照传统习惯，把煮熟的整只羊摆到宴席上，作为最珍贵的食品敬奉长者或贵宾。

蒙古族婚俗文化也很有特色。按照古老的婚俗规定，新郎娶亲当天，女方的母亲必须亲手将一个装有碗筷的荷包挂在新女婿的腰上，这个名叫碗袋的荷包和火镰、腰刀一起成为了与新郎相伴一生的生活器具。蒙古族的婚礼上，女方母亲的地位显得十分重要。也有专家认为，蒙古族男子自带碗筷的习俗，不仅是出于卫生的考虑，更是蒙古族士兵长期征战的生活遗俗。但是无论怎样，从蒙古族男子随身携带的小小的碗袋中，我们已然能领略到蒙古族恢宏的历史风貌和深远的文化内涵。

蒙古族的传统居室是蒙古包，这是蒙古族牧民为适应草原放牧需要而设计的，蒙古包呈圆形尖顶，美观大方，极富民族特色。蒙古包由圆形围壁（哈纳）和伞状顶架组成，外面覆以羊毛毡，再用毛绳固定。围壁、伞架均用木杆钉成。包顶留有天窗（陶高淖），通气透光。门小，木制，大多向南或向东南。蒙古包可以拆卸搬运，极适于游牧生活的需要。

蒙古族礼仪的待客礼包括问候、互递鼻烟壶（此礼已逐渐消失）、饮食招待等。到蒙古人家里做客，在你刚走到离主人家不远的地方，他们全家人就会走出蒙古包迎接，热情问好。客人一到，首先是互相问候，待客人坐定，女主人端上一碗馨香的奶茶，并摆上各种奶食品、炒米、手抓羊肉等，并向客人敬酒。敬酒时，要右手举杯、左手托肘，恭敬地把酒杯交到客人手中。奶茶用银质的碗盛着，与哈达一起献上。

蒙古族葬俗一般不设灵床，没有供品，不穿孝服，不烧纸钱，不放哀乐。传统的丧葬方式有天葬、火葬、土葬三种。现在普遍施行土葬，给死者更换新衣，或裹白布，也有净身涂酥油者，连同死者生前用物一同入棺，请僧人念经。之后去墓地埋葬。

蒙古族服饰禁忌：帽子是蒙古人神圣不可侵犯的头饰，因此，他们最忌讳随处扔帽子或用其他东西触摸、玩弄帽子。戴在头上的帽子突然掉地，被看作是很不吉利的事。系腰（即布腰带），对蒙古男子来说是权威的象征，是男子汉的标志。所以蒙古男子忌讳穿长袍不束腰带。

居住禁忌是不许踩门槛。脚踏门槛，被视为脚踩主人的咽喉。其次，蒙古包内的座次也有严格的习惯规定，毡包内正中为上，右次之，左为下。主人或贵宾尊长中坐，男人居右，女人居左。这一习俗一直流传至今。

蒙古人对农历每月的初一、初八、十五很重视。一般在这些日子不举行婚礼，病人不出远门，病已痊愈的人要提防旧病复发等。

青海蒙古族绝大多数居住在美丽的草原上，以畜牧业生产为主，经营的牲畜有牛、马、羊、骆驼，其中以羊最多。少数蒙古族人从事农业生产，其产品有小麦、青稞、油菜、马铃薯等。

海西蒙古族藏族自治州地处青海西部的柴达木盆地，柴达木是蒙古语广袤土地的意思。柴达木自古以浩瀚、空旷、广袤闻名于世，生活在这里的以蒙藏为主的游牧民族，在历史的长河中逐渐形成具有地域特色的长调等民间艺术。演唱形式有自拉自唱、对唱、合唱等。伴奏乐器以马头琴、四胡为主。常以问答式或论战式比赛知识、智慧。唱词多以四行为一小节。押韵形式有四行一韵、两行一韵、数十行一韵、一韵到底等。内容多为即兴自由诗，包括各种赞美和讽刺诗词，并杂以有节奏的韵白。曲调丰富，多达数十种。今天的好来宝可用多种乐器伴奏，有戏剧情节及舞蹈动作，有重唱、合唱等多种形式。

随着以明代"威远烧酒"为代表的青海酿酒业的发展，青海民俗中独具地方特色的酒文化逐渐形成。

酒在青海各族群众（回族、撒拉族例外）日常生活、婚礼、宴客、祭祀、春游等活动中，起着十分重要的作用，有"无酒不成席"、"无酒不敬人"之说。据清暨民国《西宁府续志》卷一记载，西宁人饮食习俗中，饮酒之风很盛。清明前后，"诣先茔祭奠毕，壶觞竟日"；八月十五中秋节，"以月饼、瓜果、酒肴相遗相聚饮"；冬至日，"设酒烹肉祭祖"；除夕日，"酒肴宴饮，祀祖守岁"。

青海人非常质朴、好客，无论汉族、土族、藏族、蒙古族，接待客人都离不开酒。土族敬客人酒时，有进门三盅、上炕三盅、出门上马三盅的礼俗。敬酒时，碟子里放三个酒盅，斟满酒之后唱敬酒歌敬酒，客人用无名指蘸酒三次向空中弹抛，表示敬天神、地神、水神，然后喝三盅酒。如果不会喝酒，也要端起酒盅蘸酒三次弹向空中，以表示对主人的尊重。

藏族平时如有客至，敬奶茶不敬酒。但逢年过节及喜庆时，如有客人到来则必须敬酒。敬酒时主人先斟酒一杯或一碗，奉献于客人前，客人双手接过后，必须先喝三口，但不要喝干，等主人将酒杯续斟满后，客人才一口喝干。此后，有酒量的客人继续喝，无酒量的可以不喝。唱酒歌是藏族饮酒时的一大特点。

青海蒙古族用酒敬客是他们的传统方式，通常主人将美酒斟在三个银碗中，用双手托在哈达上，唱起传统的蒙古族敬酒歌，把酒敬献给客人。客人若推让不喝，会被认为是看不起主人。因此，客人应接住酒碗，用无名指蘸酒分别向天、地、火炉方向弹一下，以示敬天、地、火神。若不会喝酒，可用嘴唇触酒碗一下，也算接受了主人的情谊与尊重。

青海汉族人在亲朋聚会、喜事酒宴上，主人或主办者要首先向在座的年长者、贵宾敬酒，然后依次向其他在座者敬酒。对年长者一般敬八杯酒，含有"八福长寿"的祝福之意。朋友之间一般敬六杯酒，表示"六六大顺"，万事如意；也可敬四杯，取"四季发财"之意；对不会喝酒的人也敬两杯，以示"两家有喜"、"好事成双"。如果是在家中，主人敬完了，客人也可以回敬。敬酒规矩与内地最大的不同之处就是，给客人敬酒时敬者自己不喝，全让对方喝。推源此俗可能是古人把酒看得很金贵，舍不得自己喝，想尽量请客人喝满足，久而久之形成了这样的敬酒习俗。

青海酒文化中的划拳（猜拳）也很有特色。当亲朋聚会，"酒过三巡，菜过五味"，敬酒告一段落时，便进入划（猜）拳喝酒阶段。猜拳中包含着一定的文化在里面。开始划拳时要先喊一声"哥俩好"或"两人好"，才进入角色。双方以拳代筹，在喊叫猜数的同时伸出手指，所猜数字与双方所出手指数总和相同的一方为胜，胜方不喝酒，输方喝酒。猜拳可以直接喊出数字，但大多不直呼数字，而是拣喜庆吉祥之词让对方欢愉。如0—10的数字可以是："尕宝送你"（表示"0"）、"一心敬你"、"二喜临门"、"三星高照"、"四季发财"、"五进魁首"、"六连高升"、"七巧竹林"、"八仙庆寿"、"九常福贵"、"十大满堂"等。出拳除"零"外，每次都要出大拇指，叫做"拳拳不离大拇指"。忌用大拇指和食指同出表示"二"（因手形似枪）。另外，父子不划拳，阿舅外甥不划拳。划拳喝酒时，无论多么馋酒的人，都只想赢拳，让对方喝酒。青海人喝酒很豪爽，很大气，有不醉不罢休的势态，认为把客人喝醉才算尽了主人之谊。

行酒令有助兴、取乐意义和游戏罚饮性质。河湟地区汉族、土族中流行的酒令很多，且幽默诙谐，富含文化底蕴。如行"满堂大喜"令时，行令人与应令人先出左掌齐呼"满堂大喜"，两手十指相合，表示全家福贵满堂喜，紧接着出右手猜拳，同时高呼"×个喜"，喊法与平常猜拳时一样，只是要带一个喜字。如果一方猜对赢了拳，就要双手握拳伸出大拇指向对方示意喝酒并直呼"请酒喜"，对方也要伸出大拇指表示谢意并呼"我喝喜"，最后双双握手同呼"大家喜"。如做错或喊错，就得喝酒。又如行"数麻雀"令儿时，参与者要说"一个（么就）雀儿一个（呀）头，两只（那个）眼睛明（呀么）明啾啾，两个爪爪蹬（呀么）蹬墙头，一个尾巴（哈就）撂（者个）墙外头"。一定要顺数下去，不能数错了头、眼睛、爪爪和尾巴的个数，还要把手势比划出来，如果出错就要被罚酒。罚酒的数量是按照"一个雀儿两杯酒，两个雀儿四杯酒"逐一向上加的，越往后喝酒的杯数就越多。

喝酒时唱传统酒曲的习俗在河湟地区的汉族、土族中也非常流行。酒曲词意风趣幽默，寓意吉祥美好，音调古朴优美，曲调丰富多彩，动作诙谐滑稽，规则有趣逗人，极具魅力。酒曲词中一部分纯是表示对亲戚朋友的欢迎、感谢、贺喜等意，为了增加欢乐的气氛；一部分则当做酒令，通过唱酒曲让对方饮酒。下面引录常见的几种酒曲唱词：

《尕老汉》："一个（价的）尕老汉（哟哟），七十七来吧（哟哟），再添上四岁者（呀子儿哟），八十一来吧（哟哟）。三十两价白银者（哟哟），买大马来吧（哟哟），怎么样价骑来者（呀子儿哟），怎么样价跑来吧（哟哟）"。

《花花牛儿》："养的个花花牛儿（哎），长的个盘盘角（哦），架上了犁地走（哎），把我的铧打掉，阳世间（的个）穷人多，那一个就像我"。

《骑大马》："八仙（的个）桌子上（哟哟），喝一杯（子）尕酩溜（么哟哟），这么样（子）喝来（者叶子儿青呀么）酒（呀么酒）不醉"。

《十道儿黑》："吃上一杯酒（呀），心儿里醉，听我们来唱上，一道儿黑，白布汗褟青丝带（来吧）太平年，勒在（那个）腰里年太平"。酒曲中唱太平是人们对和平安定生活环境的祈望。汉唐明清以来，河湟地区烽火征战之事频繁，戍边任务繁重，人民多受其苦，祈盼少戍边、多享太平，正如唐人罗邺《河湟》绝句所云："河湟何计绝烽烟，免使征人更戍边。尽放农桑无一事，遣教知有太平年。"故时至今日，民间仍流行《太平秧歌》中"太平年，年太平"的词句。

第三节　多民族文化的交融及艺术表现

岩画、彩陶　河湟"花儿"　热贡艺术　《格萨尔》说唱　平弦、越弦　贤孝、打搅儿　目连戏、骆驼戏　酥油花　汉族民歌、回族宴席曲、藏族拉伊

青海各主体世居民族在长期的经济文化交往中，形成和发展并出现许多经典艺术成果。除岩画和彩陶外，还有许多经典艺术一直得以传

承，是活态的经典艺术。

青海岩画是古代游牧民族的文化遗存，主要是古代羌人、吐谷浑人的文化遗存。青海岩画主要分布于玉树县勒巴沟、刚察县哈龙沟、都兰县巴哈默力沟、可可西里的野牛沟、共和县湖里木沟、天峻县的鲁茫沟、卢山以及海北、海南、海西和玉树等广大地区近20处，1000多幅图画。青海岩画主要分人物岩画、动物岩画、宗教岩画、器具岩画四类。动物岩画的年代比宗教岩画早，其代表作有天峻县江河乡的鲁茫沟岩画、卢山岩画，德令哈的怀头他拉岩画等。岩画内容有表现高原先民狩猎的"车猎图"及野生动物、鹰鸠飞禽等。青海岩画的创作时间大约在4—7世纪中叶，即北朝和隋唐时期。岩画所表现的古代人狩猎、放牧的劳动情景，娱乐表演的舞蹈场面以及人类繁衍生息的生殖艺术等方面的内容，反映了人类文明进步历程中，表达自然风貌、宗教观念、风俗习惯的愿望，也表达了先民对这片神秘土地的审美情趣。青海岩画具有历史悠久、构思巧妙、画技独特、形式多样，形象逼真的艺术特征，是古代游牧民族及其生存环境的艺术反映。

青海被誉为彩陶的故乡，中国经典彩陶艺术有大通上孙家寨、同德宗日出土的舞蹈纹彩陶盆，还有乐都柳湾出土的大量彩陶。1974—1981年间，乐都柳湾原始社会氏族公共墓地考古发掘中，有近40000件文物惊现于世，其中彩陶20000余件，最多的一个墓葬竟出土了陶器91件。其中墓葬包容了马家窑文化的半山、马厂类型和齐家文化、辛店文化等4种文化类型，属于新石器时代，这4种文化类型延续时间长达1500年之久。彩陶器形主要有盆、壶、罐、瓮、豆、碗等，彩陶表面为桔红色或紫红色，配上黑色线条的几何形花纹或动物形花纹，更加光亮艳丽。一部分陶壶的腹下部绘有各种不同的彩绘符号。

除乐都柳湾以外，大通、湟中、互助、平安、民和、同德、化隆、循化等县境内也出土过数量不等的彩陶。不同文化、类型的彩陶具有不同的特点，共同构成蔚为大观的青海彩陶文化。青海彩陶图案有些有一个大旋纹占满画面，而以中间的旋心来制动图案的全局。有些图案中有作二方连续而相反相成的旋纹，像转动着的辐辏一样。柳湾彩陶以动态和静态结合，动态为主，常把花纹组织在动的格式中，而有跃动奔放的气势，花纹也多以弧线、弧形和圆点构成，在动的格式中充分舒展，使图案具有流畅柔美的抒情风格。柳湾彩陶流行"米"字或"十"字纹、蛙形纹、神人纹等，如裸体人像彩陶壶、彩陶靴、人头像彩陶壶、提梁罐、蛙纹彩陶瓮、鸮面罐等，纹样与造型完美地结合起来。宗日文化多见在乳白色夹砂陶器上施紫色鸟纹、变形鸟纹、折线纹等图案的彩陶，辛店文化的彩陶以 s 纹、太阳纹著称，卡约文化彩陶习见鹿纹、羊角纹等。青海彩陶文化有承袭发展、相互影响、彼此融合的艺术印记。彩陶文化是青海文化建设的重要组成部分，是青海独特的文化名片。

青海河湟"花儿"流行于青海东部黄河、湟水、大通河流域，它是青海多民族的民歌，是各族人民群众的心声，表现出歌唱爱情、赞美生活、追求自由、向往幸福的美好愿望。河湟地区的"花儿"形成并保持了独特的、丰富多彩的风情和习俗。河湟花儿作为民间情歌，一般认为起源于明代，成熟于清代，发展繁荣于近现代。明朝实行卫的屯田制度，数以千计的屯军携带家属移居青海东部。至今，许多青海汉族人认同今江苏省南京市原"竹丝巷"（或"珠玑巷"、"珠市巷"皆口碑谐音）为他们祖先原居地的说法。青海原生态花儿的音乐元素（特征音）有专家认为是自明朝开始从苏北旧黄河口的《出海号子》、《赶鸭号子》、《量庤号子》等劳动号子流传至大西北——青海高原的，"花儿"的基音来自江淮一带。如："56i2"这个特征音普遍运用于花儿的"直令"、"马营令"、"川令口"、"河州令"、"沙燕儿绕令"、"白牡丹令"、"喜鹊令"、"下四川令"等许多令中。明朝江淮一带的汉族大量西迁带来了花儿的基音，又经过 500 多年的民歌交融和发展变化，伴随着民间传统的"庙会"和"朝山会"等群体民俗祭祀文化活动，从以祭神拜佛为主逐步演变为以自娱自乐"花儿会"为主的大型民间岁时节令文化活动。

传统"花儿"演唱会主要有大通老爷山"花儿会"、互助丹麻土族"花儿会"、乐都瞿昙寺"花儿会"和民和七里寺"花儿会"等各县乡（镇）村 40 多个花儿会场。因明清人口的大迁徙，大西北与江淮等地区的古代文化脉搏，形成了文化融合和发展变迁。从音乐社会学的角度讲，江淮的基音渗透是大西北花儿价值取向的一个渊源，发展变迁主要是文化的变迁。因此，当今的青海花儿自然成为各民族文化共同交融的突出代表，在青海高原的各民族群众中广泛流传。

各民族的优秀文化孕育、催化了灿烂的花儿艺术硕果。花儿的曲调婉转细腻、音调高亢、节奏自由、明快清爽；花儿的曲式结构中歌词结构与旋律的句法结构基本是一致的，一般多是四句式或六句式。歌词以七言四句的规整体较多，旋律以规整的起承转合四句体较多。旋律还以商、徵、商为基本框架，而以商音到角（或清角），羽音到宫音的运动为媒介，音程大跳较多，形成单纯、质朴、明快的音乐个性。青海河湟花儿的唱词通常是一种单音节和双音节相互交错、奇偶句式交相出现的格律诗歌。从社会学角度来看，花儿具有融合性、传统性、演变性、真实性等特征。

青海各世居民族多用汉语演唱"花儿"，且形成了具有地域和民族特色的曲调，如"土族令"、"撒拉令"、"碾伯令"等，有着新颖别致的演唱形式。在青海广大藏族、土族聚居区，人们把藏汉、土汉两种语言结合在一起演唱花儿，称作"风搅雪花儿"。多民族民间艺术交融，逐步形成了不同的风格和特点。学术界称青海为"中国花儿的故乡，民族歌舞的海洋，艺术创作的富矿"。清代诗人吴镇"花儿饶比兴，番女亦风流"的赞誉，体现了青海花儿流传广泛、历史悠久、相互交融的地域文化特色。

今黄南藏族自治州热贡艺术有唐卡、壁画、雕塑（泥塑、木雕），堆绣、建筑彩绘图案等，表现出历史文化、民俗、宗教等诸多内容，在千百年的历史长河中，逐渐提炼、发展成为独具一格的艺术形式。隆务寺等寺院内，绘在走廊和堂内四壁的各种佛像、花草树木、飞禽走兽等壁画，殿堂的唐卡、堆绣等，都令人赞叹不已。内容多取材于佛经故事、历史掌故、人物传奇、民间传说、藏医图解、星算占卜、宗教神话、姻缘故事以及各种佛像、神像、生死轮回等。热贡艺术融合了藏传佛教文化、汉传佛教文化的文化因素。这些经典艺术之所以能够历经漫长的历史进程，而不失其纯净和清新的特质，与深藏在宗教寺院有着密切的关系。

唐卡是用于悬挂供奉的宗教卷轴画，画于布面上，用绸缎缝制装裱而成的绘画艺术。历经千百年的传承和发展，唐卡艺术已成为青海热贡艺术的著名品牌。唐卡在施色方面，有独特的讲究，重彩底色分为红、黑、蓝、金、银五种。唐卡的颜料主要是天然矿物质，用金银粉或宝石粉调色，原料有珊瑚、珍珠、绿松石、赭石、朱砂、铅粉、黄粉等，色泽艳丽，经久不退。唐卡在图形、线条、色彩、装饰等方面，形成了一整套既符合规范化要求，又体现艺术大师各自风格的绘画特色。唐卡涉及的内容主要有各种佛像、历史人物、民间风情等，画法主要以工笔重彩和白描为主。唐卡品种有彩绘唐卡、印刷唐卡、刺绣唐卡、织锦唐卡、缂丝唐卡、贴花唐卡、珍珠唐卡等，有的还将珠玉宝石用金丝缀于其间，珠联璧合，色彩浓郁。随着藏传佛教的广泛流传，唐卡的需求量日益增大，被藏族人民视为珍宝。在青海藏区很多地方出现了师徒相承、父子相承的专业画师队伍。绘画技艺也更加成熟，形成了多种画派。除了世代传承的藏族僧俗艺人外，唐卡艺术的创作技能也传到了土族、蒙古族和广大汉族地区，成为多民族文化资源共享的经典艺术。

藏族英雄史诗《格萨尔王传》融汇了不同时代藏民族关于历史、社会、自然、科学、宗教、道德、风俗、文化、艺术的诸多内容，也深刻地反映出藏族人民对真、善、美的追求和奋发崛起的民族精神。它具有很高的学术价值、美学价值和欣赏价值，是研究古代藏族社会的一部百科全书，被誉为"东方的荷马史诗"。

《格萨尔》史诗的表现形式为说唱结合，以30员或80员艺人分别主讲演唱，曲调相对稳定。在《格萨尔》说唱的每一部分，它的人物形象，情节结构和语言通过巧妙的构思，运用比兴手法等语言艺术，体现出宏伟崇高、瑰丽丰富的艺术特征。藏族英雄史诗《格萨尔王传》的说唱艺人被称作"仲巴"，他们在说唱中往往将叙述故事与摹拟人物相结合，与抒发感情相结合。它既具有说唱文学的属性，又具有曲艺音乐的属性。其音乐在《格萨尔》史诗中为传播和发展史诗的内容起到了不可替代的作用。《格萨尔》艺人说唱表演中既具有严密的规范性，又在一定程度上具有即兴性和随意性。《格萨尔传》在玛域草原——果洛藏族自治州甘德县德尔文村十分流行，因此，德尔文部落成为展演格萨尔说唱艺术的杰出代表。

青海平弦（原名"西宁赋子"、"西宁曲子"）是以委婉细腻的唱腔结构、华丽的词汇乐章、妩媚典雅的音乐组成的联曲体曲艺艺术，被众多的艺术家和听众接受认可。青海平弦因其主要伴奏乐器三弦的定弦格式属于民间定调唱法且均为平调而得名。平弦的传统曲目多为 7 字句和 10 字句韵文，由曲牌联套体结构的坐唱曲艺发展形成。它的音乐曲调繁多，素有"二十四调，十八杂腔"之说。平弦曲牌的文字部分须"倚声填词"，多作长短句，少用齐言。平弦各曲的句数、用韵、定格以及每句的字数、句法和四声平仄等，都有一定格式，从韵文文体来说，平弦曲牌是文体的格律谱。主要唱腔有《赋子》（"单片赋子"和"三句半赋子"）、《背宫》（单背宫、双背宫、垛字背宫、催句背宫）、《杂腔》（如"银纽丝"、"大莲花"、"十里墩"、"钉缸调"、"太平年"、"离情"、"剪靛花"、"杨点花"、"一点油"、"南楼儿"、"凤阳歌"、"思凡"等）、《小点》（正反当韵、阳调、夸调、工字调、百合调、掐菜苔、兰城、茉莉花等）四部分组成。每个乐段的开头叫"前岔"，结尾叫"后岔"。一首完整的乐段子往往由"前岔"加上"赋子"或"背工"，或加上"杂腔"或"小点儿"，再加上"后岔"构成。平弦艺人大都是业余爱好者，休闲时，一般在茶楼、公园、庭室等地自娱自乐或在婚丧嫁娶的场面演唱。表演时，演唱者用一只筷子将一个小瓷碟（称为"月儿"）夹在左手，右手持另一只筷子敲打瓷碟掌握节奏，伴奏有三弦、扬琴、二胡、月琴、琵琶、笛子等，双人对唱或数人轮唱。

平弦主要流行于以西宁为中心的湟中、平安、湟源、大通、互助等地。其曲牌音乐元素可追溯到明朝江苏淮阴、扬州等地区的"淮海小戏"，源出于海州、沭阳、灌云一带流行的"拉魂腔"，因以三弦伴奏，在江苏又称"三括调"。早期是沿门说唱民间故事的"门头词"。清道光十年（1830）后，曲艺自由传入青海。从清朝同治年间，大约 19 世纪 60 年代开始初步融合发展在青海。150 多年来，青海平弦曲艺在唱腔素材方面，大量吸收了青海河湟民歌及小曲，运用曲牌联缀体完成故事情节的描述和人物形象的创造，涉及民间传说、历史故事、政治新闻、经济发展、战斗故事、生活情景等。平弦曲艺词曲格律谨严精密、细腻典雅、华丽圆润、性格鲜明、形象生动、内容丰富，具有规范性、可塑性、变异性等艺术特征。

　　青海越弦是联曲体的一种曲艺演唱形式，它将各种单曲体有选择地、巧妙地联缀起来进行演唱，演唱采取自娱自乐的方式。曲调流畅、委婉动听、激越抒情。越弦是清代中期由青海艺人郭福堂，早年曾在陕西马大辫子门下学艺时引进传入的。通过一代代人的口传心授，从民间吸收了大量的民歌，从而完善和发展了越弦的唱腔和道白。其内容涉及历史故事、新闻时事、杰出人物、民间神话、现实生活等。如反映民间生活故事的《小姑贤》、《冯爷站店》、《刻财鬼》，反映清末青海农民起义的《元山造反》、《董蜡匠》，反映民国初年西北地区政治混乱状况的《国民军到青海》等脍炙人口的作品。越弦的乐段一般由前岔、前背工、加进（五更、西京、岗调、紧诉、慢诉、东调、剪靛花等）、后背工、后岔五部分构成。伴奏乐器有三弦、板胡、二胡、水子（碰铃）、梆子、笛子等。越弦具有格律严谨、合辙押韵、刚柔兼备、结构完整，旋律流畅等艺术特征。

　　"青海贤孝"以表现青海地区近现代史上的历史事件著称，由于其演唱内容中充分表彰贤惠和孝道，劝化人心，故名贤孝。青海贤孝由西宁贤孝与河州贤孝两大流派组成。西宁贤孝曲词悠长，委婉动听。西宁贤孝在发展过程中不断吸收老弦、官弦、下弦、莲叶儿落四首古典小曲，其长篇作品叫做"大传"。大传的特点是唱说间杂，说的部分叫"白板"。代表作品有《白鹦哥吊孝》、《林冲买刀》、《方四娘》、《丁郎找父》、《尕司令》等；"小段"的代表作品有《白猿盗桃》、《谭香女哭瓜》、《芦花记》等。这些曲目应用诙谐、夸张的艺术手法，将复杂的历史事件表现得有声有色，将人物刻画得呼之欲出，再现了人民群众敏锐的洞察力和高超的艺术天才。这些曲目的内容在一定程度上反映了劳动人民对当时统治阶级的不满情绪，胸怀美好的理想，憧憬美好生活。近年来在突出题材和演唱形式上有了长足的发展，如出现了贤孝的表演唱，用西宁话演唱河州贤孝也得到了群众的喜爱和认可等等。音乐也有了很大的发展，如乐器方面除了原有的三弦、板胡之外，加了扬琴、二胡、大提琴，甚至用大型民族管弦乐队演奏等，使青海贤孝更具魅力。青海贤孝具有完整性、统一性、规范性等艺术特征。

　　打搅儿是在其他曲目演唱过程中，为调动观众的高昂情绪，用轻松明快的节奏、诙谐幽默的逗曲进行片段性表演的一种演唱形式。比如演唱到大传"贤孝"中那些悲苦的情节时，听众悲伤感叹，说唱只好暂时中断。为了调节观众情绪，缓和气氛，艺人们便打起搅儿。从说唱的连贯性来说，这一停顿是打搅了故事情节的连续发展，故名"打搅儿"，其含义是不属于正规演唱的内容。打搅儿的曲调以越弦曲艺中的"莲花"调为主旋律，以变奏方式出现。打搅儿不仅使人们得到轻松愉快的艺术享受，同时也常得到寓教于乐的生活常识。"打搅儿"的曲目有《懒大嫂》、《骂鸡》、《降光棍》、《飞凤凰》、《数星星》、《闹房》、《数花》、《馍馍造反》、《洋打扮》、《要优生》等。"了，了，了嘛了，你的曲儿下去了，我的搅儿上来了。打一个搅，没啥搅，胳里胳劳寻一个。一肚子，两肋巴，家里还有两风匣，随手带上两疙瘩。要唱唱得干干的，要搅搅得乱乱的，涎水淌下两罐子。"这就是运用于每首打搅儿的开场词。由于打搅儿带有浓厚方言和熟知的民间音乐，其艺术特征和两人对面谈话一样，谈话涉及的事物不一定具体形象地展现出来，可是谈话双方却都能感到所说事物的存在。风趣幽默的谈话容易引起人们对过去生活趣味的回忆和联想。实际已经是把大量的戏剧动作全依靠语言来完成，所以仍有很大的叙事性质。加之艺人即兴编词，比喻形象、诙谐幽默，以表演艺术纵深发展的剧情，赢得观众的爽朗笑声和热烈掌声，时刻活跃着舞台气氛。青海打搅儿以大胆、泼辣、幻想、夸张的手法，讽喻生活中不合理现象，以独特的手法表现生活的种种情趣、经验与真识，具有可变性、风趣性、推理性等艺术特征。

青海目连戏最早流传于民和县麻地沟村，其村民大多数祖籍在南京竹丝（或珠市）巷。明代洪武初年随居民西迁的能仁寺建在了麻地沟大龙山上，该寺高僧随身带了大型戏剧剧本《目连宝卷》。《目连宝卷》分为10卷，前9卷在戏台上唱念做打，第10卷表演"上刀山"的场景，有锯解、磨研、吞火、喷烟、开膛、破肚带彩等特技动作。刀山高5丈8尺，在梯形木杆朝上绑架120把刀刃锋利的钢刀。凡上刀山之人，每年冬至进寺沐浴斋戒、修行养身。其间每日用牛奶洗脚，食核桃、红枣，至正月十五分别化妆为剧中角色"黄风鬼"和"刘氏夫人"，依戏剧情节手攀绳索，赤足踩刃上刀山。观众目睹如此惊险离奇的情景，无不瞠目结舌。最长的刀山会演出历时15天，在刀山会期间，麻地沟村商贾云集，餐馆及各种杂艺齐聚，善男信女纷至沓来，香烟冲天，诵经之声此起彼伏，人流络绎不绝。麻地沟人在明朝和清朝前期上演《目连宝卷》，目连戏曲之所以久演不衰，除了其刀山表演的惊险刺激外，积淀深厚的音乐素材及情景交融、观演互动的演出排场是重要因素。过去在民间盛演不衰，现在面临失传的境地。青海目连戏将"唱、做、念、打"融为一体，集戏曲、舞蹈、杂技、武术于一身，剧情及音乐带有佛教文化特色，并融入了地方小调和曲艺音乐，乐器主要有鼓，锣、铙、镲等打击乐器。形成了以唱腔叙事或抒情，以表演穿插，以筋斗、攀索、上刀山为主要内容，以铿锵有力的锣鼓伴奏为一体的艺术特征。

骆驼戏是青海循化撒拉族自治县在婚宴或喜庆节日时演出的古老戏剧。骆驼戏是将撒拉族的历史以骆驼卧泉化石的神话传说用民间戏剧的表演方式来流传的。至今唯一保存下来的《对依奥依纳》是撒拉族传统戏剧中内容比较完整的剧目。在充满喜庆的婚礼上，由四人组成的表演队扮演不同角色，其中二人反穿羊皮袄一前一后扮演白骆驼形象，一人扮演蒙古人，一人扮演阿訇。阿訇穿长袍，头缠"达斯达尔"（一种长约数尺的白布箍巾），手持拐杖，牵着白骆驼，驼背上的褡裢里，装有《古兰经》、水、土等物。在边吟边舞的平缓节奏中，二人对话，一问一答。前来参加婚礼的观众也参与对答，呼应有序、气氛热烈。然后由扮演阿訇的人用撒拉语朗诵吟唱韵文，叙述撒拉族先民迁徙时长途跋涉、含辛茹苦的经过。骆驼戏为撒拉族迁徙落户循化再塑历史形象，具有民族性、问答呼应性、娱乐性等艺术特征。

酥油花是雕塑艺术的一种特殊形式，公元15世纪初从西藏传入青海，发展成为青海塔尔寺的"艺术三绝"之一。酥油花是用酥油作原料通过"扎骨架、做胚胎、敷塑、装盘"等四道工序，塑造出诸如佛祖神仙、菩萨金刚、飞禽走兽、花鸟鱼虫、山林树木、花卉盆景等立体画面。这些艺术品栩栩如生、身姿绰约、神形兼备、绚丽多彩，令人叹为观止。它的造型特点和手法类似蜡像艺术。由于酥油花的制作必须在冬季低温下进行，所以不宜长期保存。大型酥油花故事《释迦牟尼》、《文成公主》等艺术作品，是酥油花中的成功之作，曾给观众留下深刻印象。

图下 2-6　塔尔寺的酥油花作品

在每年农历正月十五日塔尔寺灯节展出，届时来自五湖四海的人们会集在一起，耳闻着清新抒缓的花架音乐，目睹这晶莹剔透的酥油花，在五彩灯光的耀动下，绽放出千姿百态的神韵，焕发出迷人的灵动。酥油花的雕塑形式分为立塑、浮塑、单塑、花架、盆塑等。发展至今以 350 多个人物形象的酥油花成为最富有代表性的大型艺术作品，这些艺术作品生动形象地阐述着神秘诱人的佛教故事。青海酥油花独特的艺术魅力引起了许多中外艺术家的兴趣，已成为东方艺术的特色瑰宝。因此，酥油花具有塑造性、宗教性、形象性、故事性、观赏性等艺术特征。

千百年来，青海汉族民歌体现出交融与和谐、呈现出渗透性与包容性特征。它包括劳动号子、城乡小调、花儿、叙事长歌等四个门类。

劳动号子是整个人类文化中产生最早、历史悠久的歌曲之一，是劳动人民在劳动生产过程中即兴演唱的，并直接与劳动生产相联系的一种民歌。如流行在青海黄河上的船工号子、森林中的伐木号子、建筑工地的打夯号子、山乡家园的打墙号子、打麦场上的连枷号子等。流行在河湟地区建筑工地的打夯号子在领号人领唱下，参与劳动者跟着唱和，使打夯有节奏地进行，有劳有逸，有张有弛，干劲自然就能持久。青海劳动号子曲式结构常作简单变化，唱词中多用衬词。其音乐旋律发展比较灵活、自由，曲调和唱词常作即兴式变化，有呼唤、号召的特点；和唱部分的歌词或是应和领唱者的衬词，或是劳动中的吆喝，或是对领唱者歌词的简单重复。演唱的形式主要有一领众和、独唱、对唱等，劳动指挥者往往是号子领唱者。同时，也常带有较大程度的娱乐性，其音乐的节奏与劳作的律动相吻合，达到步调一致、同心协力、一呼百应的效果，质朴地体现劳动者的思想情感和精神风貌，体现出其独有的社会调适功能。

青海汉族民间小调起源较"花儿"、叙事长歌为早，大约起源于汉代，成熟于清代，兴盛于近代。其发展渊源有二：一是来自于江南的文人及受他们影响的青海各族人民，故此，青海民间小调就有了江淮民歌细腻、典雅、委婉、流畅的一面，如《茉莉花》、《绣荷包》、《放风筝》、《尕老汉》、《搬船调》、《五更调》、《对话》、《十二月调》等，与江淮民歌有不解之渊源，甚至个别小调就是江南民歌的翻版。二是河湟地区是一个多民族的聚居区，其文化必然会产生融合、涵化，如青海民间小调的发展也在本土文化的基础上受到其他北方兄弟民族文化的影响，使其逐步形成了质朴、豪放、嘹亮、悠扬的艺术特征，成为南北交融的音乐奇葩。

小调在当今也称城乡小调，是青海汉族社会群体逢年过节等场合中休闲、娱乐，广为流行，最能表达人们思想情感、体现生活风貌的民间歌曲。曲目丰富多样，音乐悦耳动听，包括民间社火调、宴席曲、礼仪歌、时政歌、诉苦歌、儿歌、宗教歌、风趣歌、历史传说歌等。在青海这片土地上，人们多数以农田为生存基础，上高山，下田间，山里来，山里往，观天察地，饮酒唱歌，都与蓝天白云下青山绿田结缘。高原河湟的生态环境实地创造了包括小调在内的民歌特质。如《赞美山乡》的"这一个村庄四四方，金盆养鱼的好地方；前面山上龙摆尾，后面山上落凤凰"等。社火调有《春景天》、《舞龙歌》、《搬船调》、《耍狮歌》、《踩高跷歌》、《太平锣鼓歌》等；宴席曲有《十敬酒》、《尕老汉》、《高升歌》、《十道黑》等；情歌有《四季歌》、《戴花》、《掐蒜苔》、《送情郎》等；礼仪歌有《十劝歌》、《夸亲家》、《道谢歌》、《十报子》等；时政歌有《马五哥》、《高大人领兵》等；历史歌有《十二古人》、《大哥哥年轻人》、《过金桥》、《十二国公》等；诉苦歌有《哭五更》、《妹妹诉苦》、《穷人歌》、《乞讨歌》等；儿歌有《上杆杆》、《挡羊娃》、《大脚片》、《转圆圈》等；宗教歌有《八洞神仙》、《蟠桃会》、《十炷香》、《朝山》等；风趣歌有《数麻雀》、《城乡亲家母》、《点秧歌》、《五点红》等；历史传说歌有《孟姜女》、《平贵回窑》、《贤女歌》等。

青海城乡小调有四大艺术特征：其一，叙事与抒情相交融的表现方法和曲折细腻的音乐性格；其二，规整均衡的节奏与节拍；其三，曲折多样的旋律；其四，曲式结构方面有对应式结构和起承转合式四句结构两种。以徵、商调式为主，羽、宫调式为辅，乐句上下句可长可短，上句落音变化多，下句落在比较稳定的主音上的单对应结构形态，也有多个上句接一个下句或一个上句接多个下句的变对应结构形态等。比如商调式的功能音为主音 D 或徵调式的功能音为主音 G，那么色彩音一般是 E、A、F、B，其向主音有一定的倾向性，活跃曲调突出性格特点，又使主音更有完善和稳定性。调式交替，临时转调和移调终止（即离调终止）的情况，在青海民歌中运用极少。青海多民族城乡小调在城乡之间既有差异，又有共同之处，既有独立性，又有互相影响、互相渗透的特点。

叙事长歌以复杂、多变的情节见长，具有叙事性、抒情性、多变性的特点。其音乐形象集中，风格统一，词意所涉及的内容、生活场景广泛。如《织手巾》、《绣荷包》、《蓝玉莲》、《十盏灯》等。青海民歌中叙事长歌的内容大同小异，词曲也出现不同的变体，仅《织手巾》的传唱就有 5 种之多。《织手巾》叙述了姐妹三人上香拜神的宗教习俗，求得匠人织出漂亮的手巾，匠人看准了三姐而免了工钱的故事。它以宗教、金钱、爱情为题材，形象地描写了信奉道教的三姐爱上异地织手巾工匠的经过。显然这首民歌写的是宗教换来了爱情，宣扬道教能使人免遭尘世苦难，对宗教习俗的传播起到了推波助澜的作用。当然叙事长歌的内容充满了情感和意志，它所反映的群体社会活动，既体现了人们对客观规律的理解和运用，也显示出人们主观上的追求和愿望，自然担负起传递社会信息与交流情感体验的职能，起着组织与协调社会成员的意志和行为的作用。此外，在叙事演唱过程中，形象特征同审美特征、情感特征密不可分，如《蓝玉莲》用生动感人的艺术形象，真实地叙述了封建社会童养媳受苦受累的悲惨命运，也体现出小脚女人在劳动生活过程中的压抑、痛苦、忧郁和希望。通过人与人以及人与环境的关系来描绘人物形象，不仅描绘人物的音容笑貌，还要刻画出人物的性格特征。通过这些描绘刻画，揭示人物的精神世界。因此，叙事长歌以复杂、多变的情节见长，具有叙事性、抒情性、民族性、多变性以及渗透性与包容性等艺术特征。

青海回族宴席曲具有代表性，在土、撒拉、保安、东乡等民族的婚嫁喜事中也趋于交融。它是远近宾客入座，欢声笑语已起，为使喜庆气氛更加热烈，演唱者用本民族语或汉语演唱的风俗性歌舞，是本民族文化、宗教、生活习俗及民族特性方面的总体反映。青海宴席曲是一种民间传统小调类仪式歌，在众多民族演唱的宴席曲中，回族宴席曲更为丰富多样。因在庭院或村庄内演唱，俗称"家曲"，与作为"野曲"的花儿相对应。它是青海河湟地区各民族文化融合下产生和发展起来的具有浓郁民族特色的音乐艺术。各民族人民尤其在婚礼仪式中有大唱宴席曲的习俗，主要是为了给婚礼场面增添喜庆的气氛。

青海河湟流域的各民族都有演唱宴席曲的喜庆活动，宴席曲的内容和形式有异曲同工之妙。作为表现多种复杂内容和感情的民歌艺术，青海宴席曲在曲目和自身音乐特质上具有一套完整的体系。青海宴席曲的内容形式可分为五类：叙事曲（多为两句和四句式，以爱情故事和历史故事为主）、说唱曲（打搅儿）（民间说唱形式，说文分起头、正文、结尾，句子长短不齐，语言生动，内容广泛）、酒曲、散曲和五更曲。宴席曲的特色是集歌舞说唱为一体。传统演唱曲目主要有：《十劝人心》、《尕老汉》、《数麻雀》、《十二月歌》、《牡丹月里来人》、《恭喜歌》、《高大人领兵》、《菜子花儿黄》、《送兵》、《挑大兵》、《庄稼人》、《穷人心里像刀剜》、《打柴》、《五更月》、《宴席上的客人》、《伊香儿玛秀儿》、《阿舅儿》、《阿里玛》、《撒赫斯》、《十杯茶》、《大马上备的是鞍子》、《十样景致》、《杨家将》、《莫奈何》、《十里亭》、《五更月》、《四季青》、

《八大光棍》、《十道黑》、《孟姜女》、《白鹦哥吊孝》、《方四娘》等。通过叙事或抒情、生动的比喻、贴切的说理，教化民众勤俭治家、尊老爱幼、辛勤劳作、热爱家乡、互帮互学、文明礼貌等；规劝人们要慎重对待婚姻大事；夫妻要相亲相爱、白头偕老，共同营建美好家园。

宴席曲演唱形式一般以独唱为主，也有齐唱、对唱、表演唱等。宴席曲的唱词内容十分广泛，涉及面很广。其内容丰富多彩、歌词朗朗上口、旋律优美动听，有时载歌载舞，保留着元、明、清时代西域少数民族歌舞小曲的古老风貌。宴席曲中包含着丰富的历史、地理、文学、艺术等方面的文化信息及各民族人民的生活风貌，并反映出青海各民族人民的伦理观念、价值趋向、行为方式及其独特的情感方式。青海宴席曲具有曲调丰富、欢快流畅、委婉细腻，词语优美、叙事完整，以特有的表演方式，体现出民族性、地域性和时代性等艺术特征。

藏族拉伊，藏语意为山歌，是草原放牧、行程、打猎、田间劳作时唱的爱情歌曲，大多内容健康、情操高尚，丝毫没有做作之感，很少有缠绵悱恻的悲凉情调，表达了青年男女爱慕之情。藏族拉伊用生动的比喻手法，触景生情，即兴编唱，抒发内心的真情实感。拉伊的种类繁多，内容涉及爱情等生活情景。对歌有比较规范的程序，依次是引歌、问候歌、相恋歌、相爱歌、相思歌、相违歌、相离歌和尾歌等。藏族民歌中，拉伊占很大比重。情歌的主题，虽是反映男女青年的自由爱慕，其实也揭露了维护封建农奴制度的礼教对婚姻自由的羁勒，更反映了青年男女争取婚姻自主和个性解放。演唱拉伊有广泛的人民性，但不同地区、不同方言的藏族民歌风格有一定差异。

"拉伊"的唱词一般为三段体，其中两段是比喻，一段是本意。也有两段体的，其中一段是比喻，一段是本意，每句比较固定的有六七个字，音乐柔美委婉、悠长抒情。从旋律线条上看，音乐委婉悠长、优美抒情，以五声性羽调式为主，以上下邻音级进型、迂回型为多。还有一种很特殊的伴以大跳的波浪型旋律屡见不鲜，它具有抒情中出奇的效果。旋律表现出波浪型、迂回型、邻音型的特征。其波浪型由低而高，然后再由高而低的状态，但在细部则有邻音型的特点。拉伊基本上是以上下句对称性结构为基本特征，但最主要的特征是衬词的使用，有形象性、情感性、自由性等特点。演唱的声音可分为真声与真假声两种类型。流传在青海广大藏区的拉伊具有思想情感奔放，音调高亢辽阔，声音柔和细腻，唱词幽默含蓄等艺术特征。

【注释】

① 崔永红、张得祖、杜常顺主编：《青海通史》，青海人民出版社 1999 年版第 36 页。

② 王昱主编：《青海历史文化与旅游开发》，青海人民出版社 2008 年版第 340 页。

③ 白寿彝：《关于回族史的几个问题》，载《人民日报》1960 年 2 月 22 日。

④ 马桂花：《青海化隆地区回族宴席舞考察报告》，载《青海社会科学》2005 年 2 期，第 62 页。

⑤ 喇秉德、马小琴等：《青海回族史》，民族出版社 2009 年版第 266 页。

⑥ 芈一之：《撒拉族的来源和迁徙探实》，青海民族学报 1981 年第 3 期。

⑦ 谢佐、马伟：《撒拉族风情》，青海人民出版社 2004 年版 12 页。

⑧ 马忠：《撒拉族珍贵的传世文献古籍〈古兰经〉》，载《青海民族宗教》（内刊）2008 年 2 期。

⑨ 王建平：《在哈佛见识我国最早的〈古兰经〉抄本照片》，载《中国民族报》2005 年 6 月 21 日第 5 版。

⑩ 该志书编委会：《青海循化撒拉族自治县概况》，民族出版社 2009 年版第 18 页。

⑪ 朱和双、谢佐主编：《撒拉族青海循化县石头坡村调查》，云南大学出版社 2004 年版第 356 页。

⑫ 该书编委会：《土族简史》，青海人民出版社 1982 年版第 25 页。

⑬《青海统计年鉴》，中国统计出版社，2007 年 7 月。

⑭ 王昱主编：《青海历史文化与旅游开发》，青海人民出版社 2008 年版第 34 页。

⑮ 曹娅丽主编：《土族文化艺术》，中国戏剧出版社 2004 年版第 115 页。

⑯ 曹萍、赵宗福主编：《河湟绝艺》，青海人民出版社 2010 年版第 37 页。

⑰ 曹娅丽主编：《土族文化艺术》，中国戏剧出版社 2004 年版第 122 页。

⑱ 刘景华：《西海蒙古》（收入崔永红主编《青海史话》第 2 辑），青海人民出版社 2005 年版第 1 页。

⑲ 青海艺术研究所编:《青海民族民间文化》,陕西旅游出版社 2004 版第 133 页。

⑳ 韩官却加:"藏传佛教教派斗争与和硕部蒙古南迁",《青海民族学院学报》1985
年第 2 期。

第三章

多元宗教文化和谐相处

　　青海是个多宗教并存、宗教文化的传播对各民族的生产生活产生深远影响的地区。宗教是支配着人们日常生活的自然力量和社会力量在人们头脑中幻想的反映，与这种反映相联系的诸如信众、信仰、典籍、活动场所、仪轨等，无不打上地域文化的印记。佛教、道教、伊斯兰教、基督教、天主教、民间宗教等，各自在一定的地域和民族中传播，其中信仰藏语系佛教和伊斯兰教的群众较多而影响深远。藏语系佛教主要在藏族、土族、蒙古族和部分汉族中传播，传播地域遍及全省各地；伊斯兰教主要在回族、撒拉族中传播，地域主要在东部农业区、西宁市城东区和其他一些农业区的村镇中；道教、汉语系佛教在西宁市和东部农业区的部分地区有一定影响，基督教和天主教主要在西宁地区和少数县城及铁路沿线流传；部分地区存在萨满教遗俗，还有苯教和民间宗教，但影响范围较小。

　　各个宗教都有悠久的历史，具有长期性、民族性、群众性等社会特征。各个宗教在长期的传播过程中打上了地域文化的烙印，所以宗教的思想观念、戒律约束、宗教典籍中的自然知识和社会知识成分，显示了宗教文化的社会价值和作用。宗教文化渗透在民族文化的各个领域、各个层面，与民族文化的发展、延续，互连互动。宗教文化与青海地区信教群众的社会生活息息相关，对信教群众来说，在特殊的文化氛围中，其衣食住行、婚丧嫁娶、节庆礼仪等诸多方面都受到宗教的深刻影响。在青海，不同宗教互相浸润、交融，相互宽容，不同宗教信徒之间，能够和睦共处。

第一节　青海宗教的历史渊源与信仰

羌人崇拜羱羝　羌藏古老的宗教信仰　吐蕃时期的佛苯之争　土族神话中的自然崇拜　撒拉族的宗教信仰　活佛转世与转世活佛

我国西部诸羌中的湟中羌在青海河湟流域活动的历史很长，青海所特有的考古学界命名的卡约文化的主人便是羌人。羌人"事奉羱羝"的历史记载反映了这个古老族群的图腾崇拜观念。羱羝，在羌藏语系中称作"nian（年）"，这种野牲动物的学名称作盘羊，青海汉语俗称"大头羱羊"。雄性羱羊有盘旋的双角，屹立在青藏高原的山岗上有威风凛凛的气派。在古藏语中"nian（年）"这个词除了盘羊的名称外，还有古姓氏名、疫病、山神、严厉等含义。藏族先民对生存空间的认识有对"天神、山神、水神"三神的崇拜观念。这种崇拜反映在青海古老的地名中，至今还有青海省乐都县城"碾伯"、海北藏族自治州海晏县和刚察县之间雪山称作"年钦夏嘎尔"、果洛藏族自治州久治县境内的神山称作"年保玉则"、黄南藏族自治州同仁县境内的村庄称作"年都乎"等。汉语译音名称中的"碾"、"年"、"念"都是古老先民山神崇拜的地名文化遗存。

羌人崇拜羱羝的遗俗还反映在青海东部农业区春节期间的社火中，其中的翻穿皮袄，头戴羊角帽的扮演者，被称为"大神"。牧羊人在羊群中选定一只公羊作为"神羊"，并打上记号，将之养老终生的习俗也反映了这种古老崇拜遗俗。

藏族在青海高原有着悠久的历史。佛教传入藏族地区前，藏族的古老信仰中据藏文史籍记载，有仲、氏、苯三种信仰。仲教，信仰者以说唱故事的方式传播着先民们的世界观和人生观。"zhong（仲）"在古藏语中有说故事的含义，"仲巴"即说唱艺人。这种古老的说唱传播宗教教义的方式随着时间的推移和时代的演变，渐渐成为英雄史诗《格萨尔》的说唱艺术。至今，《格萨尔》的说唱仪式仍然保留了一定的宗教仪轨。据藏族学者索南多杰调查，这一说唱仪式大体分为："第一，焚香请神。艺人在说唱时，先设一香案，案前悬挂格萨尔的唐卡画像，两边挂着三十位英雄和珠牡等格萨尔爱妃的唐卡画像。香案上供奉着一尊格萨尔的塑像，也有供奉莲花生大师、珠牡、贾察、丹玛或其他英雄的塑像者。再点几盏酥油灯，摆几碗敬神的'净水'，对着画像，焚香祝祷。""第二，指画说唱。有的艺人带着画有格萨尔故事的卷轴画，藏语叫'仲唐'，类似佛经故事。然后指画说唱。艺人在说唱时随身携带了弓箭等物，然后拿着一个木棍指着画面开始说唱，并根据说唱内容中人物的动作，配以一定的手势舞姿，一来可加强说书的乐趣，二来也能吸引观众。……这类'仲唐'一般都是画佛像的画师绘制的，有的画得非常精致，还有刺绣、剪绣、堆绣等多种形式，本身就是很有价值的艺术珍品。""第三，托帽说唱。说唱艺人，无论男女，年长的，年轻的，都有一顶帽子，藏语叫'仲厦'，'仲'，是故事，'厦'，是帽子，意为'讲故事时戴的帽子'。一般都是长方形，有一尺来高，上面镶有玛瑙、珊瑚、珍珠等装饰品，再插上孔雀羽毛，有点像降神喇嘛戴的帽子。"说唱艺人持帽说唱时，先要说唱帽子的来历，说明它的贵重，"这种对帽子的讲述和礼赞，成了一种固定的格式，有专门的曲调，藏语叫'仲协'，相当于开场白。""第四，看镜说唱。有些艺人在说唱时，手拿一张白纸或一面铜镜，看着白纸或铜镜说唱。"①

氏教，信仰者以问答猜谜语的方式传播着先民们的世界观和人生观。青藏高原本身有很多尚待解开的自然界之谜。尤其是青海作为多民族多宗教的省份，就自然环境而言，三江源地区有大面积的湿地生态系统，是世界上高海拔地区生物多样性最为集中的地区，如中国境内面积最大、海拔最高的自然保护区——可可西里国家级自然保护区，位于青海省玉树藏族自治州治多县境内，地处青海、西藏、新疆三省（区）交界地带，平均海拔在 4600 米以上，总面积 450 万公顷，保护区有兽类 16 种，其中 11 种为青藏高原特有种群；鸟类 30 余种，其中 7 种为高原特有种群。国家一级保护动物有野牦牛、藏野驴、白唇鹿、雪豹、藏羚羊、金雕等；二级保护动物有盘羊、棕熊、藏原羚、猞猁、兔狲、荒漠猫、雪鸡、喜马拉雅獭等。保护区各种动物总数约为6至8万头（只），是我国野生动物数量最多的地区之一。保护区的高等植物102属202种，其中84种为青藏高原特有种类。三江源地区也是我国生态系统最脆弱和最原始的地区之一②。古代先民们在这样的地区生活，他们最早用宗教的方式认识生存环境也是很自然的。藏族先民对蓝天和大地，对他们赖以生活的山川风貌有着很精彩的形容，他们崇拜日月星辰，神山圣水，用富有想象力的语言开启人们的智力，实则是动人心魄的。

苯教作为藏族地区延续传播最长的一种宗教，从原始宗教走向人为宗教的过程中保留地域文化内容很丰富。进入封建社会后苯教传播者借助藏文，有了苯教经典著作《十万螭龙经》，分黑苯、花苯和白苯三种，以颜色分野。苯教教派也以传播时间前后分为黑苯、花苯和白苯三派。先铙米沃且被尊为苯教的祖师，最早信仰万物有灵，崇拜天地、日月星辰、雷电、冰雹、山川、乃至土石、草木、禽兽等万物。"原始苯教认为灶神十分容易被人冲犯，只要把头发、羊毛、脏物失落在灶火里，或者是烧溢了锅，或者是弄脏了灶台，那就要倒霉了，为了解除灶神发怒带来的灾难，必须请一位苯教的巫师来进行消灾的仪式。""还有两种神，一种是阳神，一种是战神，这是两个附在人身上的保护神。""苯教用动物作祭祀时的牺牲，这种方式在吐蕃王朝时代的典礼活动中占有很重要的地位。"③

在吐蕃王朝时期，佛教开始在西藏传播，这一时期的佛教传播由于受到苯教徒的强烈反对，佛苯之争引发了王室内部的崇佛和禁佛的斗争。在吐蕃执政的赞普（藏王）中，松赞干布、赤松德赞、热巴巾三位藏王被佛教信众尊为"三大法王"，是吐蕃时期主张尊崇和传播佛教的王室三大赞普。由于这三位赞普的大力倡导，西藏有了第一座佛教寺院桑耶寺，第一批出家为僧的僧团，又有了翻译佛经的活动，在西藏佛教史上把这一时期的佛教传播称作"前弘期"。这一时期的西藏佛教传播中还有"顿渐之争"，这种"顿悟"和"渐悟"的佛家修行途径之辩，在内地的汉语系佛教的禅宗也早有分野。只是内地的"顿渐之争"，引发了唐宋八大家的书画创作思维方式，他们以禅入诗入画，讲求禅境、禅趣，成为文学艺术者"灵感"的来源。藏传佛教各教派的佛门修行以格鲁派祖师宗喀巴大师的《菩提道次第广论》、《密宗道次第广论》成为渐悟派的集大成者。

吐蕃末期的王室赞普达玛（一作达磨）禁佛，使西藏本部的佛教传播遭到极大的破坏，崇尚佛教的僧人拉垅·贝吉多杰趁赞普达玛在拉萨大昭寺前看碑文之机用袖箭射杀了达玛，然后逃到今天的青海东部农业区隐匿起来。青海省循化撒拉族自治县境内的孟达天池，被周边地区的藏族群众称作"拉垅措嘎"，意为"拉垅天池"，天池边有神仙洞遗址，当是拉垅·贝吉多杰曾经避难修行的地方。其后，又有崇尚佛教的西藏"三贤哲"藏饶赛、约格迥、玛尔·释迦牟尼三位僧人在赞普达玛禁佛中用牲口驮了佛经律藏辗转到达青海东部的黄河谷地避难，"三贤哲"的晚年与内地的两位和尚一道，为出生于今青海省循化县和化隆县之间的黄河北岸的穆苏赛巴授佛教戒律，穆苏赛巴出家为僧，在他的晚年又为从西藏来青海求法的卢梅等十位青年传授佛法，这就是藏传佛教史上的"后弘期"祖师喇钦·贡巴饶赛（892—975）。这位祖师晚年圆寂于今青海省平安县和互助县之间的湟水北岸白马寺（亦作金刚崖寺、觉化寺），白马寺连同青海境内河湟谷地阿琼南宗寺、丹斗寺成为藏传佛教"后弘期""下路宏传"的佛教圣地。

青海境内的土族群众早期信奉萨满教，后来改宗藏传佛教。在互助土族自治县至今还存在萨满教的民间遗俗。互助土族自治县境内的一部分农村，仍然流行民间宗教中的巫术活动，如有一种法师名叫"biangbiang"（哪哪）者，因手持单皮鼓，口中念念有词，青海汉语方言以象声词命名为"biangbiang"，这种法师头戴法冠，虽为男性却腰系裙子，以神灵附体而代神立言，是典型的我国北方萨满教遗俗。青海东部农业区有类似"biangbiang"者称之为"法拉"，这是汉藏合璧名词，"法"是汉语法师，"拉"是藏语"拉哇"（神汉），法拉的巫术活动在青海河湟谷地的土族、藏族和汉族中流行，尽管有的在祈福禳灾，有的在祭祀山神，还有的参与节庆活动，但都表现了古老的巫风。这种表现巫术活动的民间习俗，在青海世居的汉、藏、土、蒙古等民族中流行。在其长期的历史演变过程中带上了浓重的宗教色彩，从巫师的传承状况、举行的

图下 3-1　互助土族啷啷会

各种巫术仪轨以及所拥有的信徒等分析，应该将之看作是流行于青海河
湟流域各民族的民间宗教。

　　这种古老的民间宗教，反映了青海游牧民族转为农耕民族，并重新
与自然环境相协调、相适应的密切关系，往往表现在酬神谢神的民俗文
化活动中。青海土族地区多崇拜二郎神，中国神话传说中的"这位汉族
佛教、道教神在同仁藏族、土族中有很高的地位，是年都乎、郭麻日、
尕撒日、尕泽栋、卧科、铁吾等村的主要保护神。在藏、土族人民心
中，他已经不是一尊神的专指，而是汉代李冰义子李二郎、隋朝赵昱赵
二郎、唐代从印度传入我国西域的二郎独健、《西游记》、《封神演义》中
的二郎神杨戬⋯⋯各个二郎的综合神体。因此各村庙塑出的二郎神变相
很多，如静相的白脸、红脸，愤怒像的红脸，威武像的绿脸，有三只眼
的睿智洞观，也有文质彬彬身着官服、头戴乌纱帽的清廉气度。在二郎
神身上，反射出同仁地区各民族善于吸收，为我所用的思想观念，他们
心中的二郎神，既是李冰父子为民办事、变灾荒为丰收的好官，又具备
杨戬威震天庭的神勇；既有西方护法神的法力，又有赵昱的智谋，可谓

中、西、人、神合璧的理想塑造。这样的二郎神当然可保村村平安、吉祥如意、五谷丰登。甚至笃信到如遇灾难，只要呼一声二郎神的名字，就能逢凶化吉的程度。"④青海贵德地区一年一度民间举行的六月会，藏汉族群众将供奉的二郎神和文昌帝君塑像在庙会中相会，举行娱神活动，表达了人民群众殷切的宗教愿望。

　　黄南藏族自治州同仁县土族村庄年都乎古老的土风舞——於菟（wutu），或认为"於菟"一词作为虎的古称源自楚方言，也有人认为是古羌人傩舞的遗留。在举行这种舞蹈之前还要在一定的场合举行一项既娱神又自娱的活动，当地土族方言称作"邦"。或认为"邦"的发音源自一种古老的宗教祭祀活动的名称"祊"（beng），"'祊'，在古代指宗庙之门，也指宗庙内举行祭祀。《诗·小雅·楚茨》有'祝祭于祊，祀事孔明'，'或肆或将，祝祭于祊'的描述，毛传注云：祊门内也。年都乎几个村的'邦'正是要在他们供奉神的地方举行，并且一定要在大门里面，在院子里或者厢房里举行"。"周代，'祊'又指正祭完毕后于次日举行祭祀为绎祭。《礼祀·祀器》曰'设祭于堂，为祊乎外'，郑玄注曰：'祊祭，明日之绎祭也。谓之祊者，于庙门之旁，因名焉。'如果说跳'於菟'是他们祭祀活动中的正祭，那么，'邦'作为绎祭，在热贡地区有其独特的表现形式。"⑤年都乎村庄的"於菟"舞于每年农历十一月二十日举行，认为这一天是黑日，扮演"於菟"的8位青年先期在山神庙法师的主持

图下 3-2　同仁县年都乎村"於菟"舞

下举行宗教仪轨，扮演者们裸露上身，将裤腿卷到大腿根部，用红辣椒面和煨桑台中的炉灰涂抹全身，化妆师用锅底黑灰和黑色墨汁将舞者面部画成虎头状脸谱和虎皮斑纹，腿部则画成豹皮斑纹，背部呈水纹状（实际也是虎纹）。头发上扎如刷形，朝天直立，似虎狂怒状。祭拜二郎神位后，由法师向扮演"於菟"者们斟酒，并引领他们下山。"於菟"们随着锣鼓声的节奏跳着单腿跳跃、垫步和吸腿等舞步下山进村，舞者手持荆叉，到村里人家翻墙入院，用荆叉挑上村民们提前准备好的馍馍、肉食，有的病人爬在巷道里让"於菟"们从身上跨过。於菟舞的意义是驱魔逐邪，祈求平安。这种表现古老的虎图腾崇拜的舞蹈，在我国南方的一些民族地区也有类似的表演，同仁县境内的"於菟"舞的渊源，有人认为是与古代楚地到河湟谷地之间屯田移民的历史变迁有关，也有认为是古羌人崇虎意识的遗俗等。青海河湟谷地的地名有汉语"虎狼沟"者，有藏语地名"德恒隆"（意为老虎沟）者，不一而足，说明青海地区古代曾有老虎存在。古人对虎的敬畏直至崇拜，与原始社会后期原始先民们的自然崇拜、图腾崇拜和祖先崇拜是有联系的。"於菟"舞有着悠久的历史传承及其演变过程则是无疑的。

　　撒拉族学者马成俊指出："撒拉族大约形成于 16 世纪中期的明代，此时正是中国封建社会的中后期，也就是说，撒拉族是在中国封建社会的土壤里形成的一个新型民族。……到清光绪二十二年（1896）彻底废除土司制度，改土归流，封建地主制经济得到迅速发展，总而言之，属于典型的社会制度特点。""撒拉族全民信仰伊斯兰教，伊斯兰教是撒拉族先民早在中亚时期就已信仰的宗教，主要教派有老教（格底目）、老新教（门宦制度）和新教（伊赫瓦尼）等"[⑥]。我们在循化撒拉族自治县境内看到明清时期的清真寺建筑，古朴而又具伊斯兰文化风格。

　　藏语系佛教（亦作藏传佛教）和伊斯兰教，是青海境内最具社会影响力的两大宗教。吐蕃王朝时期和以后的一个时期，藏传佛教由于经历了"前弘期"和"后弘期"的两个传播阶段，这两个阶段都有从古印度和中国内地向青藏高原传播的历史，特别是藏传佛教史上的"后弘期"，有"上路宏传"即从古印度再次传入西藏，"下路宏传"主要从青海地区传入西藏。

伊斯兰教主要经丝绸之路传入中国，也有从海上传入中国的史实。中央民族大学林松指出："伊斯兰教从唐永徽二年（651）传入我国一千三百五十多年来，在对世界和人类文明兼收并蓄、宽容接纳的赤县神州，与古老的华夏传统文化相互吸收、融合、补充、交流，得以立足、生存、发展"⑦。据《西宁东关清真大寺志》记载，早在唐代天宝、贞元年间（724—804）伊斯兰教开始传入西宁地区，有波斯、阿拉伯人在西宁地区活动，河湟民间口碑资料有阿拉伯"十大"上人之说。宋景祐元年（1034），青唐城（今西宁城区）曾居住着阿拉伯、波斯、喀喇汗王朝等地穆斯林商人数百家，在他们聚居的社区修建了一座简易的礼拜寺。元代初年，"伊拉克传教师固土布·兰巴尼·尔布都来海麻尼，先到我国云南传教，后率信徒到西宁传教，归真于此，蒙古西宁王速来蛮为其修了陵寝，即今西宁南山拱北"⑧。

藏传佛教发展到元代，出现了活佛转世系统。活佛，亦作上师，高僧大德的转世始于藏传佛教噶举派，这一佛教流派有四支八系之别。噶举派最初分为香巴噶举和塔布噶举两派，塔布噶举又分帕竹噶举、蔡巴噶举、拔戎噶举和噶玛噶举四个支派。其中的噶玛噶举又分两个小支系，即黑帽系和红帽系。黑帽系的高僧噶玛拔希（1204—1283）去世后，噶玛噶举支派采取了活佛转世制度。噶举派的活佛系统渊源于玛尔巴、米拉日巴师徒。玛尔巴（1012—1097）是西藏历史上的著名翻译家，他将梵文佛经翻译成藏文；米拉日巴（1040—1123）是西藏历史上著名的苦修僧，他不寻常的人生经历和道歌由他的子弟热琼巴（1083—1161）传承后世。其后的噶玛噶举支派黑帽系高僧噶玛拔希（1204—1283）去世后，将这一支派的创始人都松钦巴（1110—1193）认定为第一世活佛，噶玛拔希为第二世活佛，攘迥多吉为第三世活佛，并代辈传承。藏传佛教的其他各派也仿效活佛转世，以至于到清代初期中央王朝制定金瓶掣签制度以认定大活佛。活佛转世制度成为藏传佛教的一大特征，对信仰藏传佛教的地区产生了极其深远的社会影响。

第二节　宗教典籍与伦理

佛教《大藏经》　道教《道德经》　伊斯兰教《古兰经》　青海宗教伦理与神山圣水神树的理念

每一种宗教都有信众、典籍、活动场所、仪轨等，从宗教文化的角度看，宗教典籍的内容不仅保留了大量的历史思想资料，还包括了宗教历史人物的著作、宗教道德、宗教戒律等方面的丰富内容。佛教大藏经是佛教典籍丛书，以佛教经、律、论为主，通称"三藏"。其内容包括印度、中国等国佛教撰述，有多种文本，有巴利文的《南传大藏经》、汉文《大藏经》、藏文《大藏经》、满文《大藏经》、蒙文《大藏经》、西夏文《大藏经》等。

青海地区的一些图书馆和许多寺院都有《大藏经》，省图书馆和大专院校图书馆主要收藏汉文《大藏经》，为读者提供研读佛学之用；而许多藏传佛教寺院供奉藏文《大藏经》，僧侣诵经的同时，《大藏经》供奉在藏经楼阁内，还受到佛教信众的顶礼膜拜。藏文《大藏经》又分《甘珠尔经》和《丹珠尔经》两大部分，前者主要收录古印度历史上的高僧大德的著述；后者收录了藏传佛教的重要佛学典籍。和汉文《大藏经》一样，藏文《大藏经》有许多版本，许多藏传佛教寺院主要供奉四川德格印经院的藏文《大藏经》，青海有塔尔寺版的藏文《大藏经》，比较早的有纳塘版藏文《大藏经》（一般从明代开始印行），还有甘肃卓尼版的藏文《大藏经》等。青海乐都瞿昙寺藏明代藏文《大藏经》抄本，弥足珍贵。玉树藏族自治州囊谦县的东仓家族自明至清，延请抄经手书写藏文《大藏经》作为功德，虽然时代沧桑，毁损不少经页，但仍存有大量卷帙。自明清以来，国内汉藏文《大藏经》的各种版本和手抄本卷帙浩瀚，是重要的历史文化遗产之一。

青海境内信奉藏传佛教的藏族、土族、蒙古族和部分汉族，每遇宗教节日，信众到寺庙背负《大藏经》转山，表现了他们对佛教典籍的尊崇。各藏传佛教寺院还供奉宗喀巴师徒三尊全集，国内六大格鲁派著名寺院之一的塔尔寺供奉的宗喀巴文集共计19卷，316篇文章；宗喀巴大师亲传子弟甲曹杰达玛仁青文集共计 8 卷，26 篇文章；宗喀巴大师亲传子弟珠杰格勒华桑文集共计 16 卷，130 篇文章。塔尔寺还珍藏了历史、文学、哲学、医药、历法等方面的藏文古籍，成为青海省境内珍藏藏传佛教格鲁派典籍最丰厚的寺院⑨。

　　道教作为我国土生土长的宗教，在青海传播的历史比较悠久，据《水经注》、唐人小说、《太平广记》和甘、青地方志书等古籍以及道教经籍《道藏》记载，"魏晋时，唐述山（今青海循化境内的积石山）人烟罕至的山腰上有'鹤衣羽裳之士'，'怀道宗玄之士'和'皮冠净发之徒'在唐述窟和时亮窟内诵经修道，并收藏大批古籍经书"。"在道教经籍总汇《道藏》中，记载有道教神仙居住的洞天福地，有十大洞天，三十六小洞天、七十二福地。在十大洞天中第四大洞天为西玄山，西玄山即今青海省湟中县的南朔山。"⑩道教经籍《道藏》是道教经书的总集，由历代道家的经籍汇辑而成。这些道教典籍历经焚毁，散佚殆尽，现存的是明代《正统道藏》和《万历续道藏》。由于《道藏》内容十分庞杂，除道教经籍外，还涉及医学、化学、生物、体育、保健以及天文地理等其他论著，为编辑主要论著，清代彭定求编《道藏辑要》，闵一得编《道藏续编》第一集，近世守一子编《道藏精华录》⑪。

　　青海省西宁市土楼山的土楼观收藏的《道藏》，为现代重印本。《道藏》是中国传统文化的重要组成部分。青海人将道士称作"阴阳"，源自道家阴阳五行学说，道士穿的道袍和道观绘有阴阳双鱼图和八卦图，反映了道家的世界观和方法论。古人认为"一阴一阳之谓道"，宇宙间的法则，一阴一阳相合而成，所以中医将阴阳五行学说用于观察人体的寒热虚实，如果失去平衡便导致疾病。"为什么一切的宗教都是提倡去恶为善？因为善的作用是完成均衡一阴一阳的。一阴一阳就是一善一恶；有善必有恶，有恶必有善；有是必有非，有非必有是。"⑫道家想解决人与自然的关系，主张阴阳均衡，将之应用于社会人的善恶，便成为宗教家们的说教，包括一切宗教都主张应该弃恶从善。

　　青海地区的穆斯林聚居的地方多建清真寺，阿訇依据《古兰经》从事宗教活动，特别是自元代以来入居青海的中亚穆斯林各民族诸如撒拉族先民就曾带着《古兰经》而来。回族、东乡族、保安族都信奉伊斯兰教，信奉经典《古兰经》。青海地区伊斯兰的派别，各派之间在教理、教法上并没有明显的不同。诸如格底目、伊赫瓦尼、西道堂三大教派，虎夫耶、哲合林耶、嘎底林耶、库布林耶四大门宦，特别是门宦的支系派别较多，但都以《古兰经》为根本经典。各清真寺礼拜诵经、传播教义、执行教法、兴办实事，都以《古兰经》为依据。特别是经堂教育，自明清以来，青海河湟流域涌现了一些有名的伊斯兰教经学大师，如西宁奴尔阿訇等。在经堂教育中，《古兰经》是首要课程。

有学者认为："伊斯兰教伦理道德的基本范畴概括起来主要是前定和自由、良知和私欲、今生和后世、希冀和畏惧、罪恶和忏悔。前定和自由是伊斯兰教伦理的核心和基础，其寓意为安拉预定一切，又赋予人极大的自由。"[13]"良知与私欲是一切人的伦理本能。伊斯兰教认为固守良知、坚持修行才不会失去良心。""今生和后世是伊斯兰教信仰的要素之一。作为一种既出世又入世的宗教信仰，伊斯兰教在构筑后世幸福的同时，并没有否定现世，并且认为现世的幸福是具体、形象、生动的，人们只要勤劳肯干，不贪图享受，这种现世的幸福就能延续到后世，并且成为进入后世的通行证。""希冀和畏惧是伊斯兰道德自律的重要基础。""罪恶和忏悔是一切宗教的伦理范畴。"[14]

青海是个多民族、多宗教的省份，各族民众在尊崇各自的宗教信仰的同时，都将宗教典籍作为修身养性的根本依据。宗教伦理中的世界观和方法论，道德观和自我约束，都围绕社会生活中的人际关系方面的行为准则，包括人与自然环境。各种宗教都主张人与人平等、友爱，主张弃恶扬善，这是宗教文化积极的社会作用，至于个人的言行，则由个人的道德情操、自我修养所使然。宗教主张用戒律加以约束不良行为，并用因果报应的说教加以劝诫。

由于青海地区高寒复杂的自然环境，历代先民们的生存环境比较严酷，先民们与自然环境相适应、相协调的过程中，用宗教的理念维护自然的现象比比皆是，特别是信仰藏传佛教、汉传佛教、道教以及民间宗教的人们，崇拜神山圣水，乃至神树，按一定的年份朝山，祭拜青海湖，在青海各地的路口、山巅垭豁都可看到俄博、拉则、峰堆[15]，先民们用宗教的观念与自然环境相协调，俄博，蒙古语的原意是路标，但在青海路口的俄博，则演变成路神的标志，祈求行路平安成为古人的心理需求，如青海民间曲艺《十里亭》中送行亲人时嘱咐："马莲滩里你不要过，马莲滩里有长虫（蛇）；独木桥上你不要过，独木桥上闪煞人；飘梢店里你不要站，飘梢店里有歹人……"⑯那个时代路人的不安全感与当时的社会乱世环境有关。拉则，一般建在山口垭豁或山坡要隘的地方，上面插上弓箭和矛等冷兵器时代的遗物，意在却敌制胜，护佑一方安宁；峰堆，俗称"镇"，是历史上的农民们为了平安收获庄稼不受冰雹灾害，在山口或山顶修筑土堆，在土堆内置放符箓经咒等物，在庄稼成熟的季节，一旦浓云起时，往往从福神庙八抬九天玄女神轿，以止挡冰雹，反映了农民们希望丰收的愿望。

在青海各地，还有修筑的"本康"，藏语意为"十万佛身堂"，先民们用红粘土与佛像模具铸拓成各种佛像，称之为"擦擦"，青海省湟源县宗家沟内有"擦擦洞"，内有桦皮上书写的经文，说明年代已久。凡此种种，说明先民们在与自然环境，社会环境相协调的过程中，采用宗教的观念从事一定的民间宗教活动，这种活动带有朴素的希冀神灵保佑安康的情感。

第三节　宗教圣殿与艺术

宗教文化艺术宝库——塔尔寺　伊斯兰教圣殿——西宁东关清真大寺　高原"小故宫"瞿昙寺　西部宗教乐舞的起源与发展　寺院的傩舞"跳欠"　黄南热贡宗教艺术　僧侣文学与书画艺术

宗教在其长期的传播过程中，为了扩大教义的社会影响，加上寺院经济的形成和壮大，又与文化艺术结下了不解之缘，包括寺院的建筑艺术、雕塑艺术、绘画艺术等。青海的藏传佛教寺院中还有古老的乐舞表演，特别是在举行宗教仪轨和宗教庆典时，常常洋溢着浓厚的宗教文化氛围。

这种现象在青海的几座著名寺院中尤为突出。如位于湟中县鲁沙尔镇的塔尔寺，与西藏自治区境内的甘丹寺、哲蚌寺、色拉寺、扎什伦布寺，以及甘肃省境内的拉卜楞寺并称为藏语系佛教格鲁派的六大寺院。塔尔寺是格鲁派创始人宗喀巴大师的诞生地，在全国藏、蒙古、土、裕固、满、纳西、汉等民族群众中有广泛的影响。塔尔寺最早于明洪武十二年（1379），因在宗喀巴大师诞生地修建了一座"莲聚塔"而得名，俗称"先有塔，后有寺"，明清时期渐次建成三世达赖灵塔殿、九间殿、依怙殿、释迦殿等，在青海、内蒙等地的蒙古族亲王、郡王、贝勒、贝子、台吉和藏族的千户、百户等民族上层的资助下，历经400余年，建成以纪念宗喀巴大师的菩提塔和大金瓦殿为中心，拥有大经堂、佛殿、僧舍等占地600余亩的规模宏大、以大小金瓦殿为标志性建筑的金碧辉煌的一座寺院。加上塔尔寺传承的酥油花、堆绣、壁画等艺术三绝的映衬，还有大量藏文典籍、寺藏的藏文、满文、蒙文、汉文的17通碑刻，乾隆帝御笔"梵教法幢"等匾额，塔尔寺成为一座藏传佛教文化艺术宝库。塔尔寺建筑艺术中的大面积"鞭麻墙饰"，体现了青藏高原建筑物上轻下重，与自然环境相协调的风格。鞭麻是藏语，是一种高寒地带的灌木名称，汉文学名金露梅（开黄花）、银露梅（开银白色花），由于这种灌木柔韧耐用，建筑师们将之捆成小把，在药水中浸泡晾干后嵌入墙面的上半部，轻巧保暖。有的饰以铜镜以增加美观。墙基就地取材石料，使之牢固稳重。塔尔寺小金瓦殿的墙面的鞭麻墙饰更显突出，成为藏式建筑的一大特征。加上亭台楼阁的汉式建筑风格和各种宝塔的梵式建筑风格，塔尔寺的建筑集藏、汉、梵建筑于一体，体现了建筑美学上"兼容并包"的成果。

青海省会城市西宁市内的东关清真大寺作为青海省境内规模最大的一座清真寺，据考证始建于明代，与西安化觉寺、兰州桥门寺、新疆喀什艾提尕尔清真寺齐名，并称我国西北地区的四大清真寺。民国时期重修西宁东关清真大寺，据《西宁东关清真大寺志》记载："这次重修用的大梁，是乐都县胜番沟范家（汉族）赠送的。据说当时马麒派人去乐都与树主洽商购买，范家认为'回民修寺，汉民修庙，都是行善功德'，因而将家坟中的一棵参天巨松情愿献出，不收分文。马麒闻讯后，即派人拉马搭缎，携带千元价值礼物，登门致谢。修建大殿的巨型圆柱，大多购自大通县广惠寺（藏传佛教寺院）和互助佑宁寺（藏传佛教寺院），其中有些木料属两寺慷慨捐助，体现了回族与汉族、藏族、土族的团结友好关系。大殿建成后，甘肃拉卜楞寺僧众以同属信仰宗教之谊，特派代表专程来西宁赠送三个镏金经筒（亦称宝瓶）作为致贺礼物，大寺董事会盛情接待，并接受了馈赠礼物（三个经筒至今竖于大殿殿脊中心），同时也回赠了相当于三个镏金经筒价值的银钱等物。著名

图下 3-3　西宁东关清真大寺

的塔尔寺也派寺僧携'珍品礼物'和两个经筒前来祝贺。"[⑰]西宁东关清真大寺建成后，当时国内的政要、知名人士题词祝贺，包括蒋介石题"以教劝忠"匾额，甘肃督军合肥人张广建撰书楹联："清净明心义通释旨，真实进德理合儒宗"，反映了民族文化和宗教文化之间的和谐相处。其后时任国民政府考试院院长戴传贤到西宁东关清真大寺参观并书赠"天生好德"的匾额，还有宋子文、白寿彝、白崇禧、顾颉刚等都曾到寺祝贺[⑱]。

西宁东关清真大寺由前三门、中五门、宣礼塔、正门主楼、北侧商贸大楼、南侧宿舍和教室大楼、南淋浴室和礼拜堂楼、南北厢楼、礼拜大殿以及北跨院等 11 部分组成，全寺占地面积 15589 平方米，建筑面积 18428 平方米，有木雕、砖雕艺术品镶嵌其间，寺内曾有碑亭院，历代名人题词颇丰，包括民国时期的林森、于右任、孙连仲、马麒、马步芳、马福祥、苏绍武、居正、陈立夫、马英甲等都曾留有墨迹。寺内还有碑记、功德铭、藏经等，体现了伊斯兰教文化在国内的传播引起了各界的关注和赞誉。

坐落在青海乐都县曲坛镇的明代佛刹瞿昙寺，由藏族历史上的高

僧三罗喇嘛创建于明洪武二十五年（1392）。三罗喇嘛（?—1414），亦称噶玛·桑杰扎喜，系今西藏山南洛扎卓俄堆的人，曾在青海湖海心山长期修炼，由于在明朝初年"为书招降罕东诸部"使之归顺明朝，受到明王朝的重视。具有远见卓识的三罗喇嘛早年在瞿昙寺现址修建一座小佛堂，通过江南王和尚、蔡和尚的引见，到今天的南京贡马，晋见朱元璋，要求为他的佛堂赐寺额，并给予护寺。瞿昙寺现存的立于永乐六年（1408）五月十六日的皇帝敕谕碑文曰："喇嘛三罗，藏扬佛法，忠顺朝廷，我皇考太祖高皇帝特赐其所居寺额曰瞿昙。"这与《明史稿》卷二〇三的记载相一致。

朱元璋为三罗喇嘛敕赐寺额"瞿昙寺"红底金书横匾一方，至今仍悬挂在瞿昙寺殿（三罗喇嘛初修的佛堂）的内檐上方。洪武帝在位31年，即朱元璋为三罗喇嘛赐寺额事隔5年，朱元璋所立长子朱标太子早逝，长孙朱允炆即位，这就是建文帝。朱元璋的26个儿子中，第四子燕王朱棣，以清君侧为由起兵南下，取代建文帝的皇位，这就是永乐皇帝。建文帝在位仅仅4年便皇权易位。建文帝失国逃向何方？便成千古之谜。青海民间盛传建文帝逃到瞿昙寺削发为僧，这件事虽不见于明史记载，但从永乐到宣德年间，瞿昙寺建成北京故宫式的皇家风格的建筑群，并将中轴线上的最雄伟的一座大殿称作"隆国殿"，有宣德二年的一方陛匾悬挂在重檐上方，隆国殿内的"玉石栏杆"台座上有当时的太监孟继等四人立的"皇帝万万岁"牌。鉴于朱元璋生前与三罗喇嘛之间的

图下 3-4　瞿昙寺红底金书匾额

私人关系，三罗喇嘛又注重修炼，至今在瞿昙寺附近有"官隆古洞"遗址，或许在建文帝逃到三罗喇嘛处避难，遁入空门后不再过问政权的情况下，永乐帝派太监监视朱允炆，叔侄矛盾缓解，永乐帝下令在瞿昙寺现址大兴土木，仿北京故宫建一座袖珍小故宫在偏远的青海河湟地带，三罗喇嘛于永乐十二年（1414）圆寂，他的二位侄子被明王朝封为大国师、国师、彰显了永乐帝朱棣夺取皇权之后在处理善后事宜方面的作为。这是对瞿昙寺历史文化方面的一种推断，史实究竟如何，尚待来者细辨。

明王朝与瞿昙寺上层之间的特殊关系，使瞿昙寺在明代的地位非常显赫。明王朝曾有 7 位皇帝先后为瞿昙寺下达敕谕 7 道，诰命 2 道，封大国师、国师、都纲各 1；颁给大金印 1 颗、镀金银印 1 颗，象牙图章 2 方，铜印 1 颗；修规模宏大的殿宇佛堂 4 座，下院 1 处，钟鼓楼房 4 幢，厢廊 72 间，御碑亭两座，另有禅房僧舍以及寺主庭院等；立御制碑刻 5 通，朝廷赐瓶炉香案、钟鼎馨鼓、佛像袈裟等物多件，据《西宁府新志》记载，瞿昙寺藏文物"皆宣德佳制也"。明王朝还多次派太监到瞿昙寺视察，有名有姓的就有孟继、尚义、陈亨、袁琦等人，其中孟继据传就在青海去世，今平安境内发现过孟继墓。皇帝下令赐给瞿昙寺以山场、园林、田地甚广，领属 13 寺，管辖 7 条沟，明迁还调拨 52 员旗军护寺，足见有明一代瞿昙寺在青海的地位很高，瞿昙寺上层享有许多特权。

瞿昙寺具有皇家风格的建筑艺术包括殿堂楼阁、御碑亭，呈现高低错落有致，幽雅清静的环境营造，又有明清时期的大量壁画和匾额。该寺抄手斜廊保存下来的 400 平方余米的壁画，工笔重彩描绘佛经故事，构图严谨，用笔细腻，亭台楼阁、山水人物等形象生动，均为明代和清代作品，其艺术欣赏价值甚高。现存文物有篆文"真修无碍"象牙图章 1 方，七星擢花宝刀 1 把，内加金银造铜钺 1 付，象牙和檀香木制佛珠各 1 串，明宣德二年制青铜巨钟 1 口。明代皇宫器物的艺术品位很高，至今明代藏文《大藏经》抄本和《御制大乘庄严宝王经》（宣德元年二月初九日）亦很珍贵。隆国殿内的"象背云鼓"，一尊石雕象背鞍炉托起石雕叠云纹，月牙形石雕叠云架起一面真鼓，卧象回视身后，象鼻衔住一朵鲜花，卧象之下雕有须弥座，整件器物构思奇巧，既符合佛家吉祥天花象云雷鼓之说，又具有很高的艺术匠心，是一件文物珍品。寺院后钟楼上的一口铸于宣德二年（1427）的约1吨重的青铜巨钟，青海藏族谚语"瞿昙寺的钟响，化隆的马惊"，化隆县境内的马场距瞿昙寺约30余里，足见这口钟的音响效果了。可以说，瞿昙寺作为我国西北地区保存最完整的明代建筑群，也是一座历史文化与佛教文化的宝库。

寺院文化出现之前，我国西部地区乐舞流传的历史已很悠久。青海大通上孙家寨出土的舞蹈纹彩陶盆，被誉为神农氏时代的产物，舞蹈纹饰首次用形象性画面展现了我国西部乐舞的起源。传说中的西王母"善啸"，也说明西部民歌的起源很早。青海河湟流域社火中的乐舞有"八大光棍和落花姐"、器乐"八步儿"、"大红袍"、"满天星"等反映了多民族乐舞的民间流传所产生的社会影响；黄南藏族自治州同仁县境内的於菟舞、法舞、军舞、螭鼓舞，伴以锣鼓等打击乐，显示了古代群舞的原始形态。

值得一提的是寺院傩舞"跳欠"，装扮成护法神灵的面具舞，在藏传佛教寺院重大的佛事活动中都有表演。化隆回族自治县二塘乡香里胡拉村的藏族村民每年农历五月十七日跳三日"护法"舞，成为村庄嘛呢庙的盛大节庆活动的主题。届时十里八乡的各民族群众纷至沓来，正值垴山气候宜人的季节，商贾们趁机做起各种生意，山庄里的庙会便热闹起来。

藏传佛教寺院的法会"跳欠"一词是汉藏合璧的名词，"欠"是舞蹈，在寺院便是法舞，村民们带上护法神的面具，在鼓钹长号声中翩翩起舞，信众将舞者当做神灵膜拜，是一种肃穆而又热烈的场景。香里胡拉村的护法舞被称为"宁欠"，意为藏传佛教宁玛派法舞。海南藏族自治州贵德县的罗汉堂的村民们也跳"宁欠"，是莲花生大师的八名号舞蹈，跳起来动律幅度大，场面更为热烈。由于各个寺院的传承人不同，舞蹈的风格略有差异，青海藏语有"夏琼寺的舞像疯子，塔尔寺的舞像病人"的说法，指前者的舞蹈动律幅度大而热烈，后者舞蹈跳起来给人以飘逸之感。这两座寺院都是格鲁派，法舞的风格却有很大差异。

黄南州同仁县及其周边地区的民间艺术被称作"热贡艺术"。同仁

图下 3-5　寺院傩舞"跳欠"

县朗加村的螭鼓舞，在巨大的"煨桑"（烟祭）活动中，少女们装扮的龙女的舞姿却很文静。村民们祈求神灵保佑风调雨顺，人畜安康，在桑烟升腾中抛撒五色"风马"（风马，藏语称"朗达"，是五色方块纸面印有风翅的马，随着青烟风力，飘向青空，表示顺运），那也是一种古老文化的遗俗。热贡艺术中的绘制唐卡，雕塑佛像，各种乐舞，乃至民间藏戏，都表达了对佛的虔诚与希冀。热贡艺术品的创作过程凝聚了热贡民间艺术家们的精神寄托与热情，所以他们绘制的每一尊佛像都以度量经为标准，他们的雕塑艺术都与佛教的神阶系统相联系，他们发自内心的唱经，他们装扮神灵时的舞姿，都是全身心地投入。这种佛教文化的传播方式，使热贡艺术品的市场很广阔，在国内外享有盛名。

前述的宗教典籍中，有很大一部分内容涉及到僧侣文人们的文学作品。宗教界人士在传播宗教教义的过程中，写出宗教上层的传记、训诫、格言、故事等，通过宗教文学乃至书画艺术教化信众。元代出现的祖国大一统局面，国内各民族间友好往来和文化交流进一步加强，相对稳定的政治局面带来了民族文化的初步繁荣，包括宗教文学与书画艺术。如萨迦班智达更噶坚赞的《萨迦格言》，标志着藏族文学社会化倾向的确立，《萨迦格言》以人们的贤愚区别提出了社会道德准则，对藏族社会风范产生了极大的影响。藏传佛教各教派又将因明学作为相互争鸣的思想武器，寺院设立哲学经院，逻辑思维辩论蔚然成风。因明学成为历史上藏族文人由译经阶段走向自己著书立说阶段的催化剂。藏族学者开始撰写各种因明学启蒙读本《简府》（藏语称作"堆扎"），明清时期内容广阔的藏文原著也纷纷问世，从佛教理论到宗教哲学，从天文历算到工巧、医学，从诗歌修辞到音韵文法，藏族传统文化的大五明与小五明便在这时确立。藏族地区的一些大的寺院如德格印经院，还有拉萨哲蚌寺、甘肃卓尼禅定寺、夏河拉卜楞寺、青海塔尔寺等寺院印经院，为这种文化繁荣提供了印刷条件。藏族大著作家如布顿、宗喀巴、俄开哇也在这一时期撰写了大量著作，并有文集传世。青海省同仁县清代末年的僧侣文人措周让卓夏格哇（1781—1851），曾在玛卿雪山修行，并撰写了《夏格哇传及其十万道歌》，他的自传体小说有这样的描述：

那以后又遇到几个人问我："你是谁"等，我如实回答以后，唱了下面的歌：

> 君问我情听我唱，我本深山苦修人。
> 家住无方国度内，官是有道上师名。
> 叔父乃是慈悲佛，舅父是那本尊神。
> 空行英灵为朋友，邻居就是土地神。
> 爱妻迎人名空寂，子孙孩提叫文明。
> 岩洞隐处做屋舍，不动信仰是田地。
> 庄稼法行共十全，财产圣贤有七具。
> 施主乃是汉藏蒙，瑜伽行者如此情。⑲

在夏格哇的笔下，将抽象的佛学名词和概念用通俗易懂的比喻加以诠释，用文学艺术的形式加以表述。类似的宗教文学在其他宗教典籍中也是如此，基督教、伊斯兰教的经典著作文学性强，如伊斯兰教的《五更月》即是如此。

宗教界的书画作品反映的宗教人物及其活动更具形象性。民间宗教中的福禄寿三神画像，更接近民众。汉族民间流行的《醉八仙图》，将八仙的神志表现得世俗化。青海乐都县博物馆藏明代西来寺24幅《水陆道场画》，对道教的神阶系统人物作了惟妙惟肖的描绘。瞿昙寺72间走水厅壁画表现释迦牟尼本生故事，但人物服饰掺杂了中国封建社会的人物造型和瞿昙寺地区的人物形象，如壁画中的"深山朝佛图"，画的是几位藏族僧俗，朝拜深山中打坐的活佛时，在僧人的指引下，藏族汉子赶着牦牛，驮着东西，身负重物在行进中。明清时代的宗教书画家并没有脱离实际生活，他们在发挥丰富的想象力的同时，又不时地反映实际生活场景。瞿昙寺壁画既渲染佛法无边，又描绘出现实世界的花草树木、山水云石、亭台楼阁以及当时的人物形象，表现了宗教绘画的艺术魅力。

第四节　庙会与宗教节庆

春节文化庙会　湟中塔尔寺法会　西宁东关清真大寺礼拜聚礼　回族、撒拉族的开斋节和古尔邦节　互助土族的呼呼会　民和纳顿庙会藏族地区的瞻佛法会　宗教信仰礼俗

青海河湟流域的汉、藏、土、蒙古等民族的人民群众将春节作为重大的节庆活动，举行各种具有宗教色彩的民俗仪礼，如瞿昙寺周边的村落旧称"四乡八堡"的村民们举办社火，正月初八日"出社火"，装扮成各种表演的角色后，在锣鼓喧天声中社火队伍到寺院里"出相"，要举行一定的宗教仪式，一般首场演出的节目是《天官启福》和《刘海撒金钱》，反映农民祈求幸福生活，风调雨顺，年丰人寿的美好愿望。瞿昙寺近邻的新城街的村民们由于受到秦晋商贾带来中原文化的影响，春节期间上演青海地域化的眉户小戏，诸如《三娘教子》、《藏舟》、《落碗记》、《老换少》、《相窟》、《花亭相会》、《上天保顶砖》、《杀狗劝妻》等剧目。同时，村落之间以送社火的形式相互拜年，在灯官的组织下各村展示所长，歌舞队伍之外，夜间各种自然欢畅灯笼造型反映农村气象，舞龙舞狮，欢快热烈之情随处可见。瞿昙寺附近的朗营等藏族村落，送藏族舞蹈队伍到汉族村庄拜年，汉藏民族情谊在农村表现得很自然欢畅。塔尔寺上下花院的寺僧们也在春节期间积极准备元宵灯会，正月十五日举行盛大的酥油花会。酥油花作为油塑艺术，上、下花院各展艺术才能，两院艺僧们事先相互保密，元宵节展出时才展露技艺，互相比美，各种油塑造型前灯火辉煌，并演奏着奇妙的花架佛乐。

塔尔寺元宵灯会展出的酥油花被誉为该寺"艺术三绝"之首而享誉

海内外。由于藏传佛教格鲁派创始人宗喀巴大师就诞生于塔尔寺现址，格鲁派高僧大德都到塔尔寺驻足朝圣，塔尔寺于明末清初渐趋鼎盛，酥油又是藏族饮食必需品，但成为雕塑原料，是青藏高原人民群众的首创。酥油花雕塑艺术和泥塑、面塑、沙塑等工艺美术相比，因材料施艺，渐次成为雕塑艺术中的特殊门类。酥油雕塑的工艺流程主要通过扎骨架、制胎、敷塑、描金束形、上盘、开光等完成一幅作品。作品内容主要表现佛教方面诸如《释迦牟尼本生传》、《宗喀巴大师本生传》以及八大传统藏戏、文成公主进藏等。每逢一年一度的元宵节酥油花灯会时，观览酥油花的各民族民众从四面八方赶到塔尔寺，酥油花架前灯火辉煌，佛乐声中人们争相观瞻年年翻新的油塑作品。

酥油花是在酥油中添加各种颜料，用各色油泥来捏塑各种花草树木，亭台楼阁、山川车舆等形象的艺术创作。所塑自然景观形象逼真，人物神态各异，栩栩如生。传说当年文成公主进藏时带了一尊佛像，供奉在寺院里，藏族人民十分敬重文成公主，也十分敬重这尊佛像，但正值冬季，无法为佛献上鲜花，后来，一个聪明人想了个办法，做了一束酥油花献在佛前。从此，这种油塑创作便在藏族地区广为传播，并在塔尔寺得了弘扬和发展。还有一种传说，藏传佛教黄教创始人宗喀巴大师，有一天晚上梦见萋萋荒草变成了鲜花，变成了灯光，珠宝在其中熠熠生辉，美丽无比。大师第二天便组织僧人将梦中之景用酥油捏塑出来，供奉在佛像前。从此，人们为了纪念这位圣人，每年正月十五都要举行酥油花灯会。酥油花这种特殊的雕塑艺术，其基本原料是每年新打的酥油。艺僧们在塑花之前，先在酥油里加进各种矿物染料，做成各色的酥油泥，然后在作坊里搭架制作。在制作的过程中，为了防止手的温度融化酥油，影响雕塑工艺，艺僧们不得不随时将手塞进雪水或冰水中降温。每年正月十五前的一段日子里，艺僧们几乎足不出户、夜以继日地进行创作。到了正月十五这一天，在游人如织的塔尔寺，僧人们把制好的酥油花，抬放到摆好的花架上，这时佛灯点燃，佛乐奏鸣，那用酥油雕塑成的艺术品在灯光下闪烁着梦幻般的光芒，让成千上万的观众游历在神话般的世界里。

西宁东关清真大寺，是穆斯林的宗教活动场所之一。西宁地区以这座规模宏大的清真寺为中心，本地区穆斯林的宗教生活、经院教育、婚丧仪式、节庆活动等伊斯兰教文化内容，都与这座清真寺密切相关。穆斯林宗教生活中的五功即念、礼、斋、课、朝中，西宁东关清真大寺是重要的礼拜场所，穆斯林每日"五时拜"，大寺"者麻尔提"穆斯林礼拜；每周星期五的"主麻日"的聚礼，每年开斋节和"古尔邦"

图下 3-6 西宁东关清真大寺穆斯林聚礼

节的两次会礼，西宁地区的绝大部分穆斯林都要到东关清真大寺礼拜。每次的会礼，参加礼拜的穆斯林群众多达十余万人，场面十分壮观。

西宁东关清真大寺又是宣讲伊斯教义的中心清真寺，也是教育和培养穆斯林高尚情操的课堂，每周聚礼日，每年两次会礼和每年的斋月中，西宁东关清真大寺的教长、阿訇都要讲"瓦尔孜"，即宣讲《古兰经》、圣训和教义、教律，宣讲伊斯兰教的历史和圣人穆罕默德的实践活动，普及伊斯兰宗教知识，"专心拜主，止人干歹，教人为善"。

西宁东关清真大寺自明末清初以来，兴办经堂教育，设阿文小学班（含阿文女子小学班）、阿文中学班、阿文大学班，招收满拉，由伊玛目向他们讲授阿拉伯语、波斯语、《古兰经》、圣训和伊斯兰教义、教法等知识，培养了一代又一代宗教人才。这座著名的清真寺与穆斯林群众有着密切的关系，为做礼拜的穆斯林提供大净小净的热水。寺院阿訇为新婚夫妇念尼卡亥（即证婚词），为新生婴儿起经名，为亡人主持葬礼，并周济贫困穆斯林。西宁东关清真大寺不仅是宗教活动场所，还是传播伊斯兰教文化，密切联系穆斯林群众的场所，在穆斯林群众的心目中有着崇高的地位[20]。

　　青海的六大世居民族中，回族、撒拉族人民群众在清真寺举行聚礼、会礼时，虽然人数众多却井然有序，每逢开斋节或古尔邦节，穆斯林男女老幼都穿戴一新，走亲访友，其他民族的人也前往祝贺，是穆斯林群众盛大而又隆重的节庆活动。穆斯林一年一度有斋月，斋月期间每日自黎明后至日落前，禁绝饮食、房事和一切非礼行为，以省察己躬，洗涤罪过。斋月见月而入，见月而出，看到新月的翌日即为开斋节，古尔邦节，亦作宰牲节，是伊斯兰教古老的节日。宰牲之肉食一分为三：一份自用，一份馈赠亲友，一份施舍穷人。表现了穆斯林群众的团结与友善。青海地区的穆斯林习惯上将"古尔邦"节称为"大尔德"。每逢开斋节和"古尔邦"节，西宁地区的穆斯林群众在东关清真大寺举行隆重的庆祝活动，届时大寺彩旗飘扬，在教长的带领下举行会礼仪式，充满喜庆氛围。

　　青海境内的土族群众聚居于互助土族自治县、民和回族土族自治县的三川、马营、官亭地区，以及黄南藏族自治州同仁县隆务镇附近的几个村落。这几个村落中的年都乎村村民们于隆冬腊月举行的庙会中的於菟舞，表现了村民们借虎豹的威力驱邪禳灾，四季平安的心境；互助土族自治县境内的一些村落的村民们举行"哪哪"会，那是古代萨满教的遗俗，通过巫术活动以求人畜安宁的宗教仪式；民和土族的纳顿节被誉为青海境内的第一狂欢节，其隆重热闹的状况与春节相呼应。纳顿节的历史渊源、组织系统、表演程式以及神灵信仰，逐渐成为人类学、民族学、民俗学界的人们所关注的热点。

　　民和土族的生活环境被称为"三川"，即上川、中川、下川。该地区气候温暖，土地肥美，由于清代园艺业进一步发展，每至杏林春暖，花开烂漫，落红如雨，随风翻卷，流动如泉，千家万巷，一片锦绣，平川园林，烟云笼罩，美景如画。清乾隆碾伯举人吴栻有感而作《三川杏雨》："曾将烂漫照三川，活色生香谁与怜。柳外青帘堪问酒，水旁红雨白成泉。千家门巷皆铺锦，十里园林尽罩烟。岂是中州文杏好，移来还待探怀贤。"清代乾隆年间今乐都、民和统归碾伯县，吴栻（1740—1803）所作"三川杏雨"七律诗是对碾伯古八景之一的今民和土族之乡风光的描述，从中可窥测到民和土族群众的生活环境。据考古发掘证明，齐家文化遗存在三川地区有多处发现。代辈先民在三川繁衍生息，自汉代以来三川已成为丝绸之路青海道的必经之地，"官亭"地名便因是封建社会候官接官之地而得名。土族先民最早信奉萨满教，后来藏传佛教在三川地区传播，其中的藏传佛教寺院卡迪喀哇寺，史称因藏有宗喀巴大师的自画像而声名远播。还有鸿化寺、崖寺等在藏传佛教界享有盛名，其余文家寺、朱家寺、王家寺、白家寺、赵家寺等均以族姓命名，足见宗族与宗教之间的密切关系。三川地区的土族群众中多有出家为僧者，在青海藏传佛教颇具声名。

三川地区纳顿节的缘起也与当地的历史文化与农耕生产生活紧密联系在一起。生产力水平低下、自然灾害频仍，加上元代初期的军事征伐，造成民不聊生，土族先民祈求风调雨顺、人寿年丰，将美好的生存愿望寄托于神灵护佑，对从游牧生产生活方式转变为农耕生活的土族先民来说，秋收之后的纳顿娱神活动便在民间自发地产生并代辈传承下来。

纳顿节期间的娱神表演活动，既有北方民族萨满教遗俗法拉（法师）的巫术表演，也有古老的面具舞蹈"杀虎将"表现狩猎生活场景。三川土族舞剧"庄稼其"，是土族先民从游牧生活转向农耕生活的弃牧从农生活的反映。受到中原文化的影响，三川土族民众借助三国时期桃园三结义的故事以增加本民族内部的凝聚力，在纳顿节期间上演三国戏，尤其赞颂关羽形象。文忠祥在他的《土族纳顿》一书中，列表注明三川"纳顿期间走神二郎神巡游的村庄时间"次序，以及"纳顿期间走神二郎神不去巡游的村庄时间"次序，可见三川土族民众二郎神信仰的社区组织系统及其时间空间安排。对于三川民众信仰各神祇的民间传说以及各村落表演娱神舞剧的差异，只能从中国传统文化中的儒释道三合为一，和而不同的世界观和方法论去加以解释。

文忠祥用"人以神约"来归纳三川纳顿节的组织与传承方式。公众选举各村纳顿节期间的总负责人"大牌头"和"小牌头"等由18人组成的组织机构。据文忠祥的实地调查，这种"牌头"的组织形式是农区灌溉"水牌头"的延续，这是可信的。西部农业区普遍存在水资源缺乏的困扰，民间修渠引水灌溉农田，使用水牌制度有序用水是头等大事。

将这种管理制度延续到纳顿节的组织系统，还要用神的名义将人们凝聚在一起。年复一年的纳顿节日期间的活动及其程序，尽管随着时代的演进而有所变化，但人们耳濡目染，代辈传承，也有其稳定的主线。纳顿节，集历史传承、神灵崇拜、民俗风情于一体，是一种文化遗产，特别是民间宗教文化的发展与演变，多神崇拜与心理需求等，都是学界值得关注的。

青海不同地区有着不尽相同的庙会和宗教习俗。藏族地区的礼佛形式多种多样，其中瞻仰大佛仪式（俗称晒大佛）也是极其隆重的，在寺僧仪仗队伍的引领下，成千上万的民众礼佛拜佛，场面震撼人心。各种礼佛拜佛的形式和仪轨，都有其产生的历史渊源和发展演变历程。但无论怎样，都与人们与生存的自然环境相协调，都与人们寻求内心的平衡相关联。尤其在中国漫长的封建社会时期，在统治阶级的专制主义与神权统治并用的时代背景中，宗教信仰及礼俗渐次成为人民群众迫切的精神需求。这种精神需求在一定程度上起到了凝聚人心，潜心向善的社会作用。人们希冀美好的未来，用朴素的情感看待民族和宗教现象，沿袭人们共同认可的礼俗，形成一种公共场合的行为准则，符合公众共同的利益。

第五节   宗教和睦相处与社会环境氛围

近代宗教的发展现状   宗教皈依和生态融合   宗教文化的心理认同
青海宗教的社会性

各种宗教在各自长期的发展过程中，都要带上地域文化的印记，从而在适应社会生活的过程中拥有各自的信仰民众。青海自元代以来形成六大世居民族的格局，这些世居民族生活在 72 万平方公里的土地上，其中 36 万平方公里为三江源高寒缺氧地带，游牧民族在长期的"逐水草而居"的生产生活方式中，在与自然环境相适应的过程中形成了崇拜神山圣水的宗教观念，同时，部落时代的社会组织中，大的部落头人建立土房寺院或帐房寺院，供养出家僧侣，尤其在近代社会，佛教的传播占据了青海南部高原的信仰主导地位。这一地区于明清时期出现的大量石经墙或嘛呢堆（既佛家六字真言经）石刻文化，反映了这一地区宗教时民众的影响。大的家族抄写功德经，一般民众手持六字真言经轮，朝拜神山，赞美山神，维护水源不受污染，在宗教思想观念的熏陶下，人民群众自觉维护自然生态环境，在社会生活中求得心理平衡。

自元代以来形成的藏传佛教的活佛世制度和转世活佛系统，又成为信教民众心目中的精神寄托与崇拜对象。各个教派的活佛转世系统，涌现了一批又一批宗教历史人物，他们留给后世的传记、书信、诗文、道歌等，成为藏传佛教文化的重要组成部分。

对于广大信教群众而言，不同的民族有共同的宗教信仰，如青海的藏族、土族、蒙古族和部分汉族信仰藏传佛教，回族和撒拉族信仰伊斯兰教。同时，汉族又有多种信仰，有信仰佛教者，有信仰道教者，还有信仰天主教和基督教者，不一而足。青海河湟流域的汉族还有多种民间宗教信仰，农村有关帝庙（亦作"老爷庙"）、福神庙（亦作"娘娘庙"）、土地庙、龙王庙、山神庙、隍庙、文庙等。河湟藏族群众村庄多修建嘛呢庙（因老年人集中念诵"六字真言经"而得名），藏族村民家中多有煨桑台，用柏枝、炒面等煨火进行烟祭，以此与神灵沟通。

《村落·信仰·仪式·河湟流域藏族民间信仰文化研究》一书指出："考察河湟流域藏乡民间信仰文化的兴起与发展，我们不难发现这里虽然地域狭小，但因其在地缘上与中原文化关系紧密，加之长期存在着多民族交错杂居、多元文化共存的社会环境，因此，河湟流域藏乡民间信仰文化既具有藏文化的共同特征，也有其自身鲜明的个性特征。这一现象在藏族地域文化中极其少见，因而可将其看做是一块特殊的地域文化圈。"㉑该书进一步阐释了河湟藏乡的民间信仰中的对天、地、日、月的崇拜，随着从游牧业过渡为农垦生活后，对土地神、家神、灶神的崇拜，还有些地区的苯教信仰，对神山的膜拜，对螭神的崇拜，举行祭湖仪式等。并对各种崇拜仪式进行了较详尽的阐释。对藏族民间的图腾崇拜遗俗也作了实地考察，如藏族民间信仰中的"放生"活动，将家中饲养的牛羊鸡等牲畜，挑选一二放回山野，任其自由自在地栖息，直到老死。还有藏族的尚白习俗、插箭节庆以及灵魂观念等等，从这样多的信仰中考究其承载的民间宗教历史文化的发展演进过程，是一项重要的研究课题。

青海自明代以来穆斯林群众修建了许多清真寺，最著名的有西宁东关大寺、循化街子清真寺和平安洪水泉清真寺。作为宗教活动场所，除了清真寺，还有拱北。拱北，意为墓庐，中国伊斯兰教门宦教民崇拜的老人家去世后的墓庐。"青海是伊斯兰教各门宦最早传播发展的地区之一，各门宦在青海都有传播。各门宦在300余年的传播发展中，已派生出许多支派，世代相传，传延至今。"㉒青海境内的门宦派系较多，大多分布于青海西宁地区以及东部农业区河湟流域。其中虎夫耶门宦计有21个分支，包括华寺门宦、穆夫提门宦、鲜门门宦、大通新辈门宦、北庄门宦、胡门门宦、明德门宦等；哲合林耶门宦主要分布在民和、门源、大通等地；嘎底林耶门宦包括大拱北门宦、后子河门宦、韭菜坪门宦等支系；库布林耶门宦主要分布在大通、祁连地区。各门宦都有教主承袭人，都有各自的发展历程。

青海民间宗教文化的世俗化倾向明显，例如在互助土族自治县境内的土族民间艺人用藏语演唱的《福羊之歌》，对于羊的诞生到人间，遭受人类的宰杀寄于深深的同情，这是用民间叙事诗的方式对佛家思想中的戒杀生观念的表达。叙事诗对羊的生存环境以及与人类的关系作了翔实的描叙，甚至于对羊的体躯特征包括五脏六腑都有形象细腻的唱词加以描绘。其中浓墨重彩地演唱蒙古族、藏族、土族群众宰羊的习俗以及进食羊肉的诸多礼仪，青海土族学者马光星认为，《福羊之歌》是"高原民族牧业生活画卷的形象描绘"、是"藏族和土族信仰意识的折射"、人们"寻找福羊，想象奇妙而壮阔"、有时，又将《福羊之歌》翻译成《吉祥羊歌》，马光星还认为这种羊歌，是对羊的"又一种礼赞"㉓。

由《四姐宝卷》演变并在青海河湟流域民间传唱的《方四娘》，讲述因果报应的故事。方四娘的不幸人生遭遇引起听众的深切同情。在封建社会中，妇女遭受社会恶势力迫害的事件层出不穷，所以民间艺人演唱的《方四娘》有着广泛的群众基础，代辈传唱而经久不衰。西宁地区曾有汉族盲人演唱《方四娘》，曲调采用"织绫绫罗"，盲艺人在河边树荫下坐唱，听众以老年妇女为多，而且他们百听不厌，并时时随演唱艺人的演唱而流泪。这位盲艺人演唱的《方四娘》故事梗概是：方四娘未出嫁前她的兄长娶余氏女作方四娘的嫂子，但不久嫂子因病去世。余家认为其女在方家死因有疑，尤其余氏女之母对方家怀恨在心，决心到方家给她的儿子求亲，娶方四娘到余家。方家知道余氏婆心地不良，以索要巨额财礼为由借故拒婚，谁料余氏婆报复心切，居然以巨额财礼迎娶方四娘。青海民俗将这种亲戚关系称作"换名亲"，亲戚之间的关系颇为复杂。方四娘到婆家后受到余氏婆婆的百般虐待，盲艺人唱到余氏婆婆用皮鞭毒打方四娘的情景："前心打成筛子底／后心打成鱼网子／打到龙上龙摆尾／打到虎上虎摇头！"方四娘只能以泪洗面，怨父母将她推进了火炕。天长日久，方四娘被余家折磨致死，但结尾加上佛家因果报应的光环：阴司认为方四娘含冤而亡，让她还阳，余氏婆受到报应，盲艺人信口唱到余氏婆变成癞蛤蟆等时，听众们这才破涕为笑，感到了一丝宽慰。

从《方四娘》这一传说故事在民间各个民族中传唱情况看，在青海回族、撒拉族、土族等民族中，《方四娘》是在举行宴会的喜庆日子里作为宴席曲来演唱的。与此同时，土族民间艺人将之演唱成《乔家妹妹》，回族、汉族民间艺人演唱《方四娘》，而东乡族则演唱《姣姣女》，其历史渊源则与较早的变文、宝卷有关，与明清时期我国北方山东、河北等地区流传的《方四娘宝卷》有相似之处，可见《方四娘》在河湟流域的传唱源远流长。马光星认为，在过去时代"家庭势力对女性的奴役是民间叙事诗《方四娘》各种版本的共同主题"，而就这一主题，各个民族的民间艺人在演唱时各自唱出最打动人心的唱词。

历史上的人民群众的宗教皈依往往与他们不幸的人生际遇和苦难生涯有关，尤其在封建专制主义统治下，各族民众的精神需求不得不寄托于神灵的护佑，寄托于来世的幸福生活。对于历史上的信教群众，马克思主义者应寄予深切的同情，认为宗教所反映的苦难就是现实生活苦难的反映，是被压迫生灵的叹息，是一种情感世界的精神生活。所以，无论何种宗教，都要借助于地域文化的内容传播教义，宗教文化遗产中有大量反映人民群众渴望与自然生态融合，人与人平等友善、和谐相处方面的内容，人们通过念诵经文、举行宗教仪轨、信仰宗教人物，参加宗教节庆活动，求得心理慰藉。青海热贡艺术中的唐卡绘画、六月会娱神舞、八大传统藏戏中的《智美更登》、《朗萨姑娘》无不发挥着"劝化人心"的社会功能。青海列入国家级非物质文化遗产名录的地域文化内容中，涉及宗教文化中人们宗教皈依和生态融合者比比皆是。

尽管各个历史时期宗教文化的发展历程有所不同，但宗教文化中主张人与人和谐相处，扶正抑邪、对美好幸福生活的憧憬等，是有一定积极社会作用的。不同的宗教之间和谐相处，同一宗教中的各个教派和谐相处，首先取决于信教群众之间的和谐相处，因此，宗教和睦与社会和谐有着密切关系。历史上的宗教纷争、教派纠纷所引发的社会问题，对人民群众的生命财产造成损害的教训也是值得汲取的。所以宗教和谐相处对社会和谐的人际关系氛围是至关重要的。

宗教本身是一种文化现象，宗教中带有世俗化倾向的文化艺术成果，有着不容忽视的社会作用。

【注释】

① 索南多杰著：《中国格萨尔文化之乡——玛域果洛》，青海人民出版社 2010 年版第 123—126 页。

② 张世华、李祥林主编：《青海的共和国之最》，甘肃民族出版社 2005 年版第 44、45 页。

③ 王辅仁编著：《西藏佛教史略》，青海人民出版社 1982 年版第 17 页。

④ 白渔编撰：《黄南秘境》，中国青年出版社（北京）2006 年版第 160 页。

⑤⑥ 马成俊等著：《青海民间文化新探》，民族出版社 2008 年版第 359—360 页。

⑦ 西宁东关清真大寺志编纂委员会编纂：《西宁东关清真大寺志》序言二，甘肃文化出版社 2004 年版第 4 页。

⑧ 参见《西宁东关清真大寺志》，甘肃文化出版社 2004 年版第 58 页。

⑨ 参见青海省西宁市编目委员会编：《中国少数民族古籍总目提要藏族卷·西宁分卷》。

⑩ 青海省地方志编纂委员会：《青海省志·宗教志》，西安出版社 2000 年版第 321—322 页。

⑪ 任继愈主编：《宗教词典》，上海辞书出版社 1981 年版第 1061—1062 页。

⑫ 南怀瑾著：《易经杂说》，复旦大学出版社 2010 年版第 172 页。

⑬ 任继愈主编：《宗教词典》，上海辞书出版社 1981 年版第 260 页。

⑭ 刘景华：《伊斯兰教伦理道德对回族传统道德文化的影响》，载《青海回族》（内刊）2011 年第 18 页。

⑮ 俄博，蒙古语，最初用于路标，渐变为路神标志；拉则，藏语，建于山坡隘口，用于却敌制胜；镇堆，汉语，亦作镇疙瘩，用于止挡冰雹，保护庄稼。

⑯ 飘梢店，即位于把头的旅店或孤零零的一座旅店。

⑰⑱ 参见《西宁东关清真大寺志》，甘肃文化出版社 2004 年版第 64 页。

⑲ 谢佐译：《措周让卓传记》，参见藏文版长条 ga 部第 136 页。

⑳ 参阅西宁东关清真大寺志编纂委员会编纂：《西宁东关清真大寺志》，甘肃文化出版社 2004 年版第 64—65 页

㉑ 谢热著：《村落·信仰·仪式——河湟流域藏族民间信仰文化研究》，社会科学文献出版社 2010 年版第 37—38 页。

㉒ 青海省地方志编纂委员会：《青海省志·宗教志》，西安出版社 2000 年版第 215 页。

㉓ 马光星著：《河湟民间叙事诗》（收入曹萍、赵宗福主编：《青海省首批国家级非物质文化遗产代表名录丛书》），青海人民出版社 2010 年版第 76—85 页。

第四章

文化遗产

　　青海地域辽阔，山河壮丽，威武雄壮的雪山，绿草如茵的草原，星罗棋布的湖泊，纵横交错的江河溪流，以及茂密的森林、肥沃的农田、浩瀚的沙漠、洁白如莹的冰川，复杂的自然地理环境，加上特殊的人文地理环境，为我们留下了神奇的自然遗产、神秘的文化遗产和神妙的心灵遗产。青海是名山大川的故乡。高山融雪汇成涓涓细流，最终成就了黄河、长江和澜沧江的骄傲和伟大；大山大川构成了青海基本的地貌特征，也承载着俗众对于时空的想象。青海已发现文物保护点 4300 个，其中国家级历史文化名城 1 处，省级历史文化名城 3 处，全国重点文物保护单位 18 处。省级文物保护单位达 315 处，其中旧石器时代遗址 1 处；新石器时代遗址 47 处，青铜时代遗址 64 处；汉及汉以后墓葬群 19 处，其中汉墓葬群 13 处，隋唐时期 6 处中，都兰热水大墓是其中规模最大的一处；历代城址 36 处；岩画 7 处，主要分布在柴达木盆地和青海湖周围；5 处石窟寺，时代大约在唐宋时期。有文成公主入藏时在贝纳沟开凿的被世人称为文成公主庙的贝大日如来佛石窟寺。这些分布广泛的遗存，正是历史上汉、氐、羌、鲜卑、吐蕃、回、撒拉、蒙古以及西域各族人民共同缔造的艺术宝库。青海的历史建筑，在中国建筑体系中更是异彩纷呈，极大地丰富了中国建筑体系的面貌。青海的历史建筑可分为寺院建筑和民居。自古以来，繁衍生息在青海大地上的各部族创造和传承的非物质文化遗产内容丰富，形式多样，承载着古老青海的文化基因，也是青海各民族人民世代传承的文化血脉。青海各民族人民，在漫长的历史发展进程中，创造的非物质文化资源，多半是以口耳相传的方式传承，比如，我国被列入世界非物质文化遗产名录的史诗《格萨尔王传》，长期以来传承、流布在广大的青海藏区。再比如，列入世界非物质文化遗产名录的热贡艺术，其各门类的制作工艺都是靠历代艺人口传心授而得以传承，尤其是其代表性品类唐卡艺术的完整工艺流程，都是靠师徒手把手教习、口耳传承的，随着老一代艺人的逝去，有些独门绝艺，濒临失传。

第一节　物质文化遗产

神奇壮美的自然景观　考古发掘的文化遗存　神秘肃穆的寺庙塔窟

昆仑山，西起帕米尔高原，山脉全长 2500 公里，平均海拔 5500—6000 米，宽 130—200 公里，西窄东宽总面积达 50 多万平方公里，最高峰在于青、新交界处，名为新青峰——布格达板峰，海拔 6860 米，是青海省最高点。高原地貌的基本骨架，是青海省重要的自然区划界线。

昆仑山自古就是一座名山。中国古老的地理著作《山海经》说"西南四百里，曰昆仑之丘，是实惟帝之下都"。又说这里有西王母的瑶池，到处长着结有珍珠和美玉的仙树。有的书籍还说它是黄河的发源地，黄河是中国历史文化的摇篮，因此昆仑山在古人的心目中一向被视为了不起的大山。古人尊昆仑山为"万山之宗"、"龙脉之祖"、"龙山"，因而编织出了许多美丽动人的神话传说。妇孺皆知的"嫦娥奔月"、《西游记》、《白蛇传》等都与昆仑山有关，是产生中华民族神话传说的摇篮。昆仑山上住着西王母，说她"虎齿""豹尾""善啸"。是上天派来负责刑罚的神。有的专家考证西王母是远古时期氐羌虎图腾游牧部落的女酋长兼大女巫。在距今三千年至五千年前曾存在一个西王母国，领域包括青藏高原昆仑、祁连两大山脉相夹的广阔地区。周穆王十六年西征途中，路过昆仑山，传说曾经受到过西王母的款待，并在瑶池上饮酒赋诗，留下千古佳话。

位于昆仑河北岸的昆仑泉，是昆仑山中最大的不冻泉。形成昆仑六月雪奇观，水量大而稳定，传说是西王母用来酿制琼浆玉液的泉水，为优质矿泉水。被称为西王母的"瑶池"的黑海，湖水清澈，鸟禽成群，野生动物出没，气象万千。在昆仑河中穿过的野牛沟，有珍贵的野牛沟岩画，距黑海不远处的玉虚峰脚下是传说中的姜太公修炼五行大道之地。

传说中玉虚峰是西王母女儿玉虚公主的化身，山峰巍峨高耸，峰顶终年云雾缭绕，白雪皑皑，山间奇峰怪石活灵活现，飞禽走兽不时出没。山下绿茵草地上造型地貌"庙宇宫殿"错落有致，构成一幅幅人间仙境的美丽画卷。不远处又有玉珠峰，相传是西王母另一个女儿玉珠公主的化身。玉珠峰终年积雪，冰川纵横，巍峨壮观，在主峰周围海拔5400米以上雪峰有二十余座。玉珠峰南侧冰雪地形各异，冰川末端形成十余米高的冰琴。玉珠峰南侧高山草甸带是野生动物的天堂，经常有成群的藏原羚、藏羚羊、藏野驴等珍稀动物活动。玉珠峰是登山爱好者体验登山、学习冰雪技术的理想山峰，是理想的高山冰雪训练场地。

昆仑山产美玉，所谓"金生丽水，玉出昆岗"。屈原《九章·涉江》提到"登昆仑兮食玉英，与天地兮同寿，与日月兮齐光"[①]，为昆仑玉增添了神秘的色彩。郭沫若也曾写下过"国玉出昆山，西巡竹纪年。中原王母迹，献玉贺平安"的诗句。

阿尼玛卿雪山也称积石山或玛积雪山，它坐落在青海省的东南部，位于果洛藏族自治州玛沁县西北部的雪山乡。距自治州州府大武镇80公里，距西宁521公里。主峰海拔6282米，山势巍峨，气势磅礴，是我国对外开放的著名山峰之一。

阿尼玛卿山，山势巍峨磅礴。山体由砂岩、石灰岩及花岗岩构成，由13座山峰组成。平均海拔5900米以上，最高的一座叫"玛沁保木拉"，山峰呈锯齿重叠形，由于地势高峻，因而气候多变，冰峰雄峙，冰川面积约126平方公里，有冰川57条，其中位于东北坡的哈龙冰川长7.7公里，面积24平方公里，垂直高差达1800米，是黄河流域最长最大的冰川。奇异的冰川世界，千姿百态，晶莹夺目。

该山是藏族人民心中的神山，被藏族人民奉为开天辟地的九大造化神之一，在藏族传统文化中具有举足轻重的地位。传说中的阿尼玛卿山神，是一位骑着高头白马，手捧摩尼包（一种宝物），一身正气的威武神灵。在藏族人的心目中，阿尼玛卿雪山是观世音菩萨的道场，是藏地四大神山之首，山神有求必应，特别对远道而来的朝拜者更是庇护有加，传说阿尼玛卿山属马，每逢农历马年，藏区所有的神灵汇集阿尼玛卿山，转山朝拜，就等于朝拜所有的神山，具有不可思议的功德。

传说他还是藏族英雄格萨尔王的寄魂山。每年都有大批朝圣者跋山涉水、风餐露宿前去虔诚朝拜。

巴颜喀拉山在青海中部偏南，为昆仑山脉南支，位于青海省中部偏南。巴颜喀拉在蒙古语的意思是"富饶青（黑）色的山"。藏语叫"职权玛尼木占木松"，即祖山的意思。属褶皱山，西北—东南走向。西接可可西里山，东连岷山。这里是长江与黄河源流区的分水岭，北麓的约古宗列曲是黄河源头所在，南麓是长江北源所在。巴颜喀拉山是长江黄河源头的江河分水岭。

巴颜喀拉山海拔五六千米，地势高耸，群山起伏，雄岭连绵，景象恢宏。大部分地区海拔均在 4500—6000 米之间。这里属于大陆性寒冷气候，空气稀薄，气候酷寒，一年之中竟有八九个月时间飞雪不断，冬季最低温度可达零下 35℃ 左右，因而许多 5000 米左右的雪山有经年不融的皑皑积雪和终年不化的冻土层。而温暖季节则比较短暂，一般只有三个多月时间，而且气温较低，即使是盛夏季节，最高气温也不过 10℃ 左右。由于相对海拔较高，加之地域辽阔，这里的山峰显得并不险峻，比较平缓。有的山峰很像米芾笔下的五岭，浑圆粗犷，有的山峰远看是山，近看像川，山岭之间犹如平原一般广袤平坦。山间谷地上，牦牛、绵羊远近成群。向阳的缓坡上一块块草滩，像翠绿的绒毯铺盖大地，偶见零星牧包帐房点缀其间。

这里有许多终年积雪的高山，处处冰河垂悬。虽地势高寒，气候复杂，但雨量充沛，是青海南部重要的草原牧场。每年春天以后，在强烈的日光照耀下，高山冰雪渐渐消融，融水汇成一股股溪流，滋润干燥的沃土，更为长江与黄河供给水源。

黄河源流细水涓涓，清澈平缓，穿过锅形沮洳地中央，注入星宿海。在这片广阔的沼泽流过时，速度缓慢，不成河道。从前一般以为星宿海是黄河源头。

这里盛产被人们称之为"高原之舟"的牦牛和举世闻名的藏系绵羊，故有"牦牛的故乡"之称。

日月山位于湟源县南部与共和县交界处。距湟源县城约40多公里，海拔最高点为4877米。唐代称为"赤岭"，因山顶砂土赤红而得名。它属于拉脊山脉西端，北起青海湖东部的耳海，南接湟中群加，绵延数十公里。

日月山是青海东部外流河与内陆河的分水岭，也是青海东部农业区和牧业区的自然分界线。这里山峦起伏，峰岭高耸，气候寒冷，雨水充沛，水草丰美。山麓两边景色迥然不同：山麓西边是广袤苍茫、牧草丰茂、牛羊成群的大草原；山麓东边是村落点点、梯田阡陌、麦浪滚滚的农区。每年六至九月，山坡之上绿草如茵，野花灿烂，帐篷点点，景色十分壮观。

日月山，地处要塞，形势险峻，战略位置重要。很早以来，它就是祖国内地通往西南边陲的交通要道，也是汉藏人民友好往来，互市贸易的纽带。早在汉代，日月山已成为我国"丝绸辅道"的一大驿站。北魏明帝神龟元年（420），僧人宋云自洛阳西行求经，便是取道日月山前往天竺。后来，文成公主经日月山赴吐蕃和亲形成的唐蕃古道，则一直是宋元各代甘青地区通往川藏一带的必经之路。故有"西海屏风"、"草原门户"之称。

日月山，古今闻名，传说众多。早在《山海经》的"大荒西经"中就有如此的记载："大荒之中，有山名日月山，天枢也。吴姬天门，日月所入。"而流传最广，最为感人的莫过于文成公主进藏故事的传说（有多个版本）。相传，唐太宗为了汉藏人民世代和好，将自己的宗室女儿文成公主许配藏王松赞干布。文成公主一行由江夏王李道宗、藏相禄东赞陪同，从京都长安迤逦西行，来到了日月山。当公主登上山顶，举目环顾时，但见山麓两边竟是截然不同的两个世界：一边是雨打芳草萋萋；一边是雪压枯草惨惨；一边是烟雨飘摇枝条新，一边是玉鳞纷飞草叶枯，甚至连这里的日月，也没有家乡那样明亮、温暖，不禁心潮起伏，愁思万缕，潸然泪下。唐太宗听说公主怀乡思亲，不肯西进，为了替女儿解愁，特意铸造了一面日月如意宝镜送上此山，说是如果公主想家，打开宝镜，可以从中看到家乡父母、故里山河。护送的吐蕃大相怕公主见到亲人，思亲不进，便暗中将日月宝镜换成了石刻日月镜。公主拿起镜子来看，怎么也看不到长安城里的父母，以为是父皇薄情而在有意欺骗她。于是，一气之下，将石刻日月镜抛在一边，毅然西进。后来人们便把赤岭改名为日月山。唐代开元年间，唐王朝和吐蕃王国还在日月山顶树立过汉藏和好碑，藏汉两族以日月山为界，和睦相处，并把日月山作为茶马互市之地。

日月山虽然高不及昆仑，险不如积石，既无苍翠的森林，又无嶙峋的怪石，有的只是一派苍茫。然而，从古到今，许多过往行人都愿登上日月山去追寻当年文成公主路过日月山时留下的踪影。人们在日月山口修建了两座造型美观、风格独特的日亭和月亭，供游人参观。

青海湖古称"西海"，又称"鲜水"或"鲜海"。蒙古语称"库库诺尔"，藏语称"错温波"，意为"青色的海"、"蓝色的海洋"。由于青海湖一带早先属于卑禾羌的牧地，所以又叫"卑禾羌海"，汉代也有人称它为"仙海"。从北魏起才更名为"青海"。青海湖地处青海高原的东北部，这里地域辽阔，草原广袤，河流众多，水草丰美，环境幽静。湖的四周被四座巍巍高山所环抱：北面是崇宏壮丽的大通山，东面是巍峨雄伟的日月山，南面是逶迤绵绵的青海南山，西面是峥嵘嵯峨的橡皮山。这四座大山海拔都在 3600 米至 5000 米之间。举目环顾，犹如四幅高高的天然屏障，将青海湖紧紧环抱其中。从山下到湖畔，则是广袤平坦、苍茫无际的千里草原，而烟波浩淼、碧波连天的青海湖，就像是一盏巨大的翡翠玉盘平嵌在高山、草原之间，构成了一幅山、湖、草原相映成趣的壮美风光和绮丽景色。

青海湖中的海心山和鸟岛都是游览胜地。海心山又称龙驹岛，面积约 1 平方公里。岛上岩石嶙峋，景色旖旎，以产龙驹而闻名。鸟岛位于青海湖西部，在流注湖内的第一大河布哈河附近，它的面积只有 0.5 平方公里，春夏季节栖息着 10 万多只候鸟。

湖中盛产湟鱼，是我国西北地区最大的天然鱼库。4、5月间，鱼群游向附近河流产卵，布哈河口密密麻麻的鱼群铺盖水面，使湖水呈现黄色，鱼儿游动有声，翻腾跳跃，异常壮观。

青海湖是富有神奇色彩的游胜览地，也是一个为全世界科学家所注目的巨大宝湖。青海湖入选中国世界纪录协会中国最大的咸水湖、中国最大的内陆湖。青海湖拥有多项世界之最、中国之最。居住在这里的汉、藏、蒙古等各族人民和睦相处，共同保护、开发和建设这浩瀚的宝湖。每年5、7、8月在青海湖畔举行的祭海活动有丰富的历史文化内涵，更成为民族团结的象征。

孟达天池被誉为"青藏高原上的西双版纳"，是青海省避暑、疗养和旅游胜地。孟达天池，藏语称作"拉朗措卡"。

孟达林区面积14万余亩，这里群山起伏，地势高峻，海拔1780米至4180米之间。但由于受东西两侧不同季风的影响，雨量充沛，气候湿润，芳草鲜美，林木茂盛，是罕见的高原绿色宝库，一座名副其实的天然植物园。据科学考察统计，孟达林区的植物约有600多种，250多个属。许多亚热带、暖温带、寒温带和亚寒带的植物，都汇集在这里。其中广泛分布于世界的就有42属之多。亚热带的台湾桧、暖温带的大叶钓樟、青藏高原的柴果云杉和大果云柏、秦岭山系的华山松和猕猴桃、华北平原的青杆和辽东栎等都在孟达林区竞荣争秀。自然保护区内还有人参、三七、羌活、贝母、刺五加等名贵药材达120多种，各种药用植物有300多种。文冠果、红瑞木、毛樱桃、毛榛子等油脂植物，以及许多优秀木材、纤维植物瑰丽多姿，比比皆是。那满山遍野的珍珠梅、紫丁香、红杜鹃、八仙花、海棠、蔷薇等100多种野生观赏植物和花卉，种类繁多，千姿百态。这里还有大量的珍稀动物，如麋鹿、林麝、狍子、岩羊以及虎、熊等，有各种鸟类30余种。

孟达林区不仅植物茂盛，禽兽奇特，而且景色秀丽，清幽宜人。这里怪石嵯峨，峰崖奇危，流泉飞瀑遍布其间，奇花异草充满山谷。"蛤蟆石"、"一线天"、"飞来峰"、"回音石壁"、"五子拜佛石"等奇石千奇百怪，惟妙惟肖。尤其迷人的是那位于山区腹部的"天池"，犹如一颗晶莹美丽的明珠，熠熠生辉。池周围常常云雾缭绕，恍若西天瑶池。这个面积约为 266400 多平方米的高山湖泊，水深 30 米，清澈澄澄如镜，湖光山色如画，水波荡漾，风光旖旎。轻舟过处，水鸟声声，鱼鲤游跃，乐趣无穷。凡游客登山至此，顿觉心旷神怡，流连忘返。

江河源头之地域指长江、黄河、澜沧江三大河流的源头区域。这里是中国海拔最高、面积最大的天然湿地分布区，长江总水量的 25%，黄河总水量的 49% 和澜沧江总水量的 15% 都来自这一地区，素有"中华水塔"美誉。

万里长江发源于唐古拉山脉的主峰各拉丹东南侧的大冰川，绵亘几十里的冰塔林，犹如座座水晶峰峦，千姿百态，景色绮丽。滚滚黄河发源于巴颜喀拉山北麓的卡日曲河谷和约古宗列盆地，源头湖泊、小溪星罗棋布，水草丰美，甚为壮观。澜沧江源出于唐古拉山北麓的群果扎西滩，扎阿曲是澜沧江最长的源头。在世界上最长的 10 条江河中，就有 3 条发源于青海高原不到 10 万平方公里的土地上，这在世界上是绝无仅有的。

早在 4000 多年前，三江源地区就有人类的活动，汉为西羌地，晋、北朝、隋代为苏毗、多弥、党项的一部分，唐时为吐蕃所属，草原辽阔，牧草肥美，是青海省的主要畜牧业基地之一。加上它处于青海北部和西藏、四川之间，为三省（区）商业贸易的重要集散地。

三江源地区民俗风情资源独具魅力，有规模盛大而闻名遐迩的玉树赛马（每年七月二十五日）、果洛格萨尔玛背藏戏，有形态各异的帐篷文化，有多姿多彩的玉树歌舞和宗教舞蹈，有高雅华贵、精彩夺目的服饰文化等。

坎布拉位于青海省黄南藏族自治州尖扎境内。据《坎布拉部落史》记载，坎布拉部落于吐蕃时期从四川康区迁移到此。

坎布拉公园总面积 152.47 平方公里，以独特的"丹霞"地貌著称。方山、石墙、石峰、柱状、塔状、城堡、石柱等为主的丹霞赤壁地貌，形成了奇、险、秀、美、幽等独特的艺术造型。地壳隆升、河流切割，"雕塑"出壮观的高山峡谷风景。

坎布拉地区还是青海唯一的一处僧、密、尼并存的宗教法地。公元 9 世纪，吐蕃赞普朗达玛倒行逆施禁法灭佛，捣毁寺院、屠杀僧人，三贤哲藏饶赛、约格迥、玛尔·释迦牟尼为护卫佛教，驮运经律藏典辗转万里经西藏阿里、新疆地区到达坎布拉那宗沟地方，修行布道、弘扬佛法，逐渐形成以阿琼南宗寺为中心的教区，西藏派人到此求法。从此，这里成了后弘期下路弘法（藏地以拉萨为中心，以西阿里地区、印度、尼泊尔为上路，以东康巴、安多等为下路）发源地。作为佛教圣地，是一千多年来香火不绝、信徒们远近必拜的圣山之一。

坎布拉区内有 18 座山峰，称为"十八高峰"，平均海拔 2000—3000 米，最高海拔 4118 米。按当地人的说法，坎布拉每六座山峰是一个群落，自西向东由高到低排列依次是仙界、魔界、水界，共三界。西有拉西峰、贡保峰、兰昌峰、达峰、德杰峰、乐峰"六仙峰"，中有保峰、乃保峰、哇季峰、查曲峰、珠穆峰、俄峰"六魔峰"，东有木保峰、诺峰、夏峰、热峰、色毛峰、索尔峰"六龙峰"，这些山峰的命名大都带有浓厚的宗教色彩。

互助北山位于青海省互助土族自治县东北部，距县城威远镇 78 公里、省会西宁 110 公里。是集自然生态、地貌景观为一体的风景名胜区。

公园总面积 1127 平方公里，海拔 2100—4308 米，森林覆盖率 64.3%，森林蓄积量 428.86 万立方米。境内动植物资源丰富，被誉为天然的"动植物王国"。林区山川壮丽，峡谷幽深、两岸陡峭、险峰耸立、岭谷相间，谷底流水湍急。此景观是中生代燕山运动和新生代喜马拉雅造山运动而形成的山高谷深的山体地貌。

当地天然林具有明显的垂直分布景观带，针叶林、阔叶林、高山灌丛和高山草甸等共同构成了丰富的自然景观，是青海省内自然生态系统最完好的区域之一。山体成为干旱区的绿岛、湿岛和凉岛，境内植被茂盛，享有"青海江南、绿色海洋"的美称。主要景观有：大通河"三峡"、"黄垭豁"、"龙尾观云"、"青岗松涛"、"摩崖石刻"、"十二生肖弯"、"玉兔窟"、"擎天一柱"、"药水泉"、"阎王砭子"、"密林仙踪"等等。

青海考古发掘的文化遗存十分丰富，下面列举其中较著名的。

上孙家寨墓地位于西宁市大通县后子河乡上孙家寨村北至寺沟河以南的坡形台地上。墓葬分为较早期的马家窑文化和较晚期的汉晋两个时期。

上孙家寨墓地是 1958 年青海省文物管理委员会在进行文物普查时发现的。当时，除地表散布不多的马家窑文化、齐家文化和卡约文化陶片外，最显眼的就是从寺沟河南岸到上孙家寨村北地带，散布着的 20 多个高大的封土堆。根据以往的工作经验，调查者认为这是一处汉墓群，可能与西汉宣帝时期开始在青海湟水流域开疆拓土、实行郡县制度有关。

1973—1980 年省考古队共清理马家窑文化马家窑类型墓葬 21 座，齐家文化墓葬 2 座，辛店文化墓葬 12 座，卡约文化墓葬 1077 座，汉晋时期墓葬 182 座，元代墓葬 1 座，共 1295 座。

发掘的汉晋时期墓葬有 182 座之多，其时间跨度从西汉昭宣时期到西晋初年，约 350 年。这与西汉王朝在湟中一带开疆拓土，实行郡县制度的历史背景相吻合。研究者将这一批墓葬分为土圹、木椁、砖室三大类，有土坑、土洞、洞室木椁、竖井椁、单室券顶、单室穹隆顶、前后室券顶、前后室穹隆顶 8 种形式，阐明了各类型墓葬在此地出现、发展变化和消亡的过程，从而为湟水流域乃至更大范围地区这段长达数百年的墓葬年代的判定，树立了一个标尺，也为青海这一历史时期社会政治、经济、文化状况和民族构成提供了丰富的图像资料。

上孙家寨墓葬中出土了几件重要文物：

一是舞蹈纹彩陶盆。作为国宝现藏于中国国家博物馆。高 14.1 厘米，口径 29 厘米，盆用细泥红陶制成。大口微敛，卷唇鼓腹，下腹内收成小平底，施黑彩。口沿及外壁上部采用了一些简单的线条装饰，作为主要装饰的舞蹈纹在内壁上部。陶器内壁饰二组人物手拉手的舞蹈纹图案。构图生动，线条洗练，具有较高的艺术鉴赏价值。舞蹈纹共分 3 组，每组有舞蹈者 5 人，手拉着手，踏歌而舞，面向一致。他们头上有发辫状饰物，身下也有飘动的饰物，似是裙摆。人物头饰与下部饰物分别向左右两边飘起，增添了舞蹈的动感。彩陶盆为研究马家窑文化和我国原始社会音乐、舞蹈提供了珍贵的实物资料。

二是做过开颅术的头盖骨。在这位 3000 年前的中年男子的头骨上，开孔差不多横贯整个脑颅，从左至右直线距离达 115 毫米，前缘横弧长度约 155 毫米，最宽处约 30 毫米。开口的创缘已钝化并伴有发育程度不等的再生骨赘。这说明手术成功，手术后该男子依然存活了一些时日。

开颅术是一项技术难度大、危险性高的外科手术，即使在科学技术高度发达的今天，要实施开颅手术也非易事。

三是"汉匈奴归义亲汉长"铜印。印长 2 厘米，宽 3 厘米，高 3 厘米。印纽是一只栩栩如生、卧姿优美的骆驼。这件罕见的珍品，证明了当时北方的匈奴与青海汉族的密切关系。

四是汉代木简。多数残断，共 240 段。完整者长 25 厘米，宽 1 厘米，厚 0.2 厘米。墨书隶体，清晰可辨，字体流利俊秀，每简 30—40 字不等。内容为当时的兵法、军法、军令，包括《孙子兵法》佚文，并附有目录。研究者认定，这是当时军事人员必读的军事知识的抄录本，是研究汉代军事情况的珍贵实物资料。

五是匈奴银壶。银壶为单环耳，器表镀金，器腹有一周环状纹饰，其上捶錾出忍冬花瓣和葡萄形图案。按其形制和纹饰应非汉式之物，也不是匈奴人之器，而具有浓厚的古代安息（波斯）风格。匈奴族及其别部曾长期活跃于祁连山以北的广大地区，其地正当中西交通要冲。他们过着逐水草而居的游牧生活，墓主人为匈奴族自不必说，这件银壶在中西交通、经济文化交流研究中的重要价值也是不言而喻的。

宗日遗址位于青海省海南藏族自治州同德县巴沟乡黄河台地上。

黄河蜿蜒蛇行冲出两岸陡峭的峡谷尕连峡（班多峡）之后折而西行，流速因而延缓下来，在此留下了一片较大的冲积台地。1983 年，省文物考古队来到了团结村，他们对团结村兔儿滩周围的墓葬遗址进行了第一次试探性发掘，取得了重大成果。共出土文物 25 件，其中陶壶 8 个、陶碗 3 个、陶罐 14 个。这些文物大体可分为两类：一类为泥质红陶器，共 4 件，陶质细腻，呈砖红色，泥条盘筑手制彩绘；一类为夹砂粗红陶系，共 21 件，陶质坚硬，火候高，胎壁薄，其中 5 件带有黑彩。虽然它们的胎质不同，形制各异，但造型均匀对称，饰纹和谐统一，属于马家窑文化遗存。

1994 年文物考古工作者扩大了对原遗址的勘探发掘，所涉及的团结村、班多村和卡力岗村地区，当地群众称为宗日，为尊重当地群众的习惯，考古学者将兔儿滩遗址定名为宗日遗址。

1995 年和 1996 年，在大沙沟西侧卡力岗村农田前沿的空地清理中，发现了被媒体广泛报道的"国宝之冠"的舞蹈纹彩陶盆及二人抬物彩陶盆。

1996年底，宗日遗址发掘工作进入尾声，共发掘墓葬341座，探方31个，灰坑18个，祭祀坑18个，出土文物23000件，彩陶近千件。在出土马家窑文化马家窑类型、半山类型彩陶的同时，还出土了大量宗日遗址才有的夹砂陶器，由此考古学界有了新的考古学文化——宗日文化的命名。宗日文化的特点是使用紫色彩鸟纹、折线纹图案的夹砂乳白色陶器，墓葬流行俯身直肢葬习俗，其与马家窑文化后期时间相一致，广泛分布在以共和盆地为中心的黄河河谷地区。

宗日遗址中还出土了大量生产、生活用具。打制的石斧、盘状器、细石器及磨制石斧、石刀的发现，表明狩猎经济在当时占有一定的比重。骨锥、骨针、骨铲及镶嵌细石器的骨梗刀、骨勺是其重要的生活用具，也表明手工业的发达程度。骨饰、装饰品石器的出土说明宗日先民不仅善于装饰器物，而且善于表现自身的爱美意识。陶埙等早期乐器的出现反映先民丰富的精神生活，至今仍能吹奏出悠扬婉转的乐曲。玉刀、玉璧等祭礼用品的发现反映了朴素的原始宗教心理。铜环和铜饰是开始进入金石时代的重要标志。而骨叉的发现，至少说明几千年前的宗日人，已经掌握了制造使用骨叉一类餐具进食的方法。

宗日遗址对我们研究高原早期民族的起源和社会发展的历史，有着极其重要的研究价值。

喇家遗址属全国重点文物保护单位，位于青海省民和回族土族自治县官亭镇喇家村，与甘肃省积石山县大河家隔黄河相邻。青海省东部重要通道川官公路直达。距青海省西宁市120公里，甘肃省临夏市100公里。是集史前灾难性遗址与人文、民俗风情于一体的风景区。喇家遗址2001年被国务院公布为第五批全国重点文物保护单位和2001年全国十大考古新发现。是一处新石器时代的大型聚落遗址。遗址内分布着许多史前时期与青铜时代的古文化遗址，诸如从仰韶文化庙底沟类型时期、马家窑文化、齐家文化到辛店文化等多种类型，其中以齐家文化遗址分布最多最广。

喇家遗址地处民和三川地区，黄河北岸地势开阔，气候湿润，是土族群众的主要聚居地。遗址总面积 20 万平方米，为距今 4000 年左右的齐家文化遗址。在考古发掘中发现多组非正常死亡的人类遗骸，多以成年女性和幼儿为主；发现了目前最大的石磬"黄河石磬王"，石磬清纯悦耳，音律完整。喇家遗址既是考古发掘、科学研究、探索人类史前文化的重要场所，又是研究土族群众特有的民俗风情、民俗文化的理想之地。

遗址中心区外围有一条壕沟，沟宽 10 米、深 3—4 米，沟环绕成长方形，长 600 米、宽 200 米，其内有成排的半地穴房址。已发掘 3 座的地面、四壁用白灰抹平，正中一个圆形灶坑，房内有 2—14 人，曲肢，有的怀中抱小孩。房内还出土陶、石、玉器及玉器半成品、玉料等。

这些具有明显时代特征的珍贵文物，对于研究西北地区先民的居住环境、玉文化的发展、4000 年前中国的灾难现象和探讨史前文明历程具有重要价值。

喇家遗址的聚落布局以及发现的丰富的文化遗物，对研究齐家文化的社会形态乃至中国文明的起源等课题具有重大意义。

柳湾遗址是世界上彩陶出土非常集中的地方，也是迄今我国发现和发掘规模最大的原始社会氏族聚落遗址和墓葬群。

柳湾墓地在乐都县高庙镇东面两公里处的柳湾村。村北有一处东西走向的旱台，氏族墓地就分布在旱台上。

1974 年春天，当地村民在挖水渠时发现了一处古代文化遗址，随后，由中国人民解放军某部巡回医疗队向省文化局转告柳湾出土文物情况，并送来陶器等实物标本，这就是名闻遐迩的乐都柳湾原始社会氏族公共墓地。省文化局文物组立即组织人员到现场调查，并征集了部分造型美观，花纹别致的彩陶罐等文物，其中一件人像彩陶壶引起文物考古工作者的关注。同年 7 月中旬，柳湾墓地发掘工作正式开始。据考证，柳湾墓地属于新石器时代的古人类墓葬群，地处湟水中游北岸台地，经实地测量，南北 450 米，东西 250 米，总面积为 112500 平方米。通过 7 年艰苦的发掘和整理工作，中科院考古研究所和青海考古队在这里共发掘墓葬 1730 多座，出土文物 37925 件，其中仅彩陶就有 17000 多件。这 1730 多座墓葬包容了马家窑文化的半山、马厂两个类型，齐家文化、辛店文化类型，属于新石器时代，这 4 种文化类型延续时间长达 1500 年之久。经研究，初步搞清了这 4 种文化类型墓葬的分布规律和时间先后顺序，为研究私有制的起源与阶级产生等有关问题，提供了较好的实物例证。

该墓地的绝大部分墓葬在柳湾村北部的第二台地上。其范围东起柳马公路，西至沙沟，北依柳湾坪顶，南濒大峡渠。墓地北高南低，东西两面台地环抱。大部分墓葬为竖穴土坑墓，平面呈长方形或圆角长方形，其次为带有墓道的土洞墓，平面呈"凸"字形。墓室口插有木棍和木板，借以封门。这种墓葬是我国迄今已知的最早的土洞墓。墓内多有木棺，形状有两种，一是一头大一头小的梯形木棺，一是长方形呈木盒式木棺，即用一根圆木，中间凿成船舱状，形似独木船。其葬法有单身葬，又有两人以上的合葬，最多的达七人之多。

该墓地的合葬墓葬法特殊。其中半山类型的多人合葬墓，多是上下叠压在一起，人与人之间不放置任何隔离，被埋葬的有男有女，有老有少，年龄悬殊较大，似是两代人埋在一起的。马厂类型的合葬墓，多是并排埋葬，有成年男女合葬，也有成年人与小孩合葬。齐家文化的合葬墓，也多是并排埋葬，但男女葬式不同：男的多仰面直肢，女的多为侧身或仰身屈肢，似为夫妻合葬墓。

该墓地的墓葬一般都有随葬品，且多寡不一。早期的只有二三件，晚期的多达近百件，反映出原始社会末期已有贫富之分。其随葬品既有石制的斧、锛、凿、刀等生产工具，又有陶制的各种生活用具。其中有半山型的彩陶瓮，齐家文化的陶碗、陶盆、陶壶、双耳罐、单耳罐等。柳湾出土的裸体人像彩陶壶，是我国迄今为止发现的最早的人体塑像，不仅制作精美，其构成更是独特：人像的生殖器兼有男女两性的特征，胸前一个男性的乳头，两边是一对丰满的女性乳房，是在世界范围内极其罕见的男女混合体。

柳湾出土的彩陶器中，以马厂类型最丰富、珍贵，其数量之众，造型之美和花纹之繁缛，为彩陶文化之冠。彩陶表面为桔红色或紫红色，配上黑色线条的几何形花纹或动物形花纹，更加光亮艳丽。彩陶的器形主要有盆、壶、罐、瓮、豆、碗，显得新颖多样。出土的陶罐彩绘花纹形式多样，比较常见的有：平行条纹、波折纹、蛙纹、旋涡纹、葫芦形纹、四圆圈纹、六圆圈纹等。一些彩陶符号也别具一格。陶器是先民们的日常生活用具，彩陶得体地把器形和优美的花纹融为一体，本身就是一种艺术品，更是古代人民智慧创造的结晶。

柳湾墓地发掘马厂类型墓1000余座，占总墓葬60%，由于墓主人生前身份和拥有财产不同，墓室规模和随葬之彩陶数量也各异，一般可分为大、中、小3种类型。小型墓随葬陶器10多件，最多也只30多件，中型墓随葬器则达五六十件左右，70余件以上的可谓大型墓。发掘出的第564号墓，墓室全长约5米，宽和深各3米左右，墓主人为40多岁之男性，这个墓随葬品颇多，除了石刀、石斧、石凿和一件绿松石装饰品外，仅陶器就有91件之多，其中彩陶又占绝对优势。

值得重视的是，柳湾墓地马厂彩陶不但以数量和花纹著称，而且一部分彩陶壶的腹下部，绘有各种不同的符号。这些符号是陶器制造者的记号，或代表氏族的徽号，还是我国最原始的古文字？对于这些内容的探讨，将为彩陶研究增添新的课题。

马场垣遗址位于青海省民和回族土族自治县川口镇边墙村，属新石器时代、青铜时代。1923年由瑞典学者安特生首次发现，20世纪七八十年代的文物普查中又进行了详细调查、测绘，因其独特的文化内涵而成为马厂类型的命名地。是研究青海东部新石器时代晚期和青铜时代文化关系的重要遗址。

马场垣遗址地处湟水下游南岸，分为居住地和墓葬地两部分。居住地在村庄的北部、西北部一带，墓葬地则在村内村北及村西地区。全遗址面积约15万平方米。从居住地的文化堆积及墓葬地中出土的随葬品分析，该遗址文化遗存以马家窑文化马厂类型为主，还包括有齐家文化、辛店文化和唐汪式陶器等多种文化遗存。文化堆积层厚0.15—1.5米。遗址断面暴露有灰坑，地面散布有大量陶片，马厂类型有蛙纹、圆圈纹泥质彩陶壶和彩陶罐、双耳盆、夹砂红陶盆、罐、瓮等；齐家文化类型有泥质红陶罐、双大耳罐、折肩蓝纹壶；辛店文化类型有夹砂红陶罐、绳纹罐、鬲、豆、盆、瓮及彩陶壶、罐等，彩陶纹饰有双钩羊角形纹、连续回纹、S形纹、太阳形纹；唐汪式陶器有涡纹彩陶壶、夹砂红陶罐等。另外发现了一件特别珍贵的马厂类型泥塑人头像彩陶壶，还采集到玉斧、石刀、骨针等生产、生活器物。

沈那遗址为约3500年前的古羌人聚落村，是远古人类从新石器时代向青铜时代过渡的一种文化遗存。

遗址坐落在青海省西宁市城北区小桥村北，位于湟水及其支流北川河交汇处的二级阶地上，北起阴坡，南至坟墓沟，西临乱沟，东部台下即为宁张公路。总面积达10万平方米。

该遗址以齐家文化半地穴式房址为主，房址形制有圆形、方形两种。出土的17个房址中，白灰面的9座，硬土面的8座，房址面积在9平方米至10平方米左右，房内有灶坑、柱洞。像这样规整，且采用白灰面防潮措施的房址是十分典型的史前房屋。

遗址还有少量的马家窑文化马家窑类型、半山类型和卡约文化遗存。从现有资料看，沈那遗址是我国迄今发现面积较大，文化层堆积较厚，文化内涵相当丰富、保存现状较好的多种文化并存地点之一。

沈那遗址是我国著名考古学家、人类学家裴文中先生于1948年发现的，出土过多件文物精品。被称为中国最大的青铜矛就出土于这里，铜矛长61.5厘米，宽19厘米。刃阔叶状，叶尖浑圆，叶中部两面有高1.5厘米的脊梁，脊两侧成片形翼。矛銎较长，登上单矛处有三圈箍，銎较宽，銎两侧均有脊。銎与刃部接交处有一刺钩，作钩曲状，銎内留有柲的残迹。属青铜时代齐家文化。

西海郡故城遗址位于青海省海北藏族自治州海晏县县城约1公里处，青海湖东北侧、湟水南岸的金银滩上，俗称"三角城"。古城略呈方形，城墙南北长645米，东西宽610米，残高4—12米，基宽8米，顶宽2米，四门隐约可见。

西汉平帝元始五年（5），王莽派人诱使游牧于青海湖地区卑禾羌献地臣服，以其地筑此城，定名"西海郡"，与已有的东海、南海、北海三郡齐名，取"四海归一"之意。

20世纪40年代，城内发现"石虎"一尊，其座上刻有"西海郡，始建国，工河南"9字篆刻铭文。1987年，城内又发现带铭文石刻一块，其长宽尺寸、所用石料、铭文字体均与"石虎"基座相同。其铭文3行通读分别为："西海郡虎符石匮"、"始建国元年十月癸卯"、"工河南郭戎造",则此石刻应为"虎符石匮",并确证该古城为西海郡故城无疑。

城内多次采集到卡约文化夹砂粗陶片、西汉和王莽时间的钱范及五铢、货布、货泉、大泉五十等货币,"西海安定元兴元年作当"陶文瓦当等。同时还采集到唐代莲花瓦当和宋代圣宋元宝、崇宁通宝等钱币,证明此城使用的下限晚至唐宋时期。城内南部较高,有几处隆起的地带,应为当时的主要建筑区,其区域内散布有大量砖、瓦等建筑残件。

热水墓群位于海西蒙古族藏族自治州都兰县热水乡热水沟的西岸,是一处唐代(618—907)的墓葬群遗址。

热水墓群分布在热水、扎玛日、沙尔塘、斜歪四个村境内长约7公里的区域内,包括各类型墓葬165座,其中大部分已被盗掘。

1982—1986年,青海省文物考古研究所对其进行发掘整理。墓区内的墓葬主要分为梯形和圆形两种。墓冢以夯土筑成或堆满砾石后盖以夯土,夯层间铺有沙柳枝条。夯土下方均筑有平面为等腰梯形的石墙,边缘砌有土坯或泥球,并在其外侧涂以红色石粉。墓室以石块砌筑,由墓道、中室、左右侧室和后室组成。墓葬均有封土堆,封土堆前还有规模巨大的祭祀坑,坑内出土有木车、木牍、丝织品、玻璃器皿、金银器等遗物,部分出土物的形制及图案具有浓郁的中亚艺术风格。

血渭一号大墓是古墓群中最为壮观的一座。大墓坐北向南,高33米,东西长55米,南北宽37米的大墓,从正面看像一个"金"字,因此有"东方金字塔"之称。大墓背后的两条山脉从东西绵延过来,如同两条巨龙,大墓则像一颗宝珠,构成"二龙戏珠"之势。墓堆下有3层用泥石混合夯成的石砌围墙。受汉代王室墓葬黄肠题凑形制影响,一层柏木夹一层四五十厘米高的石头,层层叠起,共有9层。考古人员还在墓葬前发现了5条葬马沟和13个环形牛、狗等动物陪葬坑。血渭一号大墓的这种构筑形式和风格,在我国考古发现中绝无仅有。

热水墓群出土了大量丝绸,其数量之多,品种之全,图案之美,技艺之精,时空跨度之大,令人叹服,它包括了几乎唐代所有的丝绸品种,其中,抛梭织法的织金锦和嵌合组织显花绫、丝素绫等品种,属最早发现的该类织锦物。另外还发现了来自中亚、西亚地区粟特人的织锦和古波斯人的婆罗钵文织锦及金饰品。丝绸之路的主要标识物就是丝绸，过去人们往往只知丝绸之路"河西路"而不知丝绸之路"青海道"。可喜的是，经过这几年对热水墓葬的研究，这条古道正逐渐拨开迷雾，呈现出更清晰的面目。

热水墓群的发现，对于研究唐代中国西部地区的墓葬形制以及当地与中亚地区的文化交流等方面，具有重要意义。1986 年公布为国家级文物保护单位。

伏俟城遗址位于海南藏族自治州共和县石乃亥乡菜济河南的铁卜加村，东距青海湖约 15 里。

"伏俟"为鲜卑语，汉意"王者之城"。当地人称"切吉加夸日"，藏语"夸日"为城，称汉人为"加"，意思就是切吉地方的汉人城。公元540 年，吐谷浑夸吕即位称汗，定都于此，名伏俟城。

古城略呈方形，东西长 220 米，南北宽 200 米，墙基宽 17 米，高 12米。在城内的中轴线两侧，有几组建筑遗迹仍然隐约可见。城内偏西处有一长、宽各约 70 米的小方城，城外尚有用砾石筑成的外郭。外郭的北墙已被河水冲毁，完整的南墙长达 1400 米。这种城内有城，城外有郭以及中轴线为基础的建筑布局，反映了汉式城郭制度的基本特点，又颇具民族风格，体现了吐谷浑文化的多元性。

吐谷浑部最初活动于我国东北地区，是慕容鲜卑的一支。西晋永嘉时，其首领吐谷浑率众徙于陇右枹罕（今甘肃临夏）甘松地带，进而占领西零以西（今青海湖以西），西极白兰（黄河源头至今青海柴达木盆地以南）数千里。

吐谷浑推行重商政策，伏俟城是连接东西交通的重镇，在公元 4 世纪至 6 世纪河西走廊丝绸之路一度阻塞不通的情况下，在连接（今青海西宁）、金城（今甘肃兰州）、益州（今四川成都）、鄯善（今新疆婼羌）的中西交通线上发挥过相当重要的作用。伏俟城就成为这条交通孔道上的重要枢纽。

唐高宗龙朔三年（663），吐谷浑被崛起于青藏高原的吐蕃灭亡，伏俟城建城至少有 120 年之久。

保安古城位于黄南藏族自治州同仁县隆务镇以北约 15 公里处。古城面积 0.42 平方公里，在古城及周边 300 多平方公里范围内，保留有古城墙、都司衙门、明清兵营等 40 多处历史遗迹。城外的铁城山上，仍清晰可见烽火台及明清两代兵士驻守的"一夫当关，万夫莫开"的险道。

保安城所在的湟水、隆务河流域自古以来是兵家的必争之地，自西汉宣帝年间就有中央政府的驻军把守。明朝中期，西海蒙古人屡犯边境，神宗皇帝于万历二年（1574）下令在保安城所在地增加防御人员，在铁城山北麓扩建城堡，命名"保安"，并在热贡地区招募 600 兵骑屯守。

现存于同仁县年都乎寺、刻于万历二十八年（1600）的大明石碑，便记载了当时屯首王廷仪领导各族修建保安城的历史。

保安城位于民族聚居和迁移的农、牧区交汇处，自汉朝以来，汉、西羌、鲜卑、吐蕃、蒙古、土、回等民族你来我往，相互联姻，长期在这里交融共处，并孕育了中国 56 个民族大家庭成员之一的保安族。

保安族文化融合了中亚伊斯兰文化、西域突厥文化、蒙古文化、藏文化以及中原地区的汉文化，丰富多彩、内涵深厚。

明代以后，保安城长期是黄南地区的政治经济中心。现在的保安城虽然失去了往日的辉煌，然而保存下来的城墙依然坚实牢固，古城内汉、藏、回各族居民友好相处，团结和睦，过着怡然自乐的生活。

汉藏结合式藏传佛教寺院建筑当首推塔尔寺。

塔尔寺始建于明嘉靖年间。被誉为佛教的"第二蓝毗尼园"。塔尔寺自明清以来不断增建、重建、扩建、维修，形成一座占地 6 百余亩，殿宇巍峨，亭楼峙耸，佛塔林立，僧舍栉比，布局自由，依山就势，错落有致，结构严谨，色彩华丽的古刹建筑群。

该寺坐落在湟水之滨的宗喀莲花山中。塔尔寺四周由八座平缓形似八瓣莲花的山峰环抱，地势如八瓣莲形，天空形似八辐轮，佛家认为是法轮常转，妙谛永存的吉祥象征。

塔尔寺莲聚塔高 11 米，以纯银作底，表面镀以黄金，并镶嵌各种珍宝，价值连城。塔中部佛龛里供着宝贝佛（宗喀巴）的药泥像。塔前佛龛里供着从西康迎请来的九世班禅塑像。佛龛前陈设有金灯、银灯、铜灯、大象牙和古瓶等饰物和法器。明万历五年（1577）在莲聚塔之旁兴建了一座三宝俱全的明制弥勒佛殿，这就是塔尔寺的最著名建筑大金瓦殿。大金瓦殿被誉为"世界一壮严"，是塔尔寺的核心建筑。该殿是一座典型的具有藏汉合璧特点的三层重檐金顶建筑；该殿建筑面积 456 平方米，周长 84 米，高 19 米。面阔 7 间，进深 6 间，道阔 21.23 米。大殿大木结构十分特殊，中心三间以减柱法留出巨大空间，以容纳莲聚宝塔。二层藏式方柱上安装寻杖栏杆形成两层回形走廊，可以瞻仰塔身佛龛。二层顺梁在内侧悬挑出 2 米，梁头上安置寻杖栏杆，形成三层小一圈回形走廊。三层歇山顶梁架，为 7 檩大木，上用爪柱承接三架梁，三架梁上栽脊挂柱，承接脊檩，脊檩下依次为檩垫板、随檩。大金瓦殿殿内经架上珍藏有数百卷大藏经和宗喀巴师徒三尊的全集。莲台上有塑、铸、绘画、堆绣的佛像，墙殿、天花板上绘有佛教故事。金顶是古建筑装饰中的最高等级。大金瓦殿三层歇山顶和二层檐屋面全部用镏金铜瓦。正脊中央安装有 3.8 米的镏金吉祥宝瓶，造型挺拔秀美。正脊两端安装有两对喷焰摩尼，俗称火焰掌。金瓦屋面有板瓦和筒瓦之分，板瓦呈方槽形，与屋面平贴，筒瓦为半圆筒状，扣在半圆楞木上。在灿烂的阳光下，远望大金瓦殿，金光闪闪，显得非常富丽堂皇。大金瓦殿堪称汉藏僧侣和工匠的建筑杰作。

小金瓦殿藏语称"旃康"（即护法神殿），镏金铜瓦房顶，单檐歇山式建筑。殿内供奉五勇猛明王（身王、语王、意王、智慧王、功德王）护法神像。两侧陈列有虎、豹、熊等猛兽的皮毛和标本，象征驱逐邪恶，保护正法，制服一切恶魔的威严。左侧供着九世班禅骑过的白马躯壳。传说九世班禅从西藏来青海时曾骑此马，一天之内赶到了塔尔寺。院内四壁（包括二层楼上）绘满各式精美的壁画，两廊楼上陈列着野牛、石羊、猴子和狗熊等动物标本，制作精巧，宛若活物。

塔尔寺具有藏式建筑中典型的边墙装饰艺术，藏语称之为"鞭坚"，即墙根用坚实的石料垒砌，墙面和墙头边沿则用一种高原灌木——"鞭麻"做装饰，并镶以铜镜。墙面美观大方，经久耐用，使整个墙基上轻下重，符合建筑原理。加上红墙配以鎏金铜瓦，寺院显得金碧辉煌，气势磅礴。红墙碧瓦、金顶绿树、经轮幡幢形成神圣、庄严的佛寺景观。

塔尔寺作为中华民族的珍贵文化遗产，它不仅以瑰丽壮观的建筑艺术闻名于世，而且是藏族文化艺术荟萃的宝库。琳琅满目的雕刻艺术和各种造型精美的佛像、法物圣器，或鎏金饰珠，或质朴无华，不少是稀世珍宝。皇帝御赐和名人敬献的匾额亦为重要文物，浩瀚的藏文古籍藏书是研究藏学的珍贵文献；被誉为塔尔寺"艺术三绝"的酥油花、壁画、堆绣已有300余年的历史。

隆务寺及吾屯上下寺位于青海省黄南藏族自治州首府同仁县的所在地隆务镇。隆务镇地处隆务河中游河畔，依山傍水，环境宜人。

隆务寺占地385亩，其规模在安多地区仅次于甘肃的拉卜楞寺和青海的塔尔寺。据记载最早建于元朝大德五年（1301）左右，当时属于藏传佛教萨迦派寺院，规模很小。以后多次重建和扩建。明洪武三年（1370），明王朝敕建寺院。明万历年间，隆务寺大经堂建成。明熹宗曾于天启二年（1622）赐题"西域胜境"匾额，悬于经堂门首。寺内有佛殿、经堂31座，活佛昂千院43处，僧舍303院。为汉藏合璧式建筑。经堂、佛殿建筑宏伟庄严，装饰华丽，房顶皆为琉璃瓦。中脊有镀金的高瓶。

寺院中央的大经堂建筑是隆务寺的标志性建筑。它的建筑面积为1700多平方米，周长170米，底平面呈长方形，阔12间，深13间。分两层，二层中拔起天井殿，三面围以回廊，后面起后佛殿顶。第一层为藏式平顶建筑，由门廊、诵经大厅、后佛殿组成；边麻墙，屋顶正面置金鹿、法轮；第二层为汉式歇山绿琉璃瓦顶。门廊及诵经大厅的结构均为藏式托木结构，即藏式柱梁结构，形制独特，雕刻精美，描金绘彩，而且柱子很多，内有巨柱18根，短柱146根，纵横成行，装饰华丽，屋内四周布满上百副唐卡、堆绣，色彩斑斓，营造了浓重的艺术氛围和文化气息。走进大经堂，就步入了艺术殿堂。

寺内宗喀巴大师像高11米，座底周长26米，上下周围满嵌金玉宝石，通体镀金，显得金碧辉煌。

吾屯上寺位于黄南州隆务镇吾屯上庄村，四合院式布局，由山门、经堂、佛殿、夯土围墙组成，坐东朝西。始建于明洪武年间（1368—1398），属藏传佛教格鲁派。寺内存有木雕佛像、唐卡、壁画等珍贵文物。寺僧擅长绘画、雕塑，历史上出过不少藏传佛教艺术大师。

吾屯下寺位于隆务镇吾屯下庄村，建于17世纪中期，四合院式，由山门、经堂、佛殿、夯土围墙组成，坐北朝南。僧舍散布在寺院周围。

汉藏合璧式大经堂及汉式重檐歇山顶佛殿各一座。大经堂面宽 7 间，进深 7 间，前出廊，平顶屋面置宝瓶、倒钟及金鹿、法轮等。屋顶中部升起一座面宽、进深各三间的歇山屋顶。内部通柱作法，四面开窗，便于经堂内部采光。佛殿位于大经堂左侧。面宽 3 间，平面呈方形，3 重檐歇山顶，内部空间通柱作法。寺内有刺绣、唐卡等珍贵文物。属藏传佛教格鲁派。

吾屯上下寺的雕塑、壁画、刺绣、堆绣组成了驰名遐迩的吾屯艺术。吾屯上下寺成为吾屯艺术的中心。

吾屯艺术是流行于甘青地区的一种藏传佛教的表现艺术。隆务寺的各种建筑内，都以这种艺术为装饰。大约自 13 世纪以后，该艺术品种开始在青海同仁县的隆务河流域孕育、发展，经过数百年的探索、提炼，在传统藏传佛教艺术表现风格的基础上，汉、藏绘画和刺绣艺术结合交融，取长补短，相得益彰，形成了汉、藏两种文化、两种智慧珠联璧合的独特的文化艺术品种。藏语称同仁一带为"热贡"，故吾屯艺术又称"热贡艺术"。

热贡艺术早期作品古朴典雅，造型生动传神，富于内涵。尤其是线描功夫堪称精绝。代表作主要有年都乎小经堂的释迦牟尼、宗喀巴大师像等。18 世纪初，热贡艺术进入鼎盛时期，这一时期的作品人物眉目传神，造型完美生动，神态惟妙惟肖，代表作有吾屯上庄壁画《马头明王》、吾屯下庄桑结本的绘画《南海观音菩萨》、尕赛日觉巴台绘制的唐卡《十一面观音》等。

几百年来，吾屯寺一带艺术人才辈出，绘画雕塑风气极盛，不但吾屯几乎家家从事绘画，整个隆务地区几十个村子的艺人们也以绘画为业。他们的画作遍及国内外。

壁挂唐卡是热贡艺术的一个重要品种，风格独特。它的制作是不直接绘制在墙壁上，而是先以木架为框，绷上处理过的画布，然后再在画布上进行描绘，整个完工后再挂在墙上。唐卡的内容多为佛教故事，宗教生活等，具有浓厚的藏传佛教艺术特色。壁画大都出自热贡画家之手，其中有些作品年代久远，具有极高的文物价值。这些作品虽然年代久远，但由于这些壁画是用天然矿物颜料重金描绘，至今依然线条分明，色彩鲜艳。

堆绣是热贡艺术又一个重要品种。它是在画布上将刺绣与浮雕结合起来的一种工艺美术品。先用各种绸缎剪成人物、花鸟等形象，内垫羊毛或棉花，然后绣制在黑色的布幔上，使人物、花鸟等凸现在平面上，呈现出很好的立体效果。堆绣以人物为主，而不表现大型场面，因此主题突出，色泽鲜艳，在寺院昏暗的光线下观赏效果比壁画要好。

热贡艺术博采众长，形成了具有青海特色和藏族民间特色的一大艺术流派。目前除甘青地区外，热贡艺术在整个藏传佛教地区亦广有影响，并远传至印度、尼泊尔等地，深受广大僧俗民众的欢迎。

佑宁寺位于互助龙王山南麓的佑宁寺，旧称郭隆寺。该寺始建于明万历三十二年（1604），是青海土族地区十三部落的代表进藏时求建，后由四世达赖喇嘛派佛子来青海建造，建寺时受到漠西蒙古部落和硕特部顾实汗等的有力支持，并得到四世班禅、五世达赖、顾实汗联合签发的寺产执照。

佑宁寺兴建后，发展很快，成为安多地区第一大寺，由于它与厄鲁特蒙古关系密切，在大通河流域开始建立了第一个政教合一的统治体制。蒙古族亲王罗卜藏丹津串通该寺僧侣反清，于雍正二年（1724）正月该寺毁于兵燹。清王朝平定事件后，曾拨款进行了重建，并赐名为"佑宁寺"。

该寺有五大佛府、九小佛府，建筑十分雄伟、华丽、优美、精致，其中一个大经堂、六个小经堂的建筑造型和艺术技巧可与青海最大的寺院塔尔寺建筑相媲美。

佑宁寺内供着元朝将领格日利特的铜像，土族尊其为始祖。该寺历代高僧都是著名学者，如土观三世曲吉尼玛所著的《诸派源流》，全面评述藏传佛教各宗派发展及其教义内容，曾被译成英文等流传国外。

却藏寺位于互助县南门峡乡却藏寺村。原名"塔兰木寨沙朗"，坐北面南，始建于清顺治六年（1649）。清雍正元年因罗卜藏丹津反清事件被毁，清乾隆元年（1736）重建。清乾隆三十年（1765），赐名"广济寺"。同治末年，部分建筑再次被毁，光绪十三年（1887）又由却藏活佛重建，遂改名为却藏寺。1985年以前，设有显宗（哲学），时轮（天文）学院，有大经堂、小经堂、佛殿及活佛府邸共 9 座。后大经堂被毁。1988 年依原样重建。

该寺现存有小经堂和章嘉昂（活佛府邸）。小经堂为二进二阶式建筑，包括大过庭、小过庭、小经堂等，均采用中轴对称。大过庭为歇山顶二层楼，上下层开间相同，均设前廊，面宽 7 间，进深 3 间。上层置木护栏杆。东西厢房为硬山顶，前开廊，通面宽 3 间，进深 3 间。小过庭前有 8 级花岗岩台阶，有台明，前开廊，通面宽 3 间，进深 2 间，雀替等雕花绘声绘色。进小过庭入二进院，东西为厢房，北有小经堂。小经堂建在台明台阶上，为重檐歇山顶建筑，屋面铺琉璃瓦，屋脊用镂空雕莲花砖，有吻兽。

章嘉昂为章嘉活佛府邸，在小经堂建筑的左侧，建于清光绪十三年（1887），坐北面南。面宽七间，进深二间，重檐歇山顶。

赛宗寺位于青海兴海县中部的赛宗山下。赛宗山是安多地区藏族群众传统中的三大著名风景区之一。赛宗山雄浑磅礴，远远望去，酷似一头垂鼻低首在河边饮水的巨象，象鼻下垂于寺前切莫沟中，山上沟壑纵横，洞窟遍布，苍松古柏，葱茏秀丽。面对大自然如此奇特的景色，加上人们丰富的想象，这里便产生了许多充满神秘色彩的地名。

该寺于民国 12 年（1923）修建，隶属于隆务寺（同仁县），汉、藏结合式风格，有雄健、庄严、错落之美，寺院内精美的绘画艺术装饰来源于吾屯艺术，佛像端庄、肃穆、优美、慈祥。壁画中有佛经故事，人物、山水绚丽多彩，栩栩如生。每逢藏历猴年，海西、果洛、玉树及黄南的信教群众，数十万计来此朝拜，转山，盛况空前。

汉式藏传佛教寺院建筑以瞿昙寺为最著名。瞿昙寺被国内建筑界誉为"小故宫"，它坐落在青海省乐都县瞿昙乡新联村，距西宁 88 公里。"瞿昙"一词是佛教创始人释迦牟尼的姓氏。瞿昙寺是明朝朱元璋皇帝为在当时的罕东藏族部落中享有很高威望并忠顺朝廷、协助朝廷平乱的三罗喇嘛所建。永乐年间，明成祖朱棣又扩建瞿昙寺，派太监、指挥使等到瞿昙寺建成宝光殿、金刚殿、两厢廊、前山门，这之后又先后下达敕谕七道，诰命二道。该寺是我国西北地区保存最完整的明代初期的建筑群。瞿昙寺系藏传佛教格鲁派（黄教）寺院，完全采用汉族官式建筑形制。历经 600 余年至今仍保存完整，尤其难能可贵。

距瞿昙寺十华里的南山脚下有药草台寺，历史上曾是瞿昙寺的下院。药草台寺建于明万历年间，那里以风景秀丽著称，乐都县十二景之一的"药台清泉"和"南山积雪"都在该寺附近。

能仁寺位于民和县城西面约 20 公里处的东沟乡麻地沟村西一小山之巅，又因寺处麻地沟地界，也称麻地沟寺。据传，该寺供佛原在金陵（今江苏南京）碧峰寺，明洪武年间，随南京竹子巷居民的谪徙而将神佛西迁至此并建寺供奉。寺之主持为青衣僧，据考证其派别与金陵碧峰寺突空智极皆出一宗，其排行也完全相同。清同治年间，"大雄宝殿"部分被火烧毁，后又重新加固维修。现有前殿和正殿各 1 座，廊房，钟楼各数间，前殿名为"幽冥教主地藏菩萨殿"，殿内供奉地藏菩萨和韦驮天神；正殿名为"大雄宝殿"，殿内供奉释迦佛、弥勒佛、提和谒罗佛。

值得一提的是该寺中有一部源于唐朝目莲救母变文故事的大型戏剧剧本《目莲宝卷》，系手抄本，目前国内已无二存。

"能仁寺"每隔 20—30 年举办一次"刀山会"，规模与盛况闻名于西北，主要汇演"目莲救母"戏及上刀山。时间在正月十五至月底，其中 7 天半唱阴戏。

西来寺位于青海省乐都县碾伯镇东关，明万历三十四年（1606）由佛教徒杨蕃等募捐兴建，竣工于明万历四十二年（1614）。距今已有 370 余年的历史。

该寺以古朴的木构建筑，精美的雕塑和具有很高的艺术水平的工笔佛像画著称。该寺是一处典型的佛教寺院建筑，虽经历代修葺，但基本上保持了原来的布局和面貌。建筑面积为 2184 平方米，由山门、中殿、东西两厢和大殿组成两进院落，庭院内绿树成荫，陪衬着朱红色檐柱和绿色的斗拱，环境十分幽雅。山门面宽 3 间，进深 1 间，中为门廊，东西为泥塑四大金刚。中殿和东西两厢，均为硬山式建筑，是供佛像的所在。大殿面宽 5 间，进深 3 间，单檐歇山顶，伫立在高大的台基上，十分雄伟壮观，周围以高廊相衬，更显得空旷肃穆，周檐斗拱繁缛，昂嘴下突，是明代佛寺的典型风格。

寺内佛像神态安详，表情各异；墙面上用半立体手法浮雕山水、人物、建筑、树木、珍禽、异兽等，小巧玲珑，独具匠心，不愧为古代劳动人民和艺术大师的智慧结晶。

藏式藏传佛教寺院建筑主要位于玉树、果洛等藏族自治州境内，西宁周边也有一些。

桑周寺又称龙珠寺。位于玉树藏族自治州玉树县仲达乡西约 40 公里处的通天河畔。是一座历史悠久，具有很高的历史、宗教、文化和艺术价值的雪域古刹，属藏传佛教萨迦派（花教）寺院。

该寺于公元 1260 年由八思巴指派嘎·阿尼胆巴在这里修建。它的前身是著名的藏族苯教寺院——仁真傲赛寺。为便于管理该寺而修建了藏娘佛塔，该塔为公元 1030 年左右到此弘扬佛法的印度著名学者、藏传佛教后弘期初期的代表人物之一弥底迦纳所建。塔高 31 米，周长 81 米，塔座为土石结构，有四层；塔身为木土石结构，中有可以行走的廊道；塔顶为典型的 13 层藏式装饰性建筑。塔的内部为玻璃小塔，小塔内部是七代佛祖的舍利。该塔作为藏传佛教佛塔建筑及壁画绘制的标准模式，有极高的科研、学术价值，被誉为世界三大古佛塔之一。该塔虽地处偏远、交通不便，但其恢宏的气势、独特的形制，每年都吸引着众多国外信教群众和游客慕名而至。

该寺所藏佛像和唐卡的制作工艺考究，人物刻画细腻，反映的宗教历史故事生动贴切，具有很高的艺术价值，尤其是该寺的唐卡艺术别具一格，为藏族宗教文物中的精品。

桑周寺藏娘唐卡艺术，也称绘雕艺术，由弥底迦纳创建。他还在一块豌豆大小的黑石子上，镶嵌白石雕成立体佛像，形象呼之欲出。在他的作品中堪称一绝的还要数微型小塔，它和黄豆粒差不多大小，小塔上端刻有八个小塔，里面装有药物，可以食用，可以护身，做工精细，造型逼真。

广惠寺亦称"郭莽寺"、"赞布寺"、"赛柯合寺"，藏语"赞布具喜圣教洲"。位于青海大通县桥头镇东北 18 公里处，在今东峡乡所在地衙门庄。

据史籍记载，广惠寺创建于清顺治七年。建寺者是西藏哲蚌寺喇嘛端智嘉措，法号称隆巴端智布。当时名为郭莽寺（郭莽，藏语是"多门"

的意思），属于西藏哲蚌寺郭莽扎仓系统。建寺初，只有显宗经院，康熙初又设密宗院，遂成了显、密双备的寺院。当时和塔尔寺、佑宁寺、隆务寺、夏群寺等齐名，为青海著名黄教寺院，是敏珠尔呼图克图的驻寺，在甘肃、内蒙等地颇有影响。康熙末年有喇嘛 700 余名，经堂、僧舍 600 余间。雍正元年（1723），因胁从青海蒙古和硕特部罗布藏丹津附同准噶尔部策旺阿拉布坦反清，被焚毁。雍正十年（1732）清政府拨银 10 万两，令其修复，并赐题"广惠寺"。乾隆年间，敕赐"法海寺"匾额一面。乾隆四十七年，敕赐"大利进殿"匾额一面。清同治五年（1866），该寺再次毁于兵燹，光绪年间重修。据载，这次修建木材尽取于寺前鹞子沟山中，费工 10 多万，耗银 5.7 万两，建成 5 层砖木结构大经堂、九间楼及僧舍 500 多间。民国初期，寺僧增至 700 余众，仅活佛昂欠有 12 座之多。1958 年，该寺有大经堂、释迦殿、夏鲁经堂、甘珠尔经堂、天女殿、护法殿等殿堂 6 座，僧舍 420 间，寺僧 300 多人（其中活佛 9 人，管家 13 人，干巴 5 人）。寺中藏有明永乐八年二月初一日大明皇帝所赐"灌顶圆修净慧大国师孛隆逋瓦桑尔加领真"的圣旨 1 轴，清乾隆年间钦赐的"法海寺"匾额 1 方，九世班禅来广惠寺时写给该寺的藏文长挂轴 3 幅，敏珠尔的"净明禅师之印"等。

夏宗寺又称"峡峻寺"、"夏峻寺"，位于平安县西。夏宗是"夏哇日宗"的缩写，直译为"鹿寨"。这里环境幽静，林木茂盛，曾是鹿类动物的乐园。藏语全称为"夏宗珠代"，意为"夏宗修行处"，是历史上安多地区藏传佛教僧人静修之地，是藏传佛教界的名刹寺院。

夏宗寺始建于元末，据传东晋隆安三年（399），汉僧法显与法友赴印度求经，曾在此活动留有遗迹。1359 年，西藏著名僧人噶玛噶举派四世活佛若必多杰奉召赴大都，途经平安时，在此驻足。年仅 3 岁的藏传佛教格鲁派创始人宗喀巴被其父领到该寺受戒。青海地区诸多名僧如宗喀巴的启蒙经师曲结·顿珠仁钦、塔尔寺首任法台鄂色嘉措等都曾在此修行，使夏宗寺享有盛名，遂成为藏传佛教界的名刹。若必多杰去世后还建有若必多杰灵塔和佛殿，后经罕达隆、塔尔寺一世安加苏、二世和三世当彩活佛的扩建，成为相当规模的格鲁派寺院，鼎盛时有僧众 300 余人，400 多间殿堂和僧舍。历史上，它与海南州兴海县的智嘎尔贝宗、黄南州尖扎县的阿琼南宗，以及乐都县的普兰杨宗并称为"安多四宗"。宗，藏语为天堑之意，即安多地区的四大险要名寺。整个寺院依崖而建，山崖寺址洞窟，气势非凡。崖洞内尚存有几幅壁画，但崖壁陡峭，使人无法攀援观赏。建于清代乾隆年间的八卦亭，它三面临崖，是览物观景的好去处，但因诸多原因，至今只剩下一些残墙断垣。八卦亭下的崖畔上曾经生长着一棵古柏，相传它是在宗喀巴受近事戒时落发处长出的。大殿一座五间，僧舍四间。大殿前悬挂着一座古钟，钟高 0.7 米，围长 1.47 米，重 60 公斤。铸有汉藏两种文字，记载着铸造年代（清康熙二十一年）及工匠等。寺内还珍藏着一幅夏宗寺原貌的图片，游人从中可以窥见寺院沧桑。

扎藏寺位于青海湟源县城西 10 公里的莫尔吉，相传建于东汉延康元年（220），距今有 1700 多年的历史。据说东汉末年有僧人在此修行，唐朝时此寺属于西夏所管辖。明万历六年（1578），三世达赖喇嘛曾临扎藏寺讲经。该寺作为安多地区十三大寺之一，是蒙古族在安多地区的一个重要寺院，寺内建有青海蒙古各王公府，曾是青海蒙古二十九旗联合会商政务的中心。

雍正元年（1723），罗卜藏丹津不满清朝政府的统治，领兵反抗清政府，年羹尧率清兵进行镇压。次年，罗卜藏丹津兵败逃往新疆。扎藏寺作为反清据点，受到打击，因此变得萧条。1743 年，清政府再次复查青海各寺院时，乾隆皇帝给该寺御赐"佛光普照"的匾额，使该寺又一度兴旺起来。清廷于每年七月二十五日派一名钦差大臣来扎藏寺，与各蒙古王公会同藏族千百户等祭海会盟。

清光绪元年又重新修建该寺，现有藏族平顶式大经堂 1 座，面宽 3 间，进深 6 间。还留有各蒙古王公的贝勒可可衙门等七个王府建筑。

白马寺古称金刚崖寺。位于西宁市东三十公里互助县红崖子沟湟水北岸，与湟水南岸的平安驿相望。

唐武宗会昌元年（841），吐蕃王朝末代赞普达玛灭佛，有三位不甘灭佛的西藏僧人携佛经，取道新疆，辗转逃到青海尖扎、化隆一带。他们晚年收穆斯萨巴为徒，人称释迦格哇饶赛，此后有十个西藏人来此授经，这十人后回到西藏又重整旗鼓。藏传佛教史将那次复兴佛教活动称之为"下路宏传",并将这一活动的首创人穆斯萨巴尊称为喇勤·贡巴饶赛。他在晚年到达雄峙于湟水河北岸的金刚崖,直到圆寂,后人为纪念他就在金刚崖建了这座寺院。金刚崖山势陡峭,白马寺各殿宇于山崖腰中凌空悬建,非常险要,抬头仰望,令人魂惊。山崖下还建有一尊石雕佛像,雕像古朴浑厚,线条粗犷,左手托钵,右手做推移状,寄托了古代劳动人民消除水患的愿望。另有一座佛塔,四周古沙枣树、松柏树成林,绿荫白塔相映成趣。

贝大日如来佛石窟寺又称文成公主庙。该庙位于玉树藏族自治州首府结古镇南约 10 公里的巴塘沟内,相传文成公主进藏时在此留居所建,故得名。文成公主庙是汉、藏人民长期友好交往的历史见证。

该庙坐北朝南,依山建有藏式假三层平顶建筑一座,另有其他配房。庙内北面岩壁上雕刻 9 尊佛像,中间为高约 3 米的大日如来佛结跏趺坐像,两侧上下两层各雕有 4 尊高 2 米的莲花座站像,手持花、瓶、钵、剑等物,据站像旁镌刻的藏文题记得知,此 8 尊佛像名称分别为文殊、普贤、金刚手、除盖障、虚空藏、观世音、弥勒、地藏菩萨。佛像雕刻手法细腻,人物形态丰腴恬静,庄严肃穆,据学者考证为唐代遗物。

此外,在寺庙附近的峭壁上刻有藏、汉文字题记 4 处。古藏文和古梵文,汉文为佛经用语如"波罗般若密多"等。

贝大日如来佛石窟寺与勒巴沟摩岩被国务院公布为第六批全国重点文物保护单位。

达那寺为青海仅存的叶尔巴噶举派寺院。位于玉树藏族自治州囊谦县吉尼赛乡境内的达那山。初建于宋代,早期为苯教寺院,后由桑结叶巴·益希则巴改为叶尔巴噶举派寺院。寺名意为"马耳狮子天堡",得名于该山最高处状若马耳的石峰,石峰下面是一层沙土地带,颗颗沙粒在阳光下闪闪发光,其下草坪如茵,再下松柏茂密,寺院即在林间。山腰下面一片河柳、刺丛,清澈的麦曲河自山脚缓缓流过。宋孝宗乾道七年(1171),帕摩竹巴弟子桑结叶巴·伊西则(智积)于喀木建成叶巴寺,从这里发展出叶巴噶举派。此后 17 年的淳熙十五年(1188),伊西则改建达那寺为叶巴噶举派寺院,迄今 800 余年。

达那寺现存有叶巴经堂,呈方形,高 20 多米,占地 44 平方米,帕摩竹巴灵塔殿，供帕摩竹巴灵塔；叶巴殿，供有桑结叶巴。伊西则自塑的自身药泥像和该寺前身主供的苯教祖师敦巴辛饶的镀金铜像，高约1尺。这座寺院富有传奇色彩的是其中的一座殿堂，塑噶丹佛塔，高9米，殿门紫檀，取材于云南纳西地方，传说推门而入时，因人而异发出各种声响，由此卜知各人前程命运，因此历史上到此来卜吉凶者非常之多。另外，由于该寺与印度达那寺齐名，信徒们认为朝拜了达那寺，犹如亲临印度佛教圣地，加之该寺历史悠久、景色秀丽、名称奇特等，在藏区颇负盛名，故朝拜者纷至沓来，络绎不绝。相传，藏族著名史诗《格萨尔王传》中的格萨尔王信仰叶尔巴噶举派。在达那寺建有格萨尔殿，内塑有格萨尔身像，并保存有格萨尔及其部将的兵器等，在达那山顶有格萨尔三十将军灵塔群，因此也称达那寺为"岭国寺"。

达那寺与格萨尔三十将军灵塔被国务院公布为第六批全国重点文物保护单位。

西北四大清真寺之一的西宁东关清真大寺位于西宁市城东区东关大街，是青海保存最为完整的清真寺，也是我国西北最大的伊斯兰教寺院之一，是西宁市伊斯兰教进行宗教活动的中心。该寺坐西朝东，总面积为11940平方米，其中大殿面积为1120平方米，可容纳3000多信教群众进行宗教仪式。

青海的庙宇楼观很多，也很有地方特色。

贵德玉皇阁古建筑群位于青海省贵德县河阴镇，始建于明万历二十年（1592），由玉皇阁万寿观、文庙、大佛寺、关岳庙、城隍庙、民众教育馆（现为图书馆）六个院落和贵德古城组成。寺庙、道观相互毗邻，集中坐落于贵德古城内北面，东西宽192米，南北深212米，占地面积61亩，总建筑面积4915平方米。

玉皇阁是国内非常独特的一座集儒、道、佛为一体的古建筑群。玉皇阁万寿观属道教，建筑包括山门、过厅、东西配殿和玉皇阁。山门面宽3间，单檐硬山顶建筑，明间置双扇实榻大门。过厅亦硬山建筑，面阔3间，进深2间，分心4柱，前后出廊，3檩小木梁架，山墙前后均有干摆槲头，槲头做法与官式同，也分下肩、上身、盘头。盘头部分砖雕精美，是官式黑活中的佳品。

玉皇阁万寿观为整个建筑群之首，建于高 12 米，边长 14.95 米的方形砖铺面夯土台基上。台基高 3 丈 6 尺，寓意一年 360 天，底面 24 根立柱，寓意二十四节气。中间 4 根通柱，寓意一年有四季。玉皇阁万寿观为三重檐，歇山顶，木构建筑，面宽 5 间，进深 5 间，三层楼阁，一层全柱通接二层檐柱，三层檐柱座在二层匝梁上，中间 4 根内金柱为三层通柱。三层平板枋上安装 24 攒五踩斗拱。整个大木结构榫卯互锁，受力合理，承压均匀，结构十分严密。万寿观通高 26 米，顶层奉"天"，立玉皇神位，中间奉"地"，立土地神位，下层奉"人"，立皇帝牌位。"天地人"三才是道教的根本。整个建筑造型古朴壮观，被誉为"仙阁插云"，有凌空出世之感。春夏之交登临此观，凭栏远眺，黄河水清，梨花放白，群山微赤，田畴覆绿，令人心旷神怡。

城隍庙在玉皇阁西侧，始建于明代，清同治六年（1876）被毁，光绪二十八年（1902）重建，三十四年（1908）竣工。坐北朝南，现存钟楼、过厅、大殿。钟楼面宽、进深各三间，为二层三檐歇山顶方亭。过厅面宽 5 间。进深 3 间，单檐歇山顶。屋面与柱身之比为 1:2。大殿面宽 3 间，进深 3 间，单檐硬山顶。

文庙在玉皇阁南，与玉皇阁在同一条中轴线上，建于清嘉庆元年（1796），清同治六年（1867）被毁，光绪三年（1877）重建。坐北朝南，由（棂星门）牌坊、泮池、戟门、乡贤祠、名宦祠、七十二祠、大成殿组成。牌坊为新建 3 门 3 楼。戟门面宽 3 间，进深 2 间，单檐硬山顶，明间开中心柱，开双扇实榻大门，耳房宽 3 间，进深 2 间，单檐卷棚顶，廊房新建，面宽 6 间，进深 2 间。大成殿基高 0.7 米，殿前有方形明台，面宽 5 间，进深 3 间，单檐歇山顶。大成殿供奉孔子神位，历来为文人祭孔和集会的场所。

关岳庙在玉皇阁东侧，又称武庙，始建于清代。由照壁、山门、（戏台）左右钟鼓楼、过厅、廊房、大殿组成，坐北朝南。山门面宽 3 间，进深 3 间，硬山顶。钟鼓楼在过厅西侧，二层三楼歇山顶。过厅面宽 3 间，进深 1 间，歇山顶。该庙供奉关羽、岳飞、马祖三尊神像，是军旅将士拜谒的场所。

第二节　非物质文化遗产的传承及特质

历史遗存与文化传统　民族变迁与文化交流　宗教信仰与文化特质

从地理位置看，青海省西临新疆维吾尔自治区，东、北依甘肃省，东南接四川省，南靠西藏自治区，地处祖国西北内陆。考古资料显示，早在距今3万年前的旧石器时代，青海境内就有人类活动。说明处在古老边缘地带的青海大地，几乎与中原文明遥相呼应，同时步入人类文明的行列。"从原始人打击和磨制石器，制造出工具和武器，以及用火和烧制出陶器开始，人类文化的曙光也就开始照亮了大地"②。从新石器时代的马家窑文化（包括石岭下类型、马家窑类型、半山类型、马厂类型）到青铜器时代的齐家文化、卡约文化、辛店文化、诺木洪文化等遗址中出土的大量珍贵文物，在真实地反映青海远古先民的生存生活状况的同时，也折射出不同时期远古先民的原始宗教、巫术活动和审美情感。其中出土于青海境内的两件舞蹈纹彩陶盆（1973年出土于大通县上孙家寨的15人3组舞蹈纹彩盆，1995年出土于同德县宗日遗址的24人2组舞蹈纹彩盆），印证了青海先民们卓越的艺术禀赋，是青海先民的杰出艺术创作。乐都县柳湾古墓葬中出土的裸体人像彩陶壶被誉为我国最早的雕塑作品，这也是马家窑文化马厂类型遗物。陶壶上装饰着黑色花纹，上面有一裸体人物浮雕，五官、双臂等清晰简练，生殖器官突出，运用了彩绘的手法，朴实稚拙，是青海早期造型艺术的精美代表。被列入2001年十大考古发现之一的民和县喇家遗址，是铜石并用时代大型灾难遗址，出土了玉璧、玉环、大玉刀、玉斧、玉锛、玉管等珍贵文物，其中有一件"清纯悦耳、音律完整"的石磬珍品。磬是古代先民重要的礼器，喇家遗址出土的石磬长约96厘米、宽约61厘米，厚度约达6厘米，是迄今为止黄河流域出土的最大石磬，被誉为"黄河磬王"，昭示着曾经生活在此处的远古主人们不同凡响的神秘身份和他们相对完善的礼乐制度。

远古时代，人们在严酷的自然条件下，首先面临着生存、繁衍的难题，因此，被我们今天看做原始艺术的很多器皿、纹样、图案所蕴含的意义又远远大于其本身的意义。正如李泽厚指出的那样："仰韶、马家窑的某些几何纹样已比较清晰地表明，它们是由动物形象的写实而逐渐变为抽象化、符号化的，由再现（模拟）到表现（抽象化），由写实到符号化，这正是一个由内容到形式的积淀过程，也正是美作为'有意味的形式'的原始形成过程。即是说，在后世看来似乎只是'美观'、'装饰'而并无具体含义和内容的抽象几何纹样，其实在当年有着非常重要的内容和含义，即具有严重的原始巫术礼仪的图腾含义的。"③正是基于这样的认识，李泽厚在考察青海省上孙家寨出土的舞蹈纹彩陶盆时，得出如下结论："它以人体舞蹈的规范化写实方式，直接表现了当日严肃而重要的巫术礼仪。"因此，当我们从远古人类的遗留物中捡拾到如此众多的具有美术、音乐、舞蹈意义的文化信息时，对博大精深的远古文明充满敬畏，对今天仍然以质朴无华的方式呈现在我们眼前的民族民间文化充满敬畏，文化渊源正如一泓清泉，生生不息地流淌着青海文化的血液。

在青海广袤的土地上，分布着许多岩画。岩面描绘的内容有动物（主要以牛、马、鹿、鹰、豹子、狗为主，牛最多，鹿次之）、狩猎、战争、生殖及藏文字等，虽然历经千百年的时光依然色彩鲜艳，形象生动，带给我们强烈的视觉冲击。在天峻县江河乡卢山岩画中，形象最多最集中的为一号岩画，岩面面积约20米见方，其上有150多个形象。使人们颇感兴趣的是车猎和生殖图。车猎为双鹿驾辕，人立车上，引弓如月。箭射向车后的野牛。为了形象地表达射猎的意图，制作者将箭矢飞行的弧线也打凿出来。这幅图打制精细，形象准确。特别是图中车的形象的出现，让人们对青海古老先民的生活充满了想象。

温家宝曾说过，物质性是文象，非物质性是文脉。人之文明，无文象不生，无文脉不传。无文象无体，无文脉无魂。人类文明只有代代相传，才能不断丰富发展；只有相互交流，才能文物化成。这些文化遗存是我们这个地区优秀文化传统的生动再现，它们从历史深处逶迤走来，一路撒播下文明的种子，在世间留下了丰厚的非物质文化遗产。

青海的历史是一部民族迁徙史、文化交流史。

民族的迁徙带动各民族文化相互包容、交融，而长期碰撞、交融，文化类型多种多样，且互相浸润、涵化，形成了你离不开我，我离不开你；你中有我，我中有你；甚至我就是你，你就是我的异彩纷呈的民族文化场域。在黄南藏族自治州同仁县上下五屯村，这里的土族人以虔信藏传佛教和绘制藏传佛教唐卡、雕塑佛、菩萨像而闻名于世。五屯人原是汉族移民，也有蒙古族的成分，但他们自认为是藏族。他们有自己的语言，妇女们仍然穿土族服装。现在他们中的许多老人在身份证等登记表格上填的仍然是土族，但后来出生的许多五屯村民在确定族别时选择了藏族。他们长期处于藏族和藏族文化的环境中，几乎全盘接受了藏传佛教和藏族文化。再如黄南州河南蒙古族，他们长期处在藏族文化的包围圈中，人们说一口优美、标准的安多藏语，穿华丽藏服，他们对自己族属的自我认识相当模糊。当问到"你们是什么民族"时，绝大部分都回答"我们是牧民"，只有少部分有点文化的人会回答"我们是藏族"，有些回答"我们可能也是蒙古族"。有的则在话语中流露出蒙古族原生性和根基性的情感。在生活习俗上，他们也保留了大量的蒙古族特色。现在他们住的帐篷大部分还都是白蒙古包，在河南蒙古族自治县柯生乡、赛龙乡的蒙古族人所操的藏语中还夹杂着蒙古语的词汇。有些老人现在还会说蒙古语。河南蒙古族妇女仍然保留着传统蒙古族妇女的头饰，他们采用蒙古族传统的方法缝制皮袄。化隆回族自治县卡力岗地方的"藏回"则是一个着藏服、说藏话、到清真寺做礼拜的群体。长期以来，卡力岗居民的宗教信仰是伊斯兰教，而世俗文化又是藏族的。阿訇给满拉讲经、主麻日给群众讲"卧尔兹"都使用藏语。而在河湟地区以及与其临近的半农半牧地区，许多藏族吸收了汉人的诸多文化元素。这些藏人一般都会讲当地的汉语方言，有些还通晓汉文，很多人都取汉名，过汉族的节日，很难认出他们是汉族还是藏族[④]。

　　青海是一个多宗教的地区。藏传佛教、汉传佛教、伊斯兰教、道教、天主教、基督教均有传播流布，并形成深厚的宗教文化传统。宗教正是通过信教群众的生活习俗传承了其文化，并通过日常生活中的某些礼仪形成独具地方色彩的文化习俗。信仰藏传佛教的藏、土、蒙古族的民族文化同宗教文化交织在一起，以民族文化为基础，以宗教文化为主干，吸收了其他民族文化，形成了相对独立和具有特色的文化体系。对这些民族的信教群众来说，无论是政治的、经济的，还是教育的、文化的，都带有浓厚的宗教色彩。在这种特殊的文化氛围中，衣食住行、婚丧嫁娶、节庆礼仪等诸多方面都受到藏传佛教的深刻影响。在长期的发展过程中，有些宗教仪式在传承过程中逐渐演化成为传统节日中的重要内容，有的传统节日习俗就是直接从宗教祭祀活动演变而来的，如藏族的大祈愿会、望果节、燃灯节、观经会，土族的青苗会，蒙古族的敖包会等。在日常生活中的许多行为亦与佛教有联系。如婴儿出生后要请活佛僧人念长命经，赐名吉祥经，成人后要念净身经，结婚时算卦祝福经，死后念超度灵魂经等。家中来客人后敬献哈达等都受到了佛教的影响。

青海同仁土族、藏族共同参加的最盛大的宗教节日"六月会"，它所展现的特殊风俗和仪式弥漫着苯教、萨满教等原始宗教文化遗风。历史学家把仪式看作是人类远古文化的活化石，因为宗教仪式的起源、性质、类型等，特别是巫术和禁忌中保留着人类早期的历史风貌。从六月会的起源、性质、类型以及巫舞种类等方面考察，六月会折射着民族的历史传统、社会结构、生产经济、生活习惯和社会思想等方面的内容，对民族的物质文化、精神文化和制度文化也产生着或显或隐的影响。

同仁土族跳的"於菟"舞，是一种由巫师操作的一种拟兽舞。它是一种十分古老的民俗祭祀活动。於菟舞，是舞者扮成老虎模样的舞蹈，所扮演的这种动物是与他们的生存息息相关的动物形象，也就是他们的图腾形象。它是人类最初本能宣泄情感的原始形式，倾注了氏族情感和原始宗教意义，它不仅反映了远古人类的图腾崇拜，而且是人类信奉万物有灵观念的原始宗教文化的再现。

民和三川土族"纳顿"会，更是展现了土族人民风土民情与生活习俗，充分反映了土族先民的动物图腾崇拜，山神、龙神以及二郎神崇拜。今天的"纳顿"经历了诸多世纪的衍变和发展，形成了具有多元文化复合色彩的民俗活动，成为青海土族唯一社会生活容量大，思想内涵丰富，规模宏大的文化载体。其中祭祀仪典中"跳法拉"、"杀虎将"保存着萨满教的遗风。"纳顿"最后的程序是跳"法拉"，"法拉"即巫师，为人与神之间的媒介，土族人视法拉为二郎神的化身。表演时先焚香跪拜，口中喃喃有词，进入迷狂状态后，口吐白沫目光呆滞，则为神灵附体。其中有的法拉，还要表演插钢钎、钢刀等绕场舞蹈。"跳法拉"属于古代巫术遗风，祭祀中法拉请神、娱神、酬神以及替神宣示神谕等一系列活动，实际上是北方萨满教的遗绪。土族先民曾长期信仰和依赖萨满的庇护。这充分反映土族先民部落的生活及对动物图腾崇拜信仰。

宗教文化与青海地区信教群众的社会生活息息相关，不同宗教信徒之间，在青海这片古老土地上能够和睦相处，共生共存。宗教文化渗透在民族文化的各个领域、各个层面，与民族文化的发展、延续，互连互动。于是，我们在这里看到多种宗教同时受到尊崇的现象。在青海河湟地区汉族、土族聚居的地方，道教从教义、教法到神祇、仪式，基本上保持了道教的主体地位，但兼收了藏传佛教的神祇、仪轨等因子。例如，在河湟地区民和县的庙会中，道教阴阳师的清醮道场贯穿始终，但在诵经开始时有藏传佛教的"升幡"仪式。在青海河湟藏族聚居的地区，藏传佛教吸收道教成分比较普遍。道教崇奉的关公、二郎神、文昌帝君成为许多嘛呢庙中供奉的对象。安多地区藏族把关公看做四大天王中的南色天王，即藏传佛教的财神，显然，这与当地汉族将关公看做财神供奉有关。每年农历六月十五是耍神的庆典，四面八方的汉藏群众集中到离文昌庙不远的河阴镇解放公园，当天上午人们用八抬轿子将供奉在文昌庙里的文昌帝君像和二郎神像抬出来，在参加庆典的人群中绕一圈，便又放回到原处。不同宗教的互相浸润、交融，使得上述不同文化在保持各自特质的基础上，完全可以相互补益，相互宽容、和睦共处。

第三节　非物质文化遗产的种类及其发展

民间口头传承艺术与文化空间　民间歌舞与民族情感　民间手工艺与民族生产实践　民间竞技与民众智慧　服饰、饮食、民居、民俗文化

青海各族人民创造的口头传承的文学历史悠久，内容丰富，形式多样，主要有神话、史诗、歌谣、民间故事、民间传说等。神话被誉为人类最早的文化载体，是人类童年时代关于天地形成、万物起源等问题的

形象化解释。青海各族人民的神话也反映出对上述内容的独特思考，在解释天地形成、万物起源时，体现出青藏高原特殊的自然地理因素和气候条件影响下的文化特质。如土族的《阳世的形成》解释阳世（即人类生活的地方）的形成时，认为是天神给在茫茫海水中的蛤蟆怀里放了一把土而形成的，每当蛤蟆扭动身躯时，阳世间便会发生地震。这则神话具有重要的文化史意义，苏联学者涅克留多夫在《蒙古语诸民族的神话》中指出，蒙古语诸民族神话的一个特点，即造物主将浮游于瀛海的巨龟（或蛙）翻转过来，将刚刚造成的地置于其腹上（或自身变为龟）。动物之动作，则是地震的原因[⑤]。土族属阿尔泰语系蒙古语族，这则神话具有蒙古语诸民族神话的重要特点，属于潜水神话（earth-diver myth）母语。藏族、撒拉族也有类似的神话。藏族《斯巴宰牛》对天地万物、日月星辰的起源进行了回答，"最初斯巴形成时，天地混合在一起，分开天地是大鹏[⑥]，大鹏头上有什么？最初斯巴形成时，阴阳混合在一起，分开阴阳是太阳，太阳顶上有什么？……"[⑦]在藏族人看来，开天辟地的重任是由大鹏鸟来完成的，大鹏鸟在藏文化中是神鸟，具有降服龙魔的本领。"斯巴宰杀小牛时，砍下牛头放高处，所以山峰高耸耸；斯巴宰杀小牛时，割下牛尾栽树阴，所以森林浓郁郁；斯巴宰杀小牛时，剥下牛皮铺平处，所在大地平坦坦。"[⑧]牛的肢体化生万物这种思维方式正是肢体化生型神话的特点，同时又具有游牧文化的显著特征。神话是人类对宇宙万物及自身起源等问题的深入思考，负载着早期人类的探源意识，具有极高的历史文化价值。

流传在青海藏区的藏族史诗《格萨尔》是全世界篇幅最长的英雄史诗。著名学者降边嘉措认为《格萨尔》是"具有悠久历史和丰富内容的藏族文化宝库"[⑨]。《格萨尔》以韵散兼行的方式讲述了格萨尔王为救护生灵而投身下界，率领岭国人民降伏妖魔、抑强扶弱、完成人间使命后返回天国的英雄故事。格萨尔史诗以其独特的串珠结构，融汇了众多神话、传说、故事、歌谣、谚语等，形成了气势恢宏、篇幅浩繁的历史画卷。《格萨尔》史诗说唱传统在一定意义上是地方性知识的汇总——宗教信仰、本土知识、民间智慧、族群记忆、母语表达等，都有全面的承载，《格萨尔》史诗说唱传统还是唐卡、藏戏、弹唱等传统民间艺术创作的灵感源泉。青海有说不完《格萨尔》的艺人才让旺堆；写不完《格萨尔》的艺人格日尖参；唱不完《格萨尔》的艺人达哇扎巴；画不完《格萨尔》的艺人尕日洛、东智；抄不完《格萨尔》的艺人布特尔。青海共搜集藏文原始手抄本和木刻本达28部74种之多，已出版27部；具有代表性的登记艺人达55名。《格萨尔》在流传过程中，还形成了蒙古族《格斯尔》、土族《格赛尔》。

青海各民族中广为流传的故事、传说等民间文学形式，集中表现了各民族日常生活中提炼的具有幻想性、传奇性的故事与传说，记载了青海各民族人民的美丑善恶观念，具有鲜明的地方特色和民族特色，较有影响的是藏族的《仓央嘉措的传说》、《文成公主的传说》，撒拉族的《苏四十三》，回族的《阿布都的故事》，土族《黑马张三歌》，蒙古族《顾始汗的传说》，土族、撒拉族的《蟒古斯》系列故事，撒拉族的《骆驼泉的传说》，《尕拉阿吾》等。

民间口头传承艺术有一个显著的特征，那就是传说中的人物、事件与当地人文历史背景、自然地理环境的紧密粘连，它们与自然环境、人文景观一起，共同构成了独特的文化空间。在格萨尔史诗流传地"玛域"，黄河源头的广大地区，处处都有藏族英雄格萨尔的足迹，在大量的民间神话传说里，印证着更多的历史古迹。在被称作《格萨尔》史诗村的果洛州甘德县柯曲镇的德尔文村，这里的男女老幼深信自己与格萨尔王有着特殊的渊源，他们怀着虔诚崇敬之情将格萨尔史诗的传承说唱作为自己的天赋使命，他们富有韵律的说唱仿佛把人们带入了古代"岭国"的山水田园。无处不在的格萨尔已经和这里的山川树木、田园牧野融为了一体，形成了以格萨尔口头传承为文化圈的活动空间。

青海是歌舞的海洋。许多民族聚居区都有"歌舞之乡"的美誉，藏族、土族等民族都自称"会说话的能唱歌，会走路的能跳舞"，青海各民族生活的喜怒哀乐之情，都通过民歌得到了充分的表达。在青海各民族中传唱的花儿，无疑是青海民族艺苑中的奇葩。

"花儿"虽然流行于我国西北广大地域，但寻其源头，就在青海河湟地区。青海因此被称为民歌的天堂、"花儿"的海洋。居住在这里的汉、藏、回、土、撒拉等各族群众，无论是在田间耕作，山野放牧，还是外

图下 4-1　互助花儿会

出打工或赶路途中，只要有闲暇时间，都要漫上几句悠扬的"花儿"，并以歌会友。"花儿"会上，往往民间歌手一人演唱，众人相和，一人提问，众人回答。一连几天，漫山遍野，人山人海，歌声如潮，震撼山川，昼夜不息，歌声、笑声、掌声、欢呼声、喝彩声汇成了欢乐的海洋。

此外，藏族的"拉伊"、"勒"，土族的赞歌、问答歌、"道拉"，回族、撒拉族的宴席曲、"玉儿"，蒙古族的赞歌、长调，汉族的民间小调如《放风筝》、《巧梳妆》、《五更鼓》、《四季歌》等，旋律优美、风格清新，在节奏、音韵、句式、曲调上具有鲜明的个性特征和很高的审美价值，深受各族人民群众欢迎。

青海省大通回族土族自治县上孙家寨出土的"舞蹈纹陶盆"，描绘了一组五人连臂纹饰，有的学者认为："舞蹈纹彩盆中的动态与藏族和羌族的锅庄舞形态最为接近。"[⑩]说明距今 5000 年前，青海大地上就有了自己的舞蹈艺术活动。今天每一种舞蹈内容与动作都继承着古老传统的模式，每一个舞蹈动作都在表达各民族民间生活，表现力深刻而广阔，动作流畅自如。青海民间舞蹈有上千种，相传结古寺嘉那活佛独创的被称为"多顶求卓"的卓舞就达 100 多种。有位家住扎西河下游的农民开玩笑说："我早上去结古路过新寨，见他们正在抬起右腿起舞，等我下午回家的时候。他们的那条腿还没有落地。"这一夸张的形容足以说明卓舞的缓慢、沉长的韵律风格。青海民间舞蹈种类繁多，风格迥异，有的柔美抒情，有的欢快喜庆，有的浪漫豪放。如藏族歌舞"伊"、"卓"、"热依"、"锅哇"、"则柔"等，既体现出藏族歌舞热情奔放的总体特征，同时又蕴含了不同流传地区和歌舞自身内容所产生的独特风貌，韵味深长。土族歌舞"安昭"和"踏灰舞"，多为集体舞形式，载歌载舞，有着深厚的文化积淀。回族的"宴席舞"，撒拉族的"骆驼舞"，汉族的社火系列歌舞如秧歌、"八大光棍"、"四片瓦"，蒙古族舞蹈如鞑子扳跤、巴格西和三个班德等都是展示青海民族民间文化的艺术载体，风格独特，久负盛名。

同时，在青海境内众多的藏传佛教寺院里还保存着一种古老的"羌姆"法舞。法舞指舞者戴上具有宗教象征意义的面具或绘有原始宗教、巫术内容的纹饰，在法器的节拍下直接展示宗教意义的舞蹈。

青海各民族工艺美术历史悠久，每当人们谈起中国原始文化、原始艺术时，都会不约而同地想到黄河上游的青海彩陶，它那亮丽的色彩、丰富的图案、精湛的制作工艺，都会让人为之叹服。青海彩陶文化为代表的工艺精品以其鲜明的风格和较高的水准在中国早期文化史上写下了浓重的一笔。

民间工艺是历史的产物，优秀的民间手工艺是劳动人民在长期生产、生活实践中创造的珍贵文化财富。湟中加牙村"栽毛匠"编织的马褥毯；鲁沙尔镇"三匠"加工的银器、铜器、靴履；湟中马莲沟"雕花匠"刻制的木雕；塔尔寺的"三绝"即壁画、堆绣、酥油花；湟中的农民画、互助土族刺绣；大通灯影皮人；湟源蒙古道村石雕；玉树安冲、称多赛河的银器、藏刀；玉树囊谦的泥陶；玉树新寨的"嘛呢石刻"等，每一件物品，都凝聚群众的智慧，每一件物品，都达到了功能与审美要求的统一，每一件物品，都呈现出简练、粗犷、纯朴，自然的特点，极具实用功能。青海民间工艺品可谓品类繁多、琳琅满目。以藏画、农民画、刺绣、剪纸为主的青海民间手工艺，也呈现出极高的艺术创作水准。

农民画主要分布在湟水河、大通河流域的湟中、大通、互助、乐都等地，画风朴拙，散发着浓郁的泥土气息。取材上贴近生活、反映生活，形式上借鉴了周边藏画、皮影等的艺术风格，多用夸张的创作手法，表现对现实生活的体验与感受，形成了质朴中见华美的独特的艺术个性，湟中县被文化部命名为"中国现代农民绘画之乡"。

青海各民族的刺绣艺术历史悠久，题材丰富，手法多样，用途广泛，是各族人民热爱生活进而装饰、美化生活的一种生动的艺术实践活动。刺绣艺术兼有实用价值和审美价值，主要有服饰刺绣装饰、日用品刺绣装饰、宗教用品刺绣装饰。服饰刺绣装饰主要在鞋、袜、腰带、衣领、衣袖、衣袋等处；日用品刺绣装饰体现在辫筒、枕套、枕顶、围肚、钱褡、钱包、笔包、扇袋、针扎等；宗教用品的刺绣装饰主要用于佛像及吉祥图案的绣制上。传统的刺绣手法有平绣、盘绣、锁绣、网绣、拉绣、剁绣、辫绣、挑绣、堆绣、剪贴绣等，各种刺绣品构图精致，色彩鲜艳，做工精细，是青海民间工艺的经典。

民间剪纸艺术多出自擅长刺绣的汉族、土族妇女之手，多运用于剪刺绣用品的底样，称作"枕头花"、"鞋花"等，同时也有"窗花"、"门彩"、"墙花"、"喜花"、"供花"等，是各民族人民装饰、美化生活的一种手工艺。它操作简便，只需纸张和剪刀，一幅构图精炼、朴实稚拙、风趣别致的剪纸就"脱颖"而出。

在人类的早期，人们各自在不同境况中练就的生存技能，促成了民族体育的形成和留存。随着生产生活方式的改变和对这些技能的改造，这些生存技能就成为了全氏族以后生活中认许的体育项目。青海高原民族民间传统体育十分丰富，有赛马、赛牦牛、射箭、摔跤、拳术、武术、登高、藏棋、蒙古象棋、打"蚂蚱"、刁羊、踏青、秋千和轮子秋等近40余项体育运动。

青海各族人民均喜爱赛马。青海自古盛产名马，具有得天独厚的养马和驯马条件。骑马术成为农村牧区各族人民生活、劳动不可或缺的基本技能。赛马活动的目的是力求快速而争得优胜。有备鞍骑马和光背骑马之分。比赛时，观众均着节日的艳丽服装，扶老携幼，兴高采烈地前来观看。选手装束精干，马尾巴系着绣球，马笼头挂着彩带，有的在马脖子里挂上叮当作响的铃项圈，显得威武矫健。德高望重的老骑手发出号令，众骑手提缰夹腿，飞驰而去。优胜者抵达终点时，观众鼓掌祝贺，并由仲裁奖给哈达和其他物品。另外，还有跑马与走马之分。跑马是促使马快速大步奔跑；走马时，要求马不能同时腾起腿蹄。农业区定居的藏族在赛马时，不但十分注重马的大走、小走能力，而且另有赛规。主持比赛的老人，派一位仲裁去途中，如果发现有黑色马匹夺魁的趋势，就有意叫骑手放慢速度，免其争取优胜。因为黑马最先到达终点是一种忌讳。在比赛中，各民族还有自己的风俗特色，并伴随着马术表演。如"飞马拾银""马上射击""马术技巧"等。

　　赛牦牛是藏族人民喜爱的项目。牦牛是青藏高原的特产，素有"高原之舟"的美誉。在喜庆、婚嫁、祭"俄博"等节日里，赛牦牛给人们的生活增添了无穷情趣。相传在唐朝初年，松赞干布迎娶文成公主的队伍到达青海玉树，当地举行了隆重的欢迎仪式，其中就有精彩的赛牦牛表演。久居皇宫的文成公主和送亲的官员第一次看到这么生动有趣的比赛，大开眼界，尤其是黑、白、花各色牦牛组成的比赛队伍，更让人惊奇不已。文成公主异常欣喜，忘却了背井离乡的忧愁，松赞干布见此，便诏定以后每年赛马的同时举行赛牦牛这一富有乐趣的活动。参赛牦牛由骑手在牦牛群中挑选体格健壮、行动灵活、善于奔跑者。比赛时骑手身着藏族盛装，牦牛角裹彩绸，尾扎布花，身披坐褥，头配美观笼头，极具民族特色。赛前选手将牦牛精心刷洗打扮，使毛色闪光，并在长而弯曲的牛角上系上各种彩绸，表示吉祥如意，夺魁在望。比赛分预决赛，仲裁集合骑手点名，区分各代表队队员，进行分组，使各组人数

图下 4-2　赛牦牛

均等，进行预赛，从每一组中选出优胜者参加决赛。决赛获胜的选手，被热情的观众举起上抛。获胜者还受到物质奖励，或牛或马、或茯茶、布匹等，所有参赛选手都可获得纪念品。与赛马相比，赛牦牛更具趣味性，常使人捧腹大笑。

射箭是全省广泛开展的传统体育项目，具有悠久的历史。青海玉树、果洛等地射箭的习惯及规则，受西藏射箭风格的影响，有的方法类同。居住在乐都、化隆、循化、民和、平安、湟中、湟源、大通的各组群众，射箭另成传统，别具一格。每年端午节前后，村寨里举行射箭比赛。各村的射箭爱好者，在"箭头"（村子里射箭活动的组织者和领导者）的统一指挥下，由技术熟练的老人当教练。赛前相互邀请，应邀后各自作好准备。比赛之际，双方射手首先物色好各自的"对摹子"（即对手）。射手们持牛角弓，拿着木杆铁镞和带羽毛的箭，靶子是用杨柳编制成的，约一米见方，中间有碗口大的红心叫"月儿"。靶顶插四至六面小彩旗，用以醒目和辨别风向。起射线后面一二米处，分客、主两方摆放若干个茶碗大的河光石，谓之记分石，俗称"羊儿"。不远处各挖一个土坑，做命中时投放记分石之用。赛前，客主双方各选两名监靶人手持杨柳枝，分坐靶子两边。比射时，每射中一箭，以举杨柳枝为信号。这时，坐在记分石旁的公证人在命中者的土坑里及时投放记分石一枚，即赶"羊儿"入坑。每命中一箭，本队射手就大吼三声，以示庆贺和鼓励。射手本人也随着吼声向前跑去，有的甚至跑到靶前才回转，一手举弓、一手叉腰，又呼又喊，又唱又跳，表达内心的喜悦。有时，本队射手还将射箭手高高抬起，一步一步地抬回起射线。客、主轮流发射，直到每个射手射完两箭为一轮次完。下午的第二轮比赛，也是当天比赛的高潮，比赛接近尾声时，射箭手上盖靶，并让监靶人扶住靶边，提出只射靶子某一处难度很大的誓言。每命中一箭，全场欢声雷动。最后，以上、下午两轮成绩判定当日的胜负。赛场上射箭对手之间竞争激烈，场下却又握手言欢，共进酒宴。

轮子秋是土族人民独创的运动项目。土族的大车，生产时搞运输，休息时将大车轮子卸下来立起来，上面绑一个梯子，转起来，就成了最原始的轮子秋。"轮子秋"，按照字面的理解就是"车轮子上的秋千"。

图下 4-3　互助土
族轮子秋

今天的轮子秋车轱辘已改用钢制轮盘，套以滚珠轴承，使之更为结实和
美观。土族轮子秋运动作为土族人民在长期社会生活实践中，创造出来
的具有民族特色的民间体育运动，无疑是土族人民生存智慧的结晶。

　　我们的生活离不开衣食住行。许多约定俗成的东西随着社会历史的
发展积淀成俗，并代代相沿地传承下来。或许没有哪一个地区有着像青
海一般丰富多彩，各具特色的民族文化，没有哪一个地区像青海一样保
留这如此众多的传统民俗、宗教节日，更没有哪一个地区像青海一样几
乎天天沉浸在自己创造的节日、歌舞、各种多彩的文化活动的热烈氛围
中。譬如在生产劳动中形成的民俗，汉族有祈祷风姨、种皇田、歇家、
吃鸡头标期、面罗、打墙板；藏族有抛绳、刮具、挖蕨麻、捻毛线、尤
拉火枪、马料袋、马鞭；蒙古族有牧驼、脚绊、治疗布莲、治畜背压
伤、治畜背淤血、烙印、巴特尔、炮儿、鼻弓、脚绊；土族有拍春、加
斯喀迭力嘎、卸捆插牌、特肉其、赶池；回族有藏客、香料铺、牙行、
水塘子、摊贩、铺子家、水磨、油盘油杠；撒拉族有浇冻水、打糖子、
尝糌耙、种辣子、护青制、住草圈子、杰杜、暗语论价、索万、土炮、
夹脑等[①]。这些都让我们有幸管窥到各民族生产方式的不同。

　　青海地区各民族的生活民俗也是五彩缤纷，富有浓郁的民族特色。
服装佩饰如汉族的大襟袄、暖袖、草帽、鸡窝鞋、绣花鞋垫、长命富贵
锁；回族的盖头、号帽、挖泥儿皮鞋、褐褂、中拜、太斯达日；土族的

尼克、胡尔美、褡裢、苏平朵挪朵、普斯尔、商图、扭达尔（头饰）、罗藏、恰绕；撒拉族的六牙子帽、汗褟儿、佟、包头、脚码子、冈阿刘合、古古尔鞋、夏恩尕热合、皮袄；蒙古族的德吾里、拉吾谢格、吾齐、哈布特格、马靴、包蓳特、蒙古刀、图力布其；藏族的氆氇袍、夹衫袍、腰带、发饰。饮食器具如汉族的灶卷、油包儿、老鼠儿、韭合儿、草圈、锟锅；藏族的芒、曲拉、油汁蕨麻、腊味蹄、杜麻、达拉、包银木碗、木壶、铜碗；蒙古族的灌肠、奶豆腐、奶皮、水煮饼、吐特尔戈、德吉、格拉、铜勺、褡裢、鼻烟壶；土族的烫水烙饼、普什作、锅蹋、麦思如、沓乎日、西买日、哈力海、酩馏、麻哈方子、米面窝窝；回族的亥亭食物、喜庆食物、馓子、羊杂碎、马如意包子；撒拉族的熬头、方形油饼、古古馍馍、油搅团包子、蚂蚁草茶、蚯蚓饭、荐新礼、土制碱水。房屋、居室陈设如汉族的庄廓、书架炕柜、拜帖匣儿、方桌、典房；藏族的碉楼、马脊式帐房、六角形帐房、廓莫切（大门）、塔夸（锅灶）；蒙族的蒙古包、贺新包、阿布达日、霍若格；土族的锅头连炕、互助日麻、民和囊托；回族的砖雕、建房习俗、贺房；撒拉族的篱笆楼、立门、盘锅台、立白石、卖屋习俗等。

青海民俗活动众多，不仅有从农历二月二起持续到农历六月六前后的"花儿会"，还有异彩纷呈的玉树藏族赛马会、蒙古族纳达慕、土族纳顿节，以及娱神娱人的热贡六月歌会。青海各族人民非常重视社交礼仪和传统节日，形成各民族不同的礼仪习俗和节庆习俗。汉族的礼仪与节庆有钱行、襄床、百衲衣、打遮肚子、洗三、中秋、重阳、除夕；藏族有下马仪式、阿香、领亲、孕女禁忌、幼儿剃发礼、掸尘、送年、敬语、敬老、雪顿节；蒙古族有熬婚、偷婚、挂碗袋、剪发礼、塔葬、羊头饰、吉祥白月、峨博盛会、那达慕；土族有奔婚、圈圈席、戴天头、活人妻、保拉、喇嘛、加拉、灭社、互助土族鸡蛋会、民和土族七月会、翰东；回族有倒扎门婚、麦亥日钱、割亥太乃、剃头礼、抓水、者那札、盖迪日夜、阿舒拉节；撒拉族有阿让思达、挤门、撒谷、水炮、胡斯泡命名茶。

可以说，作为一项重要的民俗文化传承，民俗负载着一个民族发展史上诸多信息，从物质文化和精神文化双重层面上折射着一个民族在成长史上吸纳别族文化、构建本民族文化过程中形成的种种文化形态，这无疑是观照青海文化的一扇重要窗口。

【注释】

① 转引自赵宗福：《昆仑神话》（收入崔永红主编《青海史话》第 2 辑），青海人民出版社 2005 年版第 5 页。

②《张道一文集》上卷，安徽教育出版社 1999 年版第 152 页。

③ 李泽厚：《美的历程》，中国社会科学出版社 1989 年版第 17 页。

④ 班班多杰：《探寻青海多民族文化和谐相处之道》，《中国社会科学院报》2008 年 11 月 13 日。

⑤ 引自《藏族文学史》，四川民族出版社（成都）1985 年版 10 页。

⑥ 也有一组译文说"巨龟分开阴阳界"。

⑦⑧ 引自《藏族文学史》，四川民族出版社（成都）1985 年版 10 页。

⑨ 角巴东主著：《雪域高原的史诗文化——格萨尔与青海·序》，青海人民出版社 2008 年版第 1 页。

⑩ 纪兰慰：《青藏高原东部地区藏舞文化述论》，载《舞蹈艺术》，1993 年 4 期。

⑪ 叶玉梅：《青海非物质文化遗产管窥》，载《攀登》2007 年 1 期。

第五章

历史文化名人

在青海历史的长河中，涌现的代辈历史文化名人数不胜数，但由于岁月沧桑，有的缺乏记载，有的有记载却已佚失，只创造成果却不曾留名者，比比皆是。诸如史前彩陶器纹饰作者（只留陶氏符号）、岩画和摩崖石刻者、早期唐卡画师，以及元明清时期流落河湟流域的文人所创作的大量河湟曲艺作品，虽见于盲艺人口头传唱，未知作者姓名者，不一而足。

见于史籍记载的青海历史文化名人，以从政者居多。封建社会的文人以"修身、齐家、治国平天下"为人生追求目标，他们怀着"达则兼济天下，穷则独善自身"的信念，创作出传世的文化成果。

值得提及的是元明清以来由于藏传佛教寺院经济逐渐形成并得以发展，活佛转世制度的确立，涌现出一些转世活佛群体，其中具有很高佛学造诣的高僧大德多有文集传世，有较大的社会影响，作为青海历史文化名人，他们当之无愧。

第一节　南凉后裔源氏文人辈出

南凉建国容纳文武人才　利鹿孤设博士祭酒　源贺与《十二阵图》
源氏文人辈出

东晋时期我国西北地区出现"五凉"地方政权，即前凉、后凉、南凉、北凉、西凉。基中鲜卑秃发氏从河西走廊发展到青海河湟流域。秃发三兄弟即秃发乌孤、秃发利鹿孤、秃发傉檀建立南凉国，借助河湟流域宜牧宜耕的自然环境，广纳文武人才，在民族文化的交融中得以发展壮大。南凉三兄弟立国后，广开门路，招揽人才，乌孤"模仿汉制，内设台省，外置郡县，组成了以秃发氏为核心，以河西士人为骨干的南凉统治集团。"①南凉于开国之初即"以杨轨为宾客"，"金石生、时连珍，四夷之豪俊；阴训、郭倖，西州之德望；杨统、杨贞、卫殷、麴丞明、郭黄、郭奋、史暠、鹿嵩，文武之秀杰；梁昶、韩疋、张昶、郭韶，中州之才令；金树、薛翘、赵振、王忠、赵晁、苏霸，秦雍之世门，皆内居显位，外宰郡县。官方授才，咸得其所"②。对于南凉立国后网络人才的治国方略，青海已故学者李文实曾这样评述："区区一个南凉小国，而所吸收容纳的文武人才，除少数民族之外，更包括今四川、河南、陕西、甘肃等地汉族士人。这些人才缘何而远至西鄙为乌孤所接纳呢？原来西晋丧乱，中原扰攘，士大夫奔投无所。晋惠帝永宁元年（301），凉州大姓张轨任凉州刺史，保境安民，于是河西走廊成为当时一块安全的乐土，中原和关中人士，纷纷避地西来，凉州的姑臧，一时成为文化中心。到了他的孙子张骏，虽然自称假凉王，建立了前凉政权，但对晋室仍表拥戴，因此甚得汉族士人的拥护，而儒学也因之在河西走廊兴盛起来，如在前凉，宋纤就有弟子三千余人；祁嘉博通经传，在敦煌授徒，有弟子二千余人；在西凉宋繇博通经书，刘昞著书立说，有学徒几百人；在北凉阚骃著《十三州志》，为沿革地理学的名著，等等。可见当时的河西走廊由于较为安定，一时成为文化中心。因此乌孤在其发展过程中，得以广事收罗重用四方才俊，为他的开国奠定了基础。而南凉的汉化，也和前燕、后燕、前秦、后秦、前赵、后赵等一样，受中原封建文化的涵育熏陶，思想信仰，既渐称同，民情风习，亦趋统一，终于完成中国史上第二次民族大融合。就此而言，南凉不仅对湟水流域进行了开拓，同时也传播了中原文化。不能由于其为时甚暂而低估了它的历史影响。"③

乌孤之后利鹿孤在位期间将招纳人才之举从教育入手，以地方饱学儒士田玄冲、赵诞为博士祭酒，开办儒学。博士祭酒作为管理教育的官员，南凉开青海开科取士的先河，有深远的社会影响。利鹿孤史称康王，设博士祭酒一事载入青海史册，对河湟文化的后续有人起了有益的社会作用。在中国历史上十六国时期的大动荡的时代背景下，惟西北河西、河湟一隅的地方政权"五凉"开办学校，重视儒学，崇尚礼教，典校经籍，培养人才，使地域文化得以繁荣，实属不易。据记载，南凉王秃发傉檀命他13岁的儿子秃发明德归作《高昌殿赋》，明德归"援笔即成，影不移漏。傉檀览而异之，拟之曹子建云"④。由此可知南凉王室弟子的文学修养。

秃发傉檀继位后迁都于今乐都，由于他穷兵黩武，掠民徙户，最终导致都城被西秦攻破，他的眷属作了俘虏，他和儿子虎台在西秦被害。其余秃发氏后裔先投北凉，后再投奔北魏。其中秃发傉檀的第六子秃发破羌于公元431年转投北魏，受到魏太武帝拓跋焘的赏识，赐姓源，得姓名源贺。

源贺（406—479）出生青海乐都，南凉国破，投奔北魏，屡建奇功，因功授龙骧将军，进为平西将军，号西平公。源贺在北魏朝中发挥重大作用，曾上书朝廷，赦死罪犯人，让他们戍边改过，由此减轻平民徭役，得以休养生息。在北魏孝文帝继位之争中，源贺又发挥了重要作用。由于孝文帝勤于朝政、从善如流、爱惜民力，孝文帝本人又生活俭朴，这与源贺的推举有很大的关系。

源贺戎马一生，60多岁时仍带兵打仗，或驻守要塞。他晚年学习前人兵法及先儒言论，结合自己的军事实战经验，撰写成兵要典籍《十二阵图》，受到世人赞许。69岁时，他写下遗言告诫子孙：为人做官不要傲吝，不要荒怠，不要奢越，不要嫉妒。有疑要多问，说话要谨慎。行为要谦恭，吃穿要有度。要诚勤以事君，清约以行己。源贺去世后，朝廷赠以侍中、太尉、陇西王印绶，谥号"宣公"。其子源怀谦恭宽雅，有大度，亦是北魏重臣。先后任长安镇将、雍州刺史、殿中尚书、尚书令、特进、车骑大将军、侍中、骠骑大将军等职，封冯翊郡开国公。源怀的儿子源子雍有文才兼有武略，先后任太子舍人、凉州中正、太中大夫、司徒司马、行台尚书、给事黄门侍郎、镇北将军、镇东将军、冀州刺史等职，封阳平县开国公。南凉后裔文人辈出，源子雍的后代中，名列正史传记者多达 20 余人，直至唐代，源氏仍是朝廷显族。

　　据南文魁编著的《历代青海书画家辞典》收录的南凉后裔源氏文人有源子恭、源彪、源文举、源雄、源楷、源师、源奂、源休、源乾耀、源光裕、源洧等人。南凉文脉，延及后代⑤。源氏族人于北宋时迁居今广东鹤山市，据该市源姓考证，唐代还有源直心、源光乘、源光誉、源重、源惜、源博、源杲等，皆见于史册。

第二节　宋元明清时期的文化名人

宋代李远、汪藻与《青唐录》　元代刘容著《拙斋集》　明代文人张问仁、龙膺等　杨应琚与《西宁府新志》　清代本土文人吴栻、李协中、张思宪、来维礼、杨志平

　　《青唐录》是记载我国北宋哲宗元符和崇宁年间（1098—1106）西宁地区的文献资料。它对唃厮啰地方政权的政治、经济、文化、宗教等均有描述，是记载西宁最早的一部文献。《青唐录》有两部，一部为宋李远编纂，一卷；另一部为宋汪藻编纂，三卷。李远写的《青唐录》残卷，在陶宗仪编的《说郛》中还有保留。《说郛》记载：李远是宋绍兴中武举人，"官镇洮（即镇守今甘肃临洮等地——引者），奉檄军前，记其经历见闻之实"。该录文笔朴实、生动，史料价值很高，是研究唃厮啰历史的最基础的资料。《青唐录》三卷本作者汪藻，字彦章，晚于李远，生于元丰二年（1079），卒于绍兴二十四年（1154），崇宁二年（1103）进士，历任朝廷编修官等。三卷本《青唐录》现已佚失，无法窥其全貌，只在李焘编的《续资治通鉴长编》中有残篇。

刘容，字仲宽，号拙斋，籍贯青海。南宋宝庆三年（1227）蒙古军攻克西宁州后，将百姓迁往云京（原金朝的西京大同路），其父刘海川携幼年刘容从青海到了云京。刘容自幼喜读书，博学多识，又善骑射。元中统元年（1260），被选入皇宫侍读真金太子，其间，刘容拜经学家国子祭酒许衡为师，学问长进很快。至元七年（1270），受命代理中书省汉人省掾之权，主管"军省文牍"。至元十五年（1278）奉旨抚慰归附于元王朝的民众，拒不受礼，仅"载书籍数车献给皇太子"，意在劝太子多读书。后以功升太子司仪，至元二十四年（1287）改任秘书监卿，不久又出任广平路（治今河北）总管。刘容为官清廉，不谄媚权贵，却同情百姓，办事以不苦累百姓为原则。52岁时因病卒于任上，著有《拙斋集》。刘容在《元史》、《新元史》、《蒙兀儿史记》等典籍中均有传。清人屠寄在《蒙兀儿史记》刘容传中慨叹："拓跋夏在河西建国二百年，其故家子弟之贤，犹有益于新朝之治。如此，国虽亡，文化不与之俱亡也。"称赞刘容作为西夏在河西的遗民，文化底蕴深厚，对治理元朝做出了贡献⑥。

张问仁，字以元，西宁人，大约出生于明嘉靖初年，卒于万历后期。明代西宁张氏是当地名门，人才辈出，张文、张经、张芝、张莱、张问仁在地方志中均有记载，均以为官清正、仁孝爱民、谦恭恬雅、乐善好学著称。《西宁府新志》云："湟中家风，以张氏为最"⑦，并非虚言。

张问仁曾祖叔（或曾祖伯）张文当过山西隰州（治所在今山西省隰县）吏目，为官廉洁，逝后其灵位被供入西宁乡贤祠，受到当地百姓的祭祀。张问仁祖父张经是"太学生"出身，曾任直隶固安县丞，是一位爱民如子的廉官，生活俭朴，操行高洁，逝后也被供入西宁乡贤祠。张问仁父亲张莱，字羹东，任过"肃府典膳"，性笃孝友，"以恕持身，以恭俭教子孙"，享年90岁，故后也入乡贤祠。张问仁伯父张芝，贡士出身，曾任四川邻水县簿，西宁地区最早的地方志书《西宁卫志》（已佚）由他草创，该志以文辞"恬雅"受到乡贤称赞。

张问仁出生于这样的书香门第，从小不仅在经史文学方面受到良好的家庭教育，而且在道德品行方面也得到了极好的熏陶濡染。年轻时，他曾受业于明代著名直臣杨继盛（号椒山）门下。杨继盛学问渊博，忠直不阿，因弹劾奸臣严嵩被杀。老师的学识品格对张问仁自然也有一定影响。《西宁府新志》说："问仁本家学而性颖悟，为人勤力有方略，甘淡泊，复廉察。"堪称道德文章俱佳的知识分子。他于嘉靖三十四年（1555）考中举人，第二年又中进士，出任阳城县（今山西运城县）知县。在知县任上，他"兴学校，杜纷争"，做了许多有益之事，社会风气为之改善，有"一邑称廉平"之誉。因政绩卓著，不久升任工部主事（正六品）。后奉命到江浙一带征收茶盐专卖等税收，任期届满时，有"羡余"（正赋以外的无名税收）银 1.5 万两。按陈规，"羡余"是可以装入个人腰包的，但张问仁却如数上交了国库，这样的高风亮节博得人们的普遍称赞，回京后他很快晋任工部员外郎。古时工部司官相沿被称为水部，张问仁两任工部，所以有人称他为"张水部"。不久，又调任山东东兖兵备金事。嘉靖四十四年（1565），升直隶布政司参议（秩从四品），以参议衔出任昌平（今北京市昌平）兵备道。昌平是明皇陵所在地，他的任内适逢为世宗陵修砖城及奉灵安葬等大事，达官显贵往来穿梭，张问仁亲自接送应酬，不愿累及百姓。但这样一来，一些贪官污吏无法从中捞到好处，于是便制造流言蜚语，恶毒中伤，有的将诬陷之词上告到吏部，于是昏庸的当政者便罢了张问仁的官。襟怀淡泊的张问仁得知被罢官的消息后，"面无愠色"，即刻收拾行装，等待交接。当他离开昌平时，携带的物件除书籍外，别无值钱的东西。昌平"百姓卧辙留"，表达了人们对他的尊重和爱戴之情。

明后期，东蒙古西迁至青海湖环湖地区，史称"西海蒙古"。万历年间（1573—1619），西海蒙古贵族经常攻掠西宁，给当地社会生产和人民生活带来了很大祸患。万历二十三年（1595），明军在西宁南川和西川两次大败蒙古军队，其中也有张问仁参与谋划的功劳。

张问仁同时是一位"善诗文"的学者。顺治《西宁治》、乾隆《西宁府新志》录存有张问仁写的诗 11 首，文章七八篇，文章如《重修西宁卫城记》、《经略少保郑公西征平虏记》、《湟中破虏碑记》等，文笔典雅流畅，有较高的史料价值。张问仁现存的诗，多是从外省卸任回到西宁后的作品。从当时的名士张九一"佳句频传"的赞誉看，张问仁的诗作可能不少，惜大多散佚⑧。《观猎》一诗可谓其代表作。该诗写道：

霜落兽初肥，将军自指挥。

羌儿识兔窟，胡马乘鹰飞。

云响雕垂箭，尘喧鹿夺围。

平原日欲暮，长啸振缨归。

描写了明军在辽阔的青海高原狩猎的场面，形象鲜明，气势雄健。张问仁一生勤于著述，有《闵子集》若干卷、《河右集》8卷刊行于世⑨，今已不存。

除上述张氏家族多有文名外，明代青海本土文人还有李玑（？—1503），成化十七年辛丑科（1481）进士，青海民和人，李土司李南哥后人。他通经善文，曾在家乡兴修水利，在京为官时，与大学士李东阳多有诗文唱和。此外还有正德年间被推荐进京任鸿胪寺卿的李奈，嘉靖戊子举人李完，以诗文饮酒为娱的卢清等人，皆有文名，见于史册⑩。

龙膺（1561—1622），字君善（一作君御），号茅龙氏、朱陵，武陵（今湖南常德）人。明万历八年（1580）19岁时考中进士，授新都推官，善断疑案，被誉为"神君"。不久升为礼部主事，多次上书陈时政，迁国子博士。一次龙膺上《谏选宫女疏》得罪了皇帝，虽免死罪，却被谪贬戍边。万历二十三年（1595），龙膺来青海出任西宁卫监收通判。当时正是青海湖环湖地区和甘肃河西地区东蒙古势力炽盛时期，西宁地区屡遭"海寇"的袭击抢掠，百姓略无宁日。这年九月，龙膺出谋划策协助兵备副使刘敏宽在西宁之南捏尔朵峡击败蒙古军，取得"南川大捷"；十月，又随甘肃巡抚田乐督军在康缠沟取得"西川大捷"。这两次大捷被朝野誉为"西陲战功第一"。龙膺因战功升为西宁卫监军同知，此后致力于筑边、兴学、编修志书。次年与刘敏宽完成了《西宁卫志》，这是青海现存的第一部地方志书。尽管现存该志只是今人辑录的残本，但从其结构、行文看，堪称上乘之作，有很高的史料价值。万历二十五年（1597），调任分巡西宁道，驻甘州（今甘肃张掖）。次年，又为田乐献策，取得松山（在今甘肃天祝县东北）大捷，田乐上疏为龙膺请功，疏书说："龙膺以文士躬授甲胄，与臣并立于矢石桴鼓间。……饭酪眠雪，与士卒同甘苦，驰骑沙漠砾栎间，气扬不惫。"以功升为南京户部员外郎，又调为郎中。后来，他又遭贬在山西、甘肃任职。万历三十八年（1610），以陕西按察副使衔出任西宁道，第二次来到青海。此后写了大量咏青诗文，有《北泉杂咏》、《中元夜北泉观放盂兰水陆灯》、《北泉香水寺碑记》、《祈雨文》等，后结为《湟中集》⑪。在西宁与张问仁等文化名人颇有交往。后奉诏回京，任南京太常侍正卿。不久，辞官隐居家乡。

龙膺出生于书香世家，才华出众，刚直不阿，一生坎坷颠沛，三次遭贬、三次戍边。他既是文士，不仅有诗文传世，而且还创作《金门记》、《蓝桥记》等剧本上演；又是武将，国家需要时，他策马疆场，并立有武功。龙膺是当时国内很著名的诗人，他的诗，"本之神悟，济之学问"，"率尔酬酢，信手生机"。他与公安派文学家袁宏道、袁中道兄弟来往密切，并结为诗友，相互之间有诗歌酬答。诗文先后有《九芝集》、《湟中集》等，他的子孙将他生平所写诗文汇刊为《龙太常全集》，凡21卷。他的诗文创作，既反映了以江南桃花源等为中心的优美自然风光，又反映了以今天西宁、张掖为中心的雄奇的西域景色。著名文学家江盈科写诗称"书成三黜题孤愤，诗就千篇逼大家"，概括了他的文学作品极其丰富的创作内容以及在当时文坛的影响。

他描写青海地理山川形胜和民族风情的诗歌，文笔雅洁，有较高的史料价值和欣赏价值。以六言绝句《塞上杂咏四首》为例：

> 山际炎云似夏，林端骤雨俄秋。
>
> 居者惟毡与褐，羁人乍葛复裘。
>
> 湩酪饮如甘露，香秔粒比明珠。
>
> 亭堠星罗留堡，里廛云集氍毹。
>
> 蕃寺椎牛佞佛，羌人屠马祭天。
>
> 五月阴峰尚雪，三春荒戍空烟。
>
> 元兔城南月出，黄羊川底草肥。
>
> 别垒狼烟忽举，远山猎骑初归。

杨应琚（1696—1767），字佩之，号松门，奉天（今辽宁）汉军正白旗人，清代地方循吏。杨氏出身官宦门第。应琚祖父杨宗仁官至湖广总督，晋太子少傅，死后加少保，入祀京师贤良祠；其父杨文乾官至广东巡抚。二人均为官清廉，有政声。杨应琚祖孙三代都曾到过青海。祖父杨宗仁曾于康熙五十二年（1713）出任西宁道，在任其间颇有作为，"振颓剔弊，贤声著闻"⑫。父亲杨文乾押送军粮去新疆时曾途经西宁。

杨应琚为康熙进士，雍正七年（1729）以员外郎出任山西河东道。十一年（1733），改以陕西按察使司佥事衔出任分巡抚治西宁道（简称西宁道）。次年，调署甘肃布政司。乾隆元年（1736），再次以按察司佥事衔调任西宁道，乾隆十四年（1749），升任甘肃按察使，第二年改甘肃布政使，不久升甘肃巡抚，后累迁至两广总督。乾隆二十二年（1757），移闽浙总督。二十三年，加太子太保。二十四年，移陕甘总督。在陕甘总督任内，大力经营新疆，奏办屯田，移民实边，功效卓著。以功加太子太师。乾隆二十九年（1764），拜东阁大学士，成为清乾隆年间声名显赫的封疆大吏。乾隆三十一年，缅甸大举入扰云南边境，杨应琚调任云贵总督。由于年老多病，加之受部下蒙蔽，以至用兵及向朝廷奏报中诸项举措失误，获罪朝廷，被逮问、赐死，终年71岁。

杨应琚是一位很有才华、十分能干的地方官吏，他提出过许多切实可行且具有重大战略性、建设性的意见建议，对朝廷的决策起过较重要的作用，深得百姓的好评。

杨应琚在两任西宁道期间，"凡所条议，多切中时要，行之足以经世"⑬，他廉洁奉公，兴利除弊，政绩斐然，深受官民拥戴。最为突出的事迹主要有以下几方面。

一是为政勤勉，关爱民众生计。杨应琚常下民间体察地情民风，督劝垦殖，指导农牧民发展生产，增加收入。他曾亲自规划湟水流域水利工程，勘察整治农田渠道；积极推广先进耕作技术，还亲自示范培壅方法。鉴于西宁府人口增长快但耕地不足的现实，呈请朝廷允许并鼓励农民在巴燕戎（今化隆县）、大通协城（今门源县）等地自由开垦农田，短期内河湟地区耕地增加万余亩。为加强治安防卫，于乾隆四年（1739）请准朝廷，在黑古城、千户庄、甘都堂、河拉库托等9处陆续建成城堡，增兵设防，对维护地方安定，保护人民生命财产安全起了积极作用。

二是关心民众疾苦，多次捐俸修桥。乾隆元年（1736），杨应琚与西宁府知府沈予绩等主持在小峡口重修了坚固耐用的木桥，资金不足，他们捐出自己的薪俸作为补贴。乾隆十一年（1746），杨应琚见西宁西门外群众过河不便，又带头捐俸，仿古代河厉桥（握桥）的建造方法主持修建了"惠民桥"。他资助修的桥还有坤多洛桥等。此外，拨款在贵德黄河渡口和今尖扎康杨添设官船摆渡，方便了行旅往来，受到民众赞誉。

三是大力兴办公益福利事业。乾隆五年（1740），杨应琚与同僚发动募捐，倡办社仓，经过五六年的努力，西宁府所辖各县、卫、所均设起了社仓，共计万余石粮食分储于约 30 处，并建立了较为简便的管理制度，以方便贫苦民众春借秋还。另外，在西宁建粮面市场，招商平价。他体念农牧民痛苦，多次上疏请求朝廷减免赋税、马粮。还主持扩建了西宁养济院，设立碾伯县养济院，收养部分鳏寡孤独者居住。在西宁添修了一处栖流所，为部分流落街头者提供了暂时的栖身之所。

四是积极创办学校，推进教育事业发展。杨应琚很重视教育，认为发展教育是改变当地"高上气力，轻视诗书，尚鬼信巫"等不良风习的有效途径。上任不久，即与同僚捐俸创建了西宁贡院，解决了当地生员远途赴考的种种困难，使读书之风渐渐盛行。接着在积极维修扩建府学、县学的同时，多次带头捐俸新建了一批学校，有县儒学，也有城镇和乡村的义学、社学。例如与同僚捐俸在丹噶尔（今湟源县城关镇）创办了新社学，在大通卫城和向阳堡、贵德城等处创办起了义学。更值得一提的是，乾隆十一年（1747），与同僚共同在西宁东关创办了回民社学，开了青海民族教育的先河，十分难能可贵。

五是编修良志，遗功后世。杨应琚任职西宁期间，广泛搜集文献资料，常深入实地考察走访，在此基础上，亲自执笔编纂了《西宁府新志》40 卷，为地方文化建设做出了卓越贡献。著名学者杭世骏为志书写序，称赞杨应琚"兼资文武，世袭忠孝，有古尹吉甫、樊仲山之才。……以筹边之暇，提铅握椠，诹土宜，问风俗……发凡起例，勒有成书。经世之大业出其

图下 5-1　清乾隆刻本《西宁府新志》

中，固非鲜见逖闻之士所能参其末议也已。"《西宁府新志》体例完备，"搜采广博，论断精详"，不仅是现存青海地方志书的佼佼者，在全国而言也称得上上乘良志。方志学家张维在《陇右方志录》中高度评价道："此志整严有法，而议论驰骤，高瞻远瞩，多经世之言。"此外，杨应琚还撰有《据鞍录》一卷。《西宁府新志》中收有杨应琚写的诗14首，均笔调轻快，文辞清丽，形象描绘了湟水流域的秀丽景色。以《湟中春日登北禅寺楼寓目》为例：

> 路为沿坡曲，楼因峭壁悬。春流争浴马，薄雾竞耕田。
>
> 乍静心如洴，居高势欲仙。只愁归去后，尘事尚依然。

吴栻（1740—1803），字敬亭，号对山，晚年又号怡云道人、洗心道人，出生于今青海乐都县。他家境贫寒，由母亲抚养成人。自幼勤奋好学，"每夜课逾三更，不使安寝，鸡鸣即起，寒暑无间"。乾隆二十年（1755）考中秀才，第二年入国子监，乾隆四十二年（1777）考中举人。但第二年入京赶考进士不第而归。先后在乐都凤山书院、甘泉肇兴书院以及青海化隆、贵德等地就馆教书。吴栻善诗文，为"陇右三吴"之一。他的诗文格调高雅，大多以浓墨重彩描绘青海的山川风情，抒发对家乡的热爱。一生著述颇丰，留存于世的有《病吟录》、《自勖录》、《怡云庵排律诗稿》、《云庵杂文》、《赘言存稿》、《洗心斋全集》等，代表作《碾伯八景诗》较全面地描绘了乐都、民和一带的秀丽风光；《青海骏马行》则是一首描写青海骏马的古风诗，诗中极言青海骏马之神奇，同时以骏马自喻，感叹怀才不遇的境况：

> 极目西平大海东，传来冀北马群空。
>
> 当年隋炀求龙种，果能逐电又追风。
>
> 西汉曾筑令居地，乌孙遣使贡良骥。
>
> 汗血多从大宛来，权奇远向西平至。
>
> 唐帝整驭六龙还，回纥献马入关山。
>
> 皓雪奔虹翔麟紫，名擅贞观天宝间。
>
> 谁知天驷照今古，腾骧骏衮五霞吐。
>
> 此后还名西域骢，神骏奇骨谁与伍？
>
> 芳草遍天涯，胡马入流沙。

可羡鼓鬣云衢近，可羡蹀足天路斜。

自兹花虬蕃衍入青海，奔驰电掣摧残垒。

未知龙种果龙驹，岛屿深处耀光彩。

借问苦心爱者谁？空将神物镇边陲。

雄姿磊落徒自许，还登峻坂到天遄。

至今海水澄清不起波，到处文人歌海晏。

地精月度两相生，无骥呈材空自见。

平沙短草自青葱，胡马回来不敢践。

君不见海水能安百谷王，至今无复蛟龙战！

李协中（1797—1876？），字和庵，西宁人，清代青海本土诗人。道光十七年（1837），被选为拔贡。朝考初试，又取为一等第三名，先后任直隶（今河北省）大兴、顺天、束鹿等8县知县。道光三十年（1850）冬，辞官回到阔别12载的故乡。在西宁办过团练，到过西藏，安边有功。同治年间为避战乱，又到京城谋事，被分发到广东任知县，光绪二年（1876）因病辞官回乡。他的诗体裁广泛，不拘一格，或二三言，或数百言，直抒胸臆，不尚雕饰，自然浑成，有一种古朴、清淡、质朴的诗风。他的《北郭浮岚》一诗写道：

北山横郭远浮青，一带晴岚绕翠屏。

却恨迷离偏遮柳，许多好景辨零星。

《秋稼呈瑞》一诗写道：

大田稼熟等云黄，秋末豳风纪筑场。

往事不堪回首忆，羞教五斗觅他乡。

李协中一生著述颇丰，可惜多毁，存诗辑为《双榆草堂诗集》2卷，有光绪二年（1876）刻本。据《甘肃新通志》卷94《西宁府著书目录》记载，还著有《说说草》1卷、《四书对联》1卷等。他擅长书法，墨迹广留于西宁民间。

张思宪（1829—1896），字慎斋，号友竹，西宁人，清代诗人、书法家。他自幼勤奋，少年时为西宁府贡生，咸丰十一年（1861）32岁时被推荐赴京考获拔贡，分发四川候补。13年后即他46岁时，候补得永宁县知县。他为官清廉，"政声卓然"。但仅一年，因不忍官场丑恶而辞官回乡。张思宪处世为人淡泊自如，常与其兄画家张思元漫游山水、拜访当地名流，或以书画自娱。他潜心学问，诗作颇多，有《鸿雪草堂诗集》。张思宪先后在碾伯凤山书院和西宁五峰书院讲学，被时人誉为湟中高士，一代清才。在他诸多的诗文当中，流传最广的是《湟中八景》，依次为："石峡清风"、"金蛾晓日"、"文峰耸翠"、"凤台留云"、"龙池夜月"、"湟流春涨"、"五峰飞瀑"、"北山烟雨"。其中《石峡清风写道》：

> 石峡新开武定关，东两流水北南山。
>
> 行人莫道征程污，两袖清风自往还。

他的《梨头溪》一诗描写家乡风光，轻松活泼、明白如话：

> 晓发过山庄，春耕处处忙。千畦秧水绿，一路菜花黄。
>
> 社散人皆醉，村深酒半香。爱兹好风味，借宿小茅堂。

来维礼（1833—1904），字敬舆，一字心耕，号辰生，又号椒园，西宁朝阳人，据说祖籍为浙江萧山，与乐都县洛巴沟来姓同宗。光绪五年（1879）考中举人，九年（1883）进士及第，签分为户部主事。就任不久，因思念年迈老母，便请假归里奉养。其间应聘主讲于西宁最高学府五峰书院。其母去世后，又进京，被分发到山西任知县[⑭]。光绪二十一年（1895），河湟事变发生，因来维礼曾于同治年间在西宁北大街办过团练，故被甘肃提督董福祥聘为军事赞襄。事平后，被推荐为道员，仍到山西候补。一度在晋威马步全营营务处任职，后受命带领200名豫军驻守河北迁安县境内的喜峰口要塞[⑮]。光绪二十六年（1900），八国联军侵入北京，来维礼弃官回到西宁。回乡后先后受聘为五峰书院、凤山书院山长（书院院长），为地方文化教育事业做出了可贵的贡献，西宁近代文化、教育界的知名人物李焕章、基生兰、祁中道等皆曾受业于来氏门下。

来维礼善于写诗，其诗写景状物，能从生活实际出发，着重描写对象的突出特点，显得清新而富有韵味。如《春日雨后闲步西郊》一诗写道：

> 远山含沙夕阳照，绿杨处处有莺鸣。
>
> 赏心膏雨连三日，大麦青青小麦生。

有声有色，明白如话，意味隽永。又如《光绪乙亥秋日登察汉城观青海》一诗中6句：

> 海接青天立，山连白雾平。
>
> 番童冲雪牧，野马啸风鸣。
>
> 一片秋烟起，遥闻去雁声。

意境雄浑，气势阔大，富有青藏高原的独特情趣。纵观来氏一生，曾供职北京，为官三晋，领军蓟燕，教书西宁，"足迹半天下"，所到之处，多有题咏，凡存诗232首，词2阕，集为《双鱼草堂诗集》2卷。光绪三年（1877），西宁府知府邓承伟主持编修《西宁府续志》，来维礼受聘参与其间，出力颇多。该志上接《西宁府新志》，续记乾隆十三年（1748）至光绪四年（1878）间西宁地区史事，详实而赅备，为地方留下了一部有较高质量的历史文献。另著有《治家琐言》等书，已佚。

杨志平（1867—1936），青海地方名士，字景升，号痴屏，晚年号潜园老人。祖籍陕西西安，清同治六年（1867）出生于丹噶尔厅（今青海省湟源县）一手工业工人家庭。幼年家境贫寒，求学刻苦。光绪十七年（1891）取得邑廪生资格，次年在丹噶尔设馆讲学。光绪三十三年（1907），考中岁贡生，但因家贫未能去京师国子监就读⑯。两次受丹噶尔厅同知张庭武委托，纂修《丹噶尔厅志》。《丹噶尔厅志》成书于光绪三十四年（1908），宣统二年（1910）由甘肃官报书局刻印。分8卷，下立27目，共十余万言，它是湟源县第一部方志著作，体例完整，条贯清晰，资料翔实，文笔典雅。对嘉庆、道光时丹噶尔商业之兴盛，内地与蒙藏间经济文化之交流等，记载尤为详备。另外还有《潜园笔记》、《痴屏随笔》等著述六十余种百余册，已佚。

清代青海地方本土文人及作品比前代增多，不胜枚举，除上列几位外，较著名的文人还有李愈棠（著有《苕华诗集》、《治蹙要

立西宁府五峰书院碑记
西宁旧设湟中书院专为一
观察张公介卿郡伯邓公甚厚
肄业日计廪月计试经费甚圣
房一处改为斋舍内而

图下 5-2 来维礼书五峰书院碑记拓片

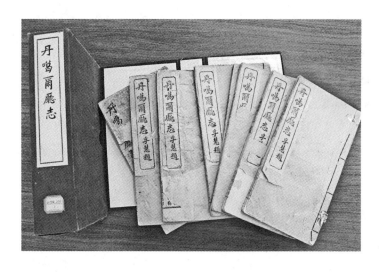

图下 5-3　清光绪刻
本《丹噶尔厅志》

略》)、郭守邦（修撰《郭氏家谱》)、朱向芳（存世《寻芳书屋遗诗》)、李焕章（著有《惜阴轩诗集》)、基生兰（著有《敬业草堂诗论》) 等。另外，张希贤、魏世芸、马宝、霍世封、韵成章、王有铭、杨成懋、任练邦、王化中等，书画作品较多，被《历代青海书画家辞典》收录。

第三节　藏传佛教界文化名人

宗喀巴　二世章嘉·阿旺洛桑曲丹　三世章嘉·若白多杰　松巴·益西班觉　三世土观·洛桑却吉尼玛

宗喀巴，法名罗桑智华，藏传佛教格鲁派（俗称黄教）创始人，传说为文殊菩萨转世，于元顺帝至正十七年（1357）农历十月二十五日诞生在湟水之滨（藏语称作"宗喀"，今青海省湟中县塔尔寺所在地），故被尊称为宗喀巴，青海的僧俗大众尊称他为"杰仁波且"（意为宝贝佛）。

宗喀巴的父亲名叫鲁本格，是元末兼管当地军民政务有实力的地方官员——达鲁花赤，母名香萨阿切。夫妇二人都是很虔诚的佛教徒，生有子女 6 人，宗喀巴排行第四。

宗喀巴 3 岁时，由法王噶玛巴若贝多杰在今青海平安县的夏宗寺，授给他近事戒。在夏琼寺师徒二人潜心学习佛学。宗喀巴大师读书勤奋，过目不忘。7 岁时，依"东方学者"敦珠仁钦在今青海化隆夏琼寺学习并受沙弥戒。

为了进一步深造，宗喀巴 16 岁时（1372）辞别敦珠仁钦前往西藏。17 岁时到达拉萨东面的止公山林，在止公寺向阿仁波且座前听受《大乘发心仪轨》、《大印五法》、《纳若六法》等教法。其后又到拉萨西面的极乐寺，听闻经论，学习《现观庄严论》。又依曼殊宝听受《大乘庄严论》等及弥勒菩萨所造诸论。几年之内学习了诸多显、密经论。19 岁时在那塘，学习《现观庄严论》；由于论中多引《俱舍》原文，比较难懂，因此又发心学《俱舍》。又师从义贤译师听受意乐贤的《俱舍释》。第二年夏天他又到泽钦请庆喜祥讲《现观庄严论》。庆喜祥又介绍他到仁达瓦尊前听闻《俱舍》和《中论》。仁达瓦博学修持，成为宗喀巴一生中最重要的师长。那年秋季，又从大译师菩提顶受学《集论》。冬天从慧明律师听受《毗奈耶根本经》及其《释论》。22 岁时仁达瓦为他讲《集论》、《入中论》。那年秋后闭关专修，兼阅经论，对于法称的理论，生起了无限的信心。24 岁时到纳塘，听受高僧义贤讲授所著《释量论》的注释。夏季，他在纳塘立《释量》、《集论》、《俱舍》、《戒律》四部之宗，同时受学许多密法。秋间在蔼寺从空贤学诗词，同时从纳塘住持庆喜幢受得中观宗重要经论的传承。当时西藏中观宗诸论传承的人很少，由于宗喀巴得到传承并加以宣扬，使受到中观宗诸论传承的人增多。

宗喀巴大师 36 岁成名，创立了藏传佛教格鲁派，即改戴黄帽，以后他的弟子们也就随着戴黄帽，因此形成黄帽派。黄帽原是持律者所戴，据德格藏文版土观《宗派源流》载："贡巴饶赛（达玛灭法后复兴佛法的大律师）送庐梅到西藏去的时候，把自己戴的一顶黄帽子送给庐梅，说戴上这个就想起我来了。因此，过去一些大持律者都戴黄帽子。宗喀巴振兴戒律，因而也就戴上了与过去的持律者们同样的黄色的帽子。"

此前宗喀巴大师在各地讲大小乘经论，如在贡噶的五明道场，为贡噶法王和 70 多位三藏法师讲《现观庄严论》、《因明》、《集论》、《俱舍》、《比丘戒》、《入中论》等。在门喀札喜栋寺时，曾主讲《因明疏》、《现观庄严论》等 17 部论。在专修时，曾合讲 29 部大论。

宗喀巴以前所学偏重显教经论，之后打算专攻密法，于是到仰垛的德钦寺，从布敦的上首弟子法祥学习《时轮疏释》、修行事相，六加行法等。以后又从瑜伽寿自在学习各种瑜伽事相。学毕，仍旧回到法祥座前，听受《金刚心释》、《金刚手续释》等时轮的各种注解，并布敦所造全部二派集密的各种释疏。后又听受了布敦所造的《金刚出生大疏》、《瑜伽部根本经》等重要经续和注释。

宗喀巴 36 岁时赴拉萨朝礼释迦佛像。此后一、二年内闭关专修。38 岁培修精基地方的慈氏菩萨殿。40 岁时从法依听闻《菩提道灯论释》等。这一年中，曾往娘地的金沙奔巴行广大供养，在那里讲比丘戒，安立无量众生住戒律仪。在若种安居时，大弟子达玛仁钦阿黎开始来谒见。达玛仁钦最初看不起宗喀巴，但听了他讲经之后，肃然起敬，并愿作他的随身弟子。

在与仁达瓦、胜依法王在囊则敦寺安居时，宗喀巴抉择正法，广弘戒律。46 岁时完成《菩提道次第广论》，这部著作，总依慈氏《现观庄严论》、别依阿底峡《菩提道灯论》，开演三士道次第。在俄喀住慈氏洲讲经，因胜依法王等的劝请，完成《密宗道次第广论》，《菩提道次第广论》，一明密乘，一明显教，是宗喀巴大师生平显、密两部代表著作。

52 岁时，宗喀巴完成《辨了不了义论》。这一年（永乐六年，1408）六月，明成祖派大臣四人，随员数百人，到西藏迎请宗喀巴到内地，宗喀巴婉言辞谢。其大弟子释迦智奉宗喀巴之命到京，谒见了永乐帝，以后被封为大慈法王。

宗喀巴大师研习显密一切教诫理论，而自成一家之言。他一方面囊括大典、网罗众家之学，另一方面又以深刻谨严的态度抉择佛教各宗的见地，以中观为正宗，以月称为依止。他所创立的格鲁派至今为我国藏地第一大教派。

宗喀巴大师的著述极多。他的全集拉萨版共 18 帙，凡 160 多种。此外，还有一些比较重要的著作如：《密宗戒注释成就穗》、《囊则敬寺所说比丘学处》、《金刚持道次第秘密枢要解》、《一切怛特罗吉祥集密广释明灯论贯注》、《安立次第解说集密要义明释》、《怛特罗王吉祥集密优波提舍五次第明灯论》等。

明永乐十七年（1419），宗喀巴大师在拉萨甘丹寺圆寂，享年 63 岁。

圆寂时，将自己的衣帽传授给贾曹杰，于是贾曹杰继承了甘丹寺寺主的法位。藏族史上将宗喀巴、贾曹杰、克珠杰合称为"师徒三尊"。

宗喀巴大师作为一个真诚虔信的佛教徒，认真学习佛教显、密教义，深研佛教哲学，形成了自己的佛学体系；他在文学上也有很高的造诣，为后世留下了大量的著作，影响极为深远，在藏传佛教界，被誉为一代大师，世界第二佛陀。

清康乾时期，藏传佛教形成达赖、班禅、章嘉、哲布尊丹巴四大活佛系统，其中章嘉活佛主寺在青海佑宁寺。章嘉二世、三世被清廷奉为国师，他们著述等身，且在蒙藏文化交流方面曾经作出了重大贡献。

二世章嘉·阿旺洛桑曲丹（1642—1714），明崇祯十五年（1642）十一月初生于青海多麦宗喀附近的达秀村。父名张益华，母名洛萨塔姆措。二世章嘉幼年时，塘仁寺法台次臣嘉措唤其父携子来寺，让其辨认上辈喇嘛扎巴俄色⑰的器物，并致书居住在拉萨的上辈喇嘛的侄子洛哲俄色，告知灵童情况。洛哲俄色禀明四世班禅罗桑确吉坚赞，四世班禅始认定其为扎巴俄色之转世，命暂住塘仁寺。9 岁时，到青海佑宁寺。清顺治九年（1652），二世章嘉 11 岁时，赴宗喀上部尕玛塘钦晋谒进京之五世达赖，达赖为他授了沙弥戒。20 岁时从五世达赖学法，成为五世达赖的弟子，赐法名洛桑曲丹。23 岁时在五世达赖尊前受比丘戒。27 岁时在岭赛辩经法会上获得岭赛学位。29 岁时在拉萨祈愿大法会上辩经，显示了他学习的优异和舌辩的才华。33 岁时至后藏晋谒班禅罗桑确吉坚赞之转世灵童，向夏孜堪布·洛桑白玛闻习宗喀巴与上辈班禅文集中之经教。前后在藏学习佛法 22 年。42 岁时，跟随佑宁寺派来迎接的使者，返回青海佑宁寺。

康熙二十二年（1683）清朝遣使入藏，要达赖喇嘛派人与清朝大臣一起去漠北调解喀尔喀部与卫拉特（厄鲁特）的纠纷。甘丹寺第四十四任赤巴阿旺罗哲嘉措（塔尔寺所辖米纳部落人）受命来青海，特邀二世章嘉活佛与他一起前去。康熙二十五年（1686），在库伦伯勒齐尔举行会盟⑱使矛盾和解，达成协议。次年，二世章嘉与罗哲嘉措一同进京向康熙帝奏报，深受康熙帝器重。康熙二十七年（1688），二世章嘉返青海主持佑宁寺，弘扬佛法。康熙三十二年（1693），奉旨进京，抵北京时，京师中诸大德均出来迎接，驻锡法渊寺⑲，被康熙帝封为"呼图克图"，在京广传密集、上乐、大威德灌顶与随许法，传经授戒，广行法施达4年之久。56岁时，即康熙三十八年（1699），章嘉·阿旺洛桑曲丹奉康熙之命，赍送赐给六世达赖喇嘛的金册金印入藏，偕扎萨喇嘛经青城（今呼和浩特）、西宁至拉萨，在布达拉宫六世达赖座前献上金印金册和许多礼物。又五次晋谒五世班禅罗桑益西，献上御赐供具和金银。还向三大寺僧众放斋衬。次年，经北路返回北京。途中于多伦诺尔⑳及长城沿线创修寺院，组织内蒙古各旗僧人学佛，在蒙古各部中树起影响。清康熙四十年（1701），康熙帝任命二世章嘉为多伦诺尔总管喇嘛事务的扎萨克喇嘛，从此，每年冬春居住北京，夏天到多伦诺尔避暑传教。在此之前，康熙帝于清康熙二十九年（1690）第一次率军亲征噶尔丹㉑叛乱后，曾于次年在多伦诺尔召集蒙古各旗王公开会，还修建了一座汇宗寺。在清康熙四十四年（1705），康熙帝封二世章嘉为"灌顶普善广慈大国师"，赐紫车，金印、珍宝和绸缎等。康熙帝还命二世章嘉主持汇宗寺。70岁时，购置法渊寺及周围基地，赖诺门汗之资助建立了一座寺院。康熙五十一年（1712），康熙帝为该寺赐名嵩祝寺㉒，百余名喇嘛为之开光。1713年康熙帝巡幸多伦诺尔，二世章嘉活佛随行，康熙帝看到内蒙古各族僧人都到汇宗寺学法，十分高兴，对章嘉活佛说："黄教之事，由藏向东，均归尔一人掌管。"

康熙五十三年（1714）五月二十五日，二世章嘉在多伦诺尔圆寂。他的著作约有二百多种，其中主要代表作有《菩提道次第教授颂文·遍智坦道》、《菩提道次第导释笔录》，《皈依导释与密集、上乐、怖畏三尊二次第验修法》，《多杰羌·阿旺洛桑曲丹传》、《吉祥密集第一次第要义·日之光》，《脉风明点建立》，《密宗道次第广论讲义》等。

三世章嘉·若白多杰（1717—1786），又名章嘉·益西丹贝仲美，清康熙五十六年（1717）正月十日诞生在多麦宗喀北部汉藏杂居地区的凉州游牧部落（今甘肃武威西莲花寺附近）一牧民家中。其父祁家仓巴·古如丹增，土族人，原是青海湟水流域祁土司的属民，后举家迁往凉州放牧。康熙五十九年（1720）被迎请到佑宁寺章嘉行宫坐床。7岁时，从洛桑丹白坚赞受居士戒。

雍正元年（1723），青海罗卜藏丹津亲王反叛朝廷，雍正帝遣年羹尧、岳钟琪率军平息罗卜藏丹津之乱，佑宁寺被付之一炬，僧俗被杀数千余人。战乱中雍正帝命年、岳二将军迎请三世章嘉灵童进京。两将军接旨后，让佑宁寺僧人找回章嘉·若白多杰，由清军护送到西宁。当年，遵雍正帝之命，清军将章嘉·若白多杰护送到北京，此时他年仅8岁。抵京后，雍正帝命令当时在朝廷的二世土观·罗桑却吉嘉措负责照料章嘉·若白多杰的生活，并教给他朝廷的各种礼仪。雍正帝接见后不久，命章嘉·若白多杰移居嵩祝寺，准他按前世所得封赏乘坐黄幢马车、坐九龙褥。命他与皇四子弘历（即后来的乾隆帝）等皇子一同读书。因此章嘉·若白多杰不仅在佛学方面很有造诣，还学会了汉、蒙、满等民族的语言文字，且与比他大6岁的乾隆帝结下了同窗之谊。后在嵩祝寺升前世章嘉之法座，由二世土观呼图克图主持，举行了坐床仪式。从此三世章嘉拜前辈之殊胜弟子噶钦·喜铙达杰为师，闻习显密经典，钻研教法精要，在此后的10余年间，三世章嘉活佛专心致志，坚持不懈地广闻佛法，系统地学习了"二圣六庄严"㉓所著的主要经典，完整地念诵被尊为第二佛陀的宗喀巴大师的主要论著，潜心修习了藏传佛教显教法，受皇家礼仪熏陶，终于成为一位爱国爱教的高僧大德。

雍正十二年（1734），雍正帝依前世章嘉活佛之例，正式封章嘉·若白多杰为"灌顶普惠广慈大国师"，颁发诏书，赐给80两黄金铸的印、册等。当年八月，章嘉·若白多杰遵旨，随同第十七皇子果毅亲王允礼前往康区泰宁，迎请因避准噶尔乱事而移居那里的七世达赖返回拉萨。是年十一月二十三日抵噶达（今乾宁县），向达赖宣读金册，献上大宗礼品。次年三月，三世章嘉陪同七世达赖，聆听上师七世达赖喇嘛向他宣讲全部"胜乐"密法、"密集"灌顶法、佛经集要《二大乘师的道规》、五世达赖的《文殊师利教诲经笔记》等。还从七世达赖的经师阿旺曲丹学习了"菩提道次第坦途教授——发心供奉"、"金刚怖畏教授"等许多密宗经教。此后三世章嘉在驻锡拉萨期间，继续跟随七世达赖和阿旺曲丹学习了许多显密经教，对三世佛㉔悟证的唯一大道，般若经的深奥意义，阿底峡的思想精华，宗喀巴的无比善言，都达到了通达明了的境地，有了与众不同的独到见地。

　　雍正十三年（1735）十月他抵札什伦布寺，晋谒五世班禅洛桑益西，在班禅座前受沙弥戒和比丘戒。乾隆元年（1736）经康定等地到北京。回京后，受封为管理京师喇嘛寺庙的札萨克掌印喇嘛。乾隆六年（1741）十月，奉命领头开译《丹珠尔》为蒙文。乾隆八年（1743）十一月十五日译毕，在北京刊刻，后流通于蒙古地区。乾隆十年（1745），在雍和宫向乾隆帝传授了"胜乐"灌顶，乾隆帝跪受灌顶，并向章嘉国师奉献了百两重的金质曼札㉕等各种供养品。33 岁，乾隆十四年（1749），禀奏皇上归多麦故里，经内蒙古来到前世章嘉的根本寺院青海佑宁寺。在佑宁寺，向僧众发放大量布施，为寺院捐献了 50 幅完整讲述佛陀故事的唐卡㉖。后至塔尔寺等许多寺院讲经，是年八月返京。此后，章嘉国师又协同乾隆帝修建外八寺㉗。乾隆二十二年（1757）二月三日，七世达赖圆寂，为认定达赖转世灵童，章嘉偕同一名驻藏大臣、两名御医及若干官员经康定等地入藏，十二月抵拉萨。至后藏札什伦布寺，拜会六世班禅·罗桑华丹益希，并去纳塘朝礼后回前藏。乾隆二十五年（1760）返回北京。51 岁以后，每驻锡五台山，即闭关静修金刚瑜伽。乾隆三十六年（1771），开译《甘珠尔》为满文。乾隆五十一年（1786）四月二日午后，在五台山圆寂，享年 70 岁。章嘉·若白多杰一生著述颇丰，约计有170 多种，主要有《教派建立论·佛教须弥妙庄严》、《正字学·智者之源》、《七世达赖噶桑嘉措传·如意宝穗》等。

　　松巴·益西班觉（1704—1788），是青海佑宁寺的五大活佛之一，佑宁寺第三十二任堪布，清代安多格鲁派一大名僧。生于清康熙四十二年（1704），关于其出生地有互助、贵德、祁连等说，族属有土族、藏族、蒙古族几说。均待考。

　　松巴 3 岁时由拉卜楞寺第一世嘉木样活佛认定为二世松巴堪布罗桑丹贝坚赞之转世灵童。康熙四十九年（1710），在塔秀活佛处受近事戒。康熙五十一年（1712）应僧众之请入佑宁寺坐床。后来从二世却藏·罗桑丹白坚赞受沙弥戒。之后师事二世章嘉和二世土观等活佛，在佑宁寺学习经典。

　　雍正元年（1723）赴西藏，进入哲蚌寺，师从该寺堪布阿旺南喀、摩家然坚巴绛央嘉措等刻苦学习显宗经典。雍正三年（1725），益西班觉游学后藏，由五世班禅受比丘戒。翌年，他被任命为果芒经院堪布。任职期间，他先后拜甘丹寺法台阿旺曲丹和名僧南喀桑布、扎德格西·阿旺却丹及其弟子摩兰隆智、果芒论师·丹曲、工布，丹曲仁钦、下密院论师·喜饶嘉措、扎巴龙珠、阿里活佛、米图·索南坚赞等数十位高僧，系统地学习显密诸论以及医学、工巧、历算、声韵、文法、绘画、梵文等，学习大小五明各学科。雍正五年（1727），噶伦阿尔布巴等谋杀掌握实权的噶伦康济鼐，挑起前后藏军事冲突，益西班觉劝阻征集僧丁参加阿尔布巴等人的前藏军队，事件平息后，受到颇罗鼐的称赞，被委任为锡金吉蔡寺法台。雍正九年（1731），松巴返回安多，先后在今互助县的天门寺、大通县松布尕寺等处修习密宗。

乾隆二年（1737），他奉乾隆帝之召陪同章嘉国师进京，在京校勘内地印刷的藏文经籍，还协助章嘉国师处理许多重要政教事务，因他学识渊博，且精明能干，国师十分喜欢，曾授给他"额尔德尼班智达"的尊号，被乾隆帝任命为蒙古多伦诺尔汇宗寺法台。乾隆八年（1743），赴五台山朝圣，并在五台山研习佛典 3 年。乾隆二十九年（1764）返回青海，出任佑宁寺第三十二任法台 3 年。他先后任该寺第三十五任、四十二任法台。还担任过扎西曲林寺、色龙寺、周陇寺、德瓦寺、噶丹仁钦林等寺院的法台。他精通显密诸论，善于医学，又精于历算、五行算，还通晓各种文体的文学作品、传记等。他讲经精辟绝伦，满人所欲。学识渊博，在藏传佛教界颇负盛名。

松巴·益西班觉于清乾隆五十三年（1788）圆寂，享寿 84 岁。松巴·益西班觉一生著述约 9 函，67 卷册，其中较出名的有《印、汉、藏、蒙宗教史·如意宝树》、《青海历史·奇妙梵曲》、《世界广论》、《自传》、《噶丹新历算》、《法行宝鬘》、《法行集要》，《医学四续难题》，《药物识别略述》等。

三世土观·洛桑却吉尼玛（1737—1802），清乾隆二年（1737）十一月初七日生在凉州地区的彭措沟（今甘肃武威市天祝藏族自治县松林乡），父扎德华加杰，母哇日萨曲措吉。

三世土观是清代乾隆年间甘、青、蒙等地区的著名史学家，文学家和佛学家。乾隆七年（1742），6 岁的洛桑却吉尼玛被认定为前世土观·罗桑却吉嘉措之转世灵童⑱，迎至佑宁寺坐床。从德格·格鲁嘉措、玛藏小论师洛桑却增等学文习字，改读经典。洛桑却吉尼玛自幼敏慧而善学，学业日趋精深。乾隆十二年（1747），在松布·益西班觉总法台处受戒出家。加入经院学法。

19 岁赴卫藏，朝见了七世达赖噶桑嘉措。四月法会期间，至哲蚌寺果芒经院拜会二世嘉木样活佛，并从其学法。在贤巴活佛处学习《文殊口谕》及《菩提道次精要》等深奥教诫。乾隆二十二年（1757），受具足戒，是年 21 岁。尔后，与前来卫藏的三世章嘉·若白多杰相识，拜师学法，并从六世班禅罗桑华丹益希、达浦·协白多杰、样贡欧然巴、智拉堪钦益西丹仲及巴日·阿旺端智等师，勤学广闻，博通诸论。乾隆二十四年（1759），任夏鲁寺堪布，又在萨迦达钦·贡噶洛哲处学习多种深广经义。25 岁返回安多。依松布·益西班觉之命，任佑宁寺第三十六任法台。乾隆二十八年（1763），接到乾隆帝诏谕进京。觐见了乾隆帝和章嘉·若白多杰大师，并同章嘉大师一起学习佛法，帮助其管理在京喇嘛事务，任掌印喇嘛、御前常侍禅师等职，颇受清帝的赏识，赐"静悟演师"之号。在京期间，曾参与了章嘉大师主持的《四体清文鉴》、《满文大藏经》的编纂和翻译工作。乾隆三十三年（1768），返回故里。不久再次晋京，乾隆三十八年（1773）返回佑宁寺。乾隆五十四年（1789），赴任塔尔寺第三十五任法台之职，在塔尔寺建了土观府邸（嘎尔哇）。乾隆五十八年（1793）卸任。晚年隐居佑宁寺，潜心著述。土观·洛桑却吉尼玛于清嘉庆七年（1802）圆寂，享年 66 岁。他通晓汉、蒙、藏几种文字，著述颇丰，主要著作有《三世章嘉·若白多杰传》、《土观宗教流派镜史》、《佑宁寺志》、历算《智者珍藏篇》、《教法史·入佛教之海巨舟》等。其中《土观宗教流派镜史》有汉译本及英、德文译本传世。

【注释】

① 齐陈骏、陆庆丰、郭锋著：《西北史研究丛书·五凉史略》，甘肃人民出版社 1988
年版第 103 页。

②《晋书》卷 126《秃发乌孤载记》，中华书局 1974 年版第 3143 页。

③ 李文实著：《西陲古地与羌藏文化》，青海人民出版社 2001 年版第 382—383 页。

④ [清] 汤球辑：《十六国春秋辑补》卷 90《南凉》，上海商务印书馆 1958 年版第 625 页。

⑤ 参见南文魁编著：《历代青海书画家辞典》，青海民族出版社 2011 年版第 3—6 页。

⑥ 参见赵宗福著：《青海历史人物传》，青海人民出版社 2002 年版第 122 页。

⑦ 王昱主编：《青海方志资料类编》（下），青海人民出版社 1988 年版第 1381 页。

⑧ 参见李逢春编著：《西宁历代诗人诗词选注》，陕西人民出版社 1995 年版第 3 页。

⑨ 参见赵宗福著：《青海历史人物传》，青海人民出版社 2002 年版第 152 页。

⑩ 参见南文魁编著：《历代青海书画家辞典》，青海民族出版社 2011 年版第 3—6 页。

⑪ 参见赵宗福著：《青海历史人物传》，青海人民出版社 2002 年版第 157 页。

⑫ 王昱主编：《青海方志资料类编》（下），青海人民出版社 1988 年版第 1401 页。

⑬ 王昱主编：《青海方志资料类编》（下），青海人民出版社 1988 年版第 1406 页。

⑭ [清] 邓承伟修，张价卿、来维礼等纂，基生兰续纂：（光绪暨民国）《西宁府续志》卷 6，青海印刷局、西宁新生印刷厂排印本。

⑮ 参见李逢春编著：《西宁历代诗人诗词选注》，陕西人民出版社 1995 年版第 60—63 页。

⑯ 何平顺：《杨志平与〈丹噶尔厅志〉》，载青海省政协学习和文史委员会编《青海文史资料集粹（人物卷）》，2001 年 11 月印行本第 353—356 页。

⑰ 扎巴俄色：即第一世章嘉活佛，青海互助县红崖子沟张家村人。

⑱ 库伦伯勒齐尔会盟：蒙古喀尔喀部发生纠纷，应清廷要求，第巴桑结嘉措以五世达赖名义派罗哲嘉措前往，罗哲嘉措邀请二世章嘉活佛同往，终于达成协议。

⑲ 法渊寺：在北京御花园侧，明永乐皇帝为大慈法王·释迦益西而修建。

⑳ 多伦诺尔：蒙语，湖泊名，汉名"七星潭"，又称多伦泊。康熙帝曾在此建汇宗寺。

㉑ 噶尔丹：准噶尔蒙古酋长巴图尔洪台吉的第六子。康熙三十五年（1696），在昭莫多吉战场大败，在走投无路的情况下，于次年闰三月十三日，在阿察阿穆塔台自杀，终年 54 岁。

㉒ 嵩祝寺：原址在北京地安门内三眼井东口外，该寺一直是章嘉活佛在京的驻锡寺庙，今已不存。

㉓ 二圣六庄严：古代印度对佛教教义的发展起过重要作用的 8 位佛学论师。"二圣"

是精通戒律学的释迦光和功德光，"六庄严"是龙树、圣天、无著、世亲、陈那和法称。

㉔三世佛：指过去、现在、未来三世之佛。一说三个佛世界的佛，即东方净琉璃世界的药师佛、娑婆世界的释迦牟尼佛、西方极乐世界的阿弥陀佛。

㉕曼扎：藏传佛教供器名，象征佛教的天地宇宙四方，也是佛教精神的体现物。

㉖唐卡，藏语，汉译卷轴画。画或织，缀有图像的布或纸，司用轴卷成一束者，大多属藏传佛教人物，故事画。

㉗外八寺：也叫外八庙，河北省承德避暑山庄（热河行宫）的东面和北面环布的藏传佛教寺庙的总称。现存6座，即溥仁寺（1713年建）、普宁寺（1755年建）、安远庙（1764年建）、普陀宗乘庙（1771年建），殊象寺（1780年建）和须弥福寿庙（1780年建）。

㉘土观为青海佑宁寺主要活佛系统之一。一世土观罗桑拉丹，二世土观罗桑却吉嘉措（1680—1736）。

主要参考文献

1.　《安多政教史》，智观巴·贡却乎丹巴绕吉著，吴均等译，甘肃民族出版社 1989 年版

2.　《北史》，中华书局 1974 年版

3.　《丹噶尔厅志》，（清）张庭武修、杨景升纂，见《青海地方旧志五种》，青海人民出版社 1989 年版

4.　《甘宁青史略》，慕寿祺纂，兰州俊华印书馆民国 25 年 12 月初版

5.　《甘肃通志》，（清）查郎阿、刘于义修，许容纂，乾隆刻本

6.　《甘肃新通志》，（清）升允修、安维峻等纂，宣统元年刻本

7.　《汉书》，中华书局年 1962 年版

8.　《后汉书》，中华书局 1962 年版

9.　《旧唐书》，中华书局 1975 年版

10.　《晋书》，中华书局 1974 年版

11.　《梁书》，中华书局 1973 年版

12.　《明史》，中华书局 1974 年版

13.　《明实录》，台湾商务印书馆 1962 年影印本

14.　《南齐书》，中华书局 1972 年版

15.　《清史稿》，中华书局 1977 年版

16.　《清实录》，中华书局 1985 年影印本

17.　《全唐文全唐诗吐蕃史料》，陈家进编，西藏人民出版社 1988 年版

18.　《史记》，中华书局年 1982 年版

19. 《十六国春秋辑补》，（清）汤球辑，上海商务印书馆 1958 年重印本

20. 《隋书》，中华书局 1973 年版

21. 《宋史》，中华书局 1977 年版

22. 《魏书》，中华书局 1974 年版

23. 《西宁府新志》，（清）杨应琚修纂，乾隆刻本

24. 《西宁府续志》，（清）邓承伟修，张价卿、来维礼等纂，基生兰续纂，收入《青海地方旧志五种》，青海人民出版社 1989 年版

25. 《西宁志》，（清）苏铣修纂，王昱、马忠校注，青海人民出版社 1993 年版

26. 《新唐书》，中华书局 1975 年版

27. 《元史》，中华书局 1976 年版

28. 《周书》，中华书局 1971 年版

29. 《资治通鉴》，中华书局 1956 年版

30. 《村落·信仰·仪式——河湟流域藏族民间信仰文化研究》，谢热著，社会科学文献出版社 2010 年版

31. 《氐与羌》，马长寿著，广西师范大学出版社 2006 年版

32. 《甘青藏传佛教寺院》，蒲文成著，青海人民出版社 1990 年版

33. 《格萨尔论》，降边嘉措著，内蒙古大学出版社 1999 年版

34. 《汉藏民族关系史》，蒲文成、王心岳著，甘肃人民出版社 2008 年版

35. 《汉藏文化交流史话》，刘忠著，中国大百科全书出版社 2000 年版

36. 《唃厮啰——宋代藏族政权》，祝启源著，青海人民出版社 1988 年版

37. 《昆仑文化与西王母神话论文集》，赵宗福主编，青海人民出版社 2011 年版

38. 《美善唐卡》（中国民间艺术传承人口述史丛书），吕霞著，中国编译出版社 2010 年版

39. 《明代以来黄河上游地区生态环境与社会变迁史研究》，崔永红、张生寅著，青海人民出版社 2008 年版

41. 《南凉与西秦》，周伟洲著，陕西人民出版社 1987 年版

42. 《青海百科全书》，青海百科全书编委会编，中国大百科全书出版社 1998 年版

43. 《青海地方志资料类编》（上、下），王昱主编，青海人民出版社 1987、1988 年版

44. 《青海风俗简志》，朱世奎主编，青海人民出版社 1994 年版

45. 《青海古代文化》，赵生琛、谢端琚、赵信，青海人民出版社 1986 年版

46. 《青海花儿大典》，吉狄马加主编，青海人民出版社 2010 年版

47. 《青海回族撒拉族哈萨克族社会历史调查》，青海省编辑组编，青海人民出版社 1985 年版

48. 《青海回族史》，喇秉德、马文慧、马小琴等著，民族出版社 2009 年版

49. 《青海简史》（修订版），王昱主编，青海人民出版社 2013 年版

50. 《青海经济史·古代卷》，崔永红著，青海人民出版社 1998 年版

51. 《青海历史人物传》，赵宗福著，青海人民出版社 2002 年版

52. 《青海历史文化与旅游开发》，王昱主编，青海人民出版社 2008 年版

53. 《青海民族民间文化》，青海艺术研究所编，陕西旅游出版社 2004

54. 《青海民间文化新探》，马成俊等著，民族出版社 2008 年版

55. 《青海省首批国家级非物质文化遗产代表名录丛书》（10 册），曹萍、赵宗福主编，青海人民出版社 2010 年版

56. 《青海史话》第 1 辑，谭奇策划、崔永红主编，青海人民出版社 2004 年版

57. 《青海史话》第 2 辑，谭奇策划、崔永红主编，青海人民出版社 2005 年版

58. 《青海省志·建置沿革志》，青海省地方志编纂委员会，青海人民出版社 2001 年版

59. 《青海省志·民族志》，青海省地方志编纂委员会，民族出版社 2008 年版

60. 《青海省志·文化艺术志》，青海省地方志编纂委员会，青海人民出版社 2001 年版

61. 《青海省志·文物志》，青海省地方志编纂委员会，青海人民出版社 2001 年版

62. 《青海省志·宗教志》，青海省地方志编纂委员会，西安出版社 2000 年版

63. 《青海土族社会历史调查》，青海省编辑组编，青海人民出版社 1985 年版

64. 《青海通史》，崔永红、张得祖、杜常顺主编，青海人民出版社 1999 年版

65. 《青海文物》，青海省文物处、青海省考古研究所编著，文物出版社 1994 年版

66. 《青海藏族蒙古族社会历史调查》，青海省编辑组编，青海人民出版社 1985 年版

67. 《撒拉族风情》，谢佐主编，青海人民出版社 2003 年版

68. 《上孙家寨汉晋墓》，青海省文物考古研究所，文物出版社 1993 年版

69. 《唐蕃古道》，陈小平著，三秦出版社 1989 年版

70. 《唐蕃古道考察记》，卢耀光著，陕西旅游出版社 1989 年版

71. 《吐谷浑史》，周伟洲著，宁夏人民出版社 1985 年版

72. 《吐谷浑资料辑录》，周伟洲编，青海人民出版社 1992 年版

73. 《土族文化艺术》，曹娅丽主编，中国戏剧出版社 2004 年版

74. 《土族文学史》，马光星著，青海人民出版社 1999 年版

75. 《土族史》，吕建福著，中国社会科学出版社 2002 年版

76. 《文成公主与唐蕃古道》，崔永红主编，青海人民出版社 2008 年版

77. 《西北土司制度研究》，高士荣著，民族出版社 1999 年版

78. 《西陲古地与羌藏文化》，李文实著，青海人民出版社 2001 年版

79. 《西陲之地与东西方文明》，许新国著，北京燕山出版社 2006 年版

80. 《西宁历代诗人诗词选注》，李逢春编著，陕西人民出版社 1995 年版

81. 《西宁历史与文化》，芈一之主编，辽宁民族出版社 2005 年版

82. 《西藏佛教史略》，王辅仁编著，青海人民出版社 1982 年版

83. 《雪域高原的史诗文化——格萨尔与青海》，角巴东主著，青海人民出版社 2008 年版

84. 《移民视野下的河湟戏曲文化》，王志强、李朝、颜宗成著，作家出版社（北京）2008 年版

85. 《藏族风情》，谢佐主编，青海人民出版社 2003 年版

86. 《藏族史略》，黄奋生著，民族出版社 1985 年版

87. 《中国北方少数民族文化》，安柯钦夫等主编，中央民族大学出版社年 1999 版

88. 《中国格萨尔文化之乡——玛域果洛》，索南多杰著，青海人民出版社 2010 年版

89. 《中国民族关系史研究》，翁独健主编，中国社会科学出版社 1984 年版

90. 《中国民族史》，王钟翰主编，中国社会科学出版社 1994 年版

91. 《中国西北少数民族史》，杨建新著，民族出版社 2003 年版

92. 《中国新石器时代考古》，张之恒，南京大学出版社，2004 年版

索　引

　　说　明：

　　一、本索引是主题词索引。原则上，作为索引条目的主题词是本卷的研究对象、重点展开论述或详细介绍的内容，分为以下几类：1. 人名。包括本省籍文化名人，非本省籍但曾居于本省、对本省文化产生重要影响者；2. 地名。只录本省内对文化产生过重大影响的地名。文中人物籍贯的古今地名均不收录；3. 篇名。包括有重要影响的著作、诗文、书画等；4. 文化遗产名（包括非物质文化遗产）或遗迹名；5. 其他专有名词，包括器物名、学派名以及具有地域文化特色的文化现象等。

　　二、索引条目按第一个字的汉语拼音（同音字按声调）顺序排列，同声同调按笔画顺序排列；第一个字相同，按第二个字音序排列。以下据此类推。

　　三、条目后的阿拉伯数字表示该条目所在的页码。

　　四、总绪论、绪论、注释、参考文献、图注、后记、跋不做索引。

后 记

青海地域文化作为中华地域文化的一个有机组成部分，以昆仑三江源文化为标志，各民族历代先民依昆仑山系和江河水系求生存、求发展，在与自然地理环境相适应相协调的漫长历程中，表现出自强不息、勇于创新，农耕与游牧文明交汇的文化特质和昆仑三江源头文化的精神价值。

本书是《中国地域文化通览》丛书中的青海分卷，编撰工作是在国务院参事室和中央文史馆的组织领导下进行的。丛书对体例、格式有统一要求。青海省虽然没有文史馆，但省人民政府领导对此项工作十分重视，指示省文化新闻出版厅组织人员按上级要求认真完成此项任务。省文化新闻出版厅党组根据省政府领导指示精神，为加强对《中国地域文化通览》（青海分卷）编撰工作的领导，推动编撰工作顺利进行，成立了由厅长曹萍同志任副主任的组织工作委员会，和由谢佐任主编，吕霞任副主编的编撰工作委员会，统筹规划和组织实施编撰工作。按照编委会的统一部署，撰写工作自 2009 年 10 月中旬正式启动。《青海卷》分上、下 2 编，共 10 章。三年多来，各位撰稿人结合各自的专业特长，认真进行调查研究，搜集梳理资料，分头撰写，数易其稿，终于完成了编撰任务。书稿完成后，按照《中国地域文化通览》编撰委员会的要求，及时呈送初审稿、复审稿、终审稿，其间，多次得到丛书编委会专家的悉心指导。特别是 2012 年 3 月 6 日在云南昆明市召开《云南卷》、《青海卷》的审稿会上，陈鹤良、王尧、陈祖武、柴剑虹等专家按《通览》体例要求，提出《青海卷》上编竖写文化发展脉络，下编突出地域文化亮点的要求，对原上下编各章标题做了较大调整。根据重新厘定的篇章结构，主编谢佐（原青海省地方志编纂委员会主任、省政府参事，教授，国家有突出贡献专家，享受政府特殊津贴专家）重新设置节与目，对书稿内容也进行了重新组合、校订、统稿。上报后，根据《中国地域文化通览》编撰委员会再次提出的修改建议和省内征求到的意见，以及针对文稿涉及热点敏感问题、学界争论的焦点等，由副主编崔永红同志（原青海省社会科学院副院长、历史学研究员，享受政府特殊津贴专家）对书稿重新进行全面修润，对部分章节从标题到内容又作了大幅度改动甚至重写，使书稿的准确性、逻辑性有所提高，经主编审定后打印成册，于2013年1月22日召开省垣相关专家评审座谈会，听取吸纳了蒲文成、张得祖、马成俊、陈玮、完玛冷智等专家学者的宝贵意见建议，根据专家所提意见建议，主编谢佐和副主编吕霞（省文化新闻出版厅副厅长、青海民族大学教授）、崔永红对书稿再次作了增删、修改，统稿中上编主要由崔永红负责，下编主要由谢佐、吕霞负责。省文化新闻出版厅厅长曹萍同志在通阅全部稿件后也提出了重要修改意见，经处理审定后于2013年3月中旬将书稿上报北京。在2013年4月2日北京召开的青海卷终审会上，与会丛书主编、副主编一致通过了青海卷终审稿。会后，我们共同对图片、个别文字再次作了必要的修定，并按丛书的统一要求，在书后补充了"主要参考文献"（由崔永红完成）、"索引"（由谢佐完成）。

撰写分工情况是：绪论第一、三、四节由谢佐撰写，第二节由崔永红撰写，上编第一章由任晓燕（青海省考古研究所所长，研究员）撰写，第二章、第三章由崔永红撰写；第四章第一、二节由程起骏（原省政协民族宗教专委会，农艺师）、马光星（青海省文联文学创作研究室主任）撰写，第三、四节由崔永红撰写；第五章第一、二节由崔永红撰写，第三节由马桂花（青海省艺术研究所副研究馆员）、崔永红撰写；下编第一章由谢佐撰写，下编第二章第一、二节由马桂花撰写，第三节由马桂花、崔永红撰写，第四节由马桂花、罗成（原青海省艺术研究所研究员）撰写；下编第三章由谢宏虹（中共青海省政法委干部）撰写；下编第四章由王伟章（青海省政府办公厅秘书四处副处长）撰写；下编第五章第一节由谢佐撰写，第二节由崔永红撰写，第三节由马光星撰写；后记由谢佐执笔。全书图片摄影由张景元（青海省民族语动漫发展中心主任）、曹鹏（中国摄影家协会会员，青海摄影家协会会员，青海省民族语动漫发展中心编导、摄像师）统一负责收集和制作。邓福林（省文化新闻出版厅非遗处处长）做了大量组织协调等事务性工作。

在组织本书撰写的过程中，省文化新闻出版厅、省政府参事室、省地方志办公室以及省垣各有关专家学者给予大力支持和帮助，在此一并致以衷心的感谢！

尽管我们付出了很大努力，但限于能力和水平，书稿中的缺点和不足仍在所难免，恳请读者诸君不吝指教。

跋

　　《中国地域文化通览》34卷系国家重点文化工程。经过六年的努力，终于出版发行。我谨代表《通览》组委会和编委会，向参与《通览》撰稿的500多位专家，参加讨论和审稿的各位专家，以及以各种方式给予本书关心、支持和帮助的领导及朋友们，向精心编校出版本书的中华书局，表示衷心的感谢和崇高的敬意！

　　在这部约1700万字的巨著公开发行之际，我有三点想法愿向读者请教：

　　《通览》是我国第一部按照行政区划梳理地域文化，学术性、现实性和可读性兼备的大型丛书。在大量可信资料的基础上，《通览》各分卷纵向阐述本地文化发展的历史脉络，横向展示各地独具魅力的文化特色和亮点，可视为系统、准确地了解我国地域文化底蕴的读物。2008年7月，在确定《通览》作为国家重点文化工程时，国务委员兼国务院秘书长马凯明确指出："希望精心准备，通力合作，成为立意高远、内容殷实、史论结合、特色鲜明的传世精品。"本着这一指导方针，中央文史研究馆和各省、自治区、直辖市文史研究馆、文化机构或文化组织，均高度重视、精心组织实施，并在当地政府的指导下，聚集各领域的专家学者，协力攻关。这是《通览》编写工作得以顺利推进的重要原因。香港卷、澳门卷、台湾卷亦在各方社会贤达和学界名家的参与和支持下完成。

　　《通览》编撰历时六年，先后召开规模不同的各种论证会、研讨会、审读会上千次。袁行霈馆长亲任主编，国务院参事室原副主任陈鹤良和12位中央文史研究馆馆员任副主编，主编统揽全局，副主编分工联系各分卷，从草拟章节目录到审定修改书稿的各个阶段，他们均亲自参与，非常认真负责，严守学术规范。全书普遍进行了"两上两下"的审改，有些分卷达三四次之多。各卷提交定稿后，编委会还进行了集体审读，各卷根据提出的意见做了最终的修订。贡献最大的还是各位撰稿人与各卷主编，他们研精覃思，字斟句酌，不惮其烦，精益求精，这是本书水平的保证。中华书局指定柴剑虹编审提前参加审稿讨论，收到书稿后又安排了三审三校。中华书局的一位编审感慨地说："像《通览》这样集体编撰的大部头著作，能有如此严肃认真的态度，近年来确实不多见。"

建议各地运用电视、广播、网络、报刊等，对本书加以必要的推介、宣传、加工和再创作。可根据《通览》的内容，改编为中小学的乡土教材，以加强对青少年了解家乡、热爱家乡的教育。可用人民群众喜闻乐见的多种形式，让中华优秀传统文化滋润民众的心田。地域文化所蕴含的优秀传统文化基本元素，更普遍更有效地融入社会道德文化建设，必将有助于提升全体国民的道德素质和文化修养。

当前，地域文化研究如何深入？一是可对近百年来地域文化的发展脉络做出梳理，也就是撰写《通览》的续编。我们鼓励有条件的地方政府，率先独立负责地启动《通览》续编的工作。若能为《通览》补上1911年后的百年之缺，无疑是件大好事。二是拓展地域文化的科学研究，进一步探讨中国地域文化发展变化的规律，努力建设扎根于民间、富有时代特征、紧密服务于经济社会发展的地域新文化。文化大发展大繁荣，不能割断历史，不能超越历史，而只能在继承优良传统的基础上有所创造、有所创新。三是要探讨中华地域文化同世界文明的关系。今日之中国已同世界各国一道进入了经济全球化和信息化快速发展的新时期，只有放眼世界，博采众长，才能建设好我国的新文化。

总之，我们希望各地重视这部书，充分利用它，并进行地域文化的更深入研究。

《通览》生动展现了中华地域文化的多样性，揭示了中华文明多元一体的大格局。正确认识和处理统一性和多样性的关系，非常重要。这不仅是发展地域文化的要求，也是中国现代化建设的基本要求。一个国家、一个民族，尊重和倡导多样性，才能源源不断地激发全社会的创新活力，否则势必导致单一、呆板、停滞和退化。历史和现实表明，尊重和倡导多样性，对今天的国人来说，实在是太重要、太紧迫了。无庸置疑，社会主义为经济、文化、社会发展的多样性，开辟了前所未有的巨大空间。一方水土养一方人，一方水土孕育一方文化。当地域文化所蕴含的中华民族固有的道德、智慧和审美，渗透到人们的思想、行为、情感和性格中去，渗透到经济活动、城乡建设、社会管理等领域中去，那么我们的经济建设、政治建设、文化建设、社会建设、生态文明建设必将呈现出更加生机勃勃的繁荣景象。我们期待着，无论是历史名城还是新兴城市，都拥有自己的独特风格和文化内涵，如城市建筑再也不要从南到北都是"火柴盒"式的高楼林立。我们还期待着，在文化和艺术领域能涌现出越来越多植根于乡土的传世佳作，使中华文明的百花园更加绚丽多姿。当神州大地现代化建设万紫千红、异彩纷呈的时候，也就是中华民族真正强大和受人尊敬的时候。

综观数千年，中华文化不仅源远流长，博大精深，而且峰峦迭出，代有高峰。弘扬中华文化是 21 世纪的中华儿女共同肩负的神圣使命。我们愿为此贡献绵薄之力。

陈进玉

2012 年 11 月 21 日